会計制度の設計

須田一幸 編著
Kazuyuki Suda

東京 白桃書房 神田

まえがき

　会計制度が揺れている．「揺らぎ」は，新たな創造に結びついたり，あるいは単に社会秩序を乱し，経済効率性を損なう場合もある．コスモスの中で発生した「揺らぎ」だけが創造に結びつくと言う人もいる．大きな方向性のない揺らぎは，社会的にも経済的にも無意味ということなのであろう．つまり，会計制度の揺らぎが豊かな社会と経済に結びつくには，方向性を示すスケッチが必要である．

　本書は，会計制度の問題点を理論的に考察し，その解決方向を実証分析に依拠して検討する．いわば，会計制度の設計をスケッチするものである．これまで，会計理論の研究者と実証会計の研究者が共同研究し，その結果に基づき会計制度の設計について提言をすることはなかった．それぞれの研究者が閉じられた世界で分析をしていたのである．しかし，2004年9月に日本会計研究学会課題研究委員会「会計制度の設計に関する実証研究」が組織され，そこで理論研究と実証研究の融合が試みられた．そして，委員会の研究成果が『中間報告書』(2005年9月)と『最終報告書』(2006年9月)および *Empirical Research on Accounting to Provide Implications for Future Accounting Institution : Selected Research Reports* として発表された．本書は，これらの成果を1つにまとめたものである．

　われわれの共同研究のテーマは大きく分けて2つあった．1つは，会計制度の設計について，証拠に基づいた提言を試みることであり，いま1つは，会計の理論研究者と実証研究者のフィードバック・ループを構築することである．いずれのテーマも胸を躍らせる魅力的な内容であるが，一歩間違うと空中分解しかねない．前者のテーマは，実務から遊離した理想論で終わる可能性があり，後者のテーマは，アプローチの違う研究者の相互理解が不可欠だからである．

　しかし今，本書を上梓するにあたり，どちらのテーマも相当に達成したような気がする．会計制度の設計については，実証研究に裏付けられた具体的で実践的な提言をするに至った．理論研究と実証研究のフィードバック・ループに

については，問題の提示→理論的考察→実証分析→理論的考察→制度提言という議論のプロセスを辿り，理論と実証が交流する輪を維持できたように思う．共同研究に参加されたすべての方々に改めてお礼を申し上げたい．願わくは，このような共同研究が連続し，さらに進展を遂げ，創造に結びつく「揺らぎ」を与えてほしい．

　本書は6部から構成されている．第1部で，会計制度の問題が理論的に論じられ，第2部から第6部にかけて実証研究が展開される．第2部では会計制度全般に関する実証研究が掲載されている．第3部は，損益計算書に関する実証研究を示し，第4部では，貸借対照表に関する実証研究が発表される．第5部は，会計手続き選択に関する実証研究であり，退職給付会計と長期請負工事収益の会計，および新株予約権の失効に伴う会計処理が分析される．第6部では，アンケート調査にもとづき，内部統制と監査の品質について実証研究が行われる．そして終章で，これらの実証研究に依拠して，会計制度の設計に関する提言がなされる．

　いずれの提言も個々の実証研究における結果をベースにしているので，それぞれがシステマティックに調和しているわけではない．むしろ，個別具体的である印象を受けるかもしれない．また，実証研究は常に反証可能であり，実証研究の結果から導出するインプリケーションも人によって異なるだろう．したがって，本書で示した提言とその根拠となった実証研究について，皆様から忌憚のないご意見をいただけることを期待する次第である．

　本書を刊行するまでに，多くの方々から御支援をいただいた．とりわけ，委員会の編成をお認めいただいた日本会計研究学会の皆様と，当時の会長である安藤英義先生に感謝申し上げたい．また，学会における委員会報告の司会をしていただいた八重倉孝先生と桜井久勝先生にお礼を申し上げる．さらに，研究資金を提供してくれた財団法人産業経理協会と独立行政法人日本学術振興会（科学研究費補助金　課題番号17330104）に感謝申し上げたい．なお，本書の刊行に際して，独立行政法人日本学術振興会平成19年度科学研究費補助金（研究成果公開促進費）の交付を受けた．記して感謝申し上げる．

　末筆ながら，大部な書物の出版を快くお引き受けくださった白桃書房社長大

矢栄一郎氏と，編集に献身的な御尽力を賜った川俣幸子氏に，心より感謝申し上げる次第である．

2007年12月25日

須田　一幸

目　次

まえがき

序　章　問題の指摘と本書の構成 …………………………………………1

　第1節　問題の提示　*1*
　第2節　本書の構成　*2*

第1部　会計制度における問題点

第1章　会計基準と概念フレームワークの諸問題 ……………………6

　第1節　本章の目的と構成　*6*
　第2節　会計情報の質的特性をめぐる問題点　*7*
　第3節　財務諸表の構成要素をめぐる問題点（その1）
　　　　　――利益の帰属主　*12*
　第4節　財務諸表の構成要素をめぐる問題点（その2）
　　　　　――構成要素の定義と会計基準　*18*
　第5節　財務諸表の認識と測定をめぐる問題点　*20*
　第6節　総括と展望　*22*

第2章　会社法計算規定と資本会計における諸問題 …………………26

　第1節　本章の目的と構成　*26*
　第2節　平成13年6月改正商法　*27*
　第3節　企業会計基準第1号　*30*
　第4節　その他資本剰余金を財源とする利益配当の類型　*32*
　第5節　会社計算規則　*36*
　第6節　総括と展望　*40*

第3章　会計基準と監査における諸問題 …… 45

　第1節　本章の目的と構成　45
　第2節　退職給付会計基準　46
　第3節　金融商品会計基準　49
　第4節　税効果会計　53
　第5節　継続企業の開示　54
　第6節　減損会計の導入　55

第4章　監査の質と内部統制における諸問題 …… 58

　第1節　はじめに　58
　第2節　「財務諸表に係る内部統制の評価及び監査」について　59
　第3節　内部統制報告・監査制度および監査の質に関する先行研究・調査　60
　第4節　内部統制・ガバナンス強化の方向性　63
　第5節　総括と展望　64

第5章　税務法令と財務会計における問題 …… 67

　第1節　本章の目的と構成　67
　第2節　財務会計と課税所得計算の制度的関係　68
　第3節　会計基準の整備・充実と税制改正　72
　第4節　財務会計と課税所得計算の一致傾向　75
　第5節　個別事項における財務会計と課税所得計算の関係　76
　第6節　制度上の分離と税効果会計導入の影響　85
　第7節　総括と展望　87

第2部　会計制度に関する実証研究

第6章　会計情報の価値関連性と信頼性について …… 92

　第1節　本章の目的と構成　92
　第2節　会計情報の関連性　93
　第3節　会計情報の信頼性　99

第 4 節　総括と展望　*102*

第 7 章　連結制度改革の意義 …………………………………………… *107*

第 1 節　本章の目的と構成　*107*
第 2 節　関連研究領域と本研究の特徴　*108*
第 3 節　連結調整勘定償却の表示区分　*112*
第 4 節　持分法損益の表示区分　*116*
第 5 節　連結純利益と少数株主損益　*119*
第 6 節　純資産と利益の価値関連性　*122*
第 7 節　財務指標と「利益の価値関連性」　*126*
第 8 節　総括と展望　*135*

第 8 章　法人税法の改正と会計制度 …………………………………… *138*

第 1 節　本章の目的と構成　*138*
第 2 節　報告利益計算と課税所得計算の乖離　*139*
第 3 節　乖離度に対する制度環境の影響　*145*
第 4 節　個別領域における制度要因と乖離度の関係　*147*
第 5 節　総括と展望　*159*

第 3 部　損益計算書に関する実証研究

第 9 章　損益計算書区分表示の意義 …………………………………… *164*

第 1 節　本章の目的と構成　*164*
第 2 節　仮説と分析手法　*165*
第 3 節　利益平準化　*170*
第 4 節　損失の回避　*180*
第 5 節　ビッグ・バス（Big Bath）　*185*
第 6 節　総括と展望　*191*

第10章　損益計算要素の持続性 ………………………………………… *195*

第 1 節　米国企業の業績指標の分布　*195*
第 2 節　日本企業の業績指標の分布　*196*

第3節　本章の目的　*199*

第4節　会計利益の持続性　*200*

第5節　営業キャッシュ・フローと会計発生高の持続性　*204*

第6節　総括と展望　*207*

第11章　当期純利益と包括利益 ……………………………………*212*

第1節　本章の目的と構成　*212*

第2節　先行研究の概要　*213*

第3節　包括利益の相対情報内容と増分情報内容　*215*

第4節　データの説明と変数の定義　*217*

第5節　包括利益情報の価値関連性　*220*

第6節　包括利益情報と経営者報酬　*226*

第7節　総括と展望　*229*

第4部　貸借対照表に関する実証研究

第12章　繰延税金資産の価値関連性 ……………………………*234*

第1節　繰延税金資産の資産性と繰延税金負債の負債性　*234*

第2節　モデル　*237*

第3節　データ　*238*

第4節　実証結果　*241*

第5節　総括と展望　*246*

第13章　債務契約におけるダーティ・サープラス項目の意義 ……………*249*

第1節　本章の目的と構成　*249*

第2節　リサーチ・デザインの設定　*251*

第3節　サンプルの選択と記述統計量　*256*

第4節　調査結果　*259*

第5節　追加的検証　*261*

第6節　総括と展望　*264*

第14章　債務契約における留保利益比率の意義 …… 275

第 1 節　本章の目的と構成　275
第 2 節　分析のフレームワーク　277
第 3 節　リサーチ・デザインの設定　279
第 4 節　サンプルの選択と記述統計量　283
第 5 節　調査結果　286
第 6 節　追加的検証　291
第 7 節　総括と展望　293

第15章　特別法上の準備金の情報内容 …… 298

第 1 節　本章の目的と構成　298
第 2 節　モデルと分析手法　299
第 3 節　電力業──渇水準備金　300
第 4 節　鉄道業──特定都市鉄道整備準備金　305
第 5 節　証券業──損失準備金と証券取引責任準備金　310
第 6 節　保険業──責任準備金，支払備金と価格変動準備金　316
第 7 節　総括と展望　323

第 5 部　会計選択に関する実証研究

第16章　退職給付会計における経営者の会計選択 …… 328

第 1 節　本章の目的と構成　328
第 2 節　会計基準変更時差異の償却年数に関する先行研究　331
第 3 節　仮説の展開　333
第 4 節　サンプル選択とリサーチ・モデル　335
第 5 節　実証分析の結果　341
第 6 節　総括と展望　344

第17章　退職給付会計における損益計算書の区分表示 …… 349

第 1 節　本章の目的と構成　349
第 2 節　会計基準変更時差異の償却額の表示　351

第3節　関連する先行研究　*352*
　　第4節　サンプル選択とリサーチ・モデル　*354*
　　第5節　実証分析の結果　*361*
　　第6節　総括と展望　*365*

第18章　長期請負工事収益の会計選択 …………………………*371*

　　第1節　本章の目的と構成　*371*
　　第2節　先行研究と関連問題　*373*
　　第3節　サンプルとデータ　*375*
　　第4節　利益の価値関連性　*378*
　　第5節　追加テスト　*387*
　　第6節　総括と展望　*393*

第19章　新株予約権の失効に伴う会計処理 ………………………*397*

　　第1節　純資産会計基準と新株予約権　*397*
　　第2節　国際的な動向　*400*
　　第3節　仮説の設定　*401*
　　第4節　調査方法　*401*
　　第5節　サンプルの選択と記述統計　*404*
　　第6節　回帰モデルの推定結果　*408*
　　第7節　要約と課題　*411*

第6部　内部統制と監査の品質に関する調査

第20章　内部統制とガバナンスおよび監査に関するアンケート調査 ………*416*

　　第1節　アンケート調査の背景　*416*
　　第2節　アンケートの回収率と業種分布　*418*
　　第3節　内部統制に関するアンケートの回答　*419*
　　第4節　四半期財務情報のレビューなどに関するアンケートの回答　*426*
　　第5節　財務諸表監査の質に関するアンケートの回答　*428*
　　第6節　非監査業務に関するアンケートの回答　*432*
　　第7節　調査結果の要約　*433*

x 目次

第21章　内部統制のシステム構築に関する分析 ……………………… 435

第 1 節　内部統制に関するアンケート　*435*
第 2 節　内部統制の概要と仮説の設定　*437*
第 3 節　内部統制システムと株式所有構造　*439*
第 4 節　内部統制システムと資本構成　*444*
第 5 節　内部統制システムと企業の成長性　*447*
第 6 節　内部統制システムと企業の収益性　*450*
第 7 節　内部統制システムの決定要因　*453*
第 8 節　総括と展望　*458*

第22章　監査の品質に関する分析 ……………………………………… 460

第 1 節　アンケート調査の概要　*460*
第 2 節　監査の品質などに関する先行研究　*461*
第 3 節　監査の品質と文書化コストの相関分析　*463*
第 4 節　監査の品質に関するクロス集計　*464*
第 5 節　非監査業務と監査　*467*
第 6 節　総括と展望　*469*

終　章　会計制度の設計に関する提言 ………………………………… 473

第 1 節　はじめに　*473*
第 2 節　会計情報の質的特性に関する提言　*474*
第 3 節　特別損益の報告に関する提言　*478*
第 4 節　ダーティー・サープラスと包括利益の報告に関する提言　*481*
第 5 節　連結財務諸表に関する提言　*484*
第 6 節　退職給付会計に関する提言　*485*
第 7 節　法人税等の会計処理に関する提言　*487*
第 8 節　新株予約権の失効に伴う会計処理に関する提言　*491*
第 9 節　払込資本と留保利益の区別に関する提言　*492*
第10節　結論と課題　*493*

索　引

執筆者担当箇所一覧（執筆順）

　　　須田　一幸（早稲田大学）　　　序章，第11章，第19章，第20章，第21章，
　　　　　　　　　　　　　　　　　　第22章，終章
　　　川村　義則（早稲田大学）　　　第1章，終章
　　　野口　晃弘（名古屋大学）　　　第2章，第19章，終章
　　　小宮山　賢（あずさ監査法人）　第3章，終章
　　　佐々木隆志（一橋大学）　　　　第4章，第20章，第22章
　　　鈴木　一水（神戸大学）　　　　第5章，第8章
　　　薄井　彰（早稲田大学）　　　　第6章，第12章
　　　大日方　隆（東京大学）　　　　第7章，第9章，第15章，第18章
　　　音川　和久（神戸大学）　　　　第10章
　　　首藤　昭信（専修大学）　　　　第13章，第14章
　　　乙政　正太（関西大学）　　　　第16章，第17章，第19章

序章 問題の指摘と本書の構成

1．問題の提示

　かつて，日本の企業会計制度は商法と証券取引法および法人税法に規定され，われわれは，その状況をトライアングル体制と呼んでいた．しかし，法人税法の改正が進み，会社法と金融商品取引法が制定され，新しい会計基準の設定に伴い，会計制度のトライアングル体制に亀裂が生じてきた．3つの法律における計算規定などのベクトルが異なってきたのである．

　わが国の企業会計制度は，どのような方向を目指すべきなのだろうか．本書では，日本における会計制度の問題点を検討し，それについて実証研究を行い，実証結果にもとづき会計制度の設計について提言を試みる．言い換えれば，企業会計の理論と実証を交差し，理論研究と実証研究のフィードバック・ループを確保したうえで，証拠にもとづく会計制度の設計を手がける．企業会計の理論と実証の交差は，以下のようにして行われる．

　すなわち第1に，現在の会計制度について問題を指摘し，それを理論的に考察する．本書では，会計制度の問題として，概念フレームワークと会計基準の個別問題，会社法と資本会計の問題，法人税法の規定と財務会計の関係，および監査における諸問題を取り上げ，それぞれを理論的に検討する．

　第2に，提示された問題の中から実証可能なものを選び，それぞれについて実証研究を行う．実証研究は，①会計制度そのものに関連する研究，②損益計算書に関する研究，③貸借対照表に関する研究，④企業の会計手続き選択に関

する研究，⑤内部統制と監査の品質に関する研究，に大きく分類される．いずれの実証研究も，現行制度の問題点をピンポイントで把握し，その解決方向を探るため，適切なサンプルと分析手法を用いて仮説を検証している．

　第3に，実証研究で得た証拠にもとづき，会計制度の設計について提案をする．もとより実証研究は，限られたサンプルを使用し，多くの仮定に依拠して行われる．したがって，実証研究の結果は常に反証可能であり，本来，複数の結果を得て初めて，制度的なインプリケーションが引き出せるのかもしれない．単一の実証結果にもとづき会計制度の設計について提案することは，拙速の誹りを免れないであろう．しかし本書では，このような限界を認めながらも，あえて会計制度の設計に関する提言を試みる．なぜなら，会計の理論研究と実証研究の融合は，われわれの年来の目標であり，それぞれの領域に秀でた研究者が集結し，千載一遇のチャンスを得て，今ここに初めて実行可能となったからである．

2．本書の構成

　本書は6部構成になっている．第1部で会計制度の問題が理論的に論じられ，第2部から第6部にかけて実証研究が展開される．そして終章で，これらの実証研究に依拠して，会計制度の設計に関する提言がなされる．

　第1部では，現在の会計制度について理論的問題を指摘し，問題解決のために実証すべきテーマを提示する．会計制度の問題として，①概念フレームワークの諸問題，②会計基準の個別的問題，③会社法と資本会計の諸問題，④税法規定と財務会計の諸問題，⑤監査における諸問題，を取り上げる．

　①では，会計情報の質的特性をめぐる問題と財務諸表の構成要素をめぐる問題を分析する．②では，退職給付会計基準と金融商品会計基準，税効果会計基準，減損会計基準などについて検討をする．③については，改正商法と会社法の計算規定を考察し，払込資本と留保利益の区別を議論する．④では，財務会計と課税所得計算の関係を検討し，財務会計と課税所得計算の実務が乖離している状況を理論的に分析する．⑤では，内部統制と監査の品質に関する先行研究を検討し，内部統制とコーポレート・ガバナンスのあり方を論ずる．

第1部の問題提起を受けて，第2部では，会計制度の全般に関する実証研究を実施する．ここでの重要な発見事項は，①新しい会計基準が設定され，会計制度が充実したにもかかわらず，近年，会計情報の価値関連性が高まっていない，②しかし連結会計制度の改革は意義があった，③課税所得と財務会計の利益が最近大きく乖離している，ということである．

　第3部では，損益計算書の項目について実証研究を行う．注目したいのは，①損益計算書の区分表示が利益操作の発見に役立ち，株式市場はその情報を織り込んでいる，②利益の持続性が近年低下し，利益の質が落ちていると考えられる，③（擬似的）包括利益よりも当期純利益の方が多くの情報内容を備えている，という発見事項である．

　第4部では，貸借対照表の項目について実証研究が実施される．重要な発見事項は，①繰延税金資産の中には価値関連性の乏しいものが含まれている，②ダーティー・サープラス項目の中には債務契約で有用なものがある，③払込資本と留保利益の区分が債務契約で重視されている，④特別法上の準備金の中には利益測定で重要な役割を果たしている項目がある，ということである．

　第5部で展開されるのは，会計選択に関する実証研究である．特筆すべきは，①退職給付会計で会計基準変更時差異が裁量的に計上され，裁量的行動は損益計算書の表示にまで及んだ，②長期請負工事収益の会計で工事進行基準を適用しても，利益の価値関連性は高まらない，③新株予約権の失効に伴う会計処理で新株予約権戻入益を計上しても，株式市場はそれを利益とみなしていない，ということである．

　第6部では，内部統制と監査の品質に関する実証研究を行う．第2部から第5部までの実証研究は個人の分析によるものであるが，第6部で示す分析結果は，本書の執筆者が共同で行ったアンケート調査（2005年7月実施）の結果に依拠している．主な発見事項として，①企業は業務手続きの文書化により約1億円のコスト負担を考えている，②すでに7割以上の企業で取引の2重チェックが実施されている，③内部統制システムの構築には株式所有構造が影響し，負債の規律が働いていることが示される．

　これらの実証研究にもとづき，終章で，会計制度の設計について議論を展開する．すなわち，9つのテーマを設け，具体的な提言を試みる．それは，①会

計情報の質的特性に関する提言,②特別損益の報告に関する提言,③ダーティー・サープラスの計上に関する提言,④包括利益の報告に関する提言,⑤連結財務諸表に関する提言,⑥退職給付会計に関する提言,⑦法人税等の会計処理に関する提言,⑧新株予約権の失効に伴う会計処理に関する提言,⑨払込資本と留保利益の区別に関する提言,である.

　いずれも,個々の実証研究の結果に依拠した提言であり,したがって9つの提言がシステマティックに調和しているわけではない.むしろ,個別具体的な内容になっている.しかし,その提言の背後には,われわれの数年にわたる実証研究が存在することを想起されたい.会計制度の設計について,客観的な証拠にもとづいた提言がここに可能となったのである.

第1部

会計制度における
問題点

1 会計基準と概念フレームワークの諸問題

1．本章の目的と構成

　本章の目的は，実証研究に結びつけていくことが可能な発展的な論点を探るため，概念的・理論的に考え得る会計基準と概念フレームワークをめぐる問題点を指摘するとともに，若干の概念的・理論的な考察を加えることにある．

　わが国においても，企業会計基準委員会から『討議資料 財務会計の概念フレームワーク』（2006年12月公表．以下，『討議資料』という）が公表されたところであり，その後，学界・実務界の双方から大きな関心が寄せられ，様々な方向からの分析・検討が進められている[1]．

　本章においては，主として，概念フレームワークにおいて取り上げられている会計基準関連の問題点（未解決の論点，論争のある論点など）を指摘し，本書の趣旨に照らして，実証研究への発展可能性を模索していくことにする．この目的にアプローチしていくためには，概念フレームワーク自体において議論の対象となっている論点を本章の検討の対象に含めることはもちろん，実際の会計基準・会計実務についても概念フレームワークとの理論的整合性の観点から検討の対象としていく．また，検討の対象たる概念フレームワークとしては，主としてわが国の『討議資料』を取り上げるが，特徴を明確にする必要等に応じて米国財務会計基準審議会（Financial Accounting Standards Board；FASB）による一連の財務会計概念書（FAC 1～7），国際会計基準審議会（International Accouting Standards Board；IASB）の「財務諸表の作成表示に関する

フレームワーク」(IASC, 1989) なども取り上げる.

以下,議論の対象としうる論点について,おおむね『討議資料』の構成順序に従って検討を加えることにする.なお,取り上げた具体的な論点は,主に実証研究の対象として適当かという観点から取捨選択されているものであり,必ずしも会計基準と概念フレームワークをめぐる問題点を体系的・網羅的に取り上げたものではない.

2. 会計情報の質的特性をめぐる問題点

(1) 総説

わが国の『討議資料』を含め,概念フレームワークにおいて検討されている会計情報の質的特性の箇所では,財務報告の目的である意思決定有用性 (decision usefulness) は,関連性 (relevance) と信頼性 (reliability) という2つの主たる質的特性によって支えられている[2].この2つの質的特性については,一般に,特定の会計処理を選択するに際してトレードオフの関係が観察されるといわれている.典型的には,活発な市場が存在しない金融商品の時価会計について,関連性を有するが信頼性が乏しいので時価会計を適用すべきでないとか,物価変動会計情報についても,関連性を有するが信頼性が乏しいので利用者は当該情報に依拠して行動しないなどの主張が展開されてきた.

最近の基準設定においても,IASB が損益計算書における特別損益区分を廃止した (IAS 1, par. 85) が,その理由の1つは経営者の恣意性を排除して十分な信頼性を確保することができないということであった.特別損益区分は,恣意性が介入しない形で客観的に定義できるのであれば持続的利益の計算に役立ち,もって関連性を高めると期待されるが,そうでなければ当該区分を設けることによって信頼性に疑義のある持続的利益が開示され,利用者がミスリードされる可能性が指摘されている.このような推論は,かつての仮定上の利益 (pro-forma earnings) の開示実務の有用性と弊害の相克からみて,容易に理解することができよう.

さらに,『討議資料』においては,意思決定有用性を支える質的特性の1つとして比較可能性が提示されていない.この結論は,たとえばIASB のフレー

ムワークにおいて比較可能性が会計情報の有用性を支える4つの主たる質的特性の1つとされていること，FASBの概念書において比較可能性が関連性と信頼性という主たる特性を支える二次的な特性と位置づけられていることと比べて，対照的である．『討議資料』において問題とされていることは，比較可能性を強調しすぎると，異なる経済事象に対して画一的な会計処理方法を適用することとなり，かえって経済事象の差異を忠実に表現することにはならないのではないかということである．つまり，比較可能性を高めることで，表現の忠実性，関連性が犠牲とされ，ひいては当該情報の有用性を総体的に低めることにはならないかという疑問が提起されている．

以上のような複数の質的特性間のトレードオフまたはコンフリクトの構図で議論される問題のうち代表的なものとしては，①数値基準の廃止，②代替的方法の削減，および③特別損益区分の廃止の問題があげられるであろう．以下，それぞれの問題について検討する．

(2) 数値基準の廃止

第1の検討対象としては，複数の代替的な会計方法が存在する状況において，ある特定の方法を適用するための要件として数値基準（bright line）を定める場合があげられる．一般に，このような数値基準は，企業の会計操作の余地を狭め，結果として生み出される情報の比較可能性を高める役割が期待されている．しかしながら，他方において，数値基準によって表現することができない実態の差異が軽視または無視される傾向があり，このことが総体的に情報の有用性を低める結果になっていないか検討する必要があろう．

この問題はさらに，以下のように，(a)今後数値基準の廃止が検討される可能性があるものと(b)すでに数値基準が廃止されたものとに分けることができ，それぞれに対する分析のアプローチは異なってくる．

(a) 数値基準の廃止が検討される可能性があるもの

たとえば，わが国の会計基準では，特定の所有権移転外リース取引がファイナンス・リース取引に該当するかどうかの判定に際して，①リース物件の現在価値がその公正価値の90％以上であることおよび②解約不能リース期間が当該リース物件の経済的耐用年数の75％以上であることという，2つの要件が適用

され，そのいずれかを満たした場合には当該リース取引はファイナンス・リース取引として判定されることとされている（「リース取引に関する会計基準の適用指針」第9項）．このような数値基準は，契約の内容を恣意的に構成する（ストラクチャリング）ことによって基準の潜脱が可能となるなどの批判がかねてより展開されてきた．そのような潜脱を防止するためには，数値基準を廃して実質基準によるべきであると主張される．最近の細則主義（rules-based）を廃して，原則主義（principles-based）に回帰すべきであるとする主張とも通じるところがある．

　そこで，将来的に，上記のような数値基準を廃してリース取引の分類を実質的な判断に委ねる実質基準によるものとした場合どのような経済的な影響が生じるかについて，あらかじめある程度想定しておく必要があろう．しかしながら，直感的には，数値基準の廃止によってただちにファイナンス・リース取引に分類されるリース取引の範囲が拡大するとか，あるいはそれに伴って提供される財務諸表の有用性が高まるなどとは簡単にはいえそうにない．そもそも基準の趣旨は，借手の支配下にあるリース物件については借手の資産として表示し，借手の負担に属するリース料の支払義務は借手の負債として表示することにあると考えられるが，数値基準を廃止して実質的な判断を経営者に委ねることによって，ボーダーラインに存在する取引を恣意的に構成することによるコストを軽減することができても，（数値基準だろうが実質基準であろうが）あらかじめ判断基準が定められていれば，実質的な判断に新たな恣意性が介入しうるであろうし，さらに別の観点からの取引の恣意的構成が生ずるであろうということも想定できる．

　その他にも，重要性の判断に係る数値基準がある．報告対象セグメントの判別に際しては，売上高，営業損益および資産のうちいずれかが連結全体の数値の10％以上であるかどうかが問われている（「連結財務諸表規則」様式第1号ないし第3号）．また，退職給付会計において，基礎率の変更を要するかどうかについての重要性の判断に際して退職給付債務の10％の変動という数値基準が採用されている（「退職給付会計に関する実務指針」18項〜21項）．

　また，有価証券および棚卸資産に対していわゆる強制評価減の規定を適用する際も，著しい時価の下落の存在を判定する上で簿価に対する時価の下落率が

その50％程度以上または30％未満の場合などに区分しており，数値基準が適用されているといえる（「金融商品会計に関する実務指針」283-2項～285項，「販売用不動産等の強制評価減の要否の判断に関する監査上の取扱い」4）．減損会計においても，減損の兆候の1つにあげられている時価の著しい下落の判断に際しては，簿価の50％以上の時価の下落という数値基準が適用され（「固定資産の減損に係る会計基準の適用指針」14項），さらに割引前キャッシュ・フローの見積もりに際しても20年分のキャッシュ・フローを織り込むという上限が設定されている（「固定資産の減損会計に係る会計基準注解」注4）．

(b) すでに数値基準を廃止したもの

すでに数値基準を廃して実質基準を導入した場合，そのことによって実際に会計情報の有用性が高まったかということも検討の対象になるであろう．たとえば，連結財務諸表の作成に際しての連結の範囲の問題については，従来の50％超の持株比率を基礎とする持株基準（数値基準）に対しては画一的な運用から生ずる問題点が指摘され，支配力基準（実質基準）へと変更されたところである（「連結財務諸表制度の見直しに関する意見書」第二部二の1）[3]．

このような数値基準の廃止（実質基準の導入）によって，連結子会社数は大きく増加したといわれている．数値基準を廃止する目的は，すべての被支配企業を子会社とすることによって連結財務諸表の有用性を高めることにあったといわれているが，数値基準の廃止によって連結子会社数が増えて連結財務諸表の有用性が高まったといえるのであれば，画一的な比較可能性を追求することによる弊害が縮小したと考えることができるであろう．しかしながら，わが国の場合，実質基準に変更したといっても，実際のところは支配の存在を判断する目安として40％という持株比率が用いられており（「財務諸表等規則」第8条第3項-第4項），いわば50％超という数値基準が40％以上という数値基準に変更されたと解すべき事情もある．このため，実質基準を導入することによって連結子会社数が減少することはなく，（その他の事情が一定であれば）確実に連結子会社数は増加するはずである．このような状況から考えると，数値基準を廃止したからただちに連結財務諸表の有用性が向上したとはいえないであろう．

このように，数値基準の廃止によってただちに財務諸表の有用性が高まると

はいえず，具体的なケースごとにその是非を検討すべきであろう．とくに数値基準には，それによって得られる情報を利用者の側が理解していればかえって測定者による誤差の小さい情報が提供されるというメリットも考えられる．

　少なくとも，数値基準と実質基準は，相互に排他的な関係にあるわけではなく，実質基準を補完するものとして数値基準を利用するというのが従来の会計基準において観察された使い分けであったように思う．その意味では，会計基準の設定において両者の使い分けを二者択一的に考えるのではなく，両者をいかに適切にウエイトづけするかがむしろ重要な問題であろう．

(3) 代替的方法の削減

　第2に，会計情報の質的特性の比較考量に関連する問題としては，従来認められていた複数の代替的な方法を削減して，できるだけ企業側の選択肢を狭めるという方向性の問題を挙げることができる．この代替的方法の削減については，とくに画一的な比較可能性の追求が有用性の向上に結びつくのかという疑問が提起されている．

　例えば，企業結合の会計処理が典型例であろう．従来，実態の異なる企業結合取引に対して，パーチェス法と持分プーリング法という2つの会計処理方法が適用されてきたが，持分プーリング法の濫用が実務において多々観察されるに至って，米国基準や国際会計基準では持分プーリング法の禁止という方策がとられている（IFRS 3；FAS 141）．同様に，棚卸資産の原価配分方法の1つである後入先出法についても，利益操作の余地や通常の在庫管理方針との不整合などの観点から，国際会計基準ではその適用が禁止されることとなっている（IAS 2）．

　また，実際に基準化されるには至っていないものではあるが，すべての金融商品に対して時価会計を導入するという考え方もある（JWG, 2000）．現在の会計基準では，金融商品の評価は，売買目的，支配・影響力行使目的，満期保有目的，ヘッジ目的などの目的別の観点から異なる会計処理が定められているが，先述の考え方ではすべての金融商品に対して時価会計を適用することによって情報の比較可能性が高まると考えられている．

　このような代替的方法を削減するアプローチにおいては，一般に，作成者側

の会計操作の余地を減じることが目的の1つとされている．そこでは，会計操作の余地を残すことによって情報の信頼性（表現の忠実性）が失われるというコストが強く意識され，取引の実態が相違しているにもかかわらず同一の会計処理方法を適用することによって比較可能性が高まると主張されている[4]．他面，このようなアプローチを採ることによって，かえって実態の差異を覆い隠す結果となるという意見もあり，代替的方法の削減が会計情報の有用性を高めることにつながるか（また会計操作の余地がどの程度のコストとして認知されているのか）についても検討の対象とする必要があろう[5]．

(4) 特別損益区分の廃止

さらに，損益計算書における特別損益区分の廃止の問題も，会計情報の質的特性に関連する問題の1つであろう．すでに述べたように，IASBが特別損益区分を廃止した理由の1つは，恣意的な損益区分によって特別損益を加減する前の利益（持続的利益）を操作することが可能となることに対する懸念である．

もっとも，このような損益計算区分がすべて廃止されるのかというとそうではなくて，たとえば，廃止事業関連損益などはむしろ厳格に区分される傾向にある．わが国における特別損益には，この廃止事業関連損益が含まれていると考えられるので，IASBが一律に特別損益を区分しないというわけではないことには注意を要する．つまり，IASBは，区分損益表示に意味がないと考えているわけではなく，むしろ区分表示の意義は認めつつも客観性に疑念のある区分方法は廃止するという考え方に立っていると思われる．そこでは，区分表示に伴うベネフィットと会計操作のコストとが秤にかけられている．

3．財務諸表の構成要素をめぐる問題点（その1）──利益の帰属主

(1) 総説

わが国の『討議資料』の特性の1つとして，財務諸表の構成要素として純利益と包括利益という2つの利益概念が提示されていることがあげられる[6]．

現在，純利益と包括利益の相対情報内容については，多くの研究成果が蓄積

されつつある．その分析対象は親会社株主帰属利益としての純利益と包括利益であり，企業業績の認識時点の差異に焦点が当てられている．『討議資料』では，このような企業業績の認識時点の問題のみならず，利益の帰属主（income recipients）としての株主の範囲も利益概念の定義に影響しており，この観点からの分析も必要となっていると思われる．

また，利益の帰属主としての株主の範囲の問題は，貸借対照表における負債と資本の区分の問題としても表面化している[7]．『討議資料』では，貸借対照表の貸方は，債務性の有する「負債」とそれ以外の「純資産」に区分され，さらに純資産において親会社株主持分を表す「株主資本」とその他の要素が区分されている．少数株主持分と新株予約権は，株主資本以外の要素に含まれると解される[8]．実証研究の観点からは，少数株主持分や新株予約権が利用者によって負債としてとらえられているかどうかを検証することが課題となろう．

(2) 少数株主持分
1)『討議資料』における純利益と包括利益の概念
上述したように，『討議資料』においては，純利益と包括利益という2つの利益概念が財務諸表の構成要素として明示されており，この2つの利益概念は，実質的に，利益が帰属する株主の範囲と利益の認識時点の2つの観点から

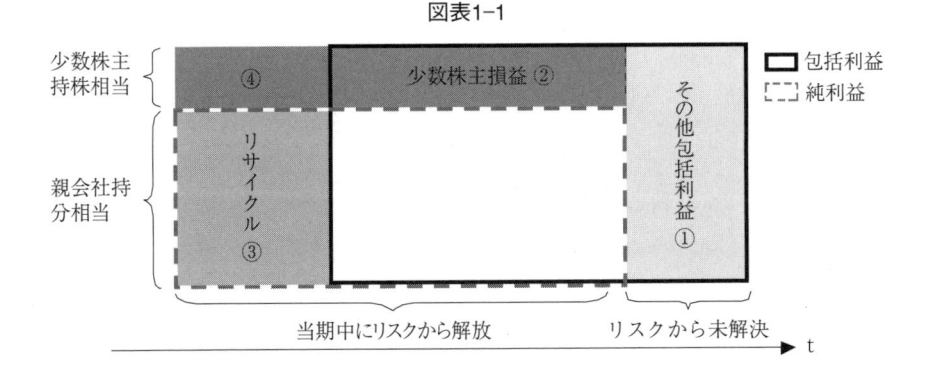

図表1-1

定義されている．すなわち，純利益は，親会社株主に帰属する利益で事業リスクから解放された投資の成果として定義され，他方，包括利益は，子会社少数株主を含めた株主に帰属する利益で資産・負債の評価に依存して測定されるものとして定義されている．

純利益と包括利益との関係を図示すると図表1-1の通りである．横軸で利益の認識時点の相違を表現し，縦軸で利益が帰属する株主の範囲を示している．

この図では，太線の枠が包括利益，破線の枠が純利益を表している．包括利益と純利益の横軸方向のズレは，「認識時点（タイミング）」のズレに起因するものであり，包括利益と純利益の縦軸方向へのズレは，株主の「範囲」の違いに起因するものである．両者の関係を式の形で表現すると，次の通りである．

包括利益－（①その他包括利益繰入＋②④少数株主損益）
＋③④その他包括利益リサイクル＝純利益

また，数値例を示すと次の通りである．

親会社　包括利益と純利益ともにゼロ
子会社　包括利益　1,000
　　　　純 利 益　　900（＝包括利益1,000－その他包括利益繰入200
　　　　　　　　　　　　　　＋リサイクル100）
　　　　少数株主持分比率20%

この数値例に従って，連結財務諸表における包括利益と純利益を計算すると次のようになる．

包括利益＝1,000
純利益＝900－少数株主損益900×0.2＝720

さらに，この両者の関係は次のように表現される．

純利益＝包括利益1,000－（その他包括利益繰入200＋少数株主損益180）
　　　＋リサイクル（親会社株主帰属と少数株主帰属）100＝720

2) FASB 公開草案における純利益と包括利益の表示

また，FASB が2005年6月に公表した連結財務諸表に関する公開草案では，現行の損益計算書と包括利益計算書という2つの業績報告書からなる業績報告の体系（両者の結合，持分変動計算書での開示など認められた様式のバリエーションはある）をベースにしながらも，損益計算書で表示される純利益として少数株主損益（非支配持分帰属純利益）控除前の純利益と同控除後の純利益（支配持分帰属純利益）という2つの純利益が示され，少数株主損益控除前の純利益を受けて連携する包括利益計算書においては少数株主損益（非支配持分帰属包括利益）控除前の包括利益と同控除後の包括利益（支配持分帰属包括利益）という2つの包括利益が示されている（FASB, 2005, pars. 21-22 and Appendix A）. その結果，持分の定義から派生して純粋に定義される，少数株主損益控除前の（純粋に定義される）包括利益のみならず，他の3つを加えた4種類の最終利益が表示されるという案となっている[9].

上記の数値例に従い，FASB 公開草案による損益（純利益）計算書と包括利益計算書を示すと，次の通りである．

損 益 計 算 書

純利益	900
非支配持分帰属純利益	180
支配持分帰属純利益	720

包括利益計算書

純利益	900
その他包括利益繰入	＋200
その他包括利益リサイクル	－100
包括利益	1,000
非支配持分帰属包括利益	200
支配持分帰属包括利益	800

このように複数の提案がある企業業績の最終利益として表示される利益概念に関連して，それらの利益概念の相対情報内容は，実証的な研究対象として興味深いものがあると思われる．もっとも，根本的には，少数株主を含めた株主全体の帰属利益を計算することの意義が問われているとも考えられ，負債を債務性のあるものに限定的に解する現行の概念フレームワーク論についても再検討の余地はあると思われる[10]．

3) 負債と資本の区分と会計処理

少数株主持分を負債または資本のいずれとして貸借対照表に表示するかという問題は，単純な表示問題ばかりではなく，利益計算等の会計処理にも影響を及ぼしている．

たとえば，少数株主持分を資本（株主持分）とみる FASB 公開草案では，子会社が損失を計上して資本がマイナスとなった場合，少数株主持分をマイナスとする会計処理を提案している．従来は，子会社の資本がマイナスとなった場合，その全額を親会社が負担するとみて，少数株主持分のマイナスとなるべき額を親会社持分から控除する会計処理が行われていた．

この問題は，少数株主と親会社株主の法律的な地位や商慣行に関する問題であり，各国の会計を支える制度的基盤を分析しなければならないとともに，子会社のマイナスの資本を誰が負担するかという問題を投資家がどのようにとらえているかを検証することが重要であろう．

また，親会社持分の一部（子会社株式）を売却する場合に生ずる売却差額の会計処理も，少数株主持分を負債とみるか資本とみるかで異なってくる．少数株主持分を負債とみる場合，親会社持分の一部売却は株主から外部者への持分売却ととらえることができるので，当該売却差額は損益として処理すべきであろう．これに対して，少数株主持分を資本とみる場合，親会社持分の一部売却は，親会社株主から少数株主という同じ株主グループ間における持分の移動（株主間の株式の売買）であるから，当該企業集団の立場からは損益を生じさせる取引とはならないので，当該売却差額は資本剰余金の増減として処理することになろう．このような会計処理の違いも，上述した子会社のマイナスの資本と同様の分析の対象となろう．

さらに，少数株主持分を負債または資本のいずれとみるかによって，のれん

の会計処理も異なってくる．少数株主持分を負債（外部者持分）とみる場合には，のれんを取得したのは親会社株主のみであり，いわゆる買入のれんだけが計上される．これに対して，少数株主持分を資本（親会社株主と同じ株主持分）とみる場合には，親会社株主と子会社少数株主が共同で子会社を取得したと考える．したがって，のれんとして計上されるべき額は，親会社株主が支払った対価に係る金額のみならず，子会社少数株主が支払ったと仮定される対価に係る金額も含まれる．買入のれんによる場合と全部のれんによる場合に得られる会計情報の相対情報内容についても，実証研究の対象となりうるのではないか．

(3) 新株予約権

　また，新株予約権についても，少数株主持分に類した問題が指摘されている．確かに，少数株主の場合とは異なり，株主ではない新株予約権者に利益が帰属する余地はないから，少数株主損益に相当する帰属利益は存在しない．この意味では，少数株主持分と同様の分析はできない．

　問題として残るのは，新株予約権の評価（失効を含む）に伴う損益の会計処理である．わが国の現行基準では，新株予約権付社債の発行に際して普通社債と新株予約権に分離処理した場合，分離された新株予約権は負債として取り扱われ，その失効（負債の消滅）に際しては戻入益が計上されている（「金融商品に関する会計基準」38項）．しかし，新株予約権を拠出資本の一部と考える米国基準や国際会計基準においては，新株予約権が失効してもそのまま拠出資本として残存し，利益への戻し入れは生じない．この取扱いは，株式を消却しても拠出資本を減額しないのと同様である．

　また，そもそも新株予約権を負債と考え，新株予約権者を除く株主への帰属利益の観点から継続的再評価を行い，再評価損益を株主帰属利益に計上する会計処理も提案されている（Olson and Penman, 2005）．この会計処理では，自社株の時価に相当程度連動する新株予約権の時価についてその変動額を純利益に含めるということが問題となると考えられる．たとえば，株価が上昇すると，負債（新株予約権）が増加し，場合によっては多額の損失が計上されることになる．もちろん，親会社株主の観点からは，新株予約権の価値の増加に伴

って，持分の希薄化が生じており，上記の損失は持分希薄化損失を意味しているのであるが，他方で親会社株主の持分の価値（株価）の上昇の方は貸借対照表には反映されないのであるから，バランスを失する面がある．

さらに，新株予約権の権利行使時において増加する資本の額をどのように測定するかという問題も残されている．現行基準のように，新株予約権を負債と考え，権利行使または失効の顛末が明らかとなるまで発行時の価額のまま維持するのであれば，当該金額を資本に振り替えるのが自然であろう．この場合，資本の額は，新株予約権発行時点での払込金額と権利行使時の払込金額の合計額となり，歴史的な現金収入額で評価される．もちろん，新株予約権を負債と考える場合でも，権利行使時に負債から資本に振り替える額を当該時点における時価（株価）によって評価するという考え方もあろう．この場合には，負債の簿価と新たな資本の評価額との差額をどのように取り扱うかによってとくに利益計算へ影響が及ぶことになる．

以上のように，新株予約権については，これを負債とみると資本とみるか，継続的再評価をするか否かといった点が実証研究につながる論点となりうるのではないかと思われる．

4．財務諸表の構成要素をめぐる問題点（その2）
――構成要素の定義と会計基準

(1) 総説

財務諸表の構成要素をめぐる問題点として，資産・負債等の各構成要素の定義と会計基準との整合性に関する論点を指摘することができる．

『討議資料』をはじめとする概念フレームワークにおいて財務諸表の各構成要素について定義が示されているが，現行の会計基準においては，その取扱いが概念フレームワークの定義と整合的でない項目が散見される．このような項目については，概念フレームワークに準拠した取扱いへと会計基準を改訂することによって，財務諸表の有用性が高まるかどうかを検証することが必要となると思われる．

以下では，①繰延収益と非債務性引当金，②リースその他のオフバランス金

融などを取り上げることにする.

(2) 繰延収益と非債務性引当金

　概念フレームワークにおける負債の定義では，一般に，いわゆる債務性（obligation）が重要な要件の1つとなっている．このため，債務性に疑義がある繰延収益（負ののれん，国庫補助金，繰延ヘッジ利益など）については，米国の概念フレームワークのように負債として表示せずに資本として表示する方向が考えられるが，『討議資料』では，これを負債として表示しないものの，純資産の中の「その他の要素」として表示する考え方が提示されている．もっとも，たとえば負ののれんについては，繰延収益とはしないで当期の利益に含めて認識する方法が米国基準などでは採用されているので，この考え方を採ればそもそも負ののれんを繰り延べて貸借対照表上負債と資本のいずれに表示するかという問題は生じない．同様に，国庫補助金や繰延ヘッジ利益についても，負債に該当しないから将来の期間に繰り延べず当期の純利益に含めて認識すべきであるとの議論も行われている．

　また，修繕引当金等のいわゆる非債務性引当金についても，負債として表示するのではなく，純資産の中の「その他の要素」や資産の控除項目として表示することが考えられる．非債務性引当金については，そもそも債務性の範囲が問題となってくる[11]．つまり，債務性を認める範囲をいわゆる法的債務に限定するかどうかということについて検討する必要がある．非債務性引当金として負債に計上される項目の範囲が限定されると，その表示場所が問題となってくるが，引当金の計上が認められないので当期の利益に含めておくか，またはいったん純資産中の「その他の要素」に含めておくかのいずれかになろう．なお，修繕引当金については，減損会計の枠組みにおいて将来のキャッシュ・フローの減額要因としてとらえる考え方もあり（IAS 36など），この考え方を採れば修繕引当金はむしろ資産から控除されるべき項目であり，独立の負債（貸方項目）としての地位は与えられない．

　以上のような取扱いをすれば，負債として表示されている項目は相当程度の確実性をもって将来のキャッシュ・アウトフロー（経済的資源の流出）を想定できるものに純化されることになる．その結果，貸借対照表の貸方側は，請求

権のおおよその優先劣後関係が明確に示されるようになり，(とくに契約支援の観点から) 貸借対照表の有用性を高めることが期待される．したがって，これらの項目については，投資家が負債と考えているのかどうか，その価値関連性を検証する必要があろう．

(3) リースその他のオフバランス金融

　財務諸表の定義と会計基準に関する問題として次に指摘したいものは，リースその他のオフバランス金融の問題である．

　概念フレームワークにおける資産の定義では，所有権の存在は必要条件ではなく，支配の存在が重要な要件の1つとなっている．このため，支配の存在を認めることができるファイナンス・リースによって調達した物件については，これを資産として扱ってきたのが現行の実務である．

　しかし，わが国における従前の会計基準では，所有権移転外ファイナンス・リース取引によって調達したリース物件は，一定の注記を行うことを条件に，オフバランス処理を行うことが認められており，このオフバランス処理が支配的な実務であったといわれている．さらに，国際的な基準設定においては，解約不能なオペレーティング・リース取引によって使用しているリース物件の使用権を資産として認識する会計処理が検討されている．このようなリース資産について，投資家側が一般の資産と同様にとらえているのかどうかは実証的な検討の対象となろう．また，リース取引に係るリース料の支払義務についても，これを投資家が貸借対照表における通常の負債と同等にみなしているかどうかも分析の対象となろう．

　リースの問題は，いわゆる特別目的会社などを通じたオフバランス金融の問題などに通じる問題でもあり，オフバランス処理をする場合とオンバランス処理をする場合のそれぞれの相対的な有用性が分析の対象となりうると考える．

5．財務諸表の認識と測定をめぐる問題点

(1) 総説

　概念フレームワークにおいて一般に取り上げられている財務諸表の認識と測

定の問題に関連しては，将来不確実なキャッシュ・アウトフローが生ずるような下方バイアスのある項目の認識と測定の問題を取り上げておきたい．

たとえば，『討議資料』においては，諸外国の概念フレームワークと同様，特定の財務諸表項目の認識のための要件の1つとして，一定の閾値を超える蓋然性の存在をあげている．典型的には，この問題は引当金などの負債の認識において観察することができる．

(2) 固定資産に係る閉鎖負債

米国の会計基準では，固定資産の解体撤去に伴う負担について，その公正価値の測定を一定の信頼性をもって行うことができるようになった時点で閉鎖負債を認識し，それに伴うコストは固定資産の簿価に加算して減価償却を通じて費用配分する会計処理が行われている (FAS 143)．

この閉鎖負債は，有形資産への投資額の大きい企業にとっては相対的に大きな金額となりうるものであり，とくに貸借対照表上は負債比率等の悪化，損益計算書上は閉鎖時に生じるべき費用の前倒しという影響が考えられる．典型的には，原子力発電設備やアスベスト使用設備の撤去に係る負債であり，しばしば「環境負債」などと呼ばれているものが該当する．

実証研究の面からは，固定資産に係る閉鎖負債を証券市場は負債と評価しているのかが検討の対象となりうる．これは，財務諸表における認識の要件としての蓋然性の閾値をどの程度に設定する必要があるのかという問題と結びつく．さらに，利用者の資産と負債に係るリスク選好の違いを考慮に入れれば，資産に対して要求される蓋然性の程度と負債に対して要求される蓋然性の程度は異なるべきであるとする意見もある（日本銀行金融研究所，2004）．しかし，概念フレームワーク論では，一般に，保守主義を廃して中立性を重視する観点から，このような非対称性（バイアス）に対しては消極的な態度をとってきた．この資産と負債に要求される蓋然性の非対称性の問題も，実証的な検討の対象となろう．

(3) 債務保証

債務保証についても，一定の蓋然性の要件を満たす場合には，貸借対照表に

おいて負債（引当金）として認識する実務が行われている．米国では，債務保証については契約時においてその公正価値（公正な保証料収入相当額）をもって原始認識することとされており（FIN 45），事実上，一定レベルの蓋然性を要求する偶発事象（引当金）の会計処理とは異なる会計処理が要求されている．他方，わが国では，このような債務保証の時価による原始認識が行われていないし，債務保証引当金の認識についても，債権の信用リスクに対しては貸倒引当金が広く実務上は認識されているのに比べて，債務保証に係る信用リスクに対しては債務保証引当金による手当てがあまり行われていないのが実情ではないかと思われる[12]．

このような負債認識を積極的に行うアプローチについては，(2)で論じたのと同様，偶発資産について保守的な会計処理を行う実務との関係を概念的に問い直す必要があろう．また，この問題に関連しても，一定の閾値の蓋然性を要求する認識基準を設定するアプローチと蓋然性を公正価値の測定に織り込んで認識に際しては蓋然性のレベルを問わないアプローチとを比較分析する意味はあると思われる．

6．総括と展望

以上のように，本章では，会計基準と概念フレームワークをめぐる問題点の中から，実証研究に結びつけていくことが可能な発展的な論点を指摘してきた．また，理論的に考えうる代替的な会計方法を分析し，現時点で主にどのような議論が行われているかについても説明を加えてきた．

これらの論点のうちの一部は，以下本書の各章において取り上げられている．実証研究が行われることによって，これまで明確な結論を得ることができなかった論点については新たな議論の展開が期待できるし，さらに実証結果を理論研究や基準設定へとフィードバックさせることによって，それらの再構築が図られていくことが期待される．　　　　　　　　　　　　　　（川村　義則）

注
1　『討議資料』の詳細については，斎藤編（2005）を参照されたい．

2 わが国の『討議資料』のとりまとめの過程では、意思決定関連性と信頼性に加えて、「内的整合性」(internal consistency) も有用性を支える主たる質的特性とすることが検討されていた。
3 これに伴い、重要性が乏しいことを理由に連結の範囲から除外される子会社に関する数値基準（資産、売上高、利益、利益剰余金について、連結全体に占める当該子会社の割合が3～5%）も実質的に廃止された（「連結の範囲及び持分法の適用範囲に関する重要性の原則の適用に係る監査上の取扱い」（「監査委員会報告」第52号）参照）。
4 たとえば、取引の実態における差異を無視して同一の方法を適用することにより、異なるものを同じように表示することになりかねない（『討議資料』21項を参照）。
5 金融商品会計における目的別評価と全面時価評価の問題に対して、コスト対ベネフィットの観点から論じたものとして、大塚・川村（2002, pp.261-287）を参照。
6 なお、米国の概念書5号では、財務諸表の構成要素としてではないが、稼得利益（earnings）が取り上げられており、稼得利益と包括利益（comprehensive income）の関係が述べられている（FAC 5, pars. 30-44）。
7 たとえば、川村（2004, pp.73-103）参照。
8 企業会計基準委員会から2005年8月に公表された「企業会計基準公開草案第6号・貸借対照表の純資産の部の表示に関する会計基準（案）」において、同様の基準案が提案されており、少数株主持分と新株予約権は「株主持分以外の各項目」に含まれる。
9 さらに優先株を発行している場合などは、優先配当控除前と同控除後の純利益が示されるので、最終利益の種類はさらに増える可能性がある。つまり、この様式は、帰属主別の利益を多段階的に表示する様式とも解される。詳しくは、Schroeder et al.(2001, pp.82-85) を参照。
10 現行の負債概念は、債権者と株主の相対的な請求権の優先劣後関係を示すことに重点が置かれており、残余持分権者に帰属する資本を限定的に関する立場からは、狭義に過ぎるとも考えられる（川村，2004）。むしろ、負債を非資本（非親会社株主持分）と考える主張も展開されている。古くはStaubus（1959）などを、最近のものではKirschenheiter et al.（2004）などを参照。
11 引当金の計上の要件が負債の定義のみに依存するのであれば、引当金の概念は、会計基準上は不要であろう。最近のIASBの議論でも、「引当金」(provision) の概念は不要であるとの方向で検討が進められているようである。
12 貸倒引当金と債務保証引当金の設定は、理論的には、同じ信用リスクに対しては同額が設定されるはずである（川村，1999）。

参考文献

FASB (Financial Accounting Standards Board) (1978) Statement of Financial Accounting Concepts No. 1, *Objectives of Financial Reporting by Business Enterprises*, Norwalk, CT : FASB（平松一夫・広瀬義州訳 (2002)『FASB 財務会計の諸概念 増補版』中央経済社）.

FASB (Financial Accounting Standards Board) (1980) Statement of Financial Accounting Concepts No.2, Qualitative Characteristics of Accounting Information, Stamford, CT: FASB (平松一夫・広瀬義州訳 (2002)『FASB 財務会計の諸概念 増補版』中央経済社).

FASB (Financial Accounting Standards Board) (1984) Statement of Financial Accounting Concepts No.5, *Recognition and Measurement of Financial Statements*, Stamford, CT: FASB (平松一夫・広瀬義州訳 (2002)『FASB 財務会計の諸概念 増補版』中央経済社).

FASB (Financial Accounting Standards Board) (1985) Statement of Financial Accounting Concepts No.6, *Elements of Financial Statements*, Stamford, CT: FASB (平松一夫・広瀬義州訳 (2002)『FASB 財務会計の諸概念 増補版』中央経済社).

FASB (Financial Accounting Standards Board) (2000) Statement of Financial Accounting Concepts No.7, *Using Cash Flow Information and Present Value in Accounting Measurements*, Norwalk, CT: FASB (平松一夫・広瀬義州訳 (2002)『FASB 財務会計の諸概念 増補版』中央経済社).

FASB (Financial Accounting Standards Board) (2001a) Statement No.141, *Business Combinations*, Norwalk, CT: FASB.

FASB (Financial Accounting Standards Board) (2001b) Statement No.143, *Accounting for Asset Retirement Obligations*, Norwalk, CT: FASB.

FASB (Financial Accounting Standards Board) (2002) Interpretation 45, *Guarantor's Accounting and Disclosure Requirements for Guarantees, Including Indirect Guarantees of Indebtedness of Others*, Norwalk, CT: FASB.

FASB (Financial Accounting Standards Board) (2005) Exposure Draft, *Consolidated Financial Statements, Including Accounting and Reporting of Noncontrolling Interests in Subsidiaries*, Norwalk, CT: FASB.

IASB (International Accounting Standards Board) (2003) International Accounting Standard 2, *Inventories*, London, U.K.: IASCF.

IASB (International Accounting Standards Board) (2004) International Financial Reporting Standard 3, *Business Combinations*, London, U.K.: IASCF.

IASC (International Accounting Standards Committee) (1989) *Framework for the Preparation and Presentation of Financial Statements*, London, U.K.: IASC.

JWG (Joint Working Group of Standard Setters) (2002) *Draft Standard and Basis for Conclusions: Financial Instruments and Similar Items*, London, U.K.: IASC.

Kirschenheiter, M., R. Mathur and J. K. Thomas (2004) "Accounting for Employee Stock Options," *Accounting Horizons* 18, pp.135–156.

Olson, J. A., and S. H. Penman (2005) *"Debt vs. Equity: Accounting for Claims Contingent on Firms' Common Stock Performance with Particular Attention to Employee Compensation Options,"* White Paper No. 1, Columbia Business School.

Schroeder, R. G., M. W. Clark and J. M. Cathey (2001) *Accounting Theory and Analysis: Text Cases and Readings*, 7th ed., New York, NY: John Wiley & Sons (加古宜士・大塚宗

春監訳(2004)『財務会計の理論と応用』中央経済社).
大塚宗春・川村義則(2002)「金融商品の評価」斎藤静樹編著『会計基準の基礎概念』中央経済社.
川村義則(1999)「現在価値の測定をめぐる問題について—保証債務の会計処理への応用」『會計』第156巻第6号, pp.842-856.
川村義則(2004)「負債と資本の区分問題の諸相」『金融研究』第23巻第2号, pp.73-104.
企業会計基準委員会(2006)『「討議資料」財務会計の概念フレームワーク』財務会計基準機構.
斎藤静樹編著(2005)『詳解「討議資料・財務会計の概念フレームワーク」』中央経済社.
日本銀行金融研究所(2004)「ワークショップ『会計上の負債と資本—キャッシュ・アウトフローにかかるリスクの認識・評価』の模様」『金融研究』第23巻第2号, pp.1-22.

2 会社法計算規定と資本会計における諸問題

1．本章の目的と構成

　会社法が，平成17年7月26日に公布され，平成18年5月1日に施行された．法制審議会の「会社法制の現代化に関する要綱」(平成17年2月9日)では，会社法制定の基本方針として，会社法制の現代語化だけではなく，実質改正についても示されていた．現代語化には，片仮名文語体の平仮名口語体化を図ることに加え，用語の整理，解釈等の明確化のための規定の整備，商法第2編，有限会社法，商法特例法等の各規定について1つの法典としてまとめることが含まれており，実質改正の内容としては，会社に係る諸制度間の規律の不均衡の是正等を行うとともに，最近の社会経済情勢の変化に対応するための各種制度の見直し等が含まれていた．

　会社法による計算関係の改正内容としては，(1)財源規制を課す剰余金の分配の範囲，(2)財源規制における分配可能額の算定方法，(3)剰余金分配に係る取締役等の責任，(4)剰余金分配手続，(5)資本の部の計数，などが挙げられる．剰余金分配手続や資本の部の計数の変動手続に関する改正の結果，利益処分（損失処理）計算書ではなく，株主資本等変動計算書の作成が必要とされたことを除けば，会社法の影響で会計基準の改正が必要とされた箇所は限られている．むしろ会社法は会計処理を規制することから手を引いたかのように見える状況にあった．

　会社法公布後，企業会計基準第5号「貸借対照表の純資産の部の表示に関す

る会計基準」，企業会計基準適用指針第 8 号「貸借対照表の純資産の部の表示に関する会計基準等の適用指針」（平成17年12月 9 日），改正企業会計基準第 1 号「自己株式及び準備金の額の減少等に関する会計基準」，改正企業会計基準適用指針第 2 号「自己株式及び準備金の額の減少等に関する会計基準の適用指針」，企業会計基準第 6 号「株主資本等変動計算書に関する会計基準」，企業会計基準適用指針第 9 号「株主資本等変動計算書に関する会計基準の適用指針」（平成17年12月27日）などが，会社計算規則公布までの間に公表されているが，会社法の規定に合わせるために会計基準等の設定や改正が行われたというよりも，平成16年に公表された討議資料「財務会計の概念フレームワーク」の方向にわが国の会計基準を合わせるために改正が行われたと理解するほうが，実態に即している．

　会社法に関連して，平成18年 2 月 7 日に会社法施行規則，会社計算規則，電子公告規則が公布され，一部改正された上で， 5 月 1 日に施行された．会社計算規則には，純資産の部に関連して非常に細かい規定が設けられており，会社法の流れとは逆行しているような印象さえ受ける内容となっている．さらに，利益準備金，その他利益剰余金の資本金への振替が禁止されたことについては，パブリック・コメントの段階から，このような規定を設けるためには法律改正が必要という批判もあった[1]．

　会社計算規則に対応するため，平成18年 8 月11日には，実務対応報告第19号「繰延資産の会計処理に関する当面の取扱い」，企業会計基準第10号「金融商品に関する会計基準」，改正企業会計基準第 1 号「自己株式及び準備金の額の減少等に関する会計基準」及び改正企業会計基準適用指針第 2 号「自己株式及び準備金の額の減少等に関する会計基準の適用指針」が公表された．

　本章では，まず，払込資本と留保利益の区別に対する平成13年 6 月改正商法の影響について取り上げ，次に，会社法と会社計算規則の影響について検討する．

2．平成13年 6 月改正商法

　平成13年 6 月の商法改正によって，法定準備金の減少手続が創設され，資本

準備金を剰余金，すなわち配当可能利益に振り替えることが可能になった．この結果，所定の手続を経ることによって，払込資本を「利益ノ配当」と称して株主に払い戻すことができるようになった．

法定準備金減少手続創設の趣旨は，株式消却特例法によって公開会社の資本準備金が，定款の授権に基づく取締役会決議で株式の任意消却に用いることができるようになっていたことに対し，制度の整合性を図ったもの[2]と説明されている（江頭，2001, p.422）．また，その背景として，多額の資本準備金が蓄積されていながら配当可能利益に乏しい企業が増えてきていたことや，余剰資金を株主に還元することも一種の経営判断として必要な場合があることについても，指摘されている（神田・武井，2002, pp.43-44）．

改正が行われた当時，銀行は，株価の低迷に伴う評価損や不良債権処理の影響から，公的資金の注入を受けるために発行した優先株に対する配当原資の確保に窮していた．そして，銀行法（旧18条2項）で，「銀行に対する商法第二百八十九条第二項（法定準備金の減少）の規定の適用については，同項中『資本ノ四分ノ一ニ相当スル額』とあるのは，『資本ノ額』とする.」と規定されていたため，一般の株式会社とは異なり，法定準備金の減少可能額が極めて限られると考えられていた．ところが，銀行持株会社は銀行法（旧18条）の規制対象ではなく，商法の規定がそのまま適用されるという見解が金融庁から示された結果，法定準備金の減少によって配当原資を確保する選択肢が生まれた．このことについて，商法改正が「救世主」，改正商法の「恩恵」あるいは金融庁の「助け船」といった表現が用いられている[3]．

立法者の意図がどこにあろうと，制定された法律はその文言によって機能を発揮することになる．引当金に関する昭和56年改正前商法（旧287条ノ2）の規定が，本来，法律上の債務ではない引当金の計上を認める趣旨であったにもかかわらず，その解釈によって，利益留保性の引当金を設定するための根拠として利用されてしまったという歴史もある[4]．

平成13年6月の商法改正の結果，銀行が国有化を回避するため，法定準備金を取り崩して配当財源を確保することができるようになったとしても，法律の適用範囲が銀行業に限定されていた訳ではない．資本金及び資本準備金を取り崩すことによって，配当財源である剰余金が計上できるようになったことが，

現実にどのような企業で，どのような場合に利用されているか，検証しなければ，払込資本からの利益配当が可能になったことの影響の実態を把握したことにはならない．ここでは，その他資本剰余金からの利益配当の事例に基づき，払込資本からの利益配当が可能になったことの影響について検討する．

　平成13年6月の商法改正は，「金庫株解禁等」の商法改正とも呼ばれ，自己株式取得・保有規制の緩和の側面が強調され，注目された[5]．しかし，それ以外にも，法定準備金制度の改正，額面株式制度の廃止を含む株式の大きさ等に関する規制緩和などが含まれていた．そして，法定準備金に関する改正点には，払込資本と留保利益の区別という資本会計の根幹を揺るがすようなインパクトを持っていたと考えられる．

　法定準備金制度の主な改正内容は，法定準備金減少手続の創設と減資差益の資本準備金積立項目からの削除によって構成されていた．法定準備金の減少手続は当時289条2項に規定され，会社は株主総会の決議をもって資本準備金及び利益準備金の合計額より資本金の4分の1に相当する額を控除した額を限度として資本準備金又は利益準備金の減少をなすことができるというものであった．それまで，商法上，法定準備金は資本金に組み入れるか欠損填補にしか用いることができなかった．このため，法定準備金を株主に払い戻すためには，一旦資本金に振り替えた上で減資の手続によらなければならなかったが，法定準備金の減少手続が定められたことによって，手続が簡素化された．

　法定準備金が取り崩され，それが株主に払い戻されたとしても，それは法定準備金の減少に伴う払い戻しであることが明らかな状況で行われれば，問題はない．株主の側では，資本準備金の減少と会社財産の払い戻しが同時に行われれば，払込資本の払い戻しであり，利益準備金の減少と会社財産の払い戻しが同時に行われれば，利益の分配であると理解できるからである．しかし，資本準備金の取り崩しが行われてから，株主にそれが払い戻されるまでの間のタイムラグが大きくなり，かつ商法に規定する「利益ノ配当」として行われた場合には，それを利益の分配と誤解する可能性が生まれるので，会計処理の面から，そのような誤解が生じることを防がなければならなかった．

　同様の問題は，減資差益に関する改正によっても生じていた．減資差益とは，減資の手続によって減少した資本金の金額が株式の消却又は払い戻しに要

した金額及び欠損填補に充てた金額を超える部分をいう．もともと株主が払い込んだ金額のうち資本金から除外された部分なので払込資本であり，従来は株式払込剰余金などとともに資本準備金に積み立てる項目として旧288条ノ2第1項4号に規定されていた．改正に伴い，この規定が削除されてしまったため，資本金の取り崩しによって生じた剰余金は，資本準備金ではなく，配当可能利益に含まれるようになった[6]．

このように商法改正によって，払込資本である資本金及び資本準備金が，所定の手続を経て取り崩されてしまうと，配当可能利益に振り替えられることになった．これは商法上の利益概念が大きく変化し，会計上の利益概念とは全く異なる方向に進み始めたことを示している．

会社が株主に払い戻すことのできる会社財産の範囲を，どのように規定するかは，商法における分配規制上の問題である．配当規制の手段として資本制度を利用することについては，その限界と弊害が指摘されており[7]，商法は配当規制の方法を根本的に改める方向へ一歩踏み出したと見ることができる．

資本制度以外にも債権者保護の手段は考えられるので，規制緩和の一環として資本の源泉別分類を配当規制に反映させなかったとしても，それも1つの選択肢である[8]．資本制度に替わる債権者保護の仕組みが講じられないうちに規制緩和が行われてしまったこと，簡便な手続で会社財産を払い戻すことのできる範囲と厳格な手続が要求される範囲を画定する境界線の引き方に関する合理的な説明が困難になったことなどは，商法上の問題であって，会計の問題ではない．改正商法は，払込資本を利益配当として株主に払い戻す道を開いた．払込資本を利益配当の名の下で実施できるように企業の行動そのものに対する規制が緩和されてしまった以上，会計の責務は，そのような行動がとられた場合に，その事実を明らかにし，利害関係者に伝達することにある．

3．企業会計基準第1号

平成13年6月の商法改正によって金庫株が解禁されたことに伴い，自己株式の会計上の扱いを抜本的に改める必要が生じた上，資本準備金に関する改正の結果，払込資本が利益配当として株主に払い戻される可能性が生まれたため，

図表2-1　平成13年6月商法改正前の資本の部

財務諸表等規則	計算書類規則
資本金	資本金
資本準備金	法定準備金
利益準備金	資本準備金
再評価差額金	利益準備金
その他の剰余金	剰余金
その他の資本剰余金	任意積立金
任意積立金	当期未処分利益
当期未処分利益	評価差額金
その他有価証券評価差額金	

（注）新株式払込金・新株式申込証拠金については省略した．

図表2-2　適用指針第2号（平成14年2月）に示されていた資本の部

個別財務諸表	連結財務諸表
Ⅰ　資本金	Ⅰ　資本金
Ⅱ　資本剰余金	Ⅱ　資本剰余金
1.資本準備金	Ⅲ　利益剰余金
2.その他資本剰余金	Ⅳ　土地再評価差額金
(1) 資本金及び資本準備金減少差益	Ⅴ　その他有価証券評価差額金
(2) 自己株式処分差益	Ⅵ　為替換算調整勘定
Ⅲ　利益剰余金	Ⅶ　自己株式
1.利益準備金	資本合計
2.任意積立金	
3.当期未処分利益	
Ⅳ　土地再評価差額金	
Ⅴ　その他有価証券評価差額金	
Ⅵ　自己株式	
資本合計	

会計処理の側面から対応が求められた．

　平成13年商法改正前の個別財務諸表における資本の部を要約すると，図表2-1のようにまとめることができる[9]．

　払込資本でありながら，資本金，資本準備金として表示されない重要な項目が生まれたことに対処するため，平成14年2月に企業会計基準第1号が公表され，企業会計基準適用指針第2号（4項）では，図表2-2のように資本の部を表示するように指示している．

　企業会計基準第1号（15～18項）では，資本の部を資本金，資本剰余金，利

益剰余金及びその他の項目に区分し，資本剰余金は資本準備金とその他資本剰余金に，利益剰余金は利益準備金，任意積立金，当期未処分利益に区分している．そして，資本金及び資本準備金減少差益あるいは自己株式処分差益といった資本準備金に含まれない資本剰余金を，その他資本剰余金の区分に表示するように指示している．この方法によれば，資本剰余金と利益剰余金が明瞭に区分されて表示されることになる．そして企業会計基準第1号（34～35項及び89～92項）では，剰余金について，払込資本と留保利益の区別が強調されている．

4．その他資本剰余金を財源とする利益配当の類型

平成13年6月の商法改正の結果，その他資本剰余金から「利益ノ配当」を支払うことが可能となった．配当財源は，払込資本か留保利益かという資本の源泉ではなく，剰余金であるか否かに基づいて規制されている．したがって，留保利益が不足した場合，配当財源としてその他資本剰余金を用いることになる．払込資本であっても，商法の規定上，その他資本剰余金は配当財源を構成する要素となっているので，「利益ノ配当」としてその他資本剰余金を払い戻したとしても，法律上の問題はない．商法が「利益ノ配当」という表現を残したまま，配当財源に払込資本が混入する規定を設けてしまったことに原因があるので，会社法によって「剰余金の配当」と表現が改められるまでは，やむを得ない状況だったのである．ここでは，その他資本剰余金を財源とする利益配当が行われた理由について，事例に基づいて分析する．

図表2-3は，日立ハイテクの有価証券報告書サービス『＠有報革命』を利用して把握したその他資本剰余金の処分による配当事例である．2002年度から2006年度の営業報告書を対象に，「その他資本剰余金の処分」と「配当」をキーワードとして，平成19年2月10日に検索をかけた結果，サンプルとして42件の事例を把握することができた．なお，その中には，会社法に基づき剰余金の配当として行われた事例が1件含まれている．資本金及び資本準備金減少差益を計上している企業の数と比べれば少数にとどまっているものの，毎年10社前後の事例を確認できたことから，会社の状態によっては，その他資本剰余金を財源として配当を支払うという実務が定着したと考えられる．

第2章 会社法計算規定と資本会計における諸問題 33

図表2-3 その他資本剰余金の処分による配当事例

平成15年	エルナー まぐクリック キャビン リズム時計工業 カプコン 日本航空システム J-オイルミルズ ダイトーエムイー
平成16年	協立エアテック エルナー キャビン メッツ 指月電機製作所 ボーダフォンホールディングス オーベクス 鳳ホールディングス クレオ
平成17年	フタタ マルエツ クレオ メッツ ヒューネット 日本アジア投資 トーカイ サニックス エルミックシステム オープンインタフェース 北野建設 日立機材 スターホールディングス 川田工業 ザ・トーカイ
平成18年	高橋カーテンウォール工業 ケーヨー 廣済堂 ハルテック リクルートコスモス 日本コンピュータシステム イマジカホールディングス トナミ運輸 ザ・トーカイ
平成19年	スリープログループ

　上記のようにして把握した42件中，30件については貸借対照表の利益剰余金がマイナスの値，12件についてはプラスの値となっていた．

(1) 個別財務諸表における利益剰余金がマイナスの事例

　貸借対照表における利益剰余金がマイナスの値となっていた30件中，25件については連結貸借対照表の利益剰余金もマイナスの値をとっていたことから，また，連結財務諸表のない2件についても同様の状態と考えれば，27件は留保利益が不足した状況において，払込資本を財源に配当を支払ったものと理解することができる．

　しかし，スターホールディングス，川田工業，イマジカホールディングスについては，連結貸借対照表では，利益剰余金がいずれもプラスの値となっており，連結ベースで考えれば留保利益が不足したためという状況には該当しない．たとえば，スターホールディングスの平成17年3月31日の貸借対照表では利益剰余金が△229,999千円（当期未処理損失）となっているものの，連結貸借対照表には利益剰余金が5,743,131千円あり，その金額は平成17年6月28日の損失処理計算書に示されているその他資本剰余金処分額の配当金45,805千円を大きく上回る金額となっている．同様に，川田工業とイマジカホールディングスについても，配当金を上回る金額の利益剰余金が連結貸借対照表に示されている．

なお，スターホールディングスの場合，持株会社体制に移行するため平成16年12月に株式移転により設立された直後であった．従来，持株会社化すると，その初年度の配当財源の確保が困難になるという実務上の問題が指摘されていたが，その他資本剰余金を財源とする配当が認められたことによって解消された．

(2) 個別財務諸表における利益剰余金がプラスの事例

利益剰余金に残高があれば，払込資本であるその他資本剰余金ではなく，留保利益である利益剰余金から配当を支払うのが自然である．ここでは，利益剰余金がプラスの値となっていた事例について，その他資本剰余金から配当が支払われた理由について検討する．

まず考えられるのが，実質的に留保利益が不足していた場合である．たとえば，日立機材の場合，平成17年3月31日の貸借対照表に38,424千円，連結貸借対照表にも17,898千円の利益剰余金があるが，平成17年6月24日の利益処分計算書のその他資本剰余金処分額の配当金の金額45,888千円には及ばない．貸借対照表の利益剰余金がプラスの値でも，連結貸借対照表の利益剰余金がマイナスの値となっている3件も，連結ベースでは留保利益が枯渇していることになるので，同じような状況であると理解することができる．

しかし，利益剰余金よりも配当金の金額のほうが大きく，その他資本剰余金から配当が支払われている場合であっても，持株会社移行直後の事例については，留保利益が不足していたとは言えない．たとえば平成14年10月2日に設立された日本航空システムの場合，平成15年3月31日の貸借対照表で利益剰余金は11百万円しかなく，平成15年6月26日の利益処分計算書で配当金7,914百万円はその他資本剰余金処分額となっているが，平成15年3月31日の連結貸借対照表には23,481百万円の利益剰余金がある．同様の事例としては，J-オイルミルズがある．

配当金を上回る金額の利益剰余金がありながら，その他資本剰余金から配当が支払われている事例が5件あった．そのうち3件については，利益剰余金に利益準備金あるいは固定資産圧縮積立金が含まれており，配当財源として利用可能な利益剰余金が不足していた．たとえば，北野建設の場合，平成17年6月

29日の利益処分計算書における配当金451,268千円を上回る626,868千円の利益剰余金合計が平成17年3月31日の貸借対照表に示されているものの，その金額には2,284,123千円の利益準備金が含まれており，最終的に当期未処理損失6,023,677千円が計上されるという状態になっていた．オーベクスの平成16年3月31日の貸借対照表でも利益剰余金合計は142,530千円あるものの，固定資産圧縮積立金145,658千円のほうが大きく，やはり当期未処理損失が計上されていた．同様にトナミ運輸の場合も，利益剰余金合計を上回る金額の固定資産圧縮積立金が計上されていた．

エルナーの場合，平成14年12月31日の利益剰余金が連結貸借対照表で273,150千円，貸借対照表では1,439,588千円あり，平成15年3月28日の損失処理計算書に示されているその他資本剰余金処分額の配当金79,819千円を上回る留保利益が確保されていた．確かに貸借対照表には当期未処理損失1,050,336千円があったものの，それを上回る1,746,000千円の別途積立金もあり，少なくともこの時点においては留保利益の不足おらず，配当可能利益が確保されていた．同様にまぐクリックでも，平成14年12月31日には連結財務諸表上の利益剰余金が85,635千円，貸借対照表上の利益剰余金（当期未処分利益）が123,374千円あり，平成15年3月20日の利益処分計算書におけるその他資本剰余金処分額の24,765千円を上回る留保利益が確保されていた．これらの事例については，その他資本剰余金から配当が支払われた理由を，留保利益の枯渇あるいは持株会社移行直後という事情で説明することができない．

(3) その他資本剰余金から配当を支払う理由

その他資本剰余金から配当が支払われる最も一般的な理由は，留保利益の枯渇に求めることができる．個別財務諸表における利益剰余金がマイナスでなくても，連結ベースでそれがマイナスであれば，あるいは，利益準備金，固定資産圧縮積立金など配当財源として利用できない金額が含まれていれば，実質的に留保利益が枯渇した状況として捉えることができる．

次に考えられるのは，持株会社へ移行した直後という理由である．個別財務諸表では利益剰余金が不足するものの，連結財務諸表に充分な留保利益が計上されていれば，そのような状況におけるその他資本剰余金からの配当は，形式

的には払込資本の払い戻しであっても，連結ベースで考えれば，実質的な利益の分配にあたる．ここで，個別財務諸表におけるその他資本剰余金からの配当という会計処理に引き摺られ，連結財務諸表上も利益の分配ではなく，資本の払い戻しとして会計処理されてしまうとすれば，それは必ずしも実態を反映したものとは言えないという問題が残されている．

多くの事例は上記2つの理由で説明可能と思われるが，利益剰余金に優先して資本剰余金を「利益ノ配当」の手続によって株主に払い戻す理由としては，以下のことも考えられる．

① 減資あるいは減準備金を行う理由として，配当財源として用いることが述べられており，それをその通り実行した．
② 重要な金額の偶発損失が発生するリスクを抱えており，その損失が現実に発生してしまった場合，利益剰余金を配当財源として使用してしまうと期末に未処理損失が生じる可能性があるため，そのリスクに対する備えとして利益剰余金を温存した．
③ 配当を受け取る側の会計処理が，利益の分配と資本の払戻しで異なってくることを考慮した．

5．会社計算規則

会社法431条では「株式会社の会計は，一般に公正妥当と認められる企業会計の慣行に従うものとする．」と規定している．これは，商法旧32条2項「商業帳簿ノ作成ニ関スル規定ノ解釈ニ付テハ公正ナル会計慣行ヲ斟酌スベシ」の斟酌規定と，実質的には同じ趣旨の条文と解されているが，会計処理や表示ついては会計慣行に従う方向に進むという商法改正の流れに沿った強い表現となっている（相澤・岩崎，2006, p.122）．

したがって会社法の規制は分配可能額の算定に力点が置かれており，そのことを反映して，会社法445条4項には，「資本準備金又は利益準備金（以下「準備金」と総称する．）」という文言が含まれ，源泉に関係なく準備金であるか否かという法律上の分類を前面に出した表現となっている．配当に関する規定も，商法旧290条では「利益ノ配当」という表現が用いられており，利益の分

配と資本の払戻しが区別されていたが，会社法453条は単に「株式会社は，その株主（当該株式会社を除く．）に対し，剰余金の配当をすることができる．」と規定しており，利益の分配も資本の払戻しも同様に扱われ，区別されていない．

このように会社法では，「利益ノ配当」という表現が姿を消し，自己株式の取得を含む株主に対する会社財産の払戻しは，「剰余金の配当等」として統一的に財源規制がかけられている（会社法461条・462条）．払込資本の払戻しも，留保利益の分配も，株主に対する会社財産の払戻しという側面では同じであるため，同じ手続で行われる．会社法では，払込資本と留保利益の区別とは必ずしも連動しない，資本金・準備金・剰余金という区分が設けられており，同じ区分に属していれば，それが払込資本であろうと留保利益であろうと，同じ扱いを受けることになる．なお，資本金・準備金・剰余金という計数の変動については，「剰余金の配当等」とは別個に条文が設けられており，それぞれ必要とされる手続が定められている．つまり資本金や準備金を剰余金へ振り替える手続と，それによって確保された剰余金を財源として会社財産を株主に払い戻す手続とは，それぞれ独立したものとされたのである．

これに対し，会社計算規則では，会社法432条1項「株式会社は，法務省令で定めるところにより，適時に，正確な会計帳簿を作成しなければならない．」という万能とも思われる省令委任規定に基づき，払込資本と留保利益の区分表示に関連して，詳細な規定を設けている．

会社法448条1項2号は準備金の資本組入れについて規定しているが，会社計算規則48条1項1号では，その準備金を「（資本準備金に限る．）」と制限している．このため，商法旧293条ノ3では認められていた利益準備金の資本組入れができなくなった．同様に会社法450条1項では，剰余金の資本組入れについて規定しているが，会社計算規則48条1項2号では，その剰余金の額を「（その他資本剰余金に係る額に限る．）」と制限している．このため商法旧293条ノ2で認められていた配当可能利益の資本組入れができなくなった．

会社計算規則49条1項では資本準備金に振り替えることができる金額について，1号で会社法447条の規定により資本金を減少させた場合に準備金として積み立てると定めた額，2号で会社法451条の規定により準備金に積み立てると定めた剰余金の額「（その他資本剰余金に係る額に限る．）」と規定している．

したがって，その他利益剰余金を資本準備金に振り替えることは許されない．

会社計算規則50条1項ではその他資本剰余金の額として，1号で資本金から剰余金に振り替えた額，2号で資本準備金から剰余金に振り替えた額，3号でその他資本剰余金の額を増加する額として適切な額と規定している．したがって，資本金や資本準備金を剰余金に振り替える場合，その他利益剰余金ではなくその他資本剰余金に計上される．

会社計算規則51条1項では，利益準備金に振り替えることができる金額について，1号で会社法451条の規定により準備金に積み立てると定めた剰余金の額「(その他利益剰余金に係る額に限る．)」と規定している．したがって，その他資本剰余金を利益準備金に振り替えることは許されない．

会社計算規則52条1項では，その他利益剰余金に振り替えることができる金額について，1号で利益準備金から剰余金に振り替えた額，2号で当期純利益金額，3号でその他利益剰余金の額を増加する額として適切な額と規定している．

株主資本に関する法律上の分類と会計上の分類を組み合わせて図示すれば，図表2-4のようになる．会社計算規則の詳細な規定により，払込資本の各項目間，留保利益の項目間，すなわち図表2-4における左右への振替は可能となっているが，払込資本と留保利益の境界線を破る上下の振替については，原則として許されていない．

以上のように，会社計算規則では払込資本と留保利益を区分表示するために詳細な規定を設けたものの，残念ながら払込資本と留保利益の区別は徹底できていない．剰余金の配当の際に，その他利益剰余金とその他資本剰余金のどちらを財源に用いるかという点について，会社の意思決定に委ねているため，払込資本の残高と留保利益の残高の関係を恣意的に操作することが可能となって

図表2-4　株主資本に関する分類

会計＼会社法	資本金	準備金	剰余金
払込資本	資本金	資本準備金	その他の資本剰余金
留保利益		利益準備金	その他の利益剰余金

しまっているのである．

会社計算規則46条では，株式会社が剰余金の配当をする場合に減少する剰余金の金額について，その他資本剰余金については「株式会社がその他資本剰余金から減ずるべき額と定めた額」その他利益剰余金についても「株式会社がその他利益剰余金から減ずるべき額と定めた額」と規定している．したがって，剰余金の配当によって減少する剰余金の源泉は会社の意思決定に委ねられていることになる．

会社法上は，その他資本剰余金もその他利益剰余金も，分配可能額を構成する同じ剰余金である限り，そもそも使用する順序は問題にならない．配当が支払われた際に，その他資本剰余金とその他利益剰余金のいずれに借方記入すべきか，という問題は，あくまでも会計処理に関するものであり，この問題を解決する責任も会計基準の側にある．

問題の所在を明らかにするため，簡単な設例を用いる．以下のような貸借対照表の企業が2社あったものとする．

資　産　　200	払込資本　　100
	留保利益　　100

その後10年間，どちらも毎年10だけ利益を計上し，どちらも毎年10だけ会社財産を株主に払い戻したものとする．ただし，一方（甲社）は資本の払戻しとして，他方（乙社）は利益の分配として，それを実施し，各社の意思決定を反映させて会計処理を行ったとすれば，10年後の貸借対照表は，以下のようになる．

甲社（払込資本の払戻しとして会計処理）

資　産　　200	払込資本　　　0
	留保利益　　200

乙社（留保利益の分配として会計処理）

資　産　　200	払込資本　　100
	留保利益　　100

このように会社の意思で，払込資本の払戻しとして会計処理するのか，それとも留保利益の分配として会計処理するのか，決定できるとすれば，払込資本と留保利益の区別は意味を失う．したがって，会社財産の株主への払戻しが行われた場合の会計処理について，払込資本と留保利益の区別を謳うのであれば，借方記入すべき科目を会社の裁量に委ねることはできない．持分割合に比例して株主に会社財産の払戻しが行われた場合には，留保利益の分配として会計処理する必要がある．

平成17年12月改正企業会計基準第1号「自己株式及び準備金の額の減少等に関する会計基準」では，資本剰余金と利益剰余金の混同の禁止について，「資本剰余金の各項目は，利益剰余金の各項目と混同してはならない．したがって，資本剰余金の利益剰余金への振替は原則として認められない．」（19項，平成14年2月企業会計基準第1号34項と同じ）と指示している．しかし，剰余金の配当が行われた場合の会計処理については，特に指示されていない．このため，会社がその他資本剰余金からの配当であると決定すれば，払込資本の払戻しとして会計処理が行われ，会社がその他利益剰余金からの配当であると決定すれば，留保利益の分配として会計処理が行われることになる．

なお，自己株式を消却した場合に減額するその他資本剰余金又はその他利益剰余金については，「取締役会等の会社の意思決定機関で定められた結果に従い」（12項，平成14年2月企業会計基準第1号25項も同趣旨）会計処理するように指示されていた．ここでも会社の意思によって会計処理を左右できるようになっていたが，会社計算規則47条3項の規定に従い，企業会計基準が改正された（平成18年8月改正企業会計基準第1号11項）．

6．総括と展望

企業会計原則では，昭和24年設定当初から一般原則3で「資本剰余金と利益剰余金とを混同してはならない」と指示していた．49年修正による注解（注2）では，「両者が混同されると，企業の財政状態及び経営成績が適正に示されないことになる」とその論拠を説明している．アメリカでは，資本剰余金と利益剰余金の区分表示を確かめることが，1929年に公表された『財務諸表の検

証』(Verification of Financial Statements)で監査人に求められていた．1936年にアメリカ会計学会が公表した『会計原則試案』(A Tentative Statement of Accounting Principles Affecting Corporate Reports)でも，払込資本と利益剰余金の区別について詳しく指示されており，払込資本と留保利益の区別について，1930年代には確立していたものと考えられる．現在の開示規則上も両者を区分して表示するように規定されている（Regulation S-X, §210.5-02.31）．このように払込資本と留保利益の区別は，会計における基本原則となっていたが，投資意思決定，特に企業価値を推定する上での必要性という視点から，その区別を重視しない考え方も強くなってきている[10]．

わが国の概念フレームワークでは純資産の内訳として株主資本が定義されるにとどまっており，払込資本と留保利益の区別については取り上げられていない．そのような方向性を反映し，企業会計基準でも，払込資本と留保利益の残高を操作しうる余地が残されている．

企業会計基準では，払込資本と留保利益の区別を謳ってはいるものの，その区別を徹底した会計処理を指示しているわけではない．しかし，払込資本と留保利益の区別を妨げる会計処理を指示しているわけではないので，企業が払込資本と留保利益の区別を維持しようとすれば，そのような会計処理を選択することは可能になっている．このことは，払込資本と留保利益の区別が，市場原理に委ねられたことを意味する．払込資本と留保利益の区別に合理性があるなら，企業はその区別を維持する会計処理を行うであろうし，逆に意味がなければ，両者を混同するような会計処理が選択されることになるであろう．

企業会計基準では，払込資本と留保利益を区別する必要性に関して，配当制限を離れた情報開示の面でも従来から強い要請があったと述べられている[11]．また，資本制度の揺らぎに対応して，債権者はエイジェンシーコストあるいは投資リスクの増大に見合うリターンを要求するようになる可能性が指摘されていた[12]．

本書第14章では，債務契約における留保利益比率情報の有用性に関する実証研究が行われ，自己資本における留保利益の割合が，収益性や成長性といった他の要因をコントロールしてもなお配当に対する有意な説明力を有することと，留保利益の額に見合わないような多額の配当を行っている企業では，負債

コスト対する留保利益比率の情報内容が大きくなることが示されている．現状では，剰余金の分配の際の財源選択を通じて，払込資本と留保利益の比率を操作する余地が残されているので，そのような行為に対する歯止めが必要である．

(野口　晃弘)

注

1 「会社法施行規則案等法務省令案に対する早稲田大学教授等意見」(http://www.21coe-win-cls.org/iken20051228.pdf)．
2 なお，自己株式の取得財源に関して特別な扱いがされる理由については，公開株式会社の株式持ち合い解消の受け皿作りのために必要と説明されている(江頭, 2001, pp.182-183)．
3 『週刊東洋経済』2001年7月7日, p.19,『金融ビジネス』2001年9月, p.42,『朝日新聞』2001年7月11日朝刊, p.11.
4 旧287条ノ2に規定する引当金の解釈には広義説と狭義説があり，会計実務では，広義に解する傾向が著しかった．詳しくは，蓮井(1980, pp.188-190)．
5 たとえば，原田・中西(2002)のように平成13年6月改正を取り上げた文献で，そのような表現が一般に用いられている．
6 なお，過去に計上された減資差益については，準備金減少手続が採られない限り，そのまま資本準備金として扱われる．
7 吉原(1985)では，資本が損失のクッションにふさわしい額である保証がないこと，利益配当以外の形で債権者から株主への利益移転行為が規制されないこと，経営不振による現実の会社財産の減少を阻止できないことが指摘されている．伊藤靖史(2001)では，会社の財産構成の機動的な変更の妨げになりうることについても言及されている．
8 アメリカでは，資本制度以外の方法によって会社財産の株主への払い戻しを規制する州が多い．この点については，伊藤邦雄(1996)，安藤(1998)，森本(2001)，伊藤靖史(2001)を参照されたい．
9 改正商法の施行に合わせ，応急処置として，計算書類規則35条では，剰余金の部における記載項目として「その他の剰余金」が新たに設けられた．これは資本金及び資本準備金の取り崩しによって生じる剰余金は，配当可能利益に含まれるため剰余金の部に記載するものの，その源泉が払込資本であることを考慮し，未処分利益や任意積立金として取り扱うことが適切でないと判断されたためと考えられる(法務省民事局参事官室「平成13年6月商法改正に伴う『株式会社の貸借対照表，損益計算書，営業報告書及び附属明細書に関する規則』の改正に関する意見募集」6(2)②)．財務諸表等規則では，その他の資本剰余金について，「株主総会の承認を得て積立てられたもの」という文言が削除され，「資本準備金及び法律で定める準備金で資本準備金に準ずるもの以外の資本剰余金をいう．」(65条1項1号)に改正された．このことによって，利益処分によって積み立てるという前提がなくなり，資本金及び資本準備金の取り崩しによって生じる剰余金を，直接その他の資本

剰余金とすることが可能になった．
10　払込資本と留保利益の区別に関するわが国の文献を見ると，分配規制との関連で説明するものと，他の論拠についても示しているものがある．大日方 (1994)，斎藤 (2002)，弥永 (2003)，梅原 (2005)，嶌村 (1985)，中村 (2004) などを参照されたい．また，会社法制との関連で論じた最近の文献に古市 (2006) がある．
11　当初は企業会計基準第1号51項に示されていたが，平成17年12月改正により削除され，現在は企業会計基準第5号28項に示されている．
12　須田・首藤 (2004a) では，有価証券の時価評価基準の導入に伴って，財務上の特約が減少したことを明らかにしている．そして須田・首藤 (2004b) では，時価評価基準が設定されたことで，財務上の特約を設定する慣行が後退し，起債会社は利率の上昇という形で追加的なコストを負担した様子が示されている．

参考文献

American Accounting Association (1936) *A Tentative Statement of Accounting Principles Affecting Corporate Reports*, 中島省吾訳編 (1984)『増訂 A.A.A.会計原則』中央経済社, pp.3–7.
American Institute of Accountants (1929) "Verification of Financial Statements", in Zeff, S. A. and M. Moonitz (eds.) (1984) *Sourcebook on Accounting Principles and Auditing Procedures 1917–1953*, Vol.1, Garland Publishing, Inc, pp.31–64.
相澤哲・岩崎友彦 (2006)「株式会社の計算等」相澤哲編著『立案担当者による新・会社法の解説』(『別冊商事法務』第295号) pp.122–137.
朝日新聞社「法定準備金取り崩し配当　持ち株銀に有利」『朝日新聞』2001年7月11日朝刊, p.11.
安藤英義 (1998)「アメリカで揺らぐ資本概念」『會計』第153巻第1号, pp.1–13.
伊藤邦雄 (1996)『会計制度のダイナミズム』岩波書店.
伊藤靖史 (2001)「アメリカにおける資本制度と債権者保護」『商事法務』第1601号, pp.11–18.
梅原秀継 (2005)「会計理論からみた資本の部の変容―資本と利益の区別をめぐって」『企業会計』第57巻第9号, pp.34–41.
江頭憲治郎 (2001)『株式会社・有限会社法』有斐閣.
大日方隆 (1994)『企業会計の資本と利益』森山書店.
神田秀樹・武井一浩 (2002)『新しい株式制度』有斐閣.
企業会計基準委員会・基本概念ワーキング・グループ (2004) 討議資料『財務会計の概念フレームワーク』財務会計基準機構.
企業会計基準委員会 (2005) 企業会計基準第5号「貸借対照表の純資産の部の表示に関する会計基準」財務会計基準機構.
企業会計基準委員会 (2005) 企業会計基準適用指針第8号「貸借対照表の純資産の部の表示に関する会計基準等の適用指針」財務会計基準機構.
企業会計基準委員会 (2005) 改正企業会計基準第1号「自己株式及び準備金の額の減少等に

関する会計基準」財務会計基準機構.
企業会計基準委員会（2005）改正企業会計基準適用指針第2号「自己株式及び準備金の額の減少等に関する会計基準の適用指針」財務会計基準機構.
企業会計基準委員会（2005）企業会計基準第6号「株主資本等変動計算書に関する会計基準」財務会計基準機構.
企業会計基準委員会（2005）企業会計基準適用指針第9号「株主資本等変動計算書に関する会計基準の適用指針」財務会計基準機構.
企業会計基準委員会（2006）企業会計基準第10号「金融商品に関する会計基準」財務会計基準機構.
企業会計基準委員会（2006）改正企業会計基準第1号「自己株式及び準備金の額の減少等に関する会計基準」財務会計基準機構.
企業会計基準委員会（2006）改正企業会計基準適用指針第2号「自己株式及び準備金の額の減少等に関する会計基準の適用指針」財務会計基準機構.
企業会計基準委員会（2006）実務対応報告第19号「繰延資産の会計処理に関する当面の取扱い」財務会計基準機構.
企業会計基準委員会（2006）討議資料『財務会計の概念フレームワーク』財務会計基準機構.
鈴木雅幸・渡辺清治（2001）「持株会社に改正商法の恩恵」『金融ビジネス』9月, pp.42-44.
斎藤静樹・神田秀樹・逆瀬重郎（2002）「座談会 企業会計基準委員会『自己株式及び法定準備金の取崩等に関する会計基準』等について」『企業会計』第54巻第6号, pp.62-80.
嶌村剛雄（1985）『会計原則コンメンタール〔増補改訂版〕』中央経済社.
須田一幸・首藤昭信（2004a）「時価評価基準と社債契約」須田一幸編『会計制度改革の実証分析』同文舘出版, pp.90-104.
須田一幸・首藤昭信（2004b）「時価評価基準と負債コスト」須田一幸編『会計制度改革の実証分析』同文舘出版, pp.105-120.
東洋経済新報社「大手行の配当問題が意外な展開！ 商法改正が『救世主に』」『週刊東洋経済』2001年7月7日, p.19.
中村忠（2004）『新稿現代会計学（八訂版）』白桃書房.
蓮井良憲（1980）「§287ノ2〔引当金〕」大森忠夫・矢沢惇・上柳克郎・鴻常夫・竹内昭夫・谷川久『注釈会社法(6)株式会社の計算〔増補版〕』有斐閣, pp.174-196.
原田晃治・中西敏和（2002）「金庫株解禁等改正商法をめぐる諸問題〔上〕〔下〕」『商事法務』第1618号, pp.4-15, 第1619号, pp.4-16.
古市峰子（2006）「会社法制上の資本制度の変容と企業会計上の資本概念について」『金融研究』第25巻第2号, pp.187-222.
森本滋（2001）「序論―わが国会社法の資本制度関連改正の動向」『商事法務』第1601号, pp.4-10.
弥永真生（2003）『「資本」の会計』中央経済社.
吉原和志（1985）「会社の責任財産の維持と債権者の利益保護(一)(二)(三・完)」『法学協会雑誌』第102巻第3号, pp.423-491, 第102巻第5号, pp.881-977, 第102巻第8号, pp.1431-1531.

3 会計基準と監査における諸問題

1．本章の目的と構成

　2001年から2002年にかけて導入された会計ビッグバンとよばれる一連の会計基準の導入は，連結財務諸表中心の報告制度とそれに沿った管理思考への変化や，時価の変動を反映しやすい報告数値にみられるように，わが国企業の財務報告や経営者の意思決定プロセスに大きな影響を与えている．また，2003年3月期から適用された改訂監査基準では，財務諸表の重要な虚偽表示の原因となる不正を発見する姿勢の強化，ゴーイング・コンサーン（継続企業の前提）問題への対処，リスク・アプローチの徹底，新たな会計基準への対応および監査報告書の充実を図ることがポイントとされている．監査実務における会計上の見積りの合理性の検討に対する重要性の増加は，会計ビッグバンによる一連の会計基準やその後導入された減損会計基準と密接に関係している．

　会計ビッグバン以前の会計実務や監査実務においては，会計処理の方法を決定する際に，会計基準，商法の規定および税法の規定に一種微妙なバランス感覚が働いていたともいえるのが現実であった．「トライアングル体制」なる言葉は，わが国のこのような状況を実にうまく表現していた．会計ビッグバン以後の会計基準では，税法の扱いが新会計基準の考え方を追随することが多かったことや，税効果会計の導入，商法の規定の改正や解釈の柔軟化が行われたことにより，従前の実務とは異なった状況が生じてきている[1]．

　以下では，ここ数年間に見られた会計・監査の実務上の問題から，実証研究

の対象とすべき問題の候補事例を指摘することとする．これらの事例は，網羅的なものとはいえないことをお断りしておきたい．

2．退職給付会計基準

　退職給付会計基準においては，退職給付債務から年金資産を控除したものを退職給付引当金として負債計上するものとされている．退職給付債務とは退職給付のうち認識時点までに発生しているものと認められるものをいい，割引計算により測定される（現在価値額による計上）．また，年金資産とは，年金制度に基づき退職給付に充てるために積み立てられている資産をいい，公正な評価額により測定される（年金資産の時価評価）．退職給付会計基準の採用時には，従来の会計処理方法とは巨額の差額が生ずる場合が多いことから，このような差額（会計処理変更差額）については，15年以内の一定の年数の按分額を当該年数にわたって費用処理する経過措置が設けられた．この経過措置は，各企業の償却体力の違いに配慮したものといわれている．

　退職給付債務や年金資産は各会計期間の期首で予測値が計算され，これにより当該期間の退職給付費用が決定される．この予測値と期末に測定した退職給付債務や年金資産とは，基礎率等の変動や期待運用収益率と実績との差により差額が生ずる．この差額は，数理計算上の差異とよばれ，一時に認識せずに，遅延認識（平均残存勤務期間以内に費用処理）することが認められている．このような遅延認識される数理計算上の差異は，未認識数理計算上の差異と呼ばれる．また，退職給付水準の改訂等に起因して発生した退職給付債務の増加又は減少部分は，過去勤務債務とよばれ，これについても，一時に認識せずに，遅延認識（平均残存勤務期間以内に費用処理）することが認められている．

(1) 会計処理変更差額の処理

　処理年数を15年以内の一定の年数としたことにより，退職給付会計基準の採用時には，一時償却，5年償却，15年償却のほぼ3つのパターンに企業の会計処理の選択が分かれた．『決算開示トレンド平成14年版』（日本公認会計士協会編，中央経済社）によれば，対象会社300社中で，会計処理変更時差額の償却

年数は，1年が163社，5年が51社，15年が58社となっている．

　しかし，会計ビッグバン直後がバブル経済による負の遺産の一掃という動きの時期と重なっていることや次の(2)で述べる未認識数理計算上の差異の増加を背景として，過去の負の遺産ともいえる会計処理変更差額残高の一括処理への変更という，退職給付会計に関する会計処理変更の誘因となっている面がある．

(2) 数理計算上の差異の処理

　平均残存勤務期間内の一定の年数としたことにより，一時償却，5年償却，10年償却等のパターンがある．ただし，退職給付会計基準の適用後は，金利(すなわち，退職給付債務の計算に用いられる割引率)の長期的な低下と，最近はやや回復基調に向かってはいるものの，株式の市場の長期低迷による年金資産の減少により，未認識数理計算上の差異が毎期増加傾向が現われた．日本公認会計士協会から公表されている退職給付会計実務指針においては，一定の年数を継続的に適用する必要があり，変更する場合には合理的な理由が必要であることを求めているものの，未認識数理計算上の差異の増加は，その後の差異の償却年数に関する会計処理変更の誘因となっている．『決算開示トレンド平成17年版』(日本公認会計士協会編，中央経済社)によれば，退職給付会計基準が2001年3月期から初めて適用されたのにもかかわらず，退職給付関連の会計処理の変更が，調査対象300社中で，2002年度で5社，2003年度で5社，2004年度で11社あったとされている．

(3) 過去勤務債務の処理

　退職給付会計基準では，主として，過去勤務債務は将来の費用増加を想定しているが，実務上は，給付水準の引下げや給付制度の変更等により将来の費用の減額となるマイナス過去勤務債務の発生も多い．過去勤務債務の償却の考え方は数理計算上の差異と同じである．退職給付会計実務指針では，過去勤務債務と数理計算上の差異は発生原因又は発生頻度が相違するため，償却年数には両者の整合性は求められていない．このため，両者について，かなり異なる「一定の年数」が選択されうる余地がある．特に，マイナスの過去勤務債務が

生ずる状況では，比較的短期の償却年数や一時認識が選好される余地がある．このような差異の処理については，平均残存勤務期間に償却期間を限定すべきではないかという見方がある．

(4) その他の退職給付関連問題

　退職給付制度については，会計基準の設定当時に想定していなかった状況の変化が発生している．たとえば，その1つに，退職給付信託の設定がある．会計ビッグバンの当初には，多くの企業が持合による株式の含み益を有していた．退職給付信託は，この株式を従業員の退職給付に充てるための信託に拠出するものであり，株式は企業の保有から従業員の保有へと変わるため，その時点の時価で拠出されることになる．この拠出行為自体は，会計処理変更差額を速やかに費用処理することにより，従業員の退職給付について十分な支払準備を行うことを目的としているため，資産の時価による拠出額と同額を，会計処理変更差額の一時償却に充てることとされた．（退職給付実務指針第58項参照）これは，結果的には株式の含み益が実現し，これが会計処理変更差額の一時償却の費用処理額と相殺される結果となる．ところが，その後株式市場が低迷し，拠出された株式は年金資産に含まれて時価評価されるため，これが未認識数理計算上の差異（差損）を増加させることとなった．

　もう1つの状況変化の例は，年金制度に関する法律の制定や改正によって，拠出建年金への移行や厚生年金基金の代行返上などが可能となったことである．通常，企業が退職給付債務の計算に用いる割引率よりも，代行返上時に返還すべき資産額の計算に用いられる割引率のほうが高いことに起因し，代行返上により利益が計上される（つまり，企業で計上されている債務の額の方が返還する資産の額より大きい）ことになる．このような状況の変化に関する会計処理については，企業会計基準委員会の適用指針等や日本公認会計士協会の実務指針において手当てが行われた．

　2004年頃には株価が回復する兆しを見せ，厚生年金基金の代行返上などにより，逆に年金資産が退職給付債務を超える状況が生じた．このような超過額は，退職給付会計基準の注解1により，その超過の理由が数理計算上の差異または過去勤務債務の発生による場合には，資産又は利益として計上してはなら

ないとされていた．つまり，このような超過額（未認識資産と呼ばれる）については，損益（一時認識又は遅延認識による）に計上しないという例外的な取扱いがあった．

ところが，このような超過額の資産返還（内容は，退職給付信託の設定により拠出した株式）により，これを利益に計上する事例が生じてきた．簿記的に考えると，退職給付会計においては，会計基準などに従って計算された退職給付費用を（借方）退職給付費用（貸方）退職給付引当金とし，掛金の拠出については（借方）退職給付引当金（貸方）現金という処理が行われる．したがって，拠出した有価証券が返還されたとしても，簿記的には，単に（借方）有価証券（貸方）退職給付引当金という処理が行われるはずであり，利益の計上とはならないはずである．このような状況を受けて，日本公認会計士協会の退職給付実務指針の改訂や，企業会計基準委員会による注解1の適用停止の措置が行われている[2]．

また，最近では，厚生年金保険法の改正を受けて，国からの交付金をはじめとした厚生年金基金の代行部分の会計処理の再考も，企業会計基準委員会において行われた．このように，退職給付会計は，法律改正を含む制度改正とこれに対する企業の対応の影響が財務数値に大きな影響を持つという特徴がある．

3．金融商品会計基準

金融商品会計基準では，金融資産および金融負債の発生および消滅の認識基準，デリバティブを含めた金融商品の広範な時価評価，貸倒見積高の算定方法，ヘッジ会計，複合金融商品の会計処理基準といった金融商品会計に関する広範な問題が扱われている．基準の制定後には，日本公認会計士協会による膨大な実務指針の作成や，銀行業や保険業といった特殊な業種に関する監査上の取扱いの作成が行われ，金融商品会計はもっとも難解な会計処理の分野となっている．金融商品の会計基準が，元来，新たな金融商品の増加に対応して開発されてきた背景もあり，市場における新たな金融商品の登場や取引形態の変化に合わせて，適時に見直しをされていくべき運命にあるといえる．金融商品会計を巡る実務上の問題は数多いが，以下では，多くの企業に共通する問題のい

くつかについてのみ示すこととする．

(1) その他有価証券の減損処理

　金融商品会計基準では，有価証券の評価基準について，保有目的の観点から分類し，それぞれに貸借対照表価額および評価差額の処理方法を定めている．その他有価証券については，時価をもって貸借対照表価額とするとされているが，評価差額については，事業遂行上の必要性から直ちに売買・換金を行うことには制約を伴う要素があり，税効果を調整の上，資本の部に計上することとされている．ただし，時価が著しく下落した場合には，取得原価まで回復する見込みがあると認められる場合を除き，当該評価差額を当期の損失として処理（減損処理）することとされている．

　その他有価証券の時価評価差額の処理方法には，評価差額の全額を資本の部に計上する全部資本直入法と，評価益は資本の部に計上し評価損は当期の損失に計上する部分資本直入法の2つがある（なお，会社法の施行日以後は，純資産の部の評価・換算差額等に表示されている）．このうち，部分資本直入法は，金融商品会計基準制定時に税務上も認められていた低価法に配慮したものと考えられるが，その後に税務上の低価法が認められなくなったこともあり，実務例は極めて少ない．『決算開示トレンド平成17年版』（日本公認会計士協会編，中央経済社）によれば，部分資本直入法を採用している企業は調査対象300社中2社に過ぎない．

　また，その他有価証券の減損処理について，日本公認会計士協会の金融商品会計実務指針では，個々の銘柄の有価証券の時価が取得原価に比べて50％程度以上下落した場合には，「著しく下落した」ときに該当するものとしている．これ以外の場合には，状況に応じ個々の企業において時価が「著しく下落した」と判断するための合理的な基準を設け，当該基準に基づき回復可能性の判定の対象とするかどうかを判断するものとされている．すなわち，時価の下落率がおおむね30％未満の場合には，一般的には「著しく下落した」ときには該当しないものとされているため，下落率が30～50％のケースと30％未満のそれぞれについて，回復可能性の検討対象とするかどうかが企業によって基準が異なりうることになる[3]．

このように，回復可能性の判断対象とするかどうかの基準で，企業ごとに一定の基準が異なり，さらに，回復可能性の判断の段階で企業毎の判断が異なるというのがその他有価証券の減損処理の実務である．有価証券の減損処理は損益の数値に大きく影響する場合があるため，企業と監査人が判断に迷う場合も多いが，減損処理するどうかで純資産の金額が異なることは通常ない．財務諸表の利用者が，このような基準や処理の違いを実質的な意味でどのように見ているかは明らかではない．

(2) ヘッジ活動

金融商品会計基準では，デリバティブの時価評価と企業の行うヘッジ活動に対するヘッジ会計を導入した．一般企業において，最もよく見られるデリバティブとヘッジ活動は，金利スワップによる金利リスクのヘッジと為替予約等による為替リスクのヘッジである．特に為替予約等によるヘッジについては，企業によりかなり手法（特に対象となる外貨建取引の将来の期間）が異なっている．

有価証券報告書においてデリバティブ取引の開示が行われてきてはいるものの，企業間比較が行えるほど十分なものとはなっていない．また，デリバティブの時価情報の開示も要求されているが，「ヘッジ会計が適用されているものは除くことができる」とされている．（財務諸表等規則第8条の8第1項第2号，連結財務諸表規則第15条の7第1項第2号参照）このため，たとえば，将来の輸出売上について，①全く為替予約をしていない企業，②将来の期間約半年分の輸出売上予定額の50％程度について為替予約を付している企業，③将来の期間約1年分の輸出売上予定額のほぼ100％について為替予約を付している企業，についての数値的な開示情報は，多くの場合ほとんど同じである．

『決算開示トレンド平成17年版』（日本公認会計士協会編，中央経済社）によれば，調査対象300社中，デリバティブ取引の注記において，「ヘッジ会計が適用されるものについて一部記載を省略している」企業が123社，「ヘッジ会計が適用されるものついて記載を省略している」企業が88社ある．

わが国の企業の業績は為替変動の影響を受けやすいという特徴があるが，現状の開示では，たとえば，年間の対ドル換算レートがどの程度確定しているか

といった，企業業績やキャッシュフローが，将来の為替相場の変動によりどのように影響を受けるかに関する情報が財務諸表から読み取れないケースが多い．また，同様な問題が，デリバティブを用いた金利リスクのヘッジの実態についてもあてはまる．

(3) 金融資産の消滅の認識基準と SPE 問題

金融商品の会計基準では，支配の移転があったときに譲渡を認め，金融資産の消滅を認識するものとされており，ここでいう支配の移転は，以下の3つの条件が全て満たされた場合に認められることとされている．

① 譲渡された金融資産に対する譲受人の契約上の権利が譲渡人およびその債権者から法的に保全されていること（倒産隔離という仕組みがあること）．
② 譲受人が譲渡された金融資産の契約上の権利を直接又は間接に通常の方法で享受できること．
③ 譲受人が譲渡した金融資産を当該金融資産の満期日前に買戻す権利又は義務を実質的に有していないこと．

さらに，金融資産の譲渡においては SPE (Special Purpose Entity：特別目的事業体) が用いられることが多いが，これについては譲渡と認められるかという問題と SPE を連結すべきかどうかという2つの問題がある．SPE の連結に関しては，連結範囲の基準として実質支配力基準を採用する際に新設された財務諸表等規則第8条第7項において，SPE が適正な価額で譲り受けた資産から生ずる収益を当該 SPE が発行する証券の所有者に享受させる目的で設立され，その目的に従って適切に遂行されている場合には子会社に該当しないものと推定する（つまり連結対象とされない）こととされた．金融商品会計基準においても，このような場合には上記②の要件を満たすものとして扱われる．

金融商品の譲渡に関連した SPE については実務上の問題は比較的少ないが，特に不動産を対象として SPE が利用される場合が多い．特に，バブルの崩壊後，債務の削減が企業財務の重要な課題とされていたこともあり，不動産の売却や開発に SPE が利用される．現状の実務の問題として，この場合に，上に述べた財務諸表等規則第8条第7項の規定が拡大解釈されやすいという問題がある．すなわち，この第8条第7項の規定は SPE に資産を譲渡した会社がそ

のSPEに出資しているケースで，譲渡資産のオフバランス化と当該SPEを連結しないことを同時に達成することを意図したものであるが，それ以外のSPEについてもこの規定が拡大解釈されて適用される場合あるという点である[4].

4. 税効果会計

わが国における税効果会計は，当初連結財務諸表において採用され，その後商法上もその計上に疑義のないことが明らかにされた[5]ため，税効果会計基準が制定され個別財務諸表においても導入されたものである．税効果会計は，わが国の会計基準と国際的な会計基準との大きな差異の1つであったが，その採用には金融機関における不良債権の有税引当の増加という背景があったことも見逃せない．金融機関においては，剰余金に占める繰延税金資産の割合が大きいという特徴がある．

わが国では，税制の関係上，ほとんどの企業において税効果会計の適用結果が資産（繰延税金資産）の計上となるということもあり，繰延税金資産の回収可能性については，日本公認会計士協会から，過去の業績の状況を主たる判断基準とした5つの分類区分と一時差異のスケジューリングとにより回収可能性の判断を行う厳格な指針（「監査委員会報告」第66号）が公表されている．（ただし，この5分類の内容は財務諸表では開示されていない．）繰延税金資産自体が企業の継続性を前提として回収可能性を認めるという性格のものであるため，企業が倒産したような場合には当然に無価値の資産となるが，このことをとらえて資産性に疑問が呈される場合がある．実務的には，税効果を除くと剰余金がない場合でも配当を継続している事例もあり，繰延税金資産が剰余金に占める割合と繰延税金資産に対する「評価性引当金」の増減との関係がどうなっているかといったことは興味深いテーマである．一般的に会計上の利益が減少傾向にありかつ有税での処理が増加しつつある状況下では，剰余金に占める繰延税金資産の割合は高くなると考えられるが，このような状況では，将来の収益力に依存した繰延税金資産の回収可能性の判断は，通常，より厳格になると考えられる．

税効果会計の適用に関連し，税効果の対象項目の開示が行われているが，こ

の中から，繰越欠損金の内容，繰延税金資産の対象となった一時差異項目の内容等を読み取ることができる．繰延税金資産の残高の多いことは必ずしもマイナスのイメージとはいえず，逆に，さまざまな引当処理のような企業の会計処理の「保守性」の相違が読み取れるケースもある．また，繰延税金資産の残高増減の動向は，企業での不良資産の処理スピードを知る手がかりにもなる．たとえば，ある時点まではより手厚い引当処理を行っている企業ほど繰延税金資産の増加スピードは速いが．これがピークに達すると最終処理が進んだ企業ほど繰延税金資産の減少のスピードが速いことも考えられるからである．

　1998年3月期から時限立法として適用された土地再評価法により，土地の再評価を行った企業も多い．この再評価の際には，結果的に過去の含み益により土地の含み損を相殺した事例も多い．この土地の再評価も，税効果会計の対象とされたため，含み益に関する税効果と含み損に対する税効果とが純額で資産又は負債として計上されることになる．しかし，繰延税金資産の回収可能性と繰延税金負債の支払可能性の判断は「監査委員会報告」第66号により，別個の判断基準により行われるため，特に資産の回収可能性の判断が難しい場合がある．これは，土地再評価の対象となったには事業用資産が多く含まれているために，税効果会計で回収可能性を検討する際に必要な売却などのスケジューリングが容易でない場合があり，この場合繰延税金資産は不計上，繰延税金負債は計上という結果となるためである．

5．継続企業の開示

　2003年3月期から適用された改訂監査基準により，ゴーイング・コンサーン（継続企業の前提）問題への対処が必要とされた．継続企業の開示と監査上の対応は，経営者が継続企業の前提に重要な疑義を抱かせる事象又は状況の存在により開示が必要かどうかを評価して開示を行い，監査人が開示の内容が適切かどうかを判断して監査報告書で記載を行うという制度となっている．ところが，監査人の報告書への記載が，特にマスコミ報道等にみられるように，倒産予測情報に受け取られやすい．経営者も監査人も「予言者」ではなく，本来，そのような予測を行うものではない．

継続企業の前提に重要な疑義を抱かせる事象又は状況の例示は，日本公認会計士協会の「監査委員会報告」第74号において，財務指標関係，財務活動関係，営業活動関係及びその他に区分して示されている．この中には，既に財務諸表において開示されている事項も多い．実際の開示例では，債務超過，返済期日の不履行等が「重要な疑義を抱かせる事象又は状況」とされていることが最も多い．継続企業の開示が行われている企業においては，「重要な疑義を抱かせる事象又は状況」が数期にわたる財務数値の結果として現れたものが多いため，開示が行われた期を含む数期の業績と市場の評価がどのように関係しているかも興味深いテーマである．

6．減損会計の導入

減損会計基準は，3月決算企業を例にとると，2004年3月，2005年3月期，2006年3月期のいずれかにおいて適用を開始することとされていた．2004年3月期での初年度適用は公開企業数の10％に満たない．また，一部の企業を除けば，対象資産は遊休資産が多い．また，将来キャッシュフローの現在価値への割引率にも，かなりバラツキがあった．2005年3月期では，適用会社が増加する傾向であった[6]．ただし，3年間での適用という比較的緩やかな経過措置が採用されたことや，一方で，過去の土地の再評価，売却促進による売却損の計上，売却意思決定に伴う評価損の計上（これは減損会計基準および同実務指針でも減損の兆候となるが，従来から実務上評価損の計上が可能な状況として取り扱われてきた）により最終年度では減損会計の適用の影響がほとんどないという企業も想定しうるため，減損会計の導入の影響度に関する企業比較は容易ではない場合がある．

減損会計基準では，減損の兆候として，営業損失又は営業キャッシュフローの継続的マイナス，資産の使用の範囲又は方法の変化，経営環境の著しい悪化，資産の市場価格の著しい下落をあげている．従来採用されてきた会計処理との比較で考えると，減損会計採用後は，減損損失の中にはこれまでリストラ等の損失で計上されてきた項目が含まれることになる[7]．また，事業規模の縮小や遊休化のような使用範囲又は方法の変化が減損会計の適用対象となること

から，従来に比べ，固定資産除却損や売却損で計上されていた内容が早い時期に減損損失で計上されることになる．

　減損会計の適用の影響が大きかった業種には，建設，不動産，流通といったものが考えられるが，減損会計をいつ適用したかによって，多くの場合その実態が変わるわけではない．減損会計基準とその適用指針は，他の会計基準よりも作成に長期間を要している．審議の過程はかなりの透明性をもって公表されてきている．そのような点では，これまでの基準や適用指針の作成プロセスのうち重要な時点（たとえば，基準公表，適用指針公表，不動産の著しい時価の判定の際の50％基準の決定など）で，市場が減損会計の適用の影響が大きいと考えられる企業をどのように市場が評価してきたのかは興味深いテーマである．

（小宮山　賢）

注

1　会社法では，計算などの章において，「株式会社の会計は，一般に公正妥当と認められる企業会計の慣行に従うものとする．」（第431条）とされており，従来の「公正なる会計慣行を斟酌すべし」から数段進んだ改正が行われたとの見方もある．

2　会計制度委員会報告第13号「退職給付会計に関する実務指針（中間報告）」などの改正について（2004年10月4日，日本公認会計士協会）および企業会計基準第3号「退職給付に関する会計基準」の一部改正（2005年3月16日，企業会計基準委員会）などを参照．

3　たとえば，三菱重工業㈱の2004年度の連結財務諸表では，「時価が著しく下落し回復の見込がないと判断されるものについては減損処理を実施し，減損処理後の帳簿価額を取得原価として記載している．当該株式の減損の判定にあたっては，個別銘柄別にみて当年度末の時価が帳簿価額に比べ50％以上下落したもの，もしくは個別銘柄別にみて当年度末の時価が帳簿価額に比べ2期（含中間期）連続して30％以上50％未満下落したものを対象としている．」という記載がある．また，同年度の㈱UFJホールディングスの連結財務諸表では，次のような記載がある．

「時価が『著しく下落した』と判断するための基準は，償却・引当基準において，有価証券の発行会社の区分ごとに次の通り定めております．

　　破綻先，実質破綻先，破綻懸念先　時価が取得原価に比べて30％以上下落
　　要注意先　時価が取得原価に比べて40％以上下落
　　正常先　時価が取得原価に比べて50％以上下落

なお，破綻先とは破産，特別清算等，法的・形式的に経営破綻の事実が発生している発行会社，実質破綻先とは実質的に経営破綻に陥っている発行会社，破綻懸念先とは現在は経営破綻の状況にないが，今後経営破綻に陥る可能性が大きいと認められる発行会社，要注

意先とは今後の管理に注意を要する発行会社であります．また，正常先とは破綻先，実質破綻先，破綻懸念先及び要注意先以外の発行会社であります．」

4 このような実務上の問題に関連して，日本公認会計士協会から2005年9月30日付で，「特別目的会社を利用した取引に関する監査上の留意点についてのQ&A」が公表されている．

5 「商法と企業会計の調整に関する研究会報告書」（商法と企業会計の調整に関する研究会1998年6月）参照．

6 『週刊経営財務』No.2711（2005年2月28日）によれば，2004年3月期での早々期適用した上場会社が149社であり，2004年9月中間期から減損会計を早期適用した上場会社が360社とされている．

7 たとえば，2004年秋に産業再生機構に再生支援の申し込みを行った，㈱大京とミサワホームホールディングス㈱の2005年3月期の連結財務諸表には次のような開示がある．この両社の処理の内容は極めて類似してものと考えられるが，連結財務諸表の開示はかなり異なったものとなっている．

㈱大京

特別損失に減損損失1828億円を計上
損益計算書注記　当社グループは，以下の資産について減損損失を計上しました．
主な用途種類場所
　マンション建物・土地・その他埼玉県草加市他
　賃貸ビル建物・土地・その他東京都新宿区他
　商業施設他建物・土地・その他北海道札幌市他
　ゴルフ場建物・土地・その他埼玉県比企郡他
当社グループは，原則として個別の物件ごとにグルーピングし減損損失の検討を行いました．その結果，近年の継続的な地価の下落や賃料水準の低迷等により，時価または将来キャッシュ・フローが帳簿価額を下回ることとなった資産について帳簿価額を回収可能価額まで減額し，当該減少額を減損損失（182,856百万円）として特別損失に計上しました．その内訳は，建物53,017百万円，土地122,904百万円，その他6,935百万円であります．
　なお，当社グループの回収可能価額は正味売却価額または使用価値により測定しており，正味売却価額は，主として不動産鑑定士による鑑定評価額を使用し，使用価値は，将来キャッシュ・フローを5％で割り引いて計算しております．

ミサワホームホールディングス㈱

損益計算書で固定資産評価損700億円を計上
損益計算書注記　固定資産評価損の内訳は次のとおりであります．
　建物及び構築物　　　　7,713百万円
　機械装置及び運搬具　　　　8百万円
　土　地　　　　　　　61,269百万円
　その他　　　　　　　 1,075百万円

4 監査の質と内部統制における諸問題

1．はじめに

　わが国においては，近年の公認会計士試験制度の改革，そして多くの会計専門職大学院の開校などにより，監査人たる公認会計士を育てる環境が変わりつつあり，現在より幅広い分野からさまざまな人材が監査人となる道が拓け始めている．そして，今後は，監査に従事する公認会計士と監査以外の業務に従事する公認会計士との区分けが，より明確になり始めることが予想される．その意味で，現在，監査をめぐる環境は大きく変わろうとしている．

　日本では，2002年1月に「監査基準」の大改訂が行われ，2003年3月期からその監査基準による財務諸表監査が実施され始めた．リスク・アプローチが本格的に実施され，継続企業の前提を確認したり，重要な虚偽記載や違法行為に留意して監査したり，といった新たなレベルの監査が行われるようになったといえる．当時，日本の財務諸表監査の水準は国際的に見ても遜色のないものとなったと言われることもあった．

　しかし，上場企業の粉飾決算事件などをきっかけとして，さらに監査の徹底をはかるべく，「事業上のリスクを重視したリスク・アプローチ」を前面に出す必要が生じ，2005年7月20日に企業会計審議会より「監査基準及び中間監査基準の改定並びに監査に関する品質管理基準の設定について（公開草案）」が公表され，同時に新しい「監査基準（案）」，「中間監査基準（案）」ならびに「監査に関する品質管理基準（案）」が公開されるに至った[1]．もちろん，これ

らの新しい監査基準（案）等が制定されるに至ったのには，いわゆるリスク・アプローチを導入するだけではなく，国際監査基準と整合性のある監査基準を日本国内でも使う必要がある，という重要な理由もあるのであるが，わずか3年で基準が改定されるというのは，会計・監査を取り巻く環境の変化がいかに速いかを示しているようである．

　ここで重要と思われることは，「監査に関する品質管理基準」がまったく新たに設定されたことであろう．「監査の品質」を高める，ということに関してパブリック・セクター（金融庁）ならびに日本公認会計士協会が相当の意識を持ち始めた，ということをこれは意味するものと思われる．もとより監査の品質管理のモニタリング機関として「公認会計士・監査審査会」が設置され，機能し始めたこと[2]，あるいはすでに前回の公認会計士法改正により，監査人の独立性に関する内容が強められていることを鑑みれば，そうした動きはすでに始まっており，今回の基準設置もその一環であることは明らかである．

　従来から欧米では，財務諸表監査にエイジェンシーコストを削減する機能があるとの前提がおかれており[3]，これは，上場していようといまいと，企業（経営者）は，監査を必要とするという結論に結びつく．また，この前提に基づけば，プリンシパルないし投資家には，質の高い監査を求めるという意識（すなわち，質の高い監査によってエイジェンシーコストが削減されるという認識）があるはずである．

　したがってここでは，「監査の品質」というものを日本の企業あるいは投資家がどのようにとらえているのか，ということを実証することの重要性を強調しておきたい．また，新たな監査基準等が監査の品質を高めることにどのように寄与するのか，という点を実証することも重要であろう．これが，さらに新たな，有用な監査制度につながって行くであろうことは言うまでもない．

2．「財務諸表に係る内部統制の評価及び監査」について

　2005年7月13日，企業会計審議会より「財務報告に係る内部統制の評価及び監査の基準（公開草案）の公表について」ならびに「財務報告に係る内部統制の評価及び監査の基準（公開草案）」が公表された[4]．

周知のように，上場企業の有価証券報告書の虚偽記載問題や粉飾決算事件などをきっかけとして，日本の企業においても，内部統制ならびに企業統治を大幅に強化することが必要であるとの認識が強くなり，この公開草案に至ったものといえる．基本的にエンロン事件・ワールドコム事件を契機として，2002年7月に米国で制定された『企業改革法』と同じ考え方によるものといえるであろうが[5]，日本のさまざまな制度，文化や慣習等に適合したものである必要もあり，異なる面も多いようである．

　ここで重要なのは，「内部統制監査」という概念である．「内部統制」は，監査論の世界では古くから用いられている概念・用語であるが，一般社会においては決してポピュラーな言葉ではない．したがって本基準（案）では，米国でトレッドウェイ委員会組織委員会（Committee of Sponsoring Organizations of Treadway Commission ; COSO）が1992年および1994年に公表した「内部統制の統合的枠組み」[6]を元に，2005年現在の日本の状況に合わせて「内部統制」の概念規定を行っている．そして，企業（経営者）が整備した内部統制の有効性を検証することを「内部統制"監査"」という用語で呼んでいるのである．

　「監査」という言葉は，財務諸表監査と同じ保証水準を意味することになるので，用いられないのではないかと思われたが，日本においては諸外国と異なって財務諸表監査と同一の監査人が内部統制監査を実施することが想定されており，財務諸表監査と内部統制監査とを「一体的」にとらえたいという強い考え方があったためこのような用語になったとのことである[7]．

　したがって，この「内部統制の有効性の検証」も監査法人等によって行われる「監査」であり，その質というものが問題となることになろう．この意味での監査の品質がいかなるものであるのか，あるいはどの程度の水準のものであるのか，を実証することも，本制度の定着・改善のために必要とされてくるように思われる．

3．内部統制報告・監査制度および監査の質に関する先行研究・調査

　監査論の範疇で言えば，現在大きな問題となっている「内部統制および企業統治を強化する方向性（内部統制監査を含む）」の是非について，そして「監

査の品質に関する意識」について実証的に検討することが重要な課題であるといえるであろう.

前者の内部統制強化の方向性に関しては,先行する研究が多くある.財務報告に係る内部統制報告を実施するための追加的手続きに要するコストおよび報酬額,そして内部統制項目の脆弱性に関して日本の監査人が重視する点等について,日本の場合と英国の場合を比較検討したものに町田(2005)が挙げられる.追加的手続きに関するコストは,日本と英国を比べた場合,英国の方が大きくなるものと考えられる点,そして取締役会のガバナンス,リスクの識別,モニタリングに関し,日英では意識が異なるという結果がここでは得られている[8].

また,O'Reilly-Allen (1997) のアンケート調査を中心とした調査方法によって,内部統制報告・監査の実施に要する追加的コストがかなりの金額に及ぶとされ,企業が内部統制報告・監査の実施に消極的になることが明らかとされている[9].『日本経済新聞』2005年5月10日朝刊第5面によれば,会計事務所プライスウォーターハウスクーパースが米国企業約100社を調査したところ,内部統制報告・監査の費用は1社あたり平均10億円,最高は75億円に上ったとされ,米国で上場している日本企業には,人件費だけで100億円,監査法人に10億円以上払ったというところがあるとのことである.

そもそも日本における監査報酬は諸外国におけるのに比べれば安い,ということ,そしてそれが監査の品質の低さ(というより監査時間の短さ)に起因するとはよく言われることであり,町田(2005)によれば,海外における監査時間は日本の1.1～2.8倍,監査時間に占める統制評価手続きの割合は海外31%:日本27%,日経225企業に対するアンケート調査では日本の監査報酬は米国より低い,という結果が得られている.この内部統制監査制度の導入は,日本の監査法人にとっては監査報酬の増加につながる,という意味でありがたいことなのかもしれない.

日本で,内部統制報告・監査制度が実施されようとしている今,企業はそれに要するコストをどうとらえているのか,そしてそのコストに見合うベネフィットがあると考えているのかどうかを実証する意義は現在,大変大きいように思われる.

そもそも，監査にエイジェンシーコスト削減機能があると仮定すれば，既述のように上場の有無にかかわらず財務諸表監査の需要があるはずである．また，「プリンシパルないし投資者」および「経営者ないし企業」に，質の高い監査を求めるという意識（エイジェンシーコストがそれによって削減されるという認識）があるはずである．

たとえば，企業が監査人を中小の監査法人から大手監査法人へ変更することは，企業が質の高い監査を求めることの現れといえよう．2005年6月14日の『日本経済新聞』夕刊第1面には，上場企業で，今年50社が監査法人の変更を行い，特に個人会計士を監査法人に変更する例も多かったと指摘されているが，その点は「監査の品質」を企業側が意識していることの1つの証拠と言うことがいえよう．ただ，町田（2003）によれば，逆にオピニオンショッピングと疑われるような大手監査法人から中小監査法人への変更がしばしば見られることが指摘されている．これは逆の結果を示すものといえる．ちなみに，監査人の独立性（外見的独立性）を，鳥羽・川北（2001）では監査主体要因・監査環境要因・非監査業務要因ごとに分析しているが，監査人の交代は，監査人の外見的独立性にとっては無差別（関係がない）である，と推定されている．

そもそも，日本の経営者や投資家の多くが，財務諸表監査をエイジェンシーコストの削減手段と考えていない可能性は，盛田・百合野（1998）（法定監査がなければ監査需要がかなり減るとの結果）や，加藤（2003）（上場企業の過半数が監査コストのほうが監査パフォーマンスより高いと回答）のアンケート調査によって指摘されている．

年次あるいは中間決算報告とは異なり，監査が法令等で義務づけられてはいない四半期報告に関して，東京証券取引所上場の全企業に対し東京証券取引所が行ったアンケートである東京証券取引所（2004）によれば，四半期開示について，監査人の関与（監査）を受けていないという回答52%，特定の基準に基づかない確認手続きを受けているという回答が33.7%であった．また，四半期財務諸表に対する監査等につき，中間監査と同等の保証手続を望むのは1.2%にすぎず，48.9%が会社の実務負担に配慮したレビュー手続を望み，37.6%は保証手続きの導入は望まないが，レビューならば許容すると回答している．

いずれの結果も，上場企業が必ずしも監査を積極的に望んではいないという

ことを示している．これを見れば，少なくとも現在の日本において，監査が欧米におけるのと同等の地位を確立していくための道は，まだまだかなり険しいということが容易に想像できるように思われる[10]．

4．内部統制・ガバナンス強化の方向性

　われわれは，内部統制報告・監査に関する公開草案の公表に先立ち，2005年7月1日に，次の点に関するアンケートを，国内上場企業2,848社（東京証券取引所1・2部およびマザーズ，大阪証券取引所1・2部およびヘラクレス，名古屋証券取引所1・2部，各地方証券取引所上場企業：JASDAQ上場企業を除く）を対象として実施した．金融庁が打ち出したといわれる内部統制強化策（『日本経済新聞』2005年5月10日）と，そのコストを負担することについての意識を探る目的からである．
　1．連結子会社を含めた全部署の業務手続きを文書化
　2．外部との取引について二重以上のチェック体制を整備
　3．経営者の重要な経営判断に際しての正当な手続きを整備
　4．財務諸表監査の一環として監査法人（公認会計士）により上記1．～3．の体制がチェックされる

　1．および2．は，米国の企業改革法を下敷きとした，企業における「内部統制」の強化策，3．は同様に「コーポレート・ガバナンス」の強化策，そして4．はそれらの実効性を高めるための「監査」システムであるといえる．
　とりわけ，1．の「連結子会社を含めた全部署の業務手続きを文書化する」という点は，かなりのインパクトを持って実務界では受け止められたように思われる．多大のコストと手間とを要することは，米国上場企業の例からも明らかであり，しかも多大なコストを支払ってあらゆる部署の業務手続きを文書化することが，本当に内部統制を強化することになるのかという疑問が拭いきれないからである．
　このような意見もあり，2005年7月13日に企業会計審議会から打ち出された内部統制報告・監査制度案を見ると，文書化の対象となるのは全部署ではなく，文書化が不要な部門を企業と監査人が協議して選ぶことができることとな

り，当初に比べればかなり緩やかな内容となったようである．ただ，この制度がどのように受け入れられていくのか，受け入れる企業側の意識はどうかといった点を，より詳しく知る必要があると考え，われわれは，既述のようなアンケートを実施したのである．

このアンケートの内容と集計の結果は本書第20章にまとめてあるので参照していただければと思う．なお，自由筆記欄に記入していただいた意見を見ると，内部統制報告・監査制度の意義はそれなりに認められているようであるが，法規で強制的に業務の文書化を行わせることへの反対意見もかなりあったことを付言しておきたい．

5．総括と展望

現在わが国で開始されようとしている「内部統制報告・監査」制度を中心としてここまで問題点を指摘してきた．

本章におけるそもそもの問題意識は「監査の品質」を投資者・企業経営者がどのようにとらえているかという点への関心に基づいている．内部統制監査は，それ自体が財務諸表監査の一環として（あるいは財務諸表監査と同時並行的に）行われる「監査」であると同時に，財務諸表監査に新たに導入されることになる監査手法であるリスク・アプローチとも密接に関連するものである．すなわち，「事業上のリスクを重視したリスク・アプローチ」を採用する財務諸表担当者が，ある企業のリスク（の要点等）を十分に把握することと，内部統制に関連する企業業務手続きとその内部統制目的に対する実効性を十分に把握・評価することとは，表裏一体の関係にあるといえるであろうし，両業務がもたらすシナジー効果にもかなりの期待が持てるであろう．

内部統制監査それ自体が「監査」であることはひとまずおくとしても，従来の財務諸表監査の品質を向上させることに大きく寄与する可能性があることは明らかである．ただし，内部統制報告制度，そして内部統制監査制度に要するコストを考えるとき，それらを（日本において）どれほどの人間が望んでいるのかという問題が浮上してくる．監査報酬の（かなりの）増加が見込める監査人ですら，新たな監査業務に要することになるさまざまなコストや監査リスク

を考えれば，手放しでこの制度を歓迎するということにもならないように思われる．その意味で，内部統制監査の制度を前提とした財務諸表監査の枠組みがどのように構築され，それがどのように監査の質を高めていくのか，という点について実証的に明らかにし，さらにそれを世の中に伝達することによって，監査のエイジェンシーコスト削減機能の存在を広くアピールしていく必要があるのではないかと思われる．

(佐々木　隆志)

注

1　山浦 (2005) pp.97-103参照．なお，同年10月28日に，現行の「監査基準」，「中間監査基準」および「監査に関する品質管理基準」が公開されている．
2　公認会計士協会によって自主的に行われていた品質管理レビューに対し，2005年度から公認会計士・監査審査会がモニタリングを始めたことなども，「監査の品質管理」を行政サイドおよび公認会計士協会が，より重視していくという流れの1つであろう．
3　ウォーレス著，邦訳 (1991) pp.13-17参照．
4　同年12月8日に企業会計審議会より「財務報告に係る内部統制の評価及び監査の基準のあり方について」が公表されている．
5　町田 (2005) pp.81-95参照．
6　トレッドウェイ委員会組織委員会 (1992・1994)，邦訳 (1996) 参照．
7　八田 (2005) pp.104-114参照．
8　町田 (2005) pp.90-93参照．
9　この点には前掲の町田 (2005) でも触れられている．
10　百合野 (2004) pp.70-71参照．

参考文献

O'Reilly-Allen M. (1997) *The Effect of Management and Auditor Reports in Internal Control on Financial Analysts' Perceptions and Decisions*, Drexel University.
ウォーレス, W. A. 著，千代田邦夫・森田良久・百合野正博・朴大栄・伊豫田隆俊訳『ウォーレスの監査論』(1991) 同文舘出版．
加藤恭彦編著 (2003)『監査のコストパフォーマンス―日米欧国際比較』同文舘出版．
東京証券取引所 (2004)「四半期開示に関するアンケート調査」11月，東京証券取引所ウェブサイト (http://www.tse.or.jp/old_news/200411/041111_d01.pdf)．
鳥羽至英・川北博他共著 (2001)『公認会計士の外見的独立性の測定―その理論的枠組みと実証研究』白桃書房．
トレッドウェイ委員会組織委員会著，鳥羽至英・八田進二・高田敏文共訳 (1996)『内部統制の統合的枠組み理論篇』『内部統制の統合的枠組みツール篇』白桃書房．

日本経済新聞社「不正防止へ企業統治監査」『日本経済新聞』2005年5月10日朝刊，p.1, 関連 p.5.
日本経済新聞社「監査法人の変更相次ぐ」『日本経済新聞』2005年6月14日夕刊，p.1.
八田進二（2005）「『財務諸表に係る内部統制の評価及び監査の基準（公開草案）』をめぐって」『企業会計』第57巻第9号，pp.104-114.
町田祥弘（2003）「わが国における監査契約の解除問題と監査リスクの評価」『会計』第164巻第5号，pp.102-116.
町田祥弘（2005）「内部統制評定における外部監査人の判断」『会計』第167巻第2号，pp.81-95.
盛田良久・百合野正博（1998）「公認会計士監査に対する社会的期待と実証分析」『JACPA ジャーナル』第516号，pp.88-97.
山浦久司（2005）「『監査基準および中間監査基準の改定並びに監査に関する品質管理基準の設定について（公開草案）』をめぐって」『企業会計』第57巻第9号，pp.97-103.
百合野正博（2004）「監査制度改革のはてしなき道のり」『会計』第162巻第2号，pp.56-71.

5 税務法令と財務会計における問題

1．本章の目的と構成

　わが国では，法人税法の下での課税所得計算が会社法会計に制度的に依存することから，会社法会計や金融商品取引法会計といった財務会計と課税所得計算が密接に関連しながら発展を遂げてきた[1]．しかしその一方で，節税を意図した税務上の配慮が財務会計に干渉し財務報告利益を歪めるという，いわゆる逆基準性の問題が，従来から指摘されてきた[2]．さらに最近では，目的の異なる財務会計と課税所得計算の制度的結合関係が，会計基準の国際的コンバージェンスの障害になるという批判もある[3]．

　ところで，2000年前後のいわゆる会計ビッグバン以降，わが国では国際的にも遜色のない会計基準の整備・充実が図られてきた．一方，税制面でも1998年以降，課税ベースの拡大を意図した大幅な税務法令の改正が行われてきた．この会計制度と税制の両方における改革は，会計基準と税務法令の乖離を拡大させている．しかし，財務会計と課税所得計算が制度的に分離されたとしても，なお実務の中で財務会計と課税所得計算の一致傾向が残るようでは，問題の解決にはならない．そこで，会計制度設計においてこれらの批判を考慮に入れる前提として，実務で本当に財務会計と課税所得計算が一致する傾向がみられるのかどうかを実証的に明らかにする必要がある．以上の問題意識をまとめると，次のようになる．

　① そもそも会計基準の整備・充実や税制改正の前から，実務において財務

会計と課税所得計算の一致傾向は本当に存在していたのか．
② 会計基準の整備・充実および税制改正の後，実務において財務会計と課税所得計算が乖離しているか．とくに税効果会計導入後，乖離の程度は拡大したか．

本章では，以下の構成で，これらの問題の検討を行う．まず次節では，法人税法における財務会計と課税所得計算の制度的関係を説明し，制度上は両者の一致の要請が限定的であることを示す．第3節では，最近の会計基準と税務法令の改正動向を示し，財務会計と課税所得計算が制度上は分離傾向にあることを示す．第4節では，制度的関係が財務会計における会計選択に及ぼす影響を検討する．第5節では，個別事項ごとに，財務会計と課税所得計算の関係についての傾向を考察する．第6節では，財務会計と課税所得計算の制度的分離と税効果会計導入が実務における財務会計と課税所得計算の関係に及ぼす影響を検討する．

2．財務会計と課税所得計算の制度的関係

(1) 課税所得計算の財務会計に対する制度的依存性

法人税法は次のように，概念と手続の2つの側面から，課税所得計算を財務会計に依存させている．

① 概念的依存関係

法人税法22条は，財務会計における報告利益の計算要素となる諸概念（収益，原価・費用および損失，資本等取引，ならびに「一般に公正妥当と認められる会計処理の基準」）を基礎として，それに別段の定めによる修正を加えることによって，各事業年度の課税所得を計算することとしている．つまり，法人税法は，課税所得の概念を直接定義するのではなく，「一般に公正妥当と認められる会計処理の基準」に準拠して算定された財務報告利益から誘導的に定義している．このように，課税所得概念は財務会計における報告利益の概念に依拠している．

② 手続的依存関係

法人税法74条1項は，確定した決算に基づいて確定申告書を作成することを

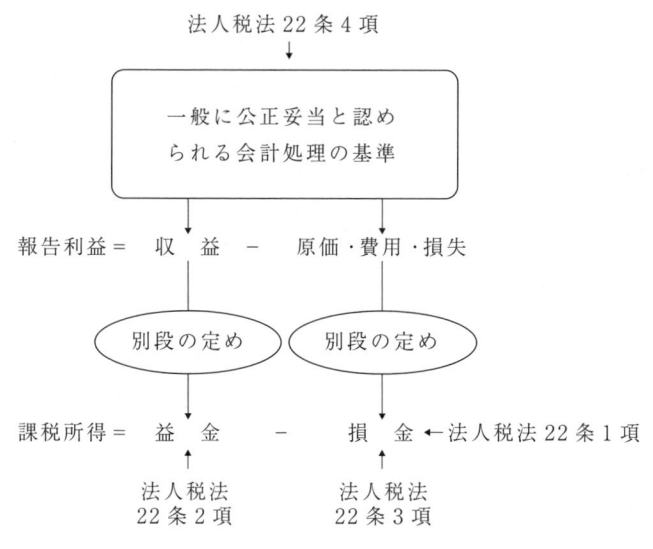

図表5-1　財務会計と課税所得計算の概念的関係

```
              法人税法22条4項
                    ↓
           ┌──────────────┐
           │ 一般に公正妥当と認め │
           │ られる会計処理の基準 │
           └──────────────┘

報告利益 ＝   収　益   －   原価・費用・損失

          ( 別段の定め )   ( 別段の定め )
               ↓              ↓
課税所得 ＝    益　金   －    損　金  ← 法人税法22条1項
               ↑              ↑
             法人税法         法人税法
             22条2項         22条3項
```

(注) 資本等取引に係るものは課税所得計算から除外される (法人税法22条5項).

要請している．さらに同条2項は，貸借対照表および損益計算書などを，確定申告書に添付することを求めている．この申告書の作成・提出手続に従えば，会社の課税所得は，会社法規定に基づいて決算で確定された報告利益を基礎とし，それに申告調整を加えることによって算定されることになる[4]．

　以上のように，法人税法22条は会社法会計を基礎として課税所得を計算することを，明示的には要求していない．しかし，法人税法74条1項および2項の規定と併せると，会社法431条および会社計算規則3条によって「一般に公正妥当と認められる企業会計の慣行」に従い「一般に公正妥当と認められる企業会計の基準」を斟酌することを求められる会社法会計が，課税所得計算の基礎になることがわかる．この関係は，単なる手続面だけでなく，確定決算で採用された会計処理方法や見積りが，別段の定めがない限り[5]，課税所得計算でも有効とされることを意味するという実質的内容をもつと解されている[6]．

　他方，金融商品取引法会計も財務諸表等規則に定めのない事項については「一般に公正妥当と認められる企業会計の基準」に従うことになっているので(財務諸表等規則1条1項)，やはり一般に公正妥当と認められる企業会計の慣

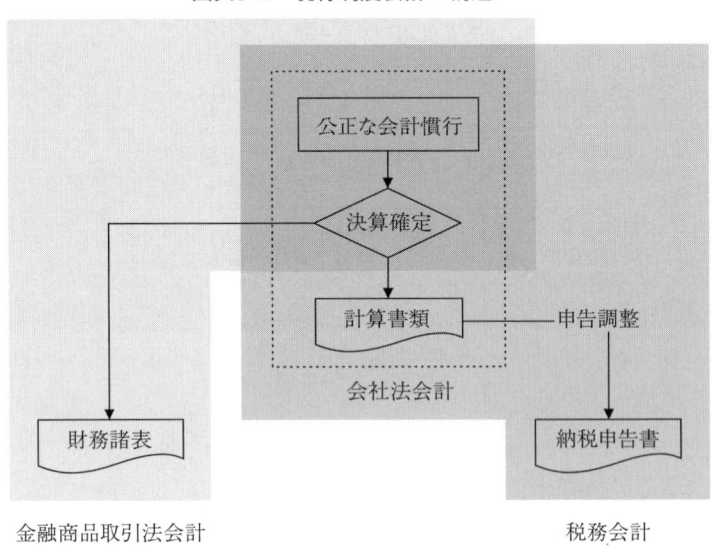

図表5-2　現行制度会計の構造

```
                公正な会計慣行
                     ↓
                  決算確定
                     ↓
                  計算書類 ─── 申告調整
                  会社法会計

   財務諸表                        納税申告書

 金融商品取引法会計                   税務会計
```

行に従い企業会計の基準を斟酌する会社法会計と制度的に結びつく．この結果，課税所得計算は，会社法会計を介して，金融商品取引法会計とも制度上，間接的に結びつくことになる．

(2) 税務上の経理要件

　税法は，代替的会計処理方法の認められている特定の外部取引や会計判断が主観的になりやすい内部取引についての税務上の選択や判断を，確定決算における会社の意思表示によって拘束することがある．この拘束には，次の2通りの仕方がある．
① 　税務上の選択や判断を確定決算での意思表示に一致させる．
- 延払基準の適用（法人税法63条1項）
- 長期大規模工事以外の長期工事に対する工事進行基準の適用（法人税法64条2項）
- 少額減価償却資産・少額繰延資産の損金算入（法人税法施行令133条および134条）および一括償却資産の損金算入（法人税法施行令133条の2第2項）

- 税法上の取替法の適用（法人税法31条6項，法人税法施行令49条2項）
- 従業員賞与（法人税法36条，法人税法施行令72条の5）および役員退職金（法人税基本通達9-2-28）の損金算入
- 事実上および形式上の貸倒損失の計上（法人税基本通達9-6-2および9-6-3）

② 確定決算での計上額を税務上の上限額とする．

- 棚卸資産の損傷・陳腐化など，有価証券の価額の著しい低下など，固定資産の損傷など，および税法上の繰延資産の損傷などによる評価損（法人税法33条2項）
- 貸倒引当金繰入額（法人税法52条1項および2項）および返品調整引当金の繰入額（法人税法53条1項）
- 減価償却費など（法人税法31条1項および32条1項）

ただし，②の拘束の下でも，税務上の限度額を超える費用・損失を確定決算で計上すること（いわゆる有税償却や有税引当て）ができるから，必ずしも財務会計と課税所得計算が一致するとは限らない．一致しないときには，報告利益が課税所得を下回ることになる．このような現象の生じる背後にある経営者の会計動機としては，経済実態をよりよく反映する財務報告を行うという動機のほかに，利益制御としてのいわゆるビッグ・バスが考えられる．なお，この②の拘束の下で生じる乖離は将来減算一時差異に限られる．

逆に，税務上の限度額未満の費用・損失しか確定した決算で計上しないこともできるが，この場合には報告利益と課税所得が一致する．このような現象を生じさせる会計動機としては，税コストの節約が考えられる．たとえば，繰越欠損金の有効期間が当期までという場合に，まず繰越欠損金を当期課税所得との相殺に利用し，当期の要償却額などを次期以降の損金として繰り延べるとき，税務上の限度額未満の費用・損失が確定決算で計上されるという現象が生じる．

(3) 会計基準の不備に対する税務法令による補完

企業会計原則とわずかな個別の会計基準しか存在していなかった時期に，詳細で明確な会計実務指針として参照できるのは，通達を含めた税務法令規定し

かなかった．たとえば，減価償却における残存価額や耐用年数の具体的な見積方法を企業会計原則は示していないのに対して，財務省令（減価償却資産の耐用年数等に関する省令）は税務上の残存価額や耐用年数を画一的・具体的に法定しているので，会社はこれらの法定残存価額や法定耐用年数を確定決算段階で適用することによって，これらを独自に見積る作業や申告調整の手間を省くことができる．あるいは企業会計原則は各種の引当金の計上方法を定めていないのに対して，法人税法は特定の引当金の繰入限度額の算定方法を明示していた．この結果，会計基準に不備のある時期には，会計実務において税務法令が事実上の会計基準として機能していた（後藤，1994）．

3．会計基準の整備・充実と税制改正

(1) 会計基準の整備・充実

いわゆる会計ビッグバンの一環として，2000年3月期以降，図表5-3で示すような会計基準が設定され実施されるようになった．これらの会計基準の中には，金融商品会計基準のように同様の税務法令改正を伴うものもあるけれども，その他の会計基準はむしろ税務法令とは異なるものとなっている．

さらに税効果会計の導入は，実務における財務会計と課税所得計算の一致傾向に影響する可能性がある．法人税法は売上原価，償却費および特定の引当金繰入を除く費用・損失の年度帰属決定基準に債務確定主義を採用することから，発生主義会計を採用する財務会計における費用・損失に比べて，損金の計上時期が遅れる傾向がある．また，減価償却の法定耐用年数が実際の利用可能

図表5-3　会計基準の設定動向

基準	実施時期	実施時期の特例
税効果会計	2000年3月期	1999年3月期より早期適用可能
研究開発費等会計	2000年3月期	1999年3月期より早期適用可能
金融商品会計	2001年3月期	2000年3月期より早期適用可能
退職給付会計	2001年3月期	2002年3月期より適用可能
減損会計	2006年3月期	2004年3月期より早期適用可能
企業結合会計	2007年3月期	早期適用なし

図表5-4　財務会計と税務会計の一致と分離の比較

	一致	分離	税効果会計
税引前当期利益	120	100	100
将来減算一時差異	—	20	20
課税所得	120	120	120
当期税金費用	48　(0.40)	48　(0.48)	48　(0.48)
繰延税金費用	—	—	△8　(−0.08)
税引後当期利益	72　(0.60)	52　(0.52)	60　(0.60)

（注）（　）は税引前当期利益に対する比率．法定税率は0.40と仮定．
　　　△はマイナスを表す．

期間よりも長い場合にも，同様に税務上の償却費の損金算入時期が実際発生時期に比べて遅くなるので，財務会計上独自に耐用年数を見積る場合には，財務会計上の減価償却費計上年度に比べて損金算入年度が遅くなる．こうした現象は，潜在的に将来減算一時差異を生じさせる．

　図表5-4は潜在的将来減算一時差異の生じる数値例である[7]．税効果会計導入前では，財務会計と課税所得計算を分離して将来減算一時差異を顕在化させると，税引前当期利益が課税所得を下回るので，一致させた場合に比べて，報告利益が税引前も税引後も小さくなる．とくに当期税金費用（当期納税額）は税引前当期利益よりも大きな課税所得に基づいて算定されるので，税引前当期利益に対する当期税金費用の割合は法定税率を上回り，その結果，税引後当期利益が相対的に過少計上される．経営者がこのような報告利益の低下を嫌うならば，実務上は将来減算一時差異の生じないように財務会計と課税所得計算の一致が志向されるだろう．

　ところが，税効果会計導入後は，財務会計と課税所得計算を分離して将来減算一時差異を顕在化させても，税引前当期利益に対する税金費用の割合は法定税率と一致するので，税効果会計導入前に両者を分離することによって生じる税引後当期利益の相対的過少計上は回避される．このことは，税効果会計が財務会計と課税所得計算の一致志向を緩和させる可能性を示唆する．

図表5-5　税制改正の動向

改正事項	実施時期
償却資産の耐用年数の短縮	1998年4月期
建物の減価償却方法の定額法限定	1998年4月期
営業権の償却方法の定額法限定	1998年4月期
一括償却資産の簡便償却	1999年3月期
社債発行差金の償却期間を償還期間に限定	1999年3月期
利益処分による寄付金の損金算入	1999年3月期
貸倒引当金の法定繰入率廃止	1999年3月期
賞与引当金，特別修繕引当金および製品保証等引当金の廃止	1999年3月期
退職給与引当金の縮小	1999年3月期
割賦基準の廃止	1999年3月期
長期大規模工事に対する工事進行基準の強制	1999年3月期
売買目的有価証券の期末時価評価の強制と低価法の廃止	2001年3月期
組織再編税制導入	2001年4月期
退職給与引当金の廃止	2003年3月期

(2) 税制改正

　1996（平成8）年税制調査会法人課税小委員会報告で税率の引下げと課税ベースの拡大という税制改正の方向性が示されたのを受けて，1998（平成10）年度以降，図表5-5に掲げるような税制改正が行われた．これらの改正は，税務処理についての裁量の幅を縮小し，課税所得の早期計上を促進させる．

(3) 財務会計と課税所得計算の制度的乖離

　以上のような会計制度と税制の両面における制度変更は，会計基準と税務法令の乖離をもたらした．詳細な会計基準の設定によって，税務法令が事実上の会計基準として機能する必要はなくなった．また，課税ベースの拡大を指向する税制改正は，課税所得の相対的な早期計上をもたらす．そして，税効果会計基準の導入は，報告利益と課税所得の乖離とくに将来減算一時差異の報告コスト発生を回避させるので，経営者による報告利益と課税所得の一致志向を抑制する．しかし，財務会計と課税所得計算が制度上分離したからといって，実務において実際に両者が分離するとは限らない．この問題は次節で検討する．

4．財務会計と課税所得計算の一致傾向

　経営者による会計選択は，契約の効率性向上による企業価値増加行動[8]，経営者の機会主義的行動[9]，および情報提供行動[10]という異なる3つの観点から説明できる（Holthausen, 1990）．課税所得計算の財務会計に対する制度的依存関係の下では，両者は一致したほうが，これらの3つのそれぞれの観点から，企業や経営者にとって有利である．

　まず，契約の効率性の観点からは，財務会計と課税所得計算の一致には，次のような潜在的利点がある．第1に，税法が税務上の選択や判断を確定決算での意思表示に一致させることを要求している事項（本章第2節(2)①参照）については，節税効果をもたらす税務選択や判断を財務会計段階で行うことによって，税コストを節約できる．第2に，申告調整の手間を省略できるので，記帳や税務計算コストを節約できる．第3に，会計基準に具体的で詳細な規定がない場合に，税法規定に準拠することによって，会計上最適な会計手続を探すコストを省略できる．第4に，一時差異の税効果を考慮する必要がないので，将来の税引後利益の予測が容易になる．第5に，課税庁による税務調査が緩和されるので，税務調査対応コストが節約できる．これは，報告利益と課税所得の一致する程度が高いと，節税が報告利益の低下を招くことから，報告利益の低下に伴う弊害を回避したい経営者は，節税のための利益圧縮をしにくい，ということを課税庁が知っているからである．さらに大会社の場合には，課税庁は報告利益計算と課税所得計算の重複部分の調査を会計監査人に委ねることができるので，やはり企業の税務調査対応コストを節約できる．財務会計と課税所得計算を一致させることによる第6の有利性は，報告利益が取引条件の決定や財務上の特約に利用され，しかも契約の再交渉コストが高い場合に，前節(1)で示したように，将来減算一時差異の生じる余地のあるときには，両者を一致させるほうが報告利益が増加するので，契約の再交渉コストを生じさせることなく取引条件の悪化や資金調達コストの上昇を回避できることである．以上あげた有利性のうち第1は，財務会計と課税所得計算の一致が制度的に強制される場合に生じる．しかし，他の有利性は，両者の一致が制度的に強制されていなくても，企業価値を増加させるために，経営者によって自発的に志向され

る.

　次に機会主義的行動の観点からは，図表5-4で示したように，将来減算一時差異が潜在的に存在する場合，財務会計と課税所得計算を一致させるほうが報告利益の低下を抑止できる．契約の再交渉コストが低い場合であっても，財務会計と課税所得計算の一致は，経営者の機会主義の観点から望ましいことになる．

　さらに情報提供の観点からは，会計基準よりも税務法令のほうが具体的で詳細である場合には，曖昧な会計基準の下で企業独自の判断で選択された会計手続によるよりも，具体的かつ詳細でしかも周知されている税務法令に従うほうが，適用された会計手続の具体的内容を情報利用者に知らせることができる．このように，財務会計と課税所得計算の一致は，情報提供の観点からの利点も有する．

　以上のように，課税所得計算を確定決算での意思表示に一致させることを条件として節税効果が得られる場合には，節税を意図した財務会計と課税所得計算との一致が志向される．さらに財務会計，課税所得計算，税務調査対応あるいは契約の再交渉に伴う各種コストの節約，報告利益減少の回避，そして会計基準に不備がある場合には実際に採用している会計処理方法に関する情報の伝達の観点から，財務会計と課税所得計算は，制度的に強制されていなくても，自発的に一致する可能性がある．

5．個別事項における財務会計と課税所得計算の関係

(1) 減価償却

1) 企業会計原則

　企業会計原則は注解20で減価償却の方法を定めているけれども，耐用年数や残存価額の具体的な見積方法までは示していない．そこで日本公認会計士協会監査第一委員会報告第3号「減価償却に関する会計処理及び監査上の取扱い」は，法人税法に規定する普通償却限度額（耐用年数の短縮による場合および通常の使用時間を超えて使用する場合の増加償却額を含む）を正規の減価償却費として処理する場合には，企業の状況に照らし，耐用年数または残存価額に不

合理と認められる事情のない限り，当面，監査上妥当なものとして取り扱うことができるとして，耐用年数および残存価額の見積りに税法上の法定耐用年数と法定残存価額を用いることを，条件付きで認めている．これは詳細な会計基準が存在しない場合に，税法規定を採用することによって，最適な会計処理方法を探すコストを節約するとともに，適用している会計手続の具体的な内容を情報利用者に伝達する例である．

2) 税務法令

減価償却費として損金経理した金額のうち，選定した方法により法定耐用年数と法定残存価額に応じて計算した金額に達するまでの金額を損金算入する（法人税法31条）．1998（平成10）年度税制改正前は，償却方法は，資産の区分に応じて，次のように定められていた（旧法人税法施行令48条1項）．

(a) 有形固定資産（鉱業用減価償却資産を除く）
　　定額法，定率法
(b) 鉱業用減価償却資産
　　定額法，定率法，生産高比例法
(c) 無形固定資産（鉱業権および営業権を除く）および生物
　　定額法
(d) 鉱業権
　　定額法，生産高比例法
(e) 営業権
　　任意償却

また，取得価額が20万円未満または使用可能期間が1年未満の減価償却資産（少額減価償却資産）を事業の用に供した時点で損金経理した場合は，その金額を損金算入できた（旧法人税法施行令133条）．

しかし，1998（平成10）年度税制改正後は，1998年4月1日以後取得した建物の償却方法は定額法に限定されるとともに（法人税法施行令48条1項1号），これに関連して建物の法定耐用年数の短縮が図られた．また，少額減価償却資産の取得価額が20万円未満から10万円未満に引き下げられるとともに，20万円未満の減価償却資産は一括して3年間で償却できる方法を選択できることになった（法人税法施行令133条の2）．さらに，1998年4月1日以後取

得した営業権も，任意償却から耐用年数5年の定額法によることとされた．

3) 税制改正と税効果会計導入の影響

　建物と営業権の減価償却方法を定額法に限定するとともに建物の法定耐用年数を短縮した税制改正の影響と，税効果会計導入の影響を分けて考える必要がある．

　まず，税制改正と税効果会計導入前の事情を考える．そもそも法定耐用年数が実際の利用可能期間よりも長いときには，財務会計上は実際の利用可能期間を耐用年数として減価償却をすべきである．しかし，課税所得計算とは別に法定耐用年数よりも短い耐用年数で財務会計上の減価償却を実施すると，二重記帳・計算のコストが生じる．さらに税効果会計導入前なので，税引後利益は相対的に過少計上される．減価償却方法や耐用年数を財務会計と課税所得計算の間で一致させると，これらの問題を回避できる．ただし，実際の利用可能期間を超える法定耐用年数による減価償却費の過少計上を避けるために，減価償却方法としては定率法が採用されやすい．さらに業績のよい企業は，節税の観点からも，課税の繰延効果を有する定率法を採用するだろう．したがって，税制改正および税効果会計導入前は，建物を含むすべての固定資産に対して，税務法令に基づく定率法が財務会計上も採用される傾向があったと予想される．

　次に，税制改正の影響を考える．法定耐用年数の短縮は定率法採用のインセンティブを低下させる．また定額法には，将来利益の予測や設備投資あるいは減価償却計画を容易にするという長所もある．しかも，財務会計と課税所得計算の一致は二重記帳・計算のコストを生じさせないので，税制改正後に取得された建物と営業権については，税法規定にあわせて定額法が適用されやすいと予想される．

　最後に，税効果会計導入の影響を考える．税効果会計導入によって，財務会計と課税所得計算の不一致に伴う税引後利益の相対的過少計上は回避される．したがって，建物以外の減価償却資産でも，法定耐用年数が実際の利用可能期間よりも長いものについては，財務会計上の独自の耐用年数に基づく減価償却が実施されやすくなる．また，定率法よりも定額法のほうが設備投資あるいは減価償却の計画や将来の利益予測を容易にするので，減価償却方法として定額法が採用されやすいと予想される．つまり，建物と営業権以外の固定資産につ

いても，独自の耐用年数に基づく定額法への変更がみられるかもしれない．

同様に利用可能期間の短い資産については，二重記帳・計算のコストの節約と実態に近い償却期間を反映するという観点から，3年間一括償却も採用されやすいと予想される．

(2) 貸倒引当金
1) 金融商品会計基準

貸倒引当金の具体的な算定方法は，企業会計原則には示されていない．そこで以前の監査実務では，企業が算定基準として税法基準を採用しているときに，税法基準によって計上した貸倒引当金が企業の実態に応じて計上すべき貸倒見積高に対して明らかに不足していると認められる場合を除いては，除外事項としないことができる，とされていた（日本公認会計士協会監査委員会報告第5号「貸倒引当金に関する会計処理及び表示と監査上の取扱い」3(3)但書）．この取扱いは，会計基準に不備がある場合の税務法令による補完の例である．

しかし，金融商品会計基準によって，貸倒見積高の算定方法が明確にされた．この基準によると，債権を債務者の財政状態および経営成績等に応じて，一般債権，貸倒懸念債権および破産更生債権等に区分し，一般債権については過去の貸倒実績率など合理的基準により，貸倒懸念債権については担保による処分見込額または保証による回収見込額控除後の残額について債務者の財政状態および経営成績を考慮するか，債権の将来キャッシュ・フローの現在価値と帳簿価額の差額とするか，のいずれかの方法により，貸倒見積高を算定する．破産更生債権等については，担保による処分見込額または保証による回収見込額控除後の残額が貸倒見積高となる（金融商品会計基準第四）．

2) 税務法令

1998（平成10）年度税制改正前は，債権の貸倒損失の見込額として損金経理した貸倒引当金繰入額のうち一定の限度額に達するまでの金額を損金算入していた．ここでの繰入限度額は，期末債権の帳簿価額に法定繰入率または実績率を乗じて計算された（旧法人税法52条1項，旧法人税法施行令97条1項および2項）．また，この貸倒引当金繰入限度額とは別に，損金経理による債権償却特別勘定繰入額の損金算入も認められていた（旧法人税基本通達9-6-4～11）．

税制改正後は，法定繰入率が廃止されるとともに，貸倒引当金と債権償却特別勘定が統合され，繰入限度額は期末金銭債権を個別に評価する債権とその他一括して評価する債権とに区分して計算することとされた．個別評価債権については回収不能見込額，一括評価債権については過去3年間の貸倒実績率を乗じて計算した金額が，それぞれ繰入限度額となる（法人税法52条1項，法人税法施行令96条1項および2項）．

3) 金融商品会計基準と税制改正の影響

企業会計原則には貸倒引当金の設定方法に関する具体的規定がなかったので，金融商品会計基準設定前は税法基準が会計基準を補完する機能を果たしていたと考えられる．さらに，二重計算などのコスト節約の観点からも，税法規定に従った貸倒引当金の設定方法が採用されていたと予想される．

しかし，1999年3月期には税制改正を受けて，「税法基準」という表現から，一般債権には貸倒実績率，貸倒懸念債権には個別に回収可能性をそれぞれ勘案するという趣旨の表記に変わっていると予想される．さらに，2000年3月期以降は，金融商品会計基準に従った貸倒見積高の算定が行われていると予想される．

(3) 従業員賞与引当金

1) 企業会計原則

企業会計原則は注解18で賞与引当金を例示しているが，その設定方法については言及していない．そこで以前の監査実務では，①賞与として金額が確定しているもののほか，確定に準ずるものと認められる合理的な見積額が未払費用として計上されている場合，および②法人税法の規定に従って，賞与引当金を計上している場合には，その計上額が著しく不合理である場合を除いて，監査上妥当なものとして取り扱われていた（日本公認会計士協会監査第1委員会報告第34号「従業員賞与に関する監査上の取扱い」2）．

現在では，実務上は次のように処理されている（日本公認会計士協会リサーチ・センター審理情報 No.15）．

① 賞与支給額が支給対象期間に対応して算定されており，かつ財務諸表作成時に確定している場合には，当期に帰属する額を「未払費用」として計

上する.
② 賞与支給額が支給対象期間以外の基準に基づいて算定されており，かつ財務諸表作成時に確定している場合には，当期に帰属する額を「未払金」として計上する.
③ 賞与支給額が財務諸表作成時に確定していない場合には，支給見込額のうち当期に帰属する額を「賞与引当金」として計上する.

2) 税務法令

1998（平成10）年度税制改正前は，損金経理により，暦年方式または支給対象期間方式によって計算した繰入限度額以下の金額を損金算入した（旧法人税法54条1項）. しかし，税制改正によって賞与引当金制度は廃止された. その結果，従業員賞与は債務確定時に損金算入される.

3) 税制改正の影響

税制改正前は，税法規定が会計基準の不備を補完するように機能していた. さらに，二重計算等のコスト節約の観点からも，税法規定にもとづいて賞与引当金が計上される傾向があったと予想される.

税制改正後は，税法規定がなくなったことから，上記1）で示した実務が普及すると予想される.

(4) 退職給付

1) 退職給付会計基準

退職給付会計基準設定前は，企業会計原則注解18で退職給与引当金が例示されていたほか，企業会計審議会による企業会計上の個別問題に関する意見第2「退職給与引当金の設定について」において，①将来支給額予測方式，②期末要支給額計上方式，および③現価方式のいずれかによることが要求されていた.

退職給付会計基準設定後は，退職時に支払われると見込まれる退職給付総額を勤務期間中の各期の勤務費用発生額として現価方式で配分し，各期に発生した勤務費用に利息費用を加え運用収益を減額したものが，退職給付引当金の計上を通じて退職給付費用として認識されることになっている. 外部の年金基金に掛金を拠出した場合には，拠出額だけ退職給付引当金を減額する.

2)税務法令

1998(平成10)年度税制改正前は,損金経理によって退職給与引当金に繰り入れた一定の繰入限度額に達するまでの金額を損金算入できた.繰入限度額の算定方式は,次の3方式に基づく基準額のうち最も低い金額とされた[1](旧法人税法55条,旧法人税法施行令106条1項および2項).

① 当期発生基準額＝当期末退職給与の要支給額－前期末退職給与の要支給額

② 累積基準額＝当期末退職給与の要支給額×0.4－繰越退職給与引当金の期末現在額

③ 給与総額基準額＝当期の給与総額×0.06

1998(平成10)年度税制改正では,累積限度額が期末退職給与の要支給額の40％相当額から20％相当額に引き下げられた.さらに2002(平成14)年度税制改正に至って,退職給与引当金制度が廃止された.その結果,退職給付費用は全額損金不算入となる.社内積立てに基づく退職給付は,給付時に損金算入される.ただし,適格退職年金等に対して支出された掛金または拠出金は,支出時に損金算入される.

3)退職給付会計基準の影響

退職給付会計基準導入前は,二重計算などのコスト節約と報告利益の過少計上回避の観点から,税法で支配的な期末累積限度額基準が採用される傾向にあったと予想される.

退職給付会計基準導入後は,税法規定とは異なる明確な会計処理方法が明示されたため,退職給付会計基準に変更されたと予想される.

(5) 割賦販売等

1)企業会計原則

企業会計原則は注解6(4)で,割賦販売について販売(引渡)基準を原則としながらも,回収期限到来基準と回収基準も例外的に認めている.

2)税務法令

1998(平成10)年度税制改正前は,引渡基準を原則とし,割賦基準(回収期限到来基準)によって経理することを条件として,例外的に割賦基準の適用が

認められていた（旧法人税法62条1項）．しかし税制改正後は，長期割賦販売等に該当しない割賦販売収益は，金利相当部分を除いて，引渡基準で認識することとされた（法人税基本通達2－1－1および2－4－11）．

3) 税制改正の影響

　税制改正前は，会計基準と税務法令の両方で引渡基準と割賦基準の選択適用が認められていたので，節税の観点から課税の繰延効果のある割賦基準が税務上志向され，税務上の割賦基準採用に経理要件があったことから，財務会計上も割賦基準が採用される傾向にあったと予想される．

　割賦基準の廃止された税制改正後は，二重計算などのコスト節約と報告利益の過少計上回避の観点から，引渡基準に統一されたと予想される．

(6) 長期請負工事

1) 企業会計原則

　企業会計原則は，長期請負工事に対して工事完成基準と工事進行基準の選択適用を認めている（第二-三-Bおよび注7）．ただし企業会計原則は，工事進行程度の見積方法を明示していない．

2) 税務法令

　1998（平成10）年度税制改正前は，工事完成基準を原則としながら，確定決算における経理を条件として，工事進行基準の適用も認めていた（旧法人税法64条1項）．ただし，損失が生じると見込まれる工事には，工事進行基準の適用は認められなかった．なお，工事の進行割合は，工事原価総額のうち既に要した原材料費，労務費その他の経費の合計額の割合その他の工事の進行の度合いを示すものとして合理的と認められるものとされている．

　税制改正後は，長期大規模工事については工事進行基準が強制されることになった（法人税法63条1項）．長期大規模工事以外の長期工事（損失の見込まれるものを除く）には，従来通り工事完成基準と工事進行基準の選択適用が認められている．損失の見込まれる長期大規模工事以外の長期工事には工事完成基準のみが認められる．

3) 税制改正の影響

　税制改正前は，記帳コストが低く，かつ課税の繰延効果のある工事完成基準

が税務上志向され,しかも税法上の経理要件から,財務会計上も工事完成基準が採用されていたと予想される.

税制改正後は,税務上長期進行基準の強制された長期大規模工事については,二重計算などのコスト節約のために,工事完成基準から工事進行基準への変更が行われたと予想される.

(7) 合併

1)企業結合会計基準

企業結合会計基準の設定される前は,商法の合併に関連する規定のほかには,合併の会計処理を規制するルールはなかった.商法は,資本充実の要請から合併によって移転する資産を時価以下で評価することを求めるほかに,合併差益を原則として資本準備金とすることを要求していた(旧商法288条ノ2第1項5号).ただし,配当可能利益を確保するために,合併差益のうち利益準備金その他の留保利益を資本準備金とせず,利益準備金はそのまま引き継ぐことも認めていた(同条5項).このように,企業結合会計基準導入前の会計実務では,合併の会計処理に大幅な裁量の余地が認められていた.

企業結合会計基準は,被合併会社に対する持分が継続しない場合にはパーチェス法を,持分が継続する場合には持分プーリング法を適用することとしている.パーチェス法では,被合併会社の繰延資産や非債務性引当金は引き継がれず,引き継がれる資産・負債は時価評価され,合併の取得原価と時価評価された純資産額との差額はのれんとされる.これに対して持分プーリング法では,被合併会社の資産・負債はすべて帳簿価額で,また純資産の部も構成を変えることなくそのまま引き継がれる.

2)税務法令

組織再編税制導入(2001年)前は,合併会社は被合併会社の資産を時価以下であれば任意の価額で受け入れることができた.もし被合併会社の帳簿価額を上回る価額で受け入れた場合には,評価益が発生し課税された.このように,財務会計上の処理がそのまま税務上も有効とされた.

組織再編税制導入(2001年)後は,財務会計上の処理とは無関係に,同一企業グループ内または共同事業を営むための合併で一定の要件を充たすもの(適

格合併）では，移転資産・負債を税務上の帳簿価額で引き継ぐ（法人税法62条の２）．それ以外の場合（非適格合併）には，移転資産・負債を時価で譲渡したと考えるので，譲渡損益が発生し，被合併会社の最終事業年度の益金または損金となる．

3）企業結合会計基準と税制改正の影響

　ほとんどの個別領域では，かつては抽象的あるいは断片的な会計基準しか存在しなかったため，詳細で具体的な税務法令が会計基準を補っていた．これに対して，企業結合会計基準および組織再編税制が導入される以前の合併の領域では会計基準として商法規定がわずかに存在していたにすぎず，しかも詳細で具体的な税法規定は存在しなかったため，税務上の取扱いがそのわずかな商法規定にもとづく財務会計上の処理に依存していたという特異な例である．このように，企業結合会計基準と組織再編税制の導入前には，財務会計と課税所得計算が一致していたので，合併時の資産の時価評価に伴う課税を避けるために，税務上の繰越欠損金のない被合併会社の資産・負債は帳簿価額のまま引き継がれる傾向にあったと予想される．被合併会社に繰越欠損金がある場合には，有効期限の限られている繰越欠損金の節税ベネフィットを，減価償却資産に実質的に引き継がせて減価償却費という形で享受することによって繰越欠損金の有効期限を事実上無効にするように，繰越欠損金の範囲内で，減価償却資産を評価増しして繰越欠損金と相殺していた，と予想される．すなわち，十分な会計基準と具体的で詳細な税務法令の両方がない場合には，やはり税務上の配慮が財務会計に干渉していたと可能性がある．

　企業結合会計基準と組織再編税制の導入後は，異なる詳細な会計基準と税務法令が明確になったので，実務上も財務会計と課税所得計算が分離していると予想される．

6．制度上の分離と税効果会計導入の影響

(1) 一致志向の緩和

　第３節(1)で説明したように，潜在的な将来減算一時差異が存在しているときに税効果会計が導入されていないと，企業は税引前利益に税率を乗じた金額

よりも多くの当期税金費用を計上し，かつ支払わなければならなくなる．つまり，税金費用（法人税，住民税及び事業税）/税引前利益比率が法定実効税率を上回ることになる．これは税引後当期利益を過度に減少させることになる．逆に，財務会計上の費用・損失計上額を税務上の損金算入額に一致させれば，税金費用/税引前利益比率を法定実効税率に近づけることができ，税引後利益の過少計上を避けることができる．したがって，このような状況では，財務会計と課税所得計算の一致が志向されやすい．

ところが税効果会計を導入すると，税キャッシュ・フローは変化しないけれども，一時差異に係る繰延税金費用（法人税等調整額）が期間配分される結果，当期税金費用（法人税，住民税及び事業税＋法人税等調整額）/税引前利益比率は法定実効税率に近づき，税引後利益の過少計上を避けることができる．したがって，契約の再交渉コストが高いことによる取引条件の悪化や資金調達コストの上昇の抑止といった効率性の観点，および経営者の効用低下回避という機会主義の観点から，財務会計と課税所得計算の一致志向は緩和される．

しかし税効果会計の導入は，財務会計の中に税効果会計手続を追加するだけでなく，課税所得計算手続も複雑にする．さらに，将来の税効果実現も利益予測に織り込まなければならなくなるので，利益予測も難しくなる．また，税務調査対応コストも低下しない．

反対に，税効果会計における繰延税金資産の回収可能性判断が経営者の将来予測のシグナルとして機能するだけでなく，税法規定から離れた財務会計独自の選択も経営者の私的情報を伝えるのに役立つかもしれない．たとえば，法定耐用年数よりも短い独自の耐用年数による減価償却は，設備の利用可能期間あるいは稼働率さらには将来の業績見通しなどの情報を間接的に伝えることになる．不良債権の有税償却も，債権の回収可能性に対する経営者の見通しを間接的に伝える情報となる．このように情報提供の観点からは，税効果会計の導入に伴う財務会計と課税所得計算の乖離が情報利用者によって歓迎される可能性もある．

(2) 税効果会計導入の影響

会計基準の整備・充実と税制改正によって，会計基準と税務法令の乖離は拡

大傾向にある．さらに税効果会計導入後は，報告利益の過少計上は回避されるので，乖離傾向はさらに拡大する可能性がある．

しかし反対に，財務会計と課税所得計算の分離は，二重記帳・計算のコストだけでなく，税務調査での摘発可能性の増大を招くおそれがある．さらに両者の分離は，財務会計で黒字を計上して配当を支払いながら課税所得を引き下げで納税しないという現象を引き起こしかねず，この場合にはそれに対する社会的批判すなわち政治コストを生じさせるかもしれない（浦野，1996, pp.147-148など；鈴木，1996；Suzuki, 1998)[12]．これらの理由から，会計基準と税務法令の制度的分離とは無関係に，実務上はなお財務会計と課税所得計算の一致傾向が残るかもしれない．

7．総括と展望

会計基準か税務法令のどちらか一方に不備があったり抽象的である場合には，制度的に強制されなくても，契約の効率性，経営者の機会主義および情報提供の観点から，財務会計と課税所得計算の一致が志向されやすい．税効果会計導入以前は，とくにこの傾向が強い．しかし税効果会計が導入され，さらに会計基準と税務法令の両方がそれぞれ独自の詳細で具体的な規定を置くと，一致の利点は薄れ，両者が乖離していくと予想される．本章では，この予想を個別事項ごとに提示した．これらの予想が現実に妥当するかどうかは，本書第8章で実証的に確かめることにする． 　　　　　　　　　　（鈴木　一水）

注
1 　わが国では財務会計とくに会社法会計と課税所得計算との制度的関係に関連して「確定決算主義」とか「確定決算基準」といった用語が使われることが多い．しかし，これらの用語の理解は論者によって異なる．そこで中里（1983）や清水（1987, p.85）は，確定決算主義の概念を広義と狭義に分け，広義では確定した決算に基づいて課税所得算定を行うという課税所得算定方式と理解し，狭義ではいわゆる内部取引などについて所定の経理を確定した決算においてなした場合にのみそれを課税所得算定上も認めるという損金経理等と理解している．本章では議論の混乱を避けるため，あえて確定決算主義という用語を用いない．

2 たとえば，企業会計基準審議会 (1952)，企業会計審議会 (1966)，Arnett (1969)，渡邊 (1971)，加藤 (1988) などを参照のこと．
3 たとえば，OECD (1987)，Eberhartinger (1999)，中田 (2000) などを参照のこと．
4 中村 (1967) を参照のこと．なお，租税法律主義の立場からは，法人税法74条1項が「確定した会社法上の決算」とはいっていないため，このような解釈には法律上疑義が存する，という批判がある．しかしこの批判を受け入れると，具体的にどのような場合に確定するかについて明確でないという難点が生じる（岸田，1985）．
5 別段の定めとして，次の事項については，税務上は税務署長に届け出た方法による．
・棚卸資産の評価方法（法人税法施行令29条2項）
・減価償却方法（法人税法施行令51条2項）
さらに，法人税法および租税特別措置法において，課税所得計算に関する別段の定めが規定されている．
6 中里 (1983) は，簡素化という法人税法22条4項の立法趣旨，およびドイツや米国における同様の規定の解釈から，22条4項自体が，ある会社の会社法上の商業帳簿あるいは計算書類の作成において通常用いている会計処理方法が，会社法上適法であり，企業会計の観点から「一般に公正妥当と認められる」ものであれば，それが税務会計上も原則として尊重されることを述べた規定である，と解している．
7 この数値例では，一時差異以外の差異の存在を無視している．
8 契約の効率性の観点からの会計選択の理解とは，企業を構成する契約を通じた資源配分を効率的にすることによって企業価値を増加させるように情報の作成・伝達および監視のための会計処理方法を選択し会計判断を行っている，と理解するものである．
9 報告会計数値が経営者の報酬や任期に関連するときには，利己的な経営者が企業価値を減少させて自分の効用を増やそうとする機会主義的行動として，経営者の会計行動を捉えることもできる．
10 情報伝達経路に制約があるときには，経営者の会計行動は，経営者が私的情報を提供しようとするシグナリングとして理解できる．
11 労働協約などにより定められた退職給与規程による場合は①と②の2方式にもとづく基準額のうち低い金額とされた．
12 銀行税や事業税の外形標準課税に伴う税コストや，これらの税制の導入に伴う政治的混乱は，ここでの政治コストの例である．

参考文献

AAA (American Accounting Association), Committee on Concepts and Standards Underlying Corporate Financial Statements (1952) "Accounting Principles and Taxable Income : Supplementary Statement No.4," *The Accounting Review* 27, pp.427-430.

AIA (American Institute of Accountants), Committee on Accounting Principles for Income Tax Purposes (1954) "Divergences Between Rules of Tax Accounting and Generally Accepted

Accounting Principles," *The Journal of Accountancy* 97, pp.93-114.
Arnett, H. E. (1969) "Taxable Income vs. Financial Income : How Much Uniformity Can We Stand ? " *The Accounting Review* 44, pp.482-494.
Eberhartinger, E. L. E. (1999) "The Impact of Tax Rules on Financial Reporting in Germany, France, and the UK," *The International Journal of Accounting* 34, pp.93-119.
Holthausen, R. W. (1990) "Accounting Method Choice : Opportunistic Behavior, Efficient Contracting, and Information Perspectives," *Journal of Accounting and Economics* 12, pp.207-218.
OECD (Organization for Economic Co-operation and Development), Working Group on Accounting Standards (1987) *Accounting Standards Harmonization No.3 : The Relationship Between Taxation and Financial Reporting : Income Tax Accounting*, Head of Publications Service, OECD, Paris.
Suzuki, K. (1998) "The Institutional Relationship between Tax Accounting and Financial Reporting in Japan : Consideration of the Principle of the Definite Settlement of Accounts," *The Annals of the School of Business Administration, Kobe University* 42, pp.121-144.
浦野晴夫 (1996)『会計原則と確定決算基準主義』森山書店.
加藤盛弘 (1988)「税会計と GAAP 会計の『一致論』―税会計と GAAP 会計の相違とその意味」『同志社商学』第39巻第6号, pp.75-97.
企業会計基準審議会 (1952)「税法と企業会計原則との調整に関する意見書」.
企業会計審議会 (1966)「税法と企業会計との調整に関する意見書」.
岸田雅雄 (1985)「企業会計における税法の機能的考察(1)」『神戸法学雑誌』第35巻第1号, pp.1-29.
後藤喜一 (1994)「公正処理基準の本質と変遷」『税務会計研究』第5号, pp.1-26.
清水勇 (1987)『税務会計の基礎理論』中央経済社.
鈴木一水 (1996)「契約理論に基づく確定決算主義の評価」『総合税制研究』第4号, pp.225-252.
中里実 (1983)「企業会計における課税所得算定の法的構造(五・完)」『法学協会雑誌』第100巻第9号, pp.1-79.
中田信正 (2000)『財務会計・税法関係論―国内的調整から国際的調整へ』同文舘出版.
中村平男 (1967)「申告書調整」渡邊進編『体系近代会計学 新版税務会計論』中央経済社.
日本会計研究学会税務会計特別委員会 (1966)「企業利益と課税所得との差異及びその調整について」『会計』第90巻第2号, pp.181-205.
渡邊進 (1971)「企業会計に対する税法の介入」『会計』第100巻第6号, pp.2-13.

第2部

会計制度に関する実証研究

6 会計情報の価値関連性と信頼性について

1．本章の目的と構成

　財務報告の主要な目的は投資家の意思決定に有用な会計情報を提供することである．この主張は，周知のとおり，アカデミズムと会計実務において広く合意されたものである．

　財務会計基準審議会 (Financial Accounting Standards Board；FASB)，国際会計基準審議会 (International Accounting Standards Board；IASB)，および企業会計基準委員会が提示した質的特性は，おおむね共通するものである．FASBは，1980年のSFAC第2号のなかで，意思決定に有用な情報の主要な質的特性 (qualitative characteristics) として，関連性 (relevance) と信頼性 (reliability)，副次的な質的特性として，比較可能性 (comparability) を提示している[1]．関連性を構成する要素は，予測価値 (predictive value)，フィードバック価値 (feedback value)，および適時性 (timeliness) である．一方，信頼性の構成要素は，検証可能性 (verifiability)，中立性 (neutrality)，および表現の忠実性 (representational faithfulness) である．FASBの概念フレームワークモデルは，会計基準の設定に大きな影響を与えている．1989年に，国際会計基準委員会 (International Accounting Standards Committee；IASC) も，関連性と信頼性の基本的な質的特性に，比較可能性と理解可能性 (understandability) を加えた概念フレームワークを提案した．2004年には，IASBとFASBは，共通の概念フレームワーク構築を目的とした共同プロジェクトを始めることに合意した．

日本では，2004年に企業会計基準委員会が『討議資料「財務会計の概念フレームワーク」』を公表し，概念フレームワークに関する議論を始め，2006年の『討議資料』では，意思決定に有用な情報が備える質的特性としての「意思決定との関連性」と「信頼性」を提示している．

基準設定に際し，制約要件として，コスト・ベネフィットや質的特性間の関係等が考慮される．いくつかの質的特性のうち，関連性と信頼性は意思決定有用性の基礎的な特性である．これらの特性の関係は，しばしば，トレード・オフの関係にある．また，どの基準が優先するかについても明確ではない．そのため，概念フレームワークを基準設定に適用することは困難なケースが多い．実際，2002年に，FASB (2002) は，基準設定への原則ベースアプローチが財務会計・報告の質と透明性を改善するかに関して議論を始めている．

特に，関連性と信頼性は，深刻な問題をおこしている．本章では，会計情報の関連性と信頼性に関する研究の背景，関連性と信頼性の評価デザイン，日本の価値関連性と保守的会計に関する実証分析結果，会計情報の信頼性（精度）に関する理論分析結果を議論する．

2．会計情報の関連性

(1) 研究の背景

Beaver (1968) と Ball and Brown (1968) は，会計研究の記念碑的な論文である．この2つの論文は会計情報の意思決定有用性を実証的に検証した．Beaver (1968) は，現在情報にもとづいて形成される実際リターンと過去情報にもとづく期待リターンの差異，すなわち，異常株式リターン (abnormal return)，あるいは残差リターン (residual return) がゼロと異なるならば，その増分情報が情報内容 (information content) をもつと主張した．Ball and Brown (1968) は，決算公表月の異常株式リターンの符号が，1年前の利益変化（増益あるいは減益）と有意な正の相関関係にあることを発見した．Ball and Brown (1968) は，歴史的原価主義にもとづく会計数値が投資家の期待形成に有用であることを初めて実証的に検証した．それまでの規範的な研究アプローチの限界は，意思決定有用性に関して，オペレーショナルな検証を提供できなかった点にあっ

た．Beaver (1968) と Ball and Brown (1968) は，その結論と研究デザインにおいて，まさにブレークスルーとなった．

Lev and Ohlson (1982) は，1970年代の会計研究に関する優れたサーベイであるが，彼らは，市場を基礎とした実証研究を次の4カテゴリーに分類している．

① 会計データの情報内容
② 自発的（あるいは，裁量的）に採用される会計方法の相違や変更が投資家，企業，経営者に及ぼす影響
③ 会計規制が株式市場に及ぼす影響
④ 市場を基礎とする会計研究が他の関連領域（たとえば，ファイナンス論）に与えるインパクト

①では，会計が情報利用者，特に株主に，有用かつ適時的情報を提供しているかに主な関心がある．②は，会計方法の変更，あるいは，企業間での相違が投資家の行動に及ぼす影響や，経営者がどのような会計方法を選好するかといった点を調査をする．③は，会計規制の公表に対する株式市場の反応を説明する．経済的帰結（economic consequence）の研究とも呼ばれる．④は，特に，ファイナンス論や経済学での市場の効率性の議論や証券価格のリターン・リスクの評価に貢献している．特に，①は，資本市場に関する会計研究のメインストリームとなっていった．

Lev (1989) は，1970年代と1980年代の実証研究をサーベイして，リターンと利益の関係が弱く，利益の有用性の程度がかなり限定的であると総括した．Lev は，情報内容の研究から，資産バリュエーションにおける会計測定の役割の研究にシフトすべきであると主張した．1970年代から1980年代にかけて，市場を基礎とする会計研究では，会計情報が株価へのインパクトに過度に焦点があてられていた．そのため，会計固有の視点，たとえば，会計測定，評価，あるいは，会計情報が他の経済情報とどのように異なるかなどの論点が希薄になっていた点は否めない．

1990年初頭から現在まで，価値関連性（value relevance）に関する膨大な実証研究が公表されている[2]．そこでは，会計数値が株価（あるいは株式リターン）と有意な関係であるならば，その会計数値は価値関連的であると主張す

る．Ohlson (1995) と Feltham and Ohlson (1995) は，利益，株主資本の簿価，配当といったファンダメンタルな会計変数が株価に直接的にどのように関連するかについて理論的な基礎を与えている．一方，Easton and Harris (1991) は，Ohlson の理論モデルを根拠に，株価を利益と株主資本簿価で回帰することによって，その変数が株価 (value) に関連するかどうかを検証した．Ohlson モデルと Easton and Harris (1991) の研究デザインを契機に，会計情報の価値関連性が容易に検証できるようになった．価値関連性に関する研究が基準設定に有効であるかについては議論が分かれる．Holthausen and Watts (2001) は，契約理論の観点から，基準設定に対して価値関連性研究の役割が限定的であると主張した．一方，Barth et al.(2001) は，FASB と他の基準設定者の主要な焦点は株式投資家であるという視点などから，Holthausen and Watts (2001) に反論している．

(2) 利益，株主資本簿価と株式リターンの関連性

会計情報と株価の関連性を検証するためには，最初に，投資家の期待モデルを特定しなければならない．薄井 (1999) は，クリーン・サープラス会計のもとで，利益や株主資本の時系列的な情報構造を特定することで，会計数値にもとづいた株式評価モデルを導出している．クリーン・サープラス会計は，株主資本の変動が当期利益から配当を除いた金額に等しいという関係である．利益や株主資本がランダムウォークあるいはトレンド過程に従う場合，クリーン・サープラス会計のもとでは，株価は，利益や株主資本，タイムトレンド項の線形モデルで表現できる．会計以外の情報を考慮しなければ，Ohlson モデルと同じ実証モデルが得られる．薄井 (1999) は，11,349社/年 (658社，1980～1998年) という大規模なプールしたサンプルにもとづき，日本の GAAP による利益や株主資本簿価と株価の関連性について広範な調査を行っている．さらに，薄井 (2003, 2005a) は，会計ベースの株式評価モデルの時系列推計を行っている．その分析期間は1965年1月から2003年9月の39年間である．サンプルとして，連続して3月決算期の512社 (以下，継続サンプルという) を用意する．推計モデルは(1)式と(2)式の通りである[3]．

利益・簿価モデル：$MV_t/MV_{t-1}=a_0/MV_{t-1}+a_1BV_t/MV_{t-1}+a_2X_{jt}/MV_{t-1}+e_t$ (1)

表記を簡略にするため企業の添字を省略している．MV_t は t 期末の株式時価総額，BV_t は t 期末の株主資本簿価，X_t は t 期の当期利益である．推計係数の分布をみると，利益と株主資本簿価の係数の推計値はそれぞれ，中央値で2.408, 1.323である．ただし，簿価係数と利益係数の p 値（中央値ベース）は，それぞれ0.000, 0.103である．利益係数について，サンプルの43.8％が5％水準で有意に0と離れていることから，おおむね，モデルの有効性が確認できる．

Ohlsonモデル：$MV_t/MV_{t-1}=b_0/MV_{t-1}+b_1BV_t/MV_{t-1}+b_2XA_t/MV_{t-1}+e_t$ (2)

XA_t は t 期の残余利益である．残余利益算出の割引率として，市場ポートフォリオリターンとリスクフリーレートをそれぞれ利用して，2種類のモデルを推計した．Ohlsonモデルの推計結果によれば，残余利益の係数 XA_t は，いずれの推計モデルでも平均的に有意ではなかった．割引率として市場ポートフォリオリターンを利用した場合，残余利益の係数推計値は，中央値でみれば，−0.675（p 値の中央値0.194）である．株主資本簿価の係数は，中央値1.485（同0.000）である．割引率としてリスクフリーレートを利用した場合，残余利益の係数推計値は，中央値1.405（同0.223），株主資本簿価の係数は，中央値1.471（同0.000）である．サンプル512社のうち，残余利益の係数 XA_t が5％水準で有意であった企業の割合は，前者の推計モデルでは，25.6％，後者のモデルでは，29.9％にすぎない．これは，割引率を全社に一律に適用したこと，あるいは，残余利益の時系列が Ohlson モデルで想定と異なり，1次の自己回帰過程で特定できないことによると推察できる．

　会計ベースの株式評価モデルの特定にはいくつかのタイプのエラーが含まれるものの，これらの結果は，日本の GAAP（Generally Accepted Accounting Princple：一般に公正妥当と認められる企業会計の基準）にもとづく会計が，クリーンサープラス条件のもとで，損益計算書と貸借対照表の2つの計算システムから，利益や株主資本という集約した情報を投資家に提供していることを示唆している．

(3) クリーン・サープラス会計

モデルの仮定として重要なのは，クリーン・サープラス (clean surplus) 関係である．米国の GAAP では，クリーン・サープラス関係を満たさない項目，すなわちダーティー・サープラス (dirty surplus) は，「その他の包括利益」(有価証券の未実現損益，企業年金の最小負債債務など) に含まれる．日本では，原則として，損益計算書と貸借対照表のクリーン・サープラス関係は保持されてきた．ただし，最近，いくつかの例外的な会計処理が認められている．①土地再評価法による再評価差額金，②その他有価証券評価差額金，③為替換算調整勘定，といった項目である[4]．これらの科目は，損益計算書をバイパスして，直接に貸借対照表に計上される．

Dhaliwal et al.(1999) など，いくつかの実証結果によれば，包括利益と株価の関連性は弱い．薄井 (2005a) は，2000年～2003年の期間，継続サンプル512社について，個別財務諸表のダーティー・サープラス項目 (土地再評価法による再評価差額金 ($LAND$)，その他有価証券評価差額金 (SEC)) が株価に関連するかどうかを調査した．推計モデルは(3)式の通りである．

$$\begin{aligned}MV_t/MV_{t-1} = {} & 366(1/MV_{t-1}) - 0.183(X_t/MV_{t-1}) + 0.618(BV_t/MV_{t-1}) \\ & + 0.224 d_1 - 0.324(d_1 \times LAND_t/MV_{t-1}) \\ & - 0.296(LAND_t/MV_{t-1}) - 0.043(d_2 \times LAND_{t-1}/MV_{t-1}) \\ & - 0.152(d_3 \times SEC_t/MV_{t-1}) \\ & - 0.222(d_4 \times SEC_{t-1}/MV_{t-1}) + e_t \end{aligned} \quad (3)$$

d_1は最初に土地再評価を実施した場合は1，それ以外は0．d_2は2000年決算期では0，それ以外では1，d_3は2000年～2001年決算期で0，それ以外は1．d_4は2000年～2002年決算期は0，それ以外は1．定数項 ($1/MV_{t-1}$)，当期利益 ($X_t MV_{t-1}$)，株主資本 (BV_t/MV_{t-1})，d_1の推計係数は，統計的に有意である (p値=0.00) が，他の推計値は有意ではなかった．土地再評価法による再評価差額金の計上に関して，再評価実施初年度については，株式リターンにプラスの効果が認められるが，増分情報 ($LAND$ の対前年増分) に関しては，リターンとの関連性が認められない．また，その他有価証券評価差額金の増分情報 (SEC の対前年増分) に関しても，リターンとの関連性が認められなかった．2003年

までの期間では，ダーティー・サープラス項目がリターンに及ぼす影響は限定的である．

(4) 会計情報と株価の長期的関連性

会計情報と株価の長期的な関連性に関しては，統一的な結論が得られていない．Collins et al.(1997) や Francis and Schipper (1999) は，1953～1993年 の40年間で，決定係数で評価すれば，会計情報と株価の関連性は高まっていると結論づけている．一方，Brown et al.(1999) は，Collins et al.(1997) の結果が主に規模ファクターの増大によるものであって，それをコントロールすれば，彼らの結果とは逆に，会計情報と株価の関連性が低下していると主張している．また，Lev and Zarowin (1999) は，1976～1996年の期間では，株価と主要な会計データ（利益，キャッシュ・フロー，株主資本簿価）の関連性が低下している．日本では，薄井 (2000, 2004c) が個別財務諸表情報と株式リターンの関連性が高まっていないことを報告している．

薄井 (2004b) は，1965～2003年の分析期間，各年では，最小640社から最大3,136社が分析対象（以下，全サンプル）に(1)式のクロスセクション推計を行っている．サブサンプルとして，512社の継続サンプルを用意する．(1)式を推計した結果，日本の会計数値は，株式リターンのクロスセクションの変動を5％から20％程度の範囲でしか説明できない[5]．さらに，長期的関連性を調査するため，Francis and Schipper (1999), Collins et al.(1997), Brown et al.(1999) らと同様に年ごとにクロスセクション推計されたモデル(1)式の自由度調整済決定係数 (Adj.R^2) をタイムトレンド (*Time*) で回帰した．*Time* は1965年，1966年，…, 2003年に対して，1,2,…, 39を割り付けられている．推計結果は次の通りである[6]．いずれの推計変数も統計的に有意（p 値＝0.00）である．

全サンプル：Adj.$R^2 = 0.165 - 0.004 Time$　自由度調整済決定係数　0.252　　(4)

継続サンプル：Adj.$R^2 = 0.182 - 0.004 Time$　自由度調整済決定係数　0.167 (5)

この推計結果によれば，過去39年間に株式リターンと会計データの関連性が高まっているという主張はできない．長期的低下傾向の原因の1つは，1960年代

から1970年代前半までの期間にくらべて，それ以降の期間の説明力が低いことにある．

薄井（2004c）は，連結財務諸表情報について同様な分析を行っている．分析期間は連結会計が制度上導入された1978年から2003年の26年間である．各年では，最小572社から最大1,931社が分析対象になった．推計結果は(6)式の通りである．

$$\text{Adj.}R^2 = 0.077 - 0.001 Time \quad \text{自由度調整済決定係数} \quad -0.02 \quad (6)$$

$Time$ の係数は，マイナスであるが有意ではない．1978年から2003年の同一期間で，個別財務諸表情報の Adj.R^2 を $Time$ で回帰した結果も同様であった．株式評価モデルの説明力によって価値関連性を計測すれば，長期的に会計情報の価値関連性が高まっているという証拠は得られていない．

3. 会計情報の信頼性

(1) 研究の背景

2004年には，有価証券報告書等の虚偽記載などの事例が相次ぎ，金融庁，東京証券取引所，日本会計士協会が開示情報の信頼性を確保するために，適時開示，監査の品質，内部統制などの追加的な措置を講じ始めている．FASB の SFAC 第2号や企業会計基準委員会の『討議資料』でいう信頼性は，検証可能性，中立性，および表現の忠実性の構成要素を備えた特性である．

価値関連性の程度は，実証研究では，株価との関連性で計測される．一方，信頼性の尺度は，現状では，研究デザインによって異なる．Barth et al.(2001) によれば，価値関連性研究では，信頼性を測定誤差（measurement error）の観点から分析する．測定誤差は経済価値と会計数値の差異として定義される．この文脈では，会計がどの程度まで経済価値を記述しているかに研究の焦点がある．一方，Holthausen and Watts (2001) は，契約理論の立場から，信頼性の役割を強調している．ステークホルダー間の利害調整には，検証可能な情報や裁量の幅が小さい会計処理が有効であるからである．経営者の裁量的な会計処理，将来事象の見積りなどのため，会計測定値はノイズや誤差を含むこ

とになる．Holthausen and Watts(2001)は，情報優位な経営者が虚偽記載(misrepresentation)を行う可能性から，財務諸表を検証することの重要性を主張している．以下では，Holthausen and Watts (2001) が述べるように，企業が，契約目的によって保守的な会計を採用するかを検討する．

(2) 保守的な会計測定の経済的効果

保守主義は，会計実践に大きな影響を及ぼしている．保守主義にもとづく会計に関しては，最近になって，理論分析と実証分析が始められたばかりである．Feltham and Ohlson (1995) は，株式の市場価格と簿価の差異を測定誤差としてとらえ，漸斤的に，その誤差がプラスとなる（過小評価する）会計測定を保守的と定義した．Basu (1997) はバッドニュースがグッドニュースよりも利益とリターンの双方に十分に反映する，と報告した．日本でも，薄井(1999) は，利益が黒字と赤字によって，投資家の期待形成が異なるという証拠を提示している．

日本では，保守的会計に関する経済分析は緒についたところである．薄井(2004a) は，1968年から2001年の東京証券取引所上場企業 (1,042～1,616社) のパネルデータを用い，保守的な会計測定の経済的な機能を実証的に分析している．そこでは，①株式の市場価格と簿価の差異が財務的には収益の成長性に関連する，②株主と債権者の利益分配に関するコンフリクトが大きいほど，企業は保守的な会計を選択する傾向にある，③ガバナンス形態の面では株主構成が会計の保守性，特に，会計利益の認識ラグの重要な決定要因である，ことが確認された．

Ohlson モデルは，基本的に，Miller and Modigliani (1961) が想定する完全市場の価格形成モデルである．Feltham and Ohlson (1995) は，保守的会計のパラメータ要件を導出している．ただし，パラメータそれ自体は GAAP などによって，外生的に与えられるものである．Barth et al.(2001) も指摘するように，価値関連性に関する実証研究は，価値関連性と信頼性の結合テストになっている．保守主義が，ステークホルダー間の情報非対称性を前提に，その利害調整の手段として会計制度にビルトインされたものであるならば，Ohlson モデルにもとづく価値関連性と信頼性のアプローチには一定の限界があるといえ

よう．

(3) 会計情報の精度

　Verrecchia (1982) らのノイズ付合理的期待モデルを利用すれば，情報の信頼性をフォーマルに分析できる．この文脈では，情報 s は将来キャッシュフローの真の値 θ にホワイトノイズ e を含む．

$$s = \theta + e, \quad where \quad e \sim N(0, q^{-1}) \tag{7}$$

ノイズの分散の逆数 q は情報の精度 (precision) をあらわす．この情報精度は信頼性に関連する．コストを負担すれば，より精度の高い情報を入手できる．McNichols and Trueman (1994) は，市場のマイクロストラクチャーに関して代表的な Kyle (1985) のモデルを援用して，公的情報が開示される前の私的情報の獲得行動を分析している．薄井 (1997) は McNichols and Trueman (1994) のモデルを展開して，会計情報の精度が流動性，ボラティリティといった市場のマイクロストラクチャーに及ぼす影響を検討している．流動性は株価を1単位変動させるために必要な取引量の逆数，市場の厚み (depth) である．

　薄井 (1997) によれば，投資家が私的情報をあらかじめ保有している状況において，より精度の高い会計情報の公表は，流動性を高め，ボラティリティを低下させる．他方，私的情報の精度が高いほど，流動性が減少する．音川 (2002) は価格の流動性を示す変数の1つとして，bid-ask spread をとりあげ，それに対する新会計基準導入の影響を分析している．

　私的情報を保有するトレーダーは，流動性の高い株式やノイズ・トレーダーの取引が活発な株式を選好する．会計情報の役割の1つは，情報精度の点から信頼性を高めることによって，市場の流動性を高めることにあるといえよう．流動性の高い市場では，投資家の情報獲得行動が活発であると予想される．市場の価格は投資家が私的に獲得した情報を十分に反映することによって一層効率的になる．投資家の情報獲得と企業の自発的な情報開示を前提とする市場では，会計規制は最低水準の情報精度，ミニマムスタンダードとみなすことができる．要求される精度の情報を作成するコストを負担するのに十分なキャッシュ・フローを生み出せない企業は，市場に参入できない．どの水準の精度をミ

ニマムとするかは，コスト・ベネフィットの観点から社会的な合意が必要となろう．

4. 総括と展望

　損益計算書と貸借対照表の bottom line の会計数値（当期利益および株主資本）と株価の関連性から会計情報の価値関連性を計測した．その結果，日本の GAAP にもとづく会計が，クリーン・サープラス条件のもとで，2つの計算システムから，利益や株主資本という集約した情報を投資家に提供していることを確認した．ただし，1965-2003年のほぼ40年間で，価値関連性が高まっているという実証的証拠は得られなかった．この傾向は海外の研究でも認められる．すべてのサンプルだけでなく継続サンプルでも同様な結果であったことから，産業構造の変化だけではこの現象は説明できない．可能な解釈の1つは，会計の相対的な情報量が，1960年代から1970年代前半までのそれよりも低下していることである．価値関連性のタイムトレンドについては，因果関係が明らかでなく，一層の研究が必要である．

　これらの実証的証拠は，会計制度設計に対して，以下のインプリケーションを与えよう．①当期利益および株主資本と価値関連性はおおよそ喪失していない，②現行の会計制度で強制されている会計数値が投資家の株式評価に関して相対的に有効な情報であるかを検証すべきである，③1980年代以降，bottom line の会計数値に関して，価値関連性の向上は確認できないため，価値関連性の向上という観点から会計制度の改革を議論することは現状では十分な説得力をもたないであろう．

　信頼性を情報精度で評価したモデル分析によれば，精度の高い会計情報の公表は，価格の流動性を高め，ボラティリティを低下させる．公的な会計情報の公表は市場のマイクロストラクチャーに重要な影響を与えている．また，精度の高い会計情報の公表は，投資家の情報獲得を促進させるので，効率的な価格形成に貢献する．会計情報が価格形成に重要なインパクトを及ぼしていることは，これまで，情報内容に関するイベント研究から，おおむね確認されている．会計制度は，情報内容や情報精度の改善の観点から，市場の価格形成に重

要な役割を果たしている．ただし，流動性やボラティリティなどのマイクロストラクチャーと会計情報の関係は，いくつかのモデル分析から導出されているが，実証的には十分に確認されておらず，今後，新たな研究領域となろう．

会計情報の信頼性をどのように計測するかについて，実証研究の多くは，現在のところ，統一した理解を得ていない．信頼性を測定誤差で評価するならば，将来キャッシュ・フローに関する情報をできるかぎり正確に表現することになろう．その文脈では保守的会計はノイズとみなされる．しかしながら，実証結果が示唆するところによれば，保守的会計慣行はステークホルダー間の利害調整やガバナンスに関連する．契約理論の観点からも，会計情報の信頼性を検討することが必要である．

価値関連性と信頼性がトレード・オフにあることを前提に議論するならば，価値関連性を犠牲にして信頼性を向上するというパスを通じて会計情報の有用性を確保することも可能である．あるいは，それとは反対に，信頼性を犠牲にして価値関連性を向上するというパスを通じて会計情報の有用性を確保することも可能である．いずれのパスが会計制度設計に有効であるかは議論の対象となろう．ただし，価値関連性と信頼性がトレード・オフの関係になく，いずれも向上することが可能なパスがあるかどうかは，実証的に確認することが必要であろう．

会計情報の価値関連性と信頼性に関する研究には，概念的な議論に加えて，理論分析と実証的証拠の蓄積が必要である．価値関連性の実証研究では，実際，価値関連性と信頼性の結合テストになっている研究が多い．価値関連性と信頼性はトレード・オフの関係にあるか，そうでないのかについて，現在まで，十分な実証的証拠は得られていない．価値関連性と信頼性の関係は，研究デザインの点でも，理論的構造の点でも未解決な課題として残されている．

(薄井　彰)

注

1　会計の基礎概念に関する文脈では，relevance は「目的適合性」と訳されてきた．本章では，value relevance (価値関連性) の文脈で議論するので，「関連性」と訳する．

2　文献サーベイについては，Holthausen and Watts (2001)，Barth et al. (2001)，薄井 (2005

b) を参照.
3 薄井 (2003, 2005a) では, 利益モデル, 株主資本簿価モデルについても推計している.
4 土地再評価法は, 金融の円滑化と企業経営の健全性の向上に寄与することを目的として, 時限立法として制定した. 事業用土地の再評価は, 1998年3月31日から2002年3月31日の期間で実施された.
5 決定係数は, 海外の実証結果もおおむねこの水準である.
6 これらは各年のサンプル数で加重回帰した推計結果である. 加重しない回帰でも同様な結果である.

参考文献

Barth, M.E., W.H. Beaver and W.R. Landsman (2001) "The Relevance of the Value Relevance Literature for Financial Accounting Standard Setting: Another View," *Journal of Accounting and Economics* 31, pp.77-104.

Ball, R. and P. Brown (1968) "An Empirical Evaluation of Accounting Income Numbers," *Journal of Accounting Research* 6, pp.159-178.

Basu, S., (1997) "The Conservative Principle and the Asymmetric Timeliness of Earnings," *Journal of Accounting and Economics* 24, pp. 3-37.

Beaver, W.H. (1968) "The Information Contents of Annual Earnings Announcements," *Journal of Accounting Research* 6 (Supplement), pp.67-92.

Brown, S., K. Lo and T. Lys (1998) "Use of R^2 in Accounting Research: Measuring Changes in Value Relevance over the Last Four Decades," *Journal of Accounting and Economics* 28, pp.83-115.

Collins, D., E. Maydew and I. Weisse (1997) "Changes in the Value-relevance of Earnings and Book Values over the Past Forty Years," *Journal of Accounting and Economics* 24, pp.39-67.

Dhaliwal, D., K. Subramanyam and R. Trezevant (1999) "Is Comprehensive Income Superior to Net Income as a Measure of Firm Performance?" *Journal of Accounting and Economics* 26, pp.43-67.

Easton, P. D. and T. Harris (1991) "Earnings as an Explanatory Variable for Returns," *Journal of Accounting Research* 29, pp.19-36.

Feltham, G.D. and J.A. Ohlson (1995) "Valuation and Clean Surplus Accounting for Operating and Financial Activities," *Contemporary Accounting Research* 11, pp.689-731.

FASB (Financial Accounting Standards Board) (1980) *Statement of Financial Accounting Concepts (SFAC) No.2 : Qualitative characteristics of accounting information*, FASB, Stanford, CT.

FASB (Financial Accounting Standards Board) (2002) *Proposal : Principles-based Approach to U.S. Standard Setting*. FASB, Norwalk, CT.

第6章 会計情報の価値関連性と信頼性について 105

Francis, J. and K. Schipper (1999) "Have Financial Statements Lost Their Relevance ?" *Journal of Accounting Research* 37, pp.319-352.

Holthausen, R.W. and R.L. Watts (2001) "The Relevance of the Value Relevance Literature for Financial Accounting Standard Setting," *Journal of Accounting and Economics* 31, pp.3-75.

IASC (International Accounting Standards Committee) (1989) *Framework for the Preparation of Financial Statements*.

Kyle, A. (1985) "Continuous Auctions and Inside Trading," *Econometrica* 53, pp.1315-1335.

Lev, B. (1989) "On the Usefulness of Earnings and Earnings Research : Lessons and Directions from Two Decades of Accounting Research," *Journal of Accounting Research* 27 (Supplement), pp.153-192.

Lev, B. and J.A. Ohlson (1982) "Market Based Empirical Research in Accounting : A Review, Interpretations, and Extensions," *Journal of Accounting Research* 20 (Supplement), pp.249-322.

McNichols, M. and B. Trueman (1994) "Public Disclosure, Private Information Collection, and Short-term Trading," *Journal of Accounting and Economics* 17, pp.69-94.

Miller, M. and F. Modigliani (1961) "Dividend Policy, Growth and the Valuation of Shares," *Journal of Business* 34, pp.411-433.

Ohlson, J.A. (1995) "Earnings, Book Values, and Dividends in Equity Valuation," *Contemporary Accounting Research* 11, pp.661-687.

Verrecchia, R.E. (1982) "Information Acquisition in a Noisy Rational Expectations Economy," *Econometrica* 50, pp.1415-1430.

薄井彰 (1997)「会計情報と市場のマイクロストラクチュア」吉田寛・柴健次編『グローバル経営会計論』税務経理協会, pp.255-277.

薄井彰 (1999)「クリーンサープラス会計と企業の市場評価モデル」『會計』第155巻第3号, pp.68-83.

薄井彰 (2003)「会計利益と株主資本の株価関連性：実証的証拠」『経済志林』第70巻第4号, pp.31-248.

薄井彰 (2004a)「株式評価における保守的な会計測定の会計測定の経済的な機能について」『金融研究』(日本銀行金融研究所) 第23巻第1号, pp.127-159.

薄井彰 (2004b)「個別会計情報と株価の長期的な関連性」ワーキングペーパー，早稲田大学.

薄井彰 (2004c)「連結会計情報と株価の長期的な関連性」ワーキングペーパー，早稲田大学.

薄井彰 (2005a)「クリーンサープラス会計と株式評価」ワーキングペーパー，早稲田大学.

薄井彰 (2005b)「日本の資本市場研究と Ohlson valuation model」石塚博司編『会計情報の現代的役割』白桃書房, pp.168-179.

音川和久 (2002) 「新会計基準とマーケット・マイクロストラクチャー」『會計』第161巻第 5 号, pp.28-38.

企業会計基準委員会基本概念ワーキング・グループ (2004・2006) 『討議資料「財務会計の概念フレームワーク」』.

(付記)

　本章は薄井彰「会計情報の価値関連性と信頼性について」『會計』第167巻第 5 号, pp.654-669を加筆修正したものである.

7 連結制度改革の意義

1．本章の目的と構成

　従来，少数株主損益，連結調整勘定償却，持分法損益は，損益計算書の末尾におかれていた．これは，個別財務諸表が中心のかつての会計制度において，連結財務諸表が従属的，補足的地位におかれてきたのとあわせて，個別財務諸表の合算と振替消去を通じて連結財務諸表を作成するという個別財務諸表準拠性の原則が支持されてきたためであった．つまり，それらの3項目は連結固有の調整項目とみなされて，端に追いやられてきたのである．2000年の連結財務諸表制度改革において，わが国の区分損益計算書の趣旨に添って，ようやく，それぞれの項目の性格に見合った区分に配置されることになった．会計ビッグバンの象徴的な存在である連結制度改革のうち，損益計算書上の表示区分の変更を取り上げて，その事後評価をおこなうことが，この章の第1の目的である．第2の目的は，連結財務諸表の開示様式をめぐり，少数株主持分と少数株主損益にかんする財務会計基準審議会（Financial Accounting Standards Board；FASB）の新たな提案の合理性を検討することである．

　この論文の検証結果によると，連結調整勘定償却の計上区分の変更は，営業利益および経常利益の価値関連性（value relevance）を高めている可能性がある一方で，それらを低めているという証拠は観察されなかった．その変更が最善であったか否かについては，明確な結論は得られないものの，当該変革は肯定的に評価される．少数株主損益には価値関連性がないとはいえ，それを純

利益と合計した場合，合計利益の価値関連性が現行の純利益よりも低いという証拠は観察されなかった．利益の価値関連性という点からは，FASBの新提案を否定することはできない．また，少数株主持分は，負債や株主資本とは異なる独自の情報内容をもっていることを示す証拠が発見された．この点では，貸借対照表において，負債，株主資本，少数株主持分の3つを分けて表示することに合理性が認められる．ただし，少数株主損益と少数株主持分が企業価値とどのような関係にあるのかは，いまだ明らかではなく，この論文はその問題の検討に貴重な証拠を提供している．

以下の構成は，つぎのとおりである[1]．第2節では，この論文に関連する研究と，この論文の特徴点を説明する．第3節では連結調整勘定償却の表示区分の変更を扱い，第4節では持分法損益の表示区分の変更を扱う．第5節と第6節では，少数株主損益と少数株主持分との価値関連性を検証する．第7節では，少数株主持分の表示区分の変更が財務比率に影響をあたえることを考慮して，少数株主持分の価値関連性を検討する．第8節において，結論と制度設計へのインプリケーションをまとめる．

2．関連研究領域と本研究の特徴

日本の会計制度は，2000年前後においてさまざまな改革がなされ，それらは総称して会計ビッグバンと呼ばれている．八重倉（2002）は，会計情報の有用性の尺度が一義的に決まらないことを留保しつつも，会計数値が企業価値を説明する能力は全体として高まる一方，個別企業についての推定誤差のバラツキが大きくなったことから，会計ビッグバンは会計情報の有用性に変化をあたえたとしている．八重倉（2002）は，異時点比較によって制度変更を事後評価するという手法をとっている．この手法は，それぞれの会計制度のもとで企業が最適な行動をとっていることを前提とし，会計制度とその企業行動とをセットにして検証するために現実適合的であるという利点を有している．しかし，その一方で，異時点の比較作業において，分析対象以外の要因をすべてコントロールするのは難しく，八重倉（2002）が指摘しているように，そこで観察された変化が，会計制度の変化に起因しているのか否かは，ただちには判断できない．

この研究は，同一時点のクロス・セクション分析から，変更前の仮想利益と変更後の報告利益の有用性を比較して，制度変更がその有用性にあたえた影響を分析するものである．この分析は，仮想利益の計算において，会計制度変更が企業の最適行動に影響をあたえないという，やや厳しい仮定を必要とするものの，外部要因が変化する問題からは中立であるという利点をもっている．この論文で第1に注目するのは，損益計算書における計上区分であり，それは，利益の区分計算（多段階利益計算）の有用性をめぐる議論に関連している．大日方（2006b）では，経常利益と特別損益とは，利益の持続性を基準に分けられているのにたいして，営業利益と営業外損益とはそれらを生み出した活動の種類を基準に分けられているという相違に着目して，区分計算の有用性をあきらかにした．この研究でも，連結調整勘定償却と持分法損益の性格にてらして適切な区分が選択されているのかという視点から，連結制度改革が利益情報の価値関連性にあたえた影響を分析する．

　もう1つの関連領域は，会計情報と企業のファンダメンタルズ（基礎的能力）との関係（fundamental-linkage）をめぐる研究である．財務諸表には，企業のファンダメンタルズが反映されており，ある財務比率の企業間のバラツキは，特定のファンダメンタルズの企業間格差に連動していると考えられている．従来から多くの研究者が注目してきた問題は，財務レバレッジ（＝負債/株式時価総額）あるいは負債資本比率（＝負債/純資産簿価）が，企業の倒産リスクを表すか否かである（この点のレビューについては，大日方，2005を参照）．この研究では，負債と純資産の数値を利用した財務比率に着目することにより，貸借対照表上の少数株主持分を純資産に含めることの価値関連性を検証する．これは，既存のファンダメンタル分析と利益の価値関連性の研究とを統合的に扱う試みである．

　なお，この論文のサンプルは，3月決算企業の連結財務諸表であり，分析期間は，2000年3月期から2004年3月期までの5年間である．サンプルの状況は，図表7-1と図表7-2にまとめた（各変数の定義は後述）．財務データは『日経 NEEDS 企業財務データ』から，株価データは東洋経済新報社の株価 CD-ROM から入手した．なお，産業分類は，『日経 NEEDS 企業財務データ』の3桁分類によっている．

図表7-1　サンプルの分布

	2000/3	2001/3	2002/3	2003/3	2004/3	計
水産	7	7	6	6	6	32
鉱業	8	8	8	8	7	39
建設	142	142	141	134	128	687
食品	70	72	74	75	74	365
繊維	58	58	57	57	54	284
パルプ・紙	23	23	19	18	18	101
化学	129	131	133	133	132	658
医薬品	35	35	36	36	36	178
石油	6	6	5	5	8	30
ゴム	18	18	17	17	16	86
窯業	31	30	30	29	29	149
鉄鋼	48	48	49	49	48	242
金属	97	95	95	93	89	469
機械	153	153	149	146	142	743
電気機器	179	174	181	176	168	878
造船	7	7	7	7	7	35
自動車	70	67	67	65	64	333
輸送用機器	16	16	16	13	12	73
精密機器	30	33	34	34	31	162
その他製造業	59	57	57	56	56	285
商社	173	173	177	178	178	879
小売業	40	48	45	44	44	221
金融業	27	30	30	30	33	150
不動産	32	35	33	31	32	163
鉄道・バス	33	33	33	33	32	164
陸運	25	25	25	26	25	126
海運	17	15	15	14	14	75
空運	4	4	4	3	4	19
倉庫・運輸	26	27	29	28	29	139
通信	13	12	15	17	17	74
電力	10	10	10	10	10	50
ガス	7	8	8	8	8	39
サービス業	102	111	133	157	164	667
計	1,695	1,711	1,738	1,736	1,715	8,595

図表7-2　変数の記述統計量

Panel A：OP	Mean	St.Dev.	Min	1 Q	Median	3 Q	Max
2000/ 3	1.2106	3.6238	0.1874	0.7662	0.9359	1.2169	147.1930
2001/ 3	0.9669	0.3631	0.0040	0.7764	0.9375	1.0921	5.8019
2002/ 3	0.8928	0.2985	0.0244	0.7337	0.8838	1.0251	5.9080
2003/ 3	0.8789	0.3094	0.0009	0.6933	0.8702	1.0187	3.0263
2004/ 3	1.7573	0.9752	0.0376	1.2387	1.5397	1.9796	17.7200
Panel B：OI	Mean	St.Dev.	Min	1 Q	Median	3 Q	Max
2000/ 3	0.0822	0.1283	−0.9348	0.0350	0.0784	0.1398	0.8689
2001/ 3	0.1095	0.1563	−2.1792	0.0472	0.1023	0.1717	1.0130
2002/ 3	0.0685	0.1687	−2.0577	0.0222	0.0701	0.1342	1.9283
2003/ 3	0.1075	0.1863	−1.0511	0.0441	0.0983	0.1689	3.4533
2004/ 3	0.1665	0.2235	−0.9802	0.0850	0.1395	0.2194	5.0610
Panel C：NI	Mean	St.Dev.	Min	1 Q	Median	3 Q	Max
2000/ 3	−0.0101	0.3250	−4.7392	−0.0126	0.0274	0.0588	9.0773
2001/ 3	−0.0161	0.3250	−6.1161	−0.0114	0.0286	0.0655	5.6813
2002/ 3	−0.0608	0.5601	−16.4745	−0.0437	0.0192	0.0532	0.9311
2003/ 3	−0.0431	0.9311	−17.7329	−0.0095	0.0336	0.0688	23.7228
2004/ 3	0.1086	2.5760	−11.8225	0.0356	0.0677	0.1149	105.2811
Panel D：MI	Mean	St.Dev.	Min	1 Q	Median	3 Q	Max
2000/ 3	−0.0002	0.0297	−1.0881	0.0000	0.0000	0.0014	0.1122
2001/ 3	0.0012	0.0100	−0.1013	0.0000	0.0000	0.0015	0.0927
2002/ 3	0.0007	0.0167	−0.3995	0.0000	0.0000	0.0016	0.1643
2003/ 3	0.0014	0.0259	−0.8713	0.0000	0.0001	0.0023	0.2215
2004/ 3	0.0030	0.0196	−0.4750	0.0000	0.0003	0.0034	0.1954
Panel E：NM	Mean	St.Dev.	Min	1 Q	Median	3 Q	Max
2000/ 3	−0.0103	0.3292	−4.7392	−0.0132	0.0281	0.0603	9.1032
2001/ 3	−0.0149	0.3261	−6.0983	−0.0112	0.0298	0.0680	5.6813
2002/ 3	−0.0600	0.5687	−16.8740	−0.0441	0.0200	0.0557	0.9370
2003/ 3	−0.0417	0.9384	−17.7336	−0.0080	0.0353	0.0728	23.7249
2004/ 3	0.1116	2.5763	−11.8225	0.0361	0.0704	0.1195	105.2811
Panel F：BVE	Mean	St.Dev.	Min	1 Q	Median	3 Q	Max
2000/ 3	1.1802	1.0822	−20.4946	0.6211	1.0064	1.6021	17.6310
2001/ 3	1.2381	0.9200	−2.9850	0.5746	1.0590	1.6850	6.4069
2002/ 3	1.2272	1.0850	−14.4278	0.6036	1.0395	1.6715	13.7973
2003/ 3	1.3850	1.1595	−15.8792	0.6941	1.1994	1.8312	11.4339
2004/ 3	1.7031	1.4752	−5.6357	0.9231	1.4245	2.1535	34.8937
Panel G：MIB	Mean	St.Dev.	Min	1 Q	Median	3 Q	Max
2000/ 3	0.0385	0.1173	−0.0088	0.0000	0.0074	0.0338	3.4078
2001/ 3	0.0395	0.0993	−0.0170	0.0000	0.0062	0.0336	1.2609
2002/ 3	0.0441	0.1250	−0.2164	0.0000	0.0070	0.0357	2.5550
2003/ 3	0.0462	0.1292	−0.4682	0.0000	0.0077	0.0379	2.1163
2004/ 3	0.0544	0.1490	−0.5738	0.0000	0.0089	0.0449	1.9166

図表7-2　変数の記述統計量（続き）

Panel H：BM	Mean	St.Dev.	Min	1 Q	Median	3 Q	Max
2000/3	1.2187	1.1283	−20.3939	0.6471	1.0313	1.6584	21.0388
2001/3	1.2775	0.9443	−2.7585	0.5907	1.1023	1.7330	6.9486
2002/3	1.2713	1.1239	−14.1866	0.6298	1.0857	1.7364	16.3523
2003/3	1.4312	1.1928	−15.8550	0.7203	1.2346	1.8863	13.5502
2004/3	1.7574	1.5117	−5.6335	0.9602	1.4647	2.2251	34.9241

3．連結調整勘定償却の表示区分

　米国では，合併で生じるのれんは取替資産とみなされ，その修繕維持のための経常的な支出が即時費用化される一方で，のれんの取得原価は規則的には償却されない．のれんの取得原価は，減損テストを経て減損処理される．それにたいして，わが国では，のれんは償却性資産とみなされ，のれんの取得原価は規則的に償却されるとともに，未償却残高について，減損の処理も適用される．連結調整勘定も，のれんと本質的に同じであることから，規則的に償却され，その償却額は原則として，販売費および一般管理費に分類されて，営業利益の計算に含められている[2]．

　もしも，連結調整勘定償却は経常利益獲得のために貢献した不可欠な費用であるとすれば，その償却額を経常利益計算に含めることによって，経常利益の value relevance は向上するはずである．それを検証するのが，この節の第1の検証課題である．その relevance の向上効果が観察されれば，会計基準の改訂は肯定的に評価されることになる．さらに，連結調整勘定償却が金融活動ではなく，営業活動により強く関連しているとすれば，それを営業利益計算に含めると，営業利益の value relevance はより向上するであろう．それを検証するのが，第2の検証課題である．同様に，その向上効果が観察されれば，会計基準の改訂は肯定的に評価される．

　その分析にあたり，以下の回帰モデルを利用した．

Model 1　　　　　　　　$P_{it} = \alpha + \beta OI_{it} + u_{it}$ 　　　　　　　(1)

Model 2　　　　　　　　$P_{it} = \alpha' + \beta_1' OIGW_{it} + \beta_2' GW_{it} + u'_{it}$ 　　　　(2)

Model 3 $$P_{it} = \alpha'' + \beta'' OIGW_{it} + u''_{it} \qquad (3)$$

なお，P ＝期末時点の株価
OI ＝経常利益
GW ＝連結調整勘定償却（費用＞0）
$OIGW$ ＝OI ＋GW ＝修正後経常利益

上記の回帰式において，被説明変数の株価と説明変数の会計数値は，分散不均一の影響を緩和するため，前期末株価でデフレートした．また，産業効果を吸収するため，上記の数式には表記していないが，回帰式には産業ダミーを含めた（以下同様）．

回帰分析の結果をまとめたのが，図表7-3のPanel Aである．連結調整勘定償却の表示区分の変更が経常利益のrelevanceを高めたといえるのは，2000年3月期だけである（有意確率0.027）．しかし，当該変更が経常利益のrelevanceを低めたという証拠は観察されないため，その変更はさしあたり肯定的に評価できる．なお，連結調整勘定償却にかかる偏回帰係数の符号が負になっているが，この結果からは，連結調整勘定を規則的に償却する会計処理を積極的に支持できるわけではない．逆に，連結調整勘定償却にかかる係数が有意でないからといって，非償却（＋減損処理）が正当化されるわけでもない[3]．

営業利益をめぐる第2の課題の検証には，以下の回帰モデルを利用した．

Model 4 $$P_{it} = \alpha + \beta OP_{it} + u_{it} \qquad (4)$$

Model 5 $$P_{it} = \alpha' + \beta_1' OPGW_{it} + \beta_2' GW_{it} + u'_{it} \qquad (5)$$

Model 6 $$P_{it} = \alpha'' + \beta'' OPGW_{it} + u''_{it} \qquad (6)$$

なお，OP ＝営業利益
$OPGW$ ＝OP ＋GW ＝修正後営業利益

この分析結果は，図表7-3のPanel Bにまとめた．これによると，2000年

図表7-3 連結調整勘定償却の価値関連性

Panel A

	Model 1		Model 2			Model 3		Vuong's test	
	OI	Adj.R^2	$OIGW$	GW	Adj.R^2	$OIGW$	Adj.R^2	z	p-value
2000/3	0.7678	0.0934	0.7779	−5.6020	0.0945	0.7522	0.0928	−2.216	0.027
	(4.56)		(4.61)	(−3.31)		(4.49)			
	[0.000]		[0.000]	[0.001]		[0.000]			
2001/3	0.4950	0.1339	0.4932	−1.1169	0.1336	0.4933	0.1335	−0.753	0.451
	(5.25)		(5.21)	(−1.64)		(5.22)			
	[0.000]		[0.000]	[0.101]		[0.000]			
2002/3	0.4417	0.0821	0.4405	1.0576	0.0831	0.4438	0.0829	0.703	0.482
	(5.50)		(5.48)	(1.11)		(5.52)			
	[0.000]		[0.000]	[0.268]		[0.000]			
2003/3	0.5742	0.1907	0.5815	−2.1733	0.1915	0.5685	0.1897	−0.962	0.336
	(4.89)		(4.84)	(−1.77)		(4.92)			
	[0.000]		[0.000]	[0.078]		[0.000]			
2004/3	1.7435	0.2485	1.7274	2.2304	0.2491	1.7393	0.2492	1.006	0.314
	(6.82)		(6.80)	(0.73)		(6.87)			
	[0.000]		[0.000]	[0.464]		[0.000]			

図表7-3　連結調整勘定償却の価値関連性（続き）

Panel B	Model 4 OP	Model 4 Adj.R^2	Model 5 OPGW	Model 5 GW	Model 5 Adj.R^2	Model 6 OPGW	Model 6 Adj.R^2	Vuong's test z	Vuong's test p-value
2000/3	0.5300 (4.08) [0.000]	0.0859	0.5607 (4.29) [0.000]	−6.1528 (−2.18) [0.030]	0.0876	0.5141 (3.98) [0.000]	0.0855	−2.1619	0.031
2001/3	0.4463 (8.85) [0.000]	0.1319	0.4496 (8.91) [0.000]	−1.9969 (−1.94) [0.052]	0.1326	0.4406 (8.76) [0.000]	0.1312	−1.1912	0.234
2002/3	0.3671 (9.14) [0.000]	0.0688	0.3752 (8.97) [0.000]	−1.0047 (−1.09) [0.275]	0.0685	0.3606 (9.10) [0.000]	0.0684	−1.0491	0.294
2003/3	0.3954 (13.38) [0.000]	0.1657	0.4163 (13.73) [0.000]	−3.4418 (−3.34) [0.001]	0.1694	0.3899 (13.28) [0.000]	0.1645	−1.1307	0.258
2004/3	1.6260 (21.06) [0.000]	0.2887	1.6231 (20.74) [0.000]	−1.0077 (−0.38) [0.704]	0.2883	1.6174 (21.06) [0.000]	0.2887	−0.0593	0.953

3月期では，連結調整勘定償却を営業利益計算に含めると，営業利益の value relevance は向上している．連結調整勘定償却を営業利益計算に含めても，営業利益の relevance が低下するという証拠は観察されていないから，表示区分の変更は，さしあたり肯定的に評価してもよいであろう．

4．持分法損益の表示区分

もしも，持分法損益も，親会社（株主）の事業活動の成果の一部であるとすれば，それを経常利益計算に含めることによって，経常利益の value relevance は向上する．それを検証するのが，この節の第1の検証課題である．その向上効果が観察されれば，会計基準の改訂は肯定的に評価される．さらに，持分法損益には，関連会社の営業活動により生じた持続的（persistent）な要素が多く含まれているとすれば，それを営業利益計算に含めると，営業利益の value relevance はより向上する．それを検証するのが，第2の検証課題である．その効果が観察されれば，会計基準の改訂は不十分であると評価される．

それらの2つの課題を検証するにあたり，前節の（Model 1）～（Model 6）における GW を持分法損益 EQ に置き換えて回帰分析を行った．その結果をまとめたのが，図表7-4である．図表7-4のPanel Aでは，2001年3月期（有意確率0.012）と2003年3月期（有意確率0.050）において，持分法損益を経常利益計算に含めることにより，経常利益の value relevance は向上している．また，図表7-4のPanel Bでは，2001年3月期において，持分法損益を営業利益計算に含めると営業利益の value relevance は向上する（有意確率0.019）．

これらの分析結果によると，持分法損益を経常利益計算に含めることにより，経常利益の relevance が向上した年度がある一方，それが低下した年度はないから，計上区分の変更は，さしあたり肯定的に評価される．しかし，営業利益計算に含めると営業利益の relevance がいっそう向上する可能性も残されており，その点で，会計基準の変更が不十分であった可能性も否定できない．かりに，営業（operating）と金融（financing）との区分が重視されるならば，持分法損益をどちらに含めるのかは再検討する必要がある．どれだけ会計情報

図表7-4 持分法損益の価値関連性

Panel A

	Model 1		Model 2			Model 3			Vuong's test	
	OI	Adj.R^2	$OIEQ$	EQ	Adj.R^2	$OIEQ$	Adj.R^2		z	p-value
2000/3	0.7678	0.0934	0.7676	0.6675	0.0929	0.7603	0.0933		−0.230	0.818
	(4.56)		(4.55)	(0.53)		(5.50)				
	[0.000]		[0.000]	[0.595]		[0.000]				
2001/3	0.4950	0.1339	0.4865	1.7393	0.1369	0.4760	0.1307		−2.500	0.012
	(5.25)		(5.26)	(1.67)		(5.13)				
	[0.000]		[0.000]	[0.096]		[0.000]				
2002/3	0.4417	0.0821	0.4502	1.5424	0.0858	0.4205	0.0780		−1.567	0.117
	(5.50)		(5.93)	(2.42)		(5.00)				
	[0.000]		[0.000]	[0.016]		[0.000]				
2003/3	0.5742	0.1907	0.5702	0.8350	0.1906	0.5704	0.1876		−1.957	0.050
	(4.89)		(4.81)	(3.12)		(4.80)				
	[0.000]		[0.000]	[0.002]		[0.000]				
2004/3	1.7435	0.2485	1.6529	7.6261	0.2652	1.6922	0.2372		−1.614	0.106
	(6.82)		(6.75)	(7.23)		(6.69)				
	[0.000]		[0.000]	[0.000]		[0.000]				

図表7-4 持分法損益の価値関連性（続き）

Panel B	Model 4 OP	Model 4 Adj.R^2	Model 5 OP	Model 5 EQ	Model 5 Adj.R^2	Model 6 OPEQ	Model 6 Adj.R^2	Vuong's test z	Vuong's test p-value
2000/3	0.5300 (3.41) [0.001]	0.0859	0.5336 (3.43) [0.001]	−0.5842 (−0.47) [0.641]	0.0855	0.5174 (3.37) [0.001]	0.0857	−0.656	0.512
2001/3	0.4463 (5.23) [0.000]	0.1319	0.4431 (5.25) [0.000]	1.4193 (1.79) [0.074]	0.1359	0.4558 (5.30) [0.000]	0.1343	2.349	0.019
2002/3	0.3671 (5.37) [0.000]	0.0688	0.3666 (5.35) [0.000]	0.7722 (1.54) [0.124]	0.0704	0.3712 (5.49) [0.000]	0.0704	0.927	0.354
2003/3	0.3954 (3.68) [0.000]	0.1657	0.3927 (3.67) [0.000]	0.6651 (3.12) [0.002]	0.1674	0.3962 (3.74) [0.000]	0.1675	1.462	0.144
2004/3	1.6260 (7.45) [0.000]	0.2887	1.5729 (7.53) [0.000]	6.6291 (4.89) [0.000]	0.3097	1.6467 (7.61) [0.000]	0.2980	1.429	0.153

の有用性に貢献するかは定かではないが，持分法損益そのものを営業と金融とに分割するのも選択肢の1つであることも，制度設計の議論において忘れてはならないであろう．

5．連結純利益と少数株主損益

　米国の FASB から，損益計算書の末尾の利益を現行の連結純利益と少数株主損益を合計した額とし，親会社帰属分（現行の純利益）と少数株主帰属分（少数株主損益）は，その合計額を細分類した内訳科目として開示する方式の提案がなされている（FASB, 2005）．現行の損益計算書の利益は，親会社株主の帰属する純利益を計算する目的となっているため，親会社説にもとづいていると解され，他方，上記の合計額は連結企業集団の利益を計算することを目的とするため，経済的単一体説にもとづいていると解されている．もしも，この親会社説から経済的単一体説への変更が財務報告の目的の変更を含意しているとしたら，その帰結として，財務諸表の構成要素，その認識と測定を規定する会計モデルの変化をもたらすのではないかという憶測を呼び，FASB の変更提案は，多くの研究者の注目を集めている．

　投資家が企業の将来キャッシュ・フローを予測するうえで，持続的（persistent）な要素と一時的（transitory）な要素とを分けることは重要であるが，少数株主損益を連結利益から控除するか否かはそれほど重要ではない．支配目的で株式を所有しているとしたら，持株比率について恒常的な変化は生じないと想定されるからである．そのため，少数株主持分を純資産に含め，少数株主損益を純利益に加えても，純資産や利益の value relevance は低下しないと予想される．それを検証するのが，この節の課題である．ただし，作業仮説としては，「低下させる」という帰無仮説を設定する．

　その検証にあたり，以下の回帰モデルを利用した．

Model 7 $\qquad P_{it} = \alpha + \beta NI_{it} + u_{it}$ \qquad (7)

Model 8 $\qquad P_{it} = \alpha' + \beta_1' NI_{it} + \beta_2' MI_{it} + u'_{it}$ \qquad (8)

図表7-5 少数株主利益の価値関連性

Panel A

	Model 7		Model 8			Model 9		Vuong's test	
	NI	Adj.R^2	NI	MI	Adj.R^2	NI + MI	Adj.R^2	z	p-value
2000/3	0.1177	0.0795	0.1169	0.2003	0.0789	0.1174	0.0795	0.131	0.896
	(1.23)		(1.23)	(0.20)		(1.24)			
	[0.217]		[0.221]	[0.845]		[0.216]			
2001/3	0.4820	0.1179	0.1863	−1.4484	0.1189	0.1800	0.1175	−0.590	0.555
	(5.15)		(5.31)	(−0.52)		(5.03)			
	[0.000]		[0.000]	[0.603]		[0.000]			
2002/3	0.0858	0.0489	0.0755	0.6973	0.0495	0.0849	0.0492	1.040	0.299
	(3.84)		(3.19)	(1.25)		(3.80)			
	[0.000]		[0.001]	[0.210]		[0.000]			
2003/3	0.0186	0.0810	0.0130	0.7609	0.0842	0.0190	0.0812	1.474	0.140
	(1.47)		(1.14)	(1.18)		(1.49)			
	[0.142]		[0.253]	[0.239]		[0.135]			
2004/3	0.0740	0.1398	0.0737	2.4536	0.1417	0.0741	0.1399	1.703	0.089
	(13.17)		(13.06)	(1.45)		(13.20)			
	[0.000]		[0.000]	[0.148]		[0.000]			

第 7 章　連結制度改革の意義　121

図表7-5　少数株主利益の価値関連性（続き）

Panel B	Model 7 NI	Adj.R^2	Model 8 NI	MI	Adj.R^2	Model 9 NI + MI	Adj.R^2	Vuong's test z	p-value
2000/3 (n = 1,203)	0.0944 (0.81) [0.419]	0.1000	0.0927 (0.79) [0.428]	0.3241 (0.33) [0.745]	0.0993	0.0945 (0.81) [0.416]	0.1000	0.245	0.806
2001/3 (n = 1,231)	0.1575 (4.43) [0.000]	0.1038	0.1647 (4.62) [0.000]	−1.6433 (−0.59) [0.556]	0.1055	0.1543 (4.26) [0.000]	0.1033	−0.687	0.492
2002/3 (n = 1,229)	0.0837 (3.76) [0.000]	0.0778	0.0712 (3.04) [0.002]	0.7833 (1.50) [0.133]	0.0797	0.0829 (3.72) [0.000]	0.0784	1.204	0.229
2003/3 (n = 1,239)	0.0157 (1.41) [0.158]	0.0869	0.0099 (1.05) [0.296]	0.7402 (1.16) [0.245]	0.0909	0.0161 (1.44) [0.150]	0.0871	1.347	0.178
2004/3 (n = 1,202)	0.3410 (1.77) [0.077]	0.1354	0.3189 (1.65) [0.098]	2.4503 (1.37) [0.172]	0.1398	0.3482 (1.82) [0.069]	0.1368	1.435	0.151

Model 9 $\qquad P_{it} = \alpha'' + \beta''(NI_{it} + MI_{it}) + u''_{it}$ \hfill (9)

　　なお，NI＝連結純利益

　　　　 MI＝少数株主損益

　全サンプルを対象とした分析結果をまとめたのが，図表 7-5 の Panel A である．少数株主損益 MI がゼロのサンプルを除いた場合の分析結果は，Panel B にまとめた．この図表 7-5 によると，少数株主損益は，value relevant ではない．しかし，現行の連結純利益に少数株主損益を加えた額の value relevance は，必ずしも連結純利益のそれに劣っているとはいえない．この結果は，価値関連性（relevance）の観点から，新提案に反対することはできないことを意味している．とはいえ，少数株主損益の加算が利益の relevance をとくに高めるという証拠は得られないから，新提案を積極的に支持できるわけではない点にも注意が必要であろう．

　ただし，この研究で使用している利益資本化モデルは，株主に帰属する恒久的な利益（permanent earnings）を推定するうえで，説明変数が relevant か否かを問うものであり，上記の分析は，その恒久利益の推定値（estimator）としての統計的な優劣を示したものでしかない．利益資本化モデルは，株主に帰属する利益（配当）の割引現在価値が企業価値になるという企業評価モデルに依拠しているが，少数株主損益の変数を利用した企業評価モデルは，いまだ存在していない．したがって，この節の分析は，fundamental-linkage を無視したものとなっており，そこに限界があることを承知しておかなければならない．

6．純資産と利益の価値関連性

(1) 株主資本と少数株主持分

　わが国では，純資産の部に少数株主持分が含めて開示されている．資本取引を除いた純資産の部の変動額が「利益（ここでは，包括利益か純利益かは問わない）」になるという構造的関係は，伝統的に堅持されてきた会計上の原則である．その原則からすれば，少数株主持分を純資産に含めるのにともなって，

その「利益」は,親会社帰属分と少数株主帰属分とをあわせたものになるはずである.つまり,前節で検討した「損益計算書の末尾の利益は何か」という問題と,「少数株主を純資産に含めるか否か」という問題は,理論的には連動しており,独立に決めるべき問題ではない.

そこで,この節では,2つの問題を関連させて,実証分析を試みる.しかし,純資産のrelevanceを直接検証する基礎となる企業評価モデルも,純資産と利益のrelevanceを同時に検証する基礎となる企業評価モデルも,いまだ存在してない.ここでは,もっぱら,統計的な関連性の有無を検証することに専念せざるを得ない.まず,ストック情報だけのrelevanceを検証するため,以下のような回帰モデルを利用した.

Model 10 $\qquad P_{it} = \alpha + \beta BVE_{it} + u_{it}$ \qquad (10)

図表7-6 株主資本簿価と少数株主持分の価値関連性

	Model 10		Model 11			Model 12		Vuong' stest	
	BVE	Adj.R^2	BVE	MIB	Adj.R^2	BVE+MIB	Adj.R^2	z	p-value
2000/3	1.2078	0.1911	0.5321	19.0586	0.5160	1.3409	0.2325	1.188	0.235
	(1.19)		(1.90)	(2.10)		(1.26)			
	[0.233]		[0.058]	[0.036]		[0.207]			
2001/3	0.0941	0.1408	0.0931	0.0590	0.1405	0.0921	0.1409	0.146	0.884
	(8.16)		(7.96)	(0.66)		(8.19)			
	[0.000]		[0.000]	[0.508]		[0.000]			
2002/3	0.0625	0.0712	0.0632	−0.0243	0.0707	0.0597	0.0701	−0.714	0.476
	(8.81)		(9.00)	(−0.33)		(7.96)			
	[0.000]		[0.000]	[0.742]		[0.000]			
2003/3	0.0654	0.1334	0.0653	0.0042	0.1329	0.0633	0.1328	−0.481	0.630
	(6.05)		(5.91)	(0.08)		(6.14)			
	[0.000]		[0.000]	[0.937]		[0.000]			
2004/3	0.2559	0.2370	0.2456	0.5215	0.2426	0.2537	0.2414	1.555	0.120
	(6.85)		(6.07)	(2.16)		(6.98)			
	[0.000]		[0.000]	[0.031]		[0.000]			

Model 11 $\qquad P_{it} = \alpha' + \beta_1' BVE_{it} + \beta_2' MIB_{it} + u'_{it}$ (11)

Model 12 $\qquad P_{it} = \alpha'' + \beta''(BVE_{it} + MIB_{it}) + u''_{it}$ (12)

なお，BVE＝株主資本簿価
MIB＝少数株主持分

この論文では，クリーン・サープラス関係を考慮して，その他の包括利益の累積残高は，資産や負債の評価勘定とみなして，株主資本簿価から控除した．回帰の説明変数間に，多重共線性を懸念させるほどの高い相関関係は存在しなかった．回帰分析の結果は，図表7-6に掲載した．これによると，2000年3月期と2004年3月期では，少数株主持分も value relevant である．少数株主持分を含んだ純資産の relevance と株主資本の relevance とには，有意な差異はないことがわかる．

図表7-7　純資産と利益の価値関連性

	BVE	MIB	NI	MI	Adj.R^2
2000/3	0.2717	7.8359	0.5250	−84.4833	0.8188
	(2.54)	(2.68)	(2.51)	(−3.81)	
	[0.011]	[0.007]	[0.012]	[0.000]	
2001/3	0.0900	0.1327	0.1816	−1.8627	0.1665
	(7.44)	(1.29)	(4.29)	(−0.64)	
	[0.000]	[0.198]	[0.000]	[0.520]	
2002/3	0.0525	−0.0095	0.0328	0.5490	0.0749
	(5.68)	(−0.13)	(1.15)	(0.89)	
	[0.000]	[0.898]	[0.251]	[0.374]	
2003/3	0.0726	−0.0188	−0.0208	1.1672	0.1413
	(8.54)	(−0.31)	(−1.90)	(2.02)	
	[0.000]	[0.756]	[0.058]	[0.043]	
2004/3	0.2284	0.5189	0.0518	0.5977	0.2603
	(5.44)	(1.99)	(8.23)	(0.41)	
	[0.000]	[0.047]	[0.000]	[0.000]	

(2) 純資産と利益

つぎに，ストックの情報とフローの情報をあわせて relevance を検証するため，Ohlson type regression と呼ばれる以下の回帰モデルを利用した．なお，変数間に，多重共線性を懸念させるほどの高い相関関係は存在しなかった．

Model 13 $\qquad P_{it} = \alpha + \beta_1 BVE_{it} + \beta_2 NI_{it} + u_{it}$ \hfill (13)

Model 14 $\qquad P_{it} = \alpha' + \beta_1' BVE_{it} + \beta_2' MIB_{it} + \beta_3' NI_{it} + \beta_4' MI_{it} + u'_{it}$ \hfill (14)

Model 15 $\qquad P_{it} = \alpha'' + \beta_1'' (BVE_{it} + MIB_{it}) + \beta_2'' (NI_{it} + MI_{it}) + u''_{it}$ \hfill (15)

上記の (Model 14) の結果は，図表7-7に記載されている．この結果によると，少数株主持分の relevance も，少数株主損益の relevance も，完全には否定されない．つまり，新提案を簡単には否定できないことを意味する．

表7-8 少数株主持分と少数株主利益の相対情報価値

	Model 13			Model 15			Vuong' stest	
	BVE	NI	Adj.R^2	BVE + MIB	NI + MI	Adj.R^2	z	p-value
2000/3	0.0198	0.1317	0.0796	0.0176	0.1296	0.0794	−0.650	0.516
	(0.88)	(1.73)		(0.78)	(1.69)			
	[0.381]	[0.083]		[0.433]	[0.092]			
2001/3	0.0876	0.1725	0.1614	0.0865	0.1712	0.1617	0.189	0.850
	(7.45)	(4.07)		(7.58)	(4.06)			
	[0.000]	[0.000]		[0.000]	[0.000]			
2002/3	0.0523	0.0397	0.0760	0.0495	0.0420	0.0757	−0.272	0.785
	(6.24)	(1.48)		(5.94)	(1.60)			
	[0.000]	[0.138]		[0.000]	[0.109]			
2003/3	0.0662	−0.0091	0.1317	0.0634	−0.0066	0.1309	−0.668	0.504
	(7.40)	(−0.75)		(7.17)	(−0.53)			
	[0.000]	[0.456]		[0.000]	[0.597]			
2004/3	0.2265	0.0508	0.2478	0.2253	0.0510	0.2522	1.632	0.103
	(5.69)	(8.32)		(5.85)	(8.45)			
	[0.000]	[0.000]		[0.000]	[0.000]			

ただし，純利益（少数株主損益）は純資産（少数株主持分）の真部分集合であるため，統計的には多重共線性の問題が潜在している．このサンプルでは，純資産と純利益の相関係数が高くないので，統計的問題は生じないものの，結果を明確に解釈することができない．純利益（少数株主損益）にかかる係数が統計的に有意ではない場合でも，純資産（少数株主持分）が relevant であれば，純利益（少数株主損益）は irrelevant であるとはいえないからである（「純利益に追加的な情報価値がない」とはいえる）．これは，多重回帰分析である Ohlson type regression の限界である．

そこで，(Model 13) と (Model 15) の説明力を比較分析した．図表7-8はその結果である．これによると，少数株主持分を純資産に含め，少数株主損益を連結純利益に加えても，従来の純資産簿価と純利益の value relevance を低めない．ただし，繰り返し述べているように，ここで採用した回帰モデルには fundamental-linkage が欠如しているため，ここでの結果から経験的インプリケーションを積極的に引き出すことは控えなければならないであろう．

7．財務指標と「利益の価値関連性」

(1) 簿価時価比率 (Book-to-Market)

少数株主持分と少数株主損益の財務諸表上の位置づけ（表示区分）が変更されると，財務データを加工して利用する財務分析にも，その影響は及ぶであろう．かりに，従来通りの財務指標を使用するのであれば，投資家は再加工のコストを負担しなければならない．逆に，投資家は機械的に財務比率を計算してそのコストを節約すると仮定するならば，あらたな財務比率が，投資家にとって有用であるか否かを検証してみなければならない．もしも，少数株主持分と少数株主損益が投資家による将来キャッシュ・フローの予測にとって有用であるとしたら，少数株主持分を純資産に含めた簿価時価比率（book-to-market）も有用であり，その簿価時価比率は，利益の relevance に影響をあたえるであろう．この項では，まず，①利益資本化モデルに簿価時価比率を組み込み，②簿価時価比率を操作して，③条件付きで利益の relevance を検証する．

その検証にあたり，以下の回帰モデルを採用した．

Model 16　　　$P_{it} = \alpha_1 + \alpha_2 SIZE_{it} + \alpha_3 BTM_{it} + \beta_1 X_{it} + \beta_2 SIZE_{it}*X_{it}$
$\qquad\qquad\qquad + \beta_3 BTM_{it}*X_{it} + u_{it}$ 　　　　　　　　　　(16)

Model 17　　　$P_{it} = \alpha_1' + \alpha_2' SIZE_{it} + \alpha_3' BTM2_{it} + \beta_1' X_{it} + \beta_2' SIZE_{it}*X_{it}$
$\qquad\qquad\qquad + \beta_3' BTM2_{it}*X_{it} + u_{it}$ 　　　　　　　　　　(17)

Model 18　　　$P_{it} = \alpha_1'' + \alpha_2'' SIZE_{it} + \alpha_3'' BTM_{it} + \alpha_4'' DBTM_{it} + \beta_1'' X_{it}$
$\qquad\qquad\qquad + \beta_2'' SIZE_{it}*X_{it} + \beta_3'' BTM_{it}*X_{it} + \beta_4'' DBTM_{it}*X_{it} + u_{it}$
　　　　　　　　　　　　　　　　　　　　　　　　　　　　　(18)

　　　なお，$SIZE$＝株式時価総額の規準化順位（小さいほうが上位）[4]
　　　　　BTM＝「株主資本簿価／株式時価総額」の規準化順位（高いほうが上位）
　　　　　$BTM2$＝「（株主資本簿価＋少数株主持分）／株式時価総額」の規準化順位
　　　　　$DBTM = BTM2 - BTM$
　　　　　X＝利益（経常利益 OI，連結純利益 NI，連結純利益＋少数株主損益 NM）

　以下では，投資家は公表数値を機械的に利用するという前提で，株主資本簿価は公表数値のものを使い，ここではその他の包括利益の累積残高を株主資本簿価に含めている（以下同じ）．じつは，一般に簿価時価比率が実証研究で問題とされるとき，その他の包括利益の累積残高がどのように扱われているのかは，さほど明確ではない．ここでは，その問題の影響を固定化し，機械的に財務比率を算定するという前提と整合的な扱いをするために，その他の包括利益の累積残高について修正は行わなかった．
　上記の（Model 18）において，多重共線性が懸念されたため，株式時価総額と利益の交差項 $SIZE*X$ を除外して，回帰分析を行った．図表7-9がその結果である．経常利益の2002年〜2004年3月期では，β_4'' が有意な負になっている．高リスク期待による高い割引率を期待している，と解釈できる．「連結純

表7-9 簿価時価比率と「利益の価値関連性」

Panel A	SIZE	BTM	DBTM	OI	BTM*OI	DBTM*OI	Adj.R^2
2000/3	−0.2048	−0.8257	−1.9581	1.7989	−1.4308	−3.1947	0.2361
	(−3.27)	(−9.13)	(−3.85)	(3.10)	(−1.94)	(−1.26)	
	[0.001]	[0.000]	[0.000]	[0.002]	[0.052]	[0.208]	
2001/3	−0.1048	−0.0519	−0.5541	0.8937	−0.6246	−0.5277	0.1592
	(−2.87)	(−0.92)	(−1.55)	(3.81)	(−2.05)	(−0.36)	
	[0.004]	[0.360]	[0.122]	[0.000]	[0.040]	[0.723]	
2002/3	−0.1017	−0.0553	−0.4160	0.5607	−0.1117	−1.3527	0.1042
	(−2.90)	(−1.07)	(−2.26)	(2.69)	(−0.43)	(−2.57)	
	[0.004]	[0.285]	[0.024]	[0.007]	[0.667]	[0.010]	
2003/3	0.0180	−0.0979	−0.0200	0.9816	−0.5386	−4.5871	0.2319
	(0.56)	(−2.90)	(−0.04)	(3.64)	(−1.64)	(−1.94)	
	[0.573]	[0.004]	[0.967]	[0.000]	[0.101]	[0.053]	
2004/3	0.1896	−0.5910	0.5987	2.4938	−1.2369	−6.1189	0.2994
	(2.56)	(−2.83)	(0.79)	(4.59)	(−1.46)	(−2.17)	
	[0.010]	[0.005]	[0.429]	[0.000]	[0.145]	[0.030]	

Panel B	SIZE	BTM	DBTM	NI	BTM*NI	DBTM*NI	Adj.R^2
2000/3	−0.2312	−0.8699	−1.7329	0.0764	0.2376	2.3701	0.2070
	(−3.72)	(−10.14)	(−4.30)	(0.63)	(1.16)	(1.00)	
	[0.000]	[0.000]	[0.000]	[0.526]	[0.246]	[0.317]	
2001/3	−0.1035	−0.0660	−0.1390	0.2067	−0.1295	1.1611	0.1285
	(−2.89)	(−1.43)	(−0.57)	(3.86)	(−1.47)	(1.10)	
	[0.004]	[0.152]	[0.567]	[0.000]	[0.141]	[0.273]	
2002/3	−0.1050	−0.0306	−0.3287	0.0598	0.1713	0.1750	0.0717
	(−2.87)	(−0.65)	(−1.74)	(5.51)	(2.82)	(0.50)	
	[0.004]	[0.513]	[0.083]	[0.000]	[0.005]	[0.620]	
2003/3	0.0083	−0.1308	−0.4876	0.0321	−0.0163	−0.2625	0.0928
	(0.27)	(−3.90)	(−2.44)	(2.18)	(−0.68)	(−0.62)	
	[0.790]	[0.000]	[0.015]	[0.030]	[0.494]	[0.536]	
2004/3	0.2407	−0.8080	0.3180	0.0644	0.1773	8.3422	0.1911
	(2.84)	(−6.39)	(0.44)	(0.14)	(0.26)	(1.58)	
	[0.005]	[0.000]	[0.657]	[0.891]	[0.795]	[0.115]	

Panel C	SIZE	BTM	DBTM	NM	BTM*NM	DBTM*NM	Adj.R^2
2000/3	−0.2313	−0.8710	−1.7502	0.0784	0.2383	2.3222	0.2072
	(−3.72)	(−10.14)	(−4.38)	(0.65)	(1.16)	(1.03)	
	[0.000]	[0.000]	[0.000]	[0.519]	[0.245]	[0.305]	
2001/3	−0.1042	−0.0658	−0.1646	0.2035	−1.1271	1.1927	0.1282
	(−2.92)	(−1.43)	(−0.68)	(3.75)	(−1.44)	(1.10)	
	[0.004]	[0.153]	[0.495]	[0.000]	[0.151]	[0.271]	
2002/3	−0.1049	−0.0306	−0.3443	0.0591	0.1754	0.1382	0.0726
	(−2.86)	(−0.65)	(−1.85)	(5.55)	(2.88)	(0.44)	
	[0.004]	[0.514]	[0.065]	[0.000]	[0.004]	[0.662]	

2003/3	0.0086	−0.1312	−0.4739	0.0324	−0.1652	−0.1964	0.0930
	(0.28)	(−3.91)	(−2.42)	(2.16)	(−0.70)	(−0.47)	
	[0.781]	[0.000]	[0.016]	[0.031]	[0.487]	[0.642]	
2004/3	0.2397	−0.8075	0.1263	0.0792	0.1588	8.4595	0.1920
	(2.83)	(−6.36)	(0.17)	(0.17)	(0.24)	(1.67)	
	[0.005]	[0.000]	[0.863]	[0.864]	[0.812]	[0.095]	

利益＋少数株主損益」について，2004年3月期は，*BTM 2* の高い企業の利益が relevant であるという，奇妙な結果が示されている．この結果は，簿価時価比率を意思決定（財務分析）に使用するうえで，従来どおり，少数株主持分を除外してもよいのか，疑問を提示している．とはいえ，ファイナンス理論の領域において，それを考慮すべきという理論的な根拠は，現在は存在していない．

(2) 財務レバレッジ（Financial Leverage）

古くから，時価ベースの財務レバレッジや，簿価ベースの負債比率の大小は，企業の倒産リスクを表わしていると理解されている．しかし，負債の側は子会社の負債の全額が合算されながら，純資産（資本）の側は，親会社分のみが考慮されており，分母と分子は非対称な方式で計算されている．そのような慣行的な比率は，経験的に何を示してしているのか，疑問も多い．そこで，この項では，①利益資本化モデルに財務レバレッジを組み込み，②その比率を操作して，③条件付きで利益の relevance を検証する．

ほんらい，財務レバレッジは，「負債の時価／株式時価総額」で測定されるべきであるが，多くの場合，負債の時価がわからないことから，簿価で代替されている．ここでは，さらに，少数株主持分の時価についても，簿価で代替する．回帰モデルは以下のとおりである．

Model 19 $$P_{it} = \alpha_1 + \alpha_2 SIZE_{it} + \alpha_3 LEV_{it} + \beta_1 X_{it} + \beta_2 SIZE_{it} * X_{it} + \beta_3 LEV_{it} * X_{it} + u_{it} \tag{19}$$

Model 20 $$P_{it} = \alpha_1' + \alpha_2' SIZE_{it} + \alpha_3' LEV2_{it} + \beta_1' X_{it} + \beta_2' SIZE_{it} * X_{it} + \beta_3' LEV2_{it} * X_{it} + u_{it} \tag{20}$$

表7-10 財務レバレッジと「利益の価値関連性」

Panel A	SIZE	LEV	DLEV	OI	Adj.R^2
2000/3	−0.2449	−0.8319	1.1987	0.6542	0.2010
	(−4.15)	(−8.87)	(2.58)	(3.93)	
	[0.000]	[0.000]	[0.010]	[0.010]	
2001/3	−0.1909	0.0730	1.3780	0.5105	0.1519
	(−5.34)	(1.90)	(3.23)	(5.28)	
	[0.000]	[0.058]	[0.001]	[0.000]	
2002/3	−0.0530	−0.1873	0.3022	0.4147	0.1154
	(−1.64)	(−4.33)	(1.17)	(5.01)	
	[0.101]	[0.000]	[0.241]	[0.000]	
2003/3	−0.0450	−0.0314	0.8939	0.5862	0.1963
	(−1.59)	(−1.06)	(3.26)	(4.94)	
	[0.111]	[0.290]	[0.001]	[0.000]	
2004/3	−0.0725	−0.2571	1.6382	1.8068	0.2538
	(−0.97)	(−2.29)	(1.61)	(6.86)	
	[0.332]	[0.022]	[0.108]	[0.000]	

Panel B	SIZE	LEV	DLEV	NI	Adj.R^2
2000/3	−0.2321	−0.8617	0.5174	0.0186	0.1893
	(−4.00)	(−9.27)	(1.07)	(0.62)	
	[0.000]	[0.000]	[0.287]	[0.538]	
2001/3	−0.1836	0.1224	0.9692	0.1841	0.1330
	(−5.05)	(2.85)	(2.29)	(4.79)	
	[0.000]	[0.004]	[0.022]	[0.000]	
2002/3	−0.0538	−0.1849	−0.0592	0.0679	0.0802
	(−1.64)	(−4.16)	(−0.23)	(4.03)	
	[0.101]	[0.000]	[0.820]	[0.000]	
2003/3	−0.0514	0.0067	0.5611	0.0177	0.0826
	(−1.72)	(0.21)	(1.95)	(1.44)	
	[0.086]	[0.837]	[0.052]	[0.151]	
2004/3	−0.1092	−0.0097	−1.063	0.0738	0.1393
	(−1.36)	(−0.08)	(−0.09)	(13.28)	
	[0.175]	[0.938]	[0.929]	[0.000]	

Panel C	SIZE	LEV	DLEV	NM	Adj.R^2
2000/3	−0.2321	−0.8616	0.5198	0.0186	0.1893
	(−4.00)	(−9.26)	(1.07)	(0.62)	
	[0.000]	[0.000]	[0.285]	[0.538]	
2001/3	−0.1838	0.1217	0.9941	0.1823	0.1326
	(−5.05)	(2.82)	(2.34)	(4.69)	
	[0.000]	[0.005]	[0.019]	[0.000]	
2002/3	−0.0538	−0.1849	−0.0513	0.0676	0.0805
	(−1.64)	(−4.16)	(−0.20)	(4.00)	
	[0.101]	[0.000]	[0.844]	[0.000]	

2003/3	−0.0514	0.0069	0.5637	0.0182	0.0828
	(−1.72)	(0.21)	(1.96)	(1.46)	
	[0.086]	[0.833]	[0.051]	[0.143]	
2004/3	−0.1093	−0.0100	−0.0743	0.0740	0.1394
	(−1.36)	(−0.08)	(−0.06)	(13.32)	
	[0.175]	[0.936]	[0.950]	[0.000]	

Model 21
$$P_{it} = \alpha_1'' + \alpha_2'' SIZE_{it} + \alpha_3'' LEV_{it} + \alpha_4'' DLEV_{it} + \beta_1'' X_{it} \\ + \beta_2'' SIZE_{it} * X_{it} + \beta_3'' LEV_{it} * X_{it} + \beta_4'' DLEV_{it} * X_{it} + u_{it}$$
(21)

なお，LEV =「負債/株式時価総額」の規準化順位（高いほうが上位）

$LEV\ 2$ =「負債/（株式時価総額＋少数株主持分）」の規準化順位

$DLEV = LEV\ 2 - LEV$

X =利益（経常利益 OI，連結純利益 NI，連結純利益＋少数株主損益 NM）

ここでも，多重共線性の影響が懸念されたため，(Model 21) から財務指標と利益の交差項を除外して，回帰分析を行った．図表7-10のPanel Aは経常利益，Panel Bは連結純利益，Panel Cは連結純利益と少数株主損益の合計額についての結果である．正の α_4'' はリスク・プレミアムに相当し，負の β_4'' は高割引率の影響であると考えられる．経常利益の2000年，2001年，2003年3月期，連結純利益および「連結純利益＋少数株主損益」の2001年と2003年3月期において，α_4'' は有意な正の値になっている．これらの結果は，少数株主持分を考慮した財務レバレッジは，利益のrelevanceに影響をあたえていることを示している．同時に，ここでの結果は，財務レバレッジと倒産リスクとの関係を分析する場合にも，少数株主持分を考慮に入れる必要性を示唆しているが，これは残された課題である．

(3) 負債比率（Debt-to-Equity Ratio）

ここでは，株式時価総額を分母とした負債比率を対象にして，前項と同様の分析を行う．回帰モデルは，つぎのとおりである．

表7-11　負債比率と「利益の価値関連性」

Panel A	SIZE	DER	DDER	OI	Adj.R^2
2000/3	−0.5643	−0.1728	0.8032	0.7504	0.1424
	(−8.69)	(−2.96)	(0.44)	(4.15)	
	[0.000]	[0.003]	[0.662]	[0.000]	
2001/3	−0.1929	0.1528	1.6621	0.5616	0.1650
	(−6.33)	(4.50)	(3.79)	(5.25)	
	[0.000]	[0.000]	[0.000]	[0.000]	
2002/3	−0.1170	−0.0574	0.0561	0.4325	0.0953
	(−5.18)	(−2.07)	(0.12)	(4.86)	
	[0.000]	[0.039]	[0.904]	[0.000]	
2003/3	−0.0642	0.0737	0.8876	0.5932	0.1983
	(−2.46)	(2.46)	(1.99)	(4.73)	
	[0.014]	[0.014]	[0.047]	[0.000]	
2004/3	−0.1912	0.3486	1.3253	1.6939	0.2569
	(−2.34)	(3.16)	(1.08)	(6.45)	
	[0.019]	[0.002]	[0.280]	[0.000]	

Panel B	SIZE	DER	DDER	NI	Adj.R^2
2000/3	−0.5488	−0.1736	0.1277	0.2697	0.1324
	(−8.48)	(−2.90)	(0.07)	(3.11)	
	[0.000]	[0.004]	[0.942]	[0.002]	
2001/3	−0.1638	0.1725	1.3959	0.2193	0.1426
	(−5.38)	(4.84)	(3.11)	(5.25)	
	[0.000]	[0.000]	[0.002]	[0.000]	
2002/3	−0.0977	−0.0486	−0.2401	0.1988	0.0658
	(−4.37)	(−1.68)	(−0.52)	(3.60)	
	[0.000]	[0.094]	[0.604]	[0.000]	
2003/3	−0.0559	0.1017	0.4637	0.0221	0.0871
	(−2.01)	(3.11)	(1.00)	(1.06)	
	[0.045]	[0.002]	[0.318]	[0.290]	
2004/3	−0.1571	0.5351	−0.2083	0.0719	0.1601
	(−1.86)	(5.14)	(−0.15)	(12.63)	
	[0.063]	[0.000]	[0.880]	[0.000]	

Panel C	SIZE	DER	DDER	NM	Adj.R^2
2000/3	−0.5497	−0.1728	0.1664	0.2676	0.1324
	(−8.49)	(−2.89)	(0.09)	(3.10)	
	[0.000]	[0.004]	[0.925]	[0.002]	
2001/3	−0.1644	0.1721	1.4243	0.2167	0.1422
	(−5.40)	(4.85)	(3.17)	(5.13)	
	[0.000]	[0.000]	[0.002]	[0.000]	
2002/3	−0.0978	−0.0482	−0.2085	0.2002	0.0667
	(−4.38)	(−1.66)	(−0.45)	(3.66)	
	[0.000]	[0.097]	[0.651]	[0.000]	

2003/3	−0.0557	0.1018	0.4677	0.0226	0.0783
	(−2.01)	(3.12)	(1.01)	(1.09)	
	[0.045]	[0.002]	[0.314]	[0.277]	
2004/3	−0.1574	0.5349	−0.1789	0.0720	0.1602
	(−1.86)	(5.14)	(−0.13)	(12.67)	
	[0.063]	[0.000]	[0.897]	[0.000]	

Model 22
$$P_{it} = \alpha_1 + \alpha_2 SIZE_{it} + \alpha_3 DER_{it} + \beta_1 X_{it} + \beta_2 SIZE_{it}*X_{it} + \beta_3 DER_{it}*X_{it} + u_{it} \tag{22}$$

Model 23
$$P_{it} = \alpha_1' + \alpha_2' SIZE_{it} + \alpha_3' DER2_{it} + \beta_1' X_{it} + \beta_2' SIZE_{it}*X_{it} + \beta_3' DER2_{it}*X_{it} + u_{it} \tag{23}$$

Model 24
$$P_{it} = \alpha_1'' + \alpha_2'' SIZE_{it} + \alpha_3'' DER_{it} + \alpha_4'' DDER_{it} + \beta_1'' X_{it} + \beta_2'' SIZE_{it}*X_{it} + \beta_3'' DER_{it}*X_{it} + \beta_4'' DDER_{it}*X_{it} + u_{it} \tag{24}$$

なお，DER ＝「負債/株主資本簿価」の規準化順位 (高いほうが上位)
$DER 2$ ＝「負債/(株主資本簿価＋少数株主持分)」の規準化順位
$DDER = DER 2 - DER$
X ＝利益 (経常利益 OI，連結純利益 NI，連結純利益＋少数株主損益 NM)

多重共線性の影響が懸念されたため，(Model 24) について，財務指標と利益の交差項を除外して分析した．図表 7-11 は，その結果である．Panel A は経常利益，Panel B は連結純利益，Panel C は連結純利益と少数株主損益との合計額についての結果である．前項の結果と同様に，正の α_4'' はリスク・プレミアムに相当し，負の β_4'' は高割引率の影響であると考えられる．この図表 7-11 によると，2001 年 3 月期では，どの利益についても，α_4'' は有意な正の値になっている．この結果は，負債比率を利用する場合にも，少数株主持分を考慮に入れる必要性を示している．

表7-12　少数株主持分の価値関連性

	OI	$DEBT*OI$	$EQTY*OI$	$MINR*OI$	Adj.R^2	$\beta_2=\beta_4$ F (p-value)	$\beta_3=\beta_4$ F (p-value)
2000/3	1.5914	−0.0656	−0.1299	−0.5714	0.1143	0.95	0.73
	(5.51)	(−4.38)	(−3.68)	(−1.10)		(0.3305)	(0.3940)
	[0.000]	[0.000]	[0.000]	[0.272]			
2001/3	0.8491	−0.0124	−0.0347	−0.2850	0.1558	2.28	2.23
	(5.37)	(−4.01)	(−2.38)	(−1.57)		(0.1310)	(0.1354)
	[0.000]	[0.000]	[0.017]	[0.116]			
2002/3	0.6510	−0.0050	−0.0004	−0.2993	0.1016	4.93	5.20
	(5.87)	(−2.82)	(−0.05)	(−2.27)		(0.0265)	(0.0227)
	[0.000]	[0.005]	[0.959]	[0.023]			
2003/3	0.8873	−0.0051	−0.0336	−0.0407	0.2346	0.03	0.00
	(7.62)	(−2.50)	(−1.37)	(−0.20)		(0.8614)	(0.9734)
	[0.000]	[0.012]	[0.171]	[0.840]			
2004/3	2.1769	−0.0062	−0.2546	−1.8808	0.2594	2.74	2.05
	(6.40)	(−0.60)	(−2.13)	(−1.66)		(0.0978)	(0.1522)
	[0.000]	[0.550]	[0.033]	[0.097]			

(4) 少数株主持分の価値関連性の再検討

　法的債務が大部分を占めている負債と，法的な債務性がない少数株主持分とはあきらかに性格が異なっている．一方，少数株主持分は株主資本と完全に同じでもない．かりに少数株主持分が value relevant であるとしても，少数株主持分は，株主資本とは異なる独自の relevance を有している．ここでは，負債，株主資本，少数株主持分の3者は資本化係数に異なる影響をあたえるのかを検証することを通じて，3者の relevance の相違を確認する．分析に利用した回帰モデルは，つぎのとおりである．

Model 25
$$P_{it} = \alpha + \beta_1 X_{it} + \beta_2 DEBT_{it}*X_{it} + \beta_3 EQTY_{it}*X_{it} \\ + \beta_4 MINR_{it}*X_{it} + u_{it} \tag{25}$$

　　なお，$DEBT$＝負債/株式時価総額（＝財務レバレッジ）
　　　　　$EQTY$＝株主資本簿価/株式時価総額（簿価時価比率）
　　　　　$MINR$＝少数株主持分/株式時価総額

多重共線性が存在しているため，経常利益を対象に，交差項のみを説明変数にして，回帰分析を行った．図表7-12は，その結果である．2002年3月期に，β_4が有意な負の値になっている．しかし，係数の大きさは，負債や資本とは異なっている．この結果は，少数株主持分が独自の情報をもつことを示唆している．少数株主持分を純資産の部に含めながらも，株主資本とは区別する表示方法には，一定の合理性が認められ，負債，株主資本，少数株主持分の3者が分けて開示される貸借対照表の様式は，積極的に評価されてよい．

8．総括と展望

連結制度改革にともなって，損益計算書上，連結調整勘定の償却と持分法損益の計上区分が変更された．従来は，いずれも損益計算書の末尾に中途半端な形式で記載されていたが，連結調整勘定償却は営業利益計算に含められ，持分法損益は経常利益計算に含められることになった．これらの変更は，営業利益や経常利益の価値関連性（value relevance）を高めこそすれ，低めるという証拠は観察されなかった．その意味では，制度改革は積極的に評価されてよいであろう．ただし，それが最善の選択であったのかについては，この章の結果から確定的なことはいえない．

少数株主持分を純資産に含めることと，親会社株主に帰属する連結純利益に少数株主損益を加えた額を最終利益にすることとは，形式的に整合しており，それらの組み合わせによって，従来の純資産（株主資本）と純利益の組み合わせよりも relevance の低い情報が提供されるわけではない．株主資本と純利益の組み合わせに限定することは，情報の relevance からは必ずしも正当化されない．むしろ，わが国の基準設定主体が，利益の区分計算（多段階利益計算）の有用性を正しく認知しているのかは，疑問である．その論点は，この論文で取り上げた連結調整勘定償却や持分法損益の計上区分の問題にも絡んでいる．

従来から，利益の区分（構成要素分解）を①活動別，利益の源泉別によるべきか，それとも，②利益の持続性（反復性）によるべきか，の選択は，高度な難問とされてきた．しかし，業績の開示方式が世界的に注目を浴びている今日，この問題を避けて通ることはできない．貸借対照表の純資産の部の改正，

および株主持分等変動計算書の新設にあわせて，損益計算書の区分表示と末尾（純利益か包括利益か）をめぐる問題は，整合的に検討して解決が図られなければならない．さらに，利益情報の有用性を強調するならば，純利益ばかりでなく，営業利益や経常利益の有用性にも目を向けるべきであり，税金の表示箇所，廃止事業の損益，異常項目，会計方針や見積もりの変更，会計基準変更時の遡及修正など，損益計算書の区分表示をめぐって残されている課題も多い．

なかでも，少数株主持分の貸借対照表上の記載区分の問題は，たんに利益計算の結果としての情報を開示するという次元の問題にとどまらない．会計情報が企業評価やファンダメンタル分析に利用されるとき，純資産は各種財務指標（財務比率）の算定に重要な役割を果たしている．フローの利益情報を利用するうえで，資産，負債，純資産のストックの情報も利用され，ストックの情報の有用性は，利益の情報の有用性を基礎で支えているのである．ストックの情報も重視している資産・負債アプローチを正しく理解し，基準設定にそれを有効に利用していかなければならない．少数株主持分の情報内容(contents)は，ファイナンス研究における展開も必要とされる重要な課題であるが，本文でも述べたように，資産，負債，純資産の有用性を検証する分析する道具は未熟であるため，さらなる開発・改良が望まれる．　　　　　　　（大日方　隆）

注

1　本章は，大日方(2006c)の一部である．フル・ペーパーは大日方(2006c)を参照願いたい．
2　ただし，貸方差額の連結調整勘定の償却額は利得となるため，営業外収益に区分される．この論文では，貸方差額の連結調整勘定が計上されているサンプルが存在しなかったため，この点を無視して分析した．
3　のれん（連結調整勘定）の非償却の正当性が，適切な減損処理によって支えられているとしたら，償却の是非あるいは有用性は，減損処理とあわせて検証されなければならない．アメリカ基準で参照されている（基準設定の根拠の１つとされている）いくつかの実証研究では，減損処理が無視されており，それらのリサーチ・デザインには重大な欠陥があるか，あるいは，それらの研究を参照したことが，そもそも誤りである．
4　ここで規準化順位とは，順位を０と１とのあいだに等間隔に並べたものである．

参考文献

FASB (Financial Accounting Standards Board) (2005) *Proposed Statement of Financial Accounting Standards : Consolidated Financial Statements, Including Accounting and Reporting of Noncontrolling Interests in Subsidiaries, a replacement of ARB, No. 51.*

大日方隆 (2005)「倒産分析とゴーイングコンサーン監査―比例ハザードモデルを中心に」東京大学経済学研究科日本経済国際共同研究センター,ディスカッションペーパー,CIRJE-J-142.

大日方隆 (2006a)「負債の概念と利益の Value Relevance」『会計』第169巻第1号,pp.20-33.

大日方隆 (2006b)「多段階利益の持続性,資本化係数と Value Relevance―日本式損益計算書における多段階利益の特性」『経済学論集』第72巻第2号,pp.18-84.

大日方隆 (2006c)「連結制度改革と連結情報の価値関連性」東京大学大学院経済学研究科金融教育研究センター,ワーキングペーパー,CARF-J027.

八重倉孝 (2002)「マクロ会計政策の評価―実証研究の観点から」山地秀俊編著『マクロ会計政策の評価』第3章,神戸大学経済経営研究所.

8 法人税法の改正と会計制度

1．本章の目的と構成

(1) 目　的

　わが国では，2000年前後のいわゆる会計ビッグバン以降，国際的にも遜色のない会計基準の整備・充実が図られてきた．一方，税制面でも1998年以降，課税ベースの拡大を意図した大幅な税務法令の改正が行われてきた．この会計制度と税制の両方における改革は，会計基準と税務法令の乖離を拡大させている．しかし，財務会計と課税所得計算が制度的に分離されたことと，実務において実際に財務会計と課税所得計算が分離することとは別問題である．この問題意識の下で，すでに第5章において，会計基準の整備・充実および税制改正が実務における財務会計と課税所得計算の関係に及ぼす影響に関する予想を提示した．そこで本章では，実務において財務会計と課税所得計算が実際に乖離しているかどうかを調査することにする．

(2) 構　成

　本章の構成は次の通りである．まず次節では，財務会計における報告利益計算と課税所得計算との乖離の程度を示す尺度を提示し，わが国における上場会社の1991年3月期決算から2005年2月期決算までの報告利益計算と課税所得計算の乖離の程度を調べる．続く第3節では，乖離の程度に影響する制度要因を検討する．これを受けて第4節では，個別の会計事項における財務会計と課税

所得計算の関係を観察する．最後に本章の要約と残された課題を述べる．

2．報告利益計算と課税所得計算の乖離

(1) 乖離の尺度

わが国では，上場会社などの報告利益は損益計算書の開示を通じて一般に知ることができるのに対して，課税所得の入手可能性には制約がある．そのため，報告利益と課税所得の差額を直接計算することはできないことが多い．そこで，報告利益計算と課税所得計算の乖離の程度を一般に知るためには，公表財務情報から乖離の程度を示す尺度を推定せざるをえない．本章では，乖離の程度を示す乖離度を，次式によって推定することにする[1]．

$$乖離度 = \frac{法人税，住民税及び事業税（または，法人税等）}{税引前当期純利益} - 法定実効税率$$

上式は，次のように書き換えられる．

$$乖離度 = \frac{課税所得 \times 法定実効税率 - 税額控除 + 住民税均等割}{税引前当期純利益}$$

$$- \frac{課税所得 \times 法定実効税率}{課税所得}$$

この式の右辺第1項分子の「-税額控除+住民税均等割」が無視できるほど十分に小さいと仮定すれば，右辺の第1項と第2項の分子は等しくなるので，乖離度は分母の税引前当期純利益と課税所得との差を示すことになる．この乖離度の符号は，課税所得＞税引前当期純利益のときプラス（課税所得＜税引前当期純利益であればマイナス）になる．

乖離度の算定に用いられる法定実効税率は図表8-1の通りである．1999年2月決算期までは，損益計算書に記載された「法人税等」には事業税が含まれていないので，法定実効税率の計算でも事業税率は反映させていない．これに対して，1999年3月決算期以降の損益計算書に記載されている「法人税，住民

図表8-1 法定実効税率

(%)

年度	法人税率	道府県民税法人税割税率	市町村民税法人税割税率	事業税率	法定実効税率
1991年3月期～1999年2月期	37.5	6.0	14.7	－	45
1999年3月期～2000年2月期	34.5	6.0	14.7	11.0	47
2000年3月期～2005年2月期	30.0	6.0	14.7	9.6	42

(注) 1.住民税法人税割率には制限税率，事業税率には標準税率を，それぞれ採用．
2.1999年2月期までの法定実効税率は次式で算定されている．

法定実効税率＝法人税率×（1＋道府県民税法人税割税率＋市町村民税法人税割税率）

1999年3月期以降の法定実効税率は次式で算定される．

$$法定実効税率 = \frac{法人税率 \times (1+道府県民税法人税割税率+市町村民税法人税割税率)+事業税率}{1+事業税率}$$

税及び事業税」には事業税も含まれているので，法定実効税率の計算に事業税率を反映させている．

(2) 標本選択

乖離度を推定するために利用する財務データは，日本政策投資銀行『企業財務データバンク』「上場一部二部会社個別決算データ」に収録されている上場会社の1991年3月31日決算期から2005年3月30日決算期までの財務データから，以下に該当する年度を除いた年/社データである．

① 期末資産総額が前年度末残高の1/2以上増減した年度．このような年度には，合併あるいは分割などの大幅な組織構造変化があったと予想されるので，それが会計処理に及ぼす影響を排除するために，当該年度のデータは除外する．

② 税引前当期純損失が計上された年度，および当該純損失が翌年度以降の税引前当期純利益によって相殺され消滅するか，相殺されずに5年を経過するまでの年度．税務上の繰越欠損金が存在する場合には，これは各年度の課税所得計算のノイズとなる．このようなノイズが各年度の報告利益計算と課税所得計算の関係を歪めるおそれを排除するために，当該年度の

データを除外する.
③　決算期変更によって1年度が12ヵ月に満たない年度.決算期変更の影響を排除するとともに,他の年度との比較可能性を確保するために,当該年度のデータを除外する.

(3) 乖離度の推移

　図表8-2は,1991年3月決算期から2005年2月決算期までの,報告利益計算と課税所得計算との乖離度の推移を示している.パネルAは乖離度の符号が正すなわち課税所得が報告利益を上回る年/社データの乖離度の平均および中央値などを,パネルBは乖離度の符号が負すなわち報告利益が課税所得を上回る年/社データの乖離度の平均および中央値などを,そしてパネルCは乖離度の絶対値の平均および中央値などを,それぞれ示している.

　図表8-3および図表8-4からわかるように,詳細で具体的な新会計基準の設定と課税ベースの拡大を指向した税制改正の多くは,1999年3月末決算期から2001年3月末決算期に集中している.この制度改革に時期をあわせるように,乖離度の平均も中央値もともに1999年度から増加している.同様に,標準偏差も1999年度から増大している.この傾向は,乖離度の符号にかかわらず見られるけれども,とくに符号が正すなわち課税所得が報告利益を上回る会社の2000年度で顕著である.このように,会計基準の整備・充実と税制改正が重なった時期を境として,報告利益計算と課税所得計算は実際に乖離する傾向があり,また会社間のバラツキも拡大している.

　このような傾向は,税効果会計の導入によってさらに拍車がかけられたと考えられる.たとえば,税法上は損金算入の要件を満たさない不良債権を貸倒損失として財務会計上処理するときに税効果会計が導入されていないと,税引前利益に税率を乗じた金額よりも多くの税金費用が計上されることになり,それだけ税引後利益は少なくなる.このような税引後当期純利益の減少は,いわゆる有税による不良債権処理の障害になっていたと考えられる.このような潜在的将来減算一時差異を顕在化させない財務会計上の処理は,報告利益計算と課税所得計算の一致傾向をもたらしていた.しかし,税効果会計を導入すると,税キャッシュ・フローは変化しないけれども,一時差異に係る繰延税金費用

図表8-2 乖離度の推移

	1991/3	1992/3	1993/3	1994/3	1995/3	1996/3	1997/3	1998/3	1999/3	2000/3	2001/3	2002/3	2003/3	2004/3
Panel A：乖離度が正の標本														
平均（%）	14.168	10.950	17.104	15.482	14.508	10.635	10.481	13.016	19.498	156.028	64.744	33.268	27.940	18.850
中央値（%）	6.216	7.352	8.641	9.032	7.845	7.174	6.983	6.842	10.491	14.622	18.545	13.141	12.968	10.165
標準偏差（%）	176.268	22.349	90.248	46.070	78.636	17.011	15.4017	40.525	73.313	3195.641	292.314	77.677	64.269	31.254
最小（%）	0.009	0.003	0.025	0.024	0.010	0.000	0.045	0.000	0.000	0.010	0.004	0.000	0.066	0.014
最大	5735	435	2755	1001	2480	309	232	845	1895	99958	6576	1006	931	368
会社数（社）	1095	1043	1120	1041	1052	1051	1073	904	961	1002	911	704	707	498
Panel B：乖離度が負の標本														
平均（%）	−10.202	−11.511	−11.482	−11.502	−12.055	−10.648	−9.723	−10.378	−13.493	−12.151	−13.054	−12.942	−15.106	−13.565
中央値（%）	−5.270	−6.205	−7.366	−6.448	−6.319	−5.271	−5.363	−5.357	−6.627	−5.698	−7.459	−8.301	−9.440	−8.441
標準偏差（%）	11.617	12.856	11.911	12.610	13.422	12.587	11.624	11.793	14.504	13.134	13.280	12.544	14.910	13.172
最小（%）	−66	−86	−52	−60	−48	−57	−97	−60	−48	−43	−60	−50	−124	−81
最大（%）	−0.006	−0.023	−0.011	−0.021	−0.056	−0.035	−0.025	−0.018	−0.04	−0.012	−0.076	−0.010	−0.162	−0.053
会社数（社）	324	382	283	307	306	328	343	489	320	183	148	273	264	286
Panel C：乖離度を絶対値に置換した標本														
平均（%）	13.262	11.100	15.970	14.575	13.955	10.638	10.297	12.090	17.998	133.810	57.520	27.589	24.451	16.922
中央値（%）	6.011	7.208	8.435	8.405	7.619	6.753	6.676	6.489	9.939	13.159	16.408	11.983	12.145	9.532
標準偏差（%）	154.934	20.243	80.835	40.958	69.504	16.065	14.576	33.402	63.955	2938.786	271.736	66.881	55.671	26.261
最小（%）	0.006	0.003	0.011	0.021	0.010	0.000	0.025	0.000	0.000	0.010	0.004	0.000	0.066	0.014
最大	5735	435	2755	1001	2480	309	232	845	1895	99958	6576	1005	930.771	368.454
会社数（社）	1419	1425	1403	1348	1358	1379	1416	1393	1281	1185	1059	977	971	784
＋会社数（社）	1095	1043	1120	1041	1052	1051	1073	904	961	1002	911	704	707	498
−会社数（社）	324	382	283	307	306	328	343	489	320	183	148	273	264	286
＋会社比（%）	77.2	73.2	79.8	77.2	77.5	76.2	75.8	64.9	75.0	84.6	86.0	72.1	72.8	63.5

（注）年/3は，各年の3月末決算期から翌年の2月末決算期までを示す．

図表8-3　会計基準の設定動向

基準	実施時期	留意事項
税効果会計	2000年3月期	1999年3月期より早期適用可能
研究開発費等会計	2000年3月期	1999年3月期より早期適用可能
金融商品会計	2001年3月期	2000年3月期より早期適用可能
退職給付会計	2001年3月期	2002年3月期より適用可能
減損会計	2006年3月期	2004年3月期より早期適用可能
企業結合	2007年3月期	早期適用なし

図表8-4　税制改正の動向

改正事項	実施時期
償却資産の耐用年数の短縮	1998年4月期
建物の減価償却方法の定額法限定	1998年4月期
営業権の償却方法の定額法限定	1998年4月期
一括償却資産の簡便償却	1999年3月期
社債発行差金の償却期間を償還期間に限定	1999年3月期
利益処分による寄付金の損金算入	1999年3月期
貸倒引当金の法定繰入率廃止	1999年3月期
賞与引当金，特別修繕引当金および製品保証等引当金の廃止	1999年3月期
退職給与引当金の縮小	1999年3月期
割賦基準の廃止	1999年3月期
長期大規模工事に対する工事進行基準の強制	1999年3月期
売買目的有価証券の期末時価評価と低価法の廃止	2001年3月期
組織再編税制導入	2001年4月期
退職給与引当金の廃止	2003年3月期

（法人税等調整額）が期間配分される結果，税金費用（法人税，住民税及び事業税＋法人税等調整額）は税引前当期純利益に税率を乗じた金額に近づき，税引後当期純利益は税引前当期純利益と税率を介した関係を維持できる．したがって，税効果会計の導入は，報告利益計算と課税所得計算の乖離を促進する制度環境を提供したと考えられる．

ただし，2003年度頃から乖離度が1998年度以前の水準に戻る傾向が見られる．この傾向は，新会計基準の設定あるいは税制改正によって会計基準と税務

法令との間に乖離が生じた年度では，過年度に起因する乖離も当該年度の報告利益計算または課税所得計算に反映されるために乖離度が上昇するけれども，翌年度以降は単年度における乖離しか報告利益計算または課税所得計算に反映されないことを原因とすると考えられる．

図表 8-5 は，税効果会計基準の早期適用を含む1999年3月末決算期から2002年2月末決算期までの3年度間をはさんだ，1996年3月末決算期から99年2月末決算期までの3年度間と，2002年3月末決算期から05年2月末決算期までの2年度間で，それぞれ乖離度（絶対値）の平均および中央値を会社ごとに求めた対標本を比較している[2]．1999～2001年度を分析から除外したのは，新会計基準の設定および税制改正があった年度には，それまで未認識だった過年度における差異がまとめて顕在化するため，このような年度では各年度単位の報告利益計算と課税所得計算の乖離度を正確に測定できないおそれがあるからである．

乖離度の平均は1996～1998年度に比べて2002～2004年度のほうが有意に上昇している．中央値も同様に上昇しており，Wilcoxonの符号付順位検定でも有意である．したがって，詳細で具体的な新会計基準と課税ベースの拡大を指向した税制改正の複合した結果，報告利益計算と課税所得計算の乖離は拡大しているといえる．

乖離の方向すなわち報告利益と課税所得の大小関係については，図表 8-2

図表8-5　乖離度の相違

	1996～1998年度	2002～2004年度
平均	9.536	25.384
分散	364.950	1913.286
ピアソン相関	0.162	
t	\-10.073	
P	0.000	
中央値	6.068	14.027
Z	\-17.388	
P	0.000	
観測数	811	811

パネルCの「＋会社比」から，2002年度から符号が正の会社すなわち課税所得が報告利益を上回る会社の割合にわずかながら低下傾向が見られる．この傾向は，2000年度および2001年度でプラス方向の乖離が著しく拡大していることからわかるように，過年度に発生していた潜在的将来減算一時差異が新会計基準設定および税制改正に伴って顕在化され繰延税金資産が過年度分を含めて計上された反動として，このような繰延税金資産の振戻しの結果，フロー面で報告利益が課税所得を上回るという現象が生じたと考えられる[3]．

3．乖離度に対する制度環境の影響

　前節では，詳細で具体的な新会計基準の設定と課税ベースの拡大を指向した税制改正の結果，財務会計における報告利益計算と課税所得計算の関係が，全体として拡大傾向にあることを示した．次に問題になるのが，このような乖離傾向が会計実務のすべての領域で生じているのか，それとも特定の領域でだけ見られ，他の領域では依然として一致傾向が残っているのか，である．

　個別の会計領域に対する会計基準と税務法令の関係は，次のように類型化できる[4]．

① 会計基準と税務法令がともに詳細かつ具体的で，両者の内容が異なっている．
② 会計基準と税務法令がともに詳細かつ具体的で，両者の内容が一致している．
③ 会計基準が詳細で具体的であるのに対して，税務法令は抽象的であるかまたは存在しない．
④ 税務法令が詳細で具体的であるのに対して，会計基準は抽象的であるかまたは存在しない．
⑤ 会計基準も税務法令もともに抽象的であるかまたは存在しない．
⑥ 税務法令が会計基準の頭越しに会計処理を要求している．

　類型①および②の下では，財務会計と課税所得計算はともにそれぞれが準拠すべき規定に従う結果，類型①の下では両者は乖離し，反対に類型②の下では両者は一致することになる．

類型③の明確な税務法令がない領域では，課税所得計算も会計基準に従うと予想される．法人税法22条は，課税所得の計算要素となる益金および損金を，それぞれ別段の定めがあるものを除いて収益および原価・費用・損失と規定し，これらの収益および原価・費用・損失は一般に公正妥当と認められる会計処理の基準に従って計算されることを要求している．この規定は，類型③のような明確な税務法令がない領域での課税所得計算の会計基準への準拠を要求していると解釈できる．

類型④は，いわゆる新会計基準の設定以前のわが国での会計制度環境に当てはまるといえよう．新会計基準設定以前に会計基準といえば，企業会計原則のほかにはリース取引に係る会計基準や外貨建取引等会計処理基準などわずかしかなく，むしろ法人税法，法人税法施行令，法人税法施行規則および法人税基本通達などの税務法令のほうが，個別の会計事項について詳細で具体的な規定を設けていることが多かった．すなわち，多くの会計領域で類型④が成立していたのである．

類型④の下では，課税所得計算の基礎となる財務会計においても，税務法令が実質的に会計実務指針として機能することが多い．たとえば，退職給付会計基準が設定される前に法人税法上で退職給与引当金が認められていた時期には，「企業が退職給与引当金を独自に計算するだけの実益が認められない場合は，平均的に定められている現行法人税法の基準によることが便宜と考えられる」（企業会計審議会「企業会計上の個別問題に関する意見第二　退職給与引当金の設定について」四-3-注2）として，企業会計審議会も税法規定に従った退職給与引当金の設定を容認していた．また，日本公認会計士協会監査第一委員会報告第3号「減価償却に関する会計処理及び監査上の取扱い」は，「法人税法に規定する普通償却限度額（…省略…）を正規の減価償却費として処理する場合においては，企業の状況に照らし，耐用年数又は残存価額に不合理と認められる事情のない限り，当面，監査上妥当なものとして取り扱うことができる」（Ⅲ-1）として，税法規定に従った減価償却を財務会計上も容認している．さらに日本公認会計士協会は，金融商品会計基準の設定以前の貸倒引当金の計上について，「税法基準によって計上した貸倒引当金が企業の実態に応じて計上すべき貸倒見積高が企業の実態に応じて計上すべき貸倒見積高に対して

明らかに不足していると認められる場合を除いては，除外事項としないことができる」（監査委員会報告第5号「貸倒引当金に関する会計処理及び表示と監査上の取扱い」3-(3)但書き）とし，また法人税法上，従業員賞与引当金が認められていた時期には，税務法令の規定に従って計上された賞与引当金は，その計上額が著しく不合理である場合を除いて，監査上妥当なものとして取り扱っていた（監査第一委員会報告第34号2-(2)）。

　類型⑤は，会計基準と税務法令の両方に詳細で具体的な規定が設けられていない領域であり，企業結合・事業分離会計基準および組織再編税制が整備される以前の合併や会社分割が該当する．この場合には，法人税法74条1項に従って，確定した決算における会計処理に課税所得計算も一致することになる．ただし，類型③とは異なり，経営者に会計処理上の幅広い裁量が認められているため，この類型では，税務上の配慮が財務会計に介入しやすい．

　類型⑥は，税務上の特定の処理の要件として，会計基準を無視した財務会計での処理を，税務法令が要求する場合である．たとえば，税務上の特別償却あるいは圧縮記帳を実施するための要件として税務法令が損金経理または剰余金処分方式を要求する場合が該当する．

　わが国では，会計基準の国際的共通化を指向した新会計基準の設定と課税ベースの拡大を意図した税制改正によって，制度的には類型④から類型①への移行が生じてきている．その一方で，効率性，機会主義および情報提供といった観点から，実務的には報告利益計算と課税所得計算を一致させる要因が存在している[5]．そこで，次節において，個別の領域を類型化し，それぞれにおける実務上の報告利益計算と課税所得計算の関係を観察することにする．

4．個別領域における制度要因と乖離度の関係

　前節で指摘した類型ごとの財務会計と課税所得計算の関係を調べるために，本節では個別の領域ごとに，会計基準または税務法令の変更が会社の採用する会計方針にどのような影響を及ぼしたかを観察する．なお，会計方針の変更に関するデータは，日本政策投資銀行『企業財務データバンク』「上場一部二部会社個別決算データ」の「変更内容」に記載された会計方針の変更会社から収

集した.

(1) 減価償却

減価償却に関する会計基準としては,企業会計原則に抽象的な規定が定められているだけであるのに対して,税務法令では減価償却方法,耐用年数および残存価額について具体的な規定が置かれている.すなわち,減価償却は類型④に該当する.

1998(平成10)年度税制改正後は,1998(平成10)年4月1日以後取得した建物の税務上の償却方法は定額法に限定されるとともに(法人税法施行令48条1項1号),これに関連して建物の法定耐用年数の短縮が図られた.図表8-6と図表8-7は,減価償却方法をそれぞれ定額法と定率法へ変更した会社数を時系列的に比較したものである.法人税法上,建物の減価償却方法が定額法に限定された年度では,定額法への変更会社数が突出して増加しているのに対して,定率法への変更会社数には変化が見られない.有形固定資産の減価償却方法に関する日本公認会計士協会の調査でも,税制改正前には税法基準に基づく定率法を採用している会社が圧倒的に多かったのに対して(日本公認会計士協

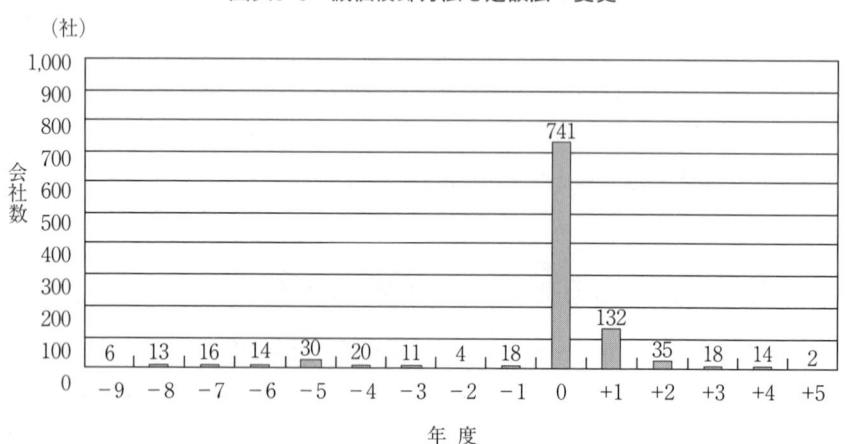

図表8-6 減価償却方法を定額法へ変更

年度	-9	-8	-7	-6	-5	-4	-3	-2	-1	0	+1	+2	+3	+4	+5
会社数	6	13	16	14	30	20	11	4	18	741	132	35	18	14	2

(注)税法上,建物減価償却における定額法の強制があった1998年4月以降1年間に終了する年度を年度0とする.

第 8 章　法人税法の改正と会計制度　149

図表8-7　減価償却方法を定率法へ変更

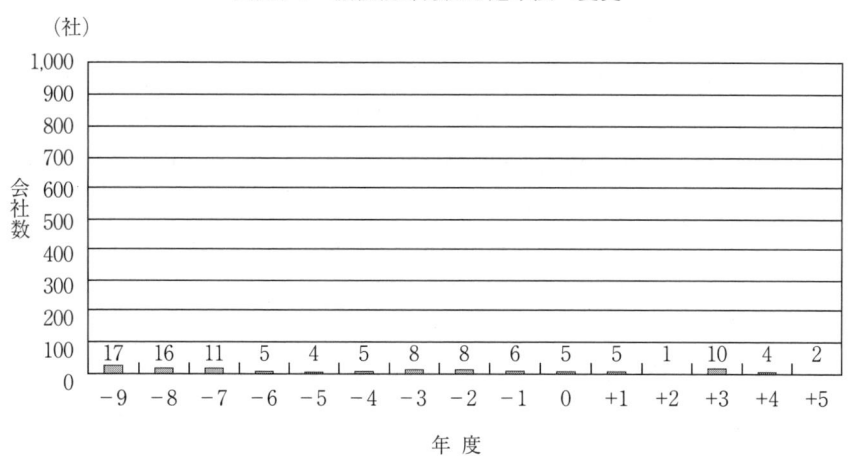

(社)
会社数

年度	-9	-8	-7	-6	-5	-4	-3	-2	-1	0	+1	+2	+3	+4	+5
会社数	17	16	11	5	4	5	8	8	6	5	5	1	10	4	2

(注) 税法上，建物減価償却における定額法の強制があった1998年4月以降1年間に終了する年度を年度0とする．

図表8-8　耐用年数の変更

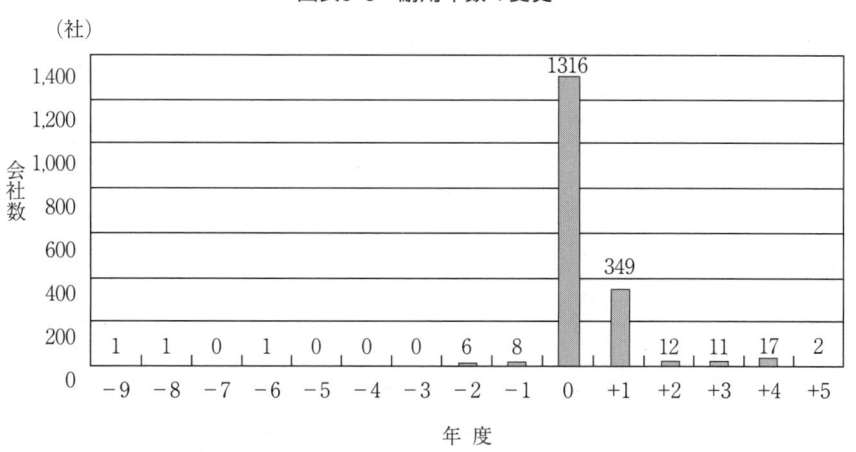

(社)
会社数

年度	-9	-8	-7	-6	-5	-4	-3	-2	-1	0	+1	+2	+3	+4	+5
会社数	1	1	0	1	0	0	0	6	8	1316	349	12	11	17	2

(注) 税法上の建物耐用年数が短縮された1998年4月以降1年間に終了する年度を年度0とする．

会, 1998, p.149), 税制改正後は定率法と定額法を併用する会社が多いことが示されている (日本公認会計士協会, 2002, pp.215-216). これらの結果は, 財務会計上も, 建物減価償却方法の限定という税制改正に引きずられて減価償却方法を変更した会社が多く見られることを示唆する.

図表8-8は, 建物の税法上の法定耐用年数が短縮された年度とその翌年度に, 財務会計でも耐用年数を短縮している会社が他の年度に比べて突出して多いことを示している. 税制改正前の耐用年数に関する日本公認会計士協会の調査では, 会社独自の基準よりも法人税法に基づくものを採用している会社が圧倒的に多かったことと考え合わせると (日本公認会計士協会, 1998, p.149), 耐用年数の選択についても税務法令が会計実務指針として機能していることが伺える.

このような減価償却に見られる会計実務の傾向は, 類型④の下では, 税務法令が会計基準化し, 報告利益計算と課税所得計算が一致しやすい, という仮説を支持する証拠の1つになるといえる.

(2) 固定資産の計上

少額の固定資産を取得した際には, それを資産計上するか費用処理するかの判定が必要になる. これについて企業会計原則は抽象的な重要性の原則を置いているだけなのに対して, 税法は具体的な金額基準を定めている. つまり, 固定資産の計上も類型④に該当する.

1998 (平成10) 年度税制改正によって, 費用処理される少額減価償却資産の取得価額が20万円未満から10万円未満に引き下げられるとともに, 20万円未満の減価償却資産は一括して3年間で償却できる方法を選択できることになった (法人税法施行令133条および133条の2). 図表8-9と図表8-10は, 固定資産の計上方法の変更会社数を示している. ここでも, 少額減価償却資産基準額の引下げが行われた年度に, 費用処理から固定資産計上へ変更した会社数が突出している. 少額減価償却資産基準額の引下げという税制改正を受けて, 財務会計上も税制改正に引きずられて変更した会社が多く見られるのである. この結果も, 類型④の下では, 税務法令が会計基準化し, 報告利益計算と課税所得計算が一致する傾向にある, という仮説を支持する.

第8章　法人税法の改正と会計制度　151

図表8-9　固定資産の資産計上基準：費用処理から固定資産計上へ

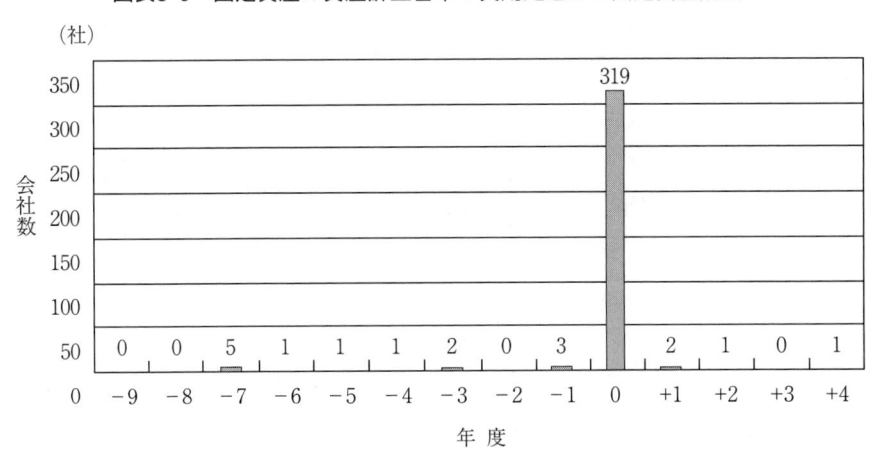

年度	-9	-8	-7	-6	-5	-4	-3	-2	-1	0	+1	+2	+3	+4
会社数	0	0	5	1	1	1	2	0	3	319	2	1	0	1

(注) 税法上の少額減価償却資産基準額が引下げられた1999年3月以降1年間に終了する年度を年度0とする．

図表8-10　固定資産の資産計上基準：固定資産計上から費用処理へ

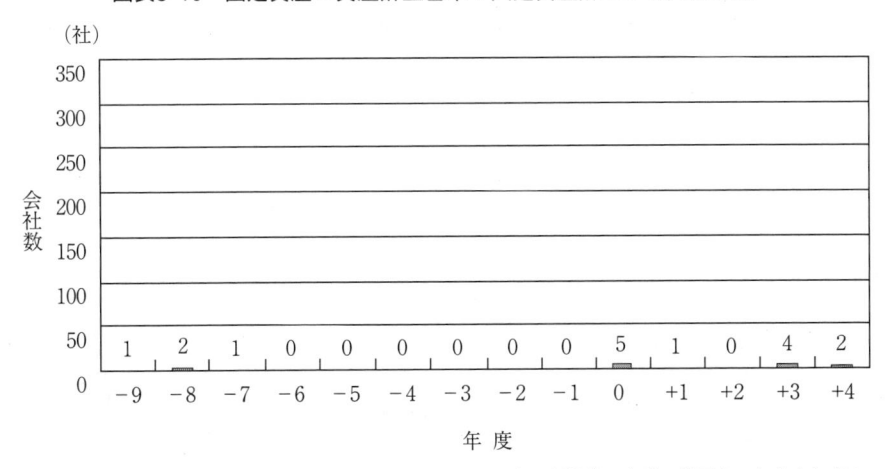

年度	-9	-8	-7	-6	-5	-4	-3	-2	-1	0	+1	+2	+3	+4
会社数	1	2	1	0	0	0	0	0	0	5	1	0	4	2

(注) 税法上の少額減価償却資産基準額が引下げられた1999年3月以降1年間に終了する年度を年度0とする．

(3) 貸倒引当金

　財務会計上の貸倒引当金の具体的な算定方法は，金融商品会計基準によって明確になった．他方，税務上は，1998（平成10）年度税制改正前は，期末債権の帳簿価額に法定繰入率または実績率を乗じて損金算入限度額を算定することとしていたのに対して，改正後は，法定繰入率が廃止されるとともに[6]，貸倒引当金と債権償却特別勘定が統合され，繰入限度額は期末金銭債権を個別に評価する債権とその他一括して評価する債権とに区分して計算することとされた．一括評価債権に対しては過去3年間の実績率が用いられる．したがって，貸倒引当金の計上については，金融商品会計基準設定および税制改正以前は類型④に該当し，以後は類型①に該当することになった．

　図表8-11，図表8-12および図表8-13では，税法上の貸倒引当金の法定繰入率が廃止された年度において，財務会計独自の計上方法を設定した会社が多いことを示している．この結果は，会計基準と税務法令がともに詳細で具体的になったとき，すなわち類型①の下では，報告利益計算と課税所得計算が乖離する傾向があることの証拠といえる[7]．

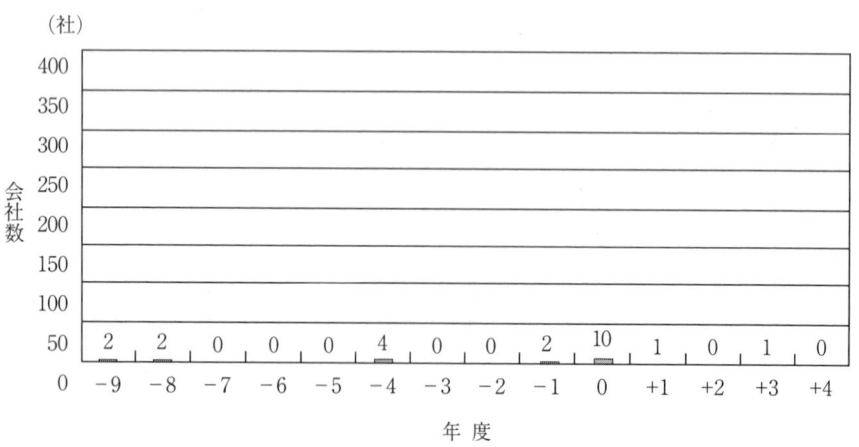

図表8-11　貸倒引当金：個別見積法採用

年度	-9	-8	-7	-6	-5	-4	-3	-2	-1	0	+1	+2	+3	+4
会社数	2	2	0	0	0	4	0	0	2	10	1	0	1	0

（注）税法上の貸倒引当金法定繰入率が廃止された1999年3月以降1年間に終了する年度を年度0とする．

第8章　法人税法の改正と会計制度　153

図表8-12　貸倒引当金：総括見積法採用

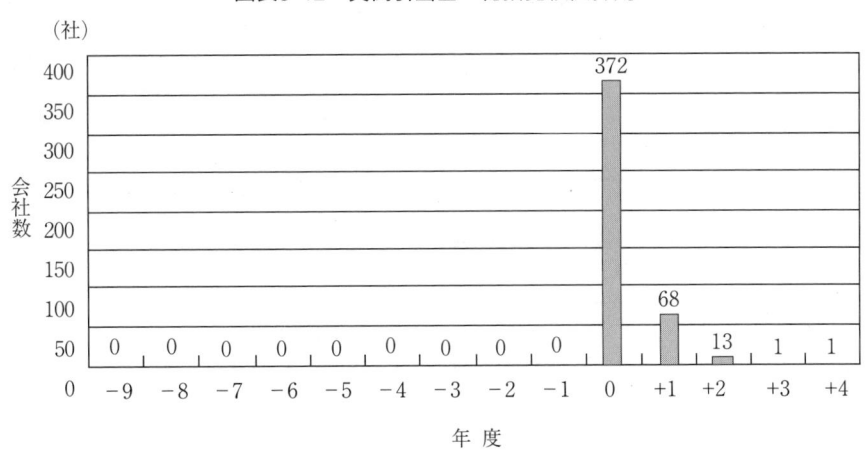

年度	-9	-8	-7	-6	-5	-4	-3	-2	-1	0	+1	+2	+3	+4
会社数	0	0	0	0	0	0	0	0	0	372	68	13	1	1

(注) 税法上の貸倒引当金法定繰入率が廃止された1999年3月以降1年間に終了する年度を年度0とする．

図表8-13　貸倒引当金：折衷法採用

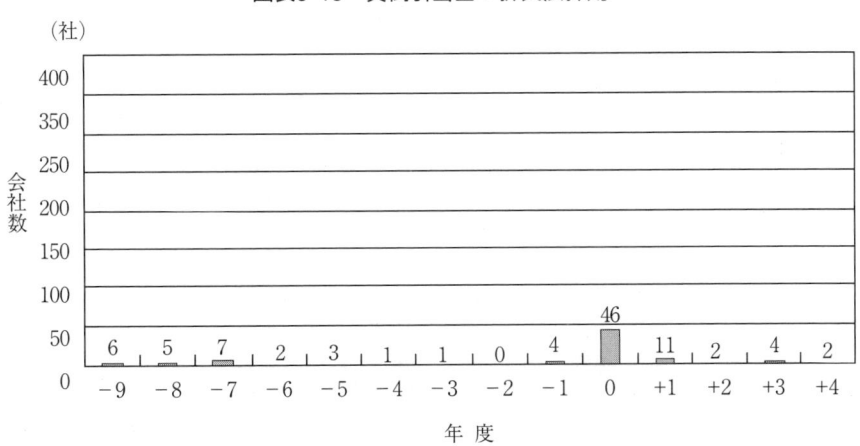

年度	-9	-8	-7	-6	-5	-4	-3	-2	-1	0	+1	+2	+3	+4
会社数	6	5	7	2	3	1	1	0	4	46	11	2	4	2

(注) 税法上貸倒引当金法定繰入率が廃止された1999年3月以降1年間に終了する年度を年度0とする．

154　第2部　会計制度に関する実証研究

図表8-14　従業員賞与：未払費用計上

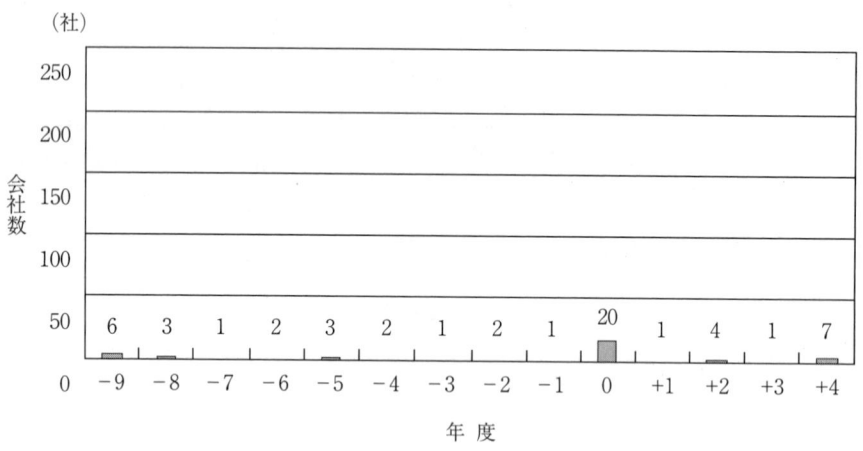

年度	-9	-8	-7	-6	-5	-4	-3	-2	-1	0	+1	+2	+3	+4
会社数	6	3	1	2	3	2	1	2	1	20	1	4	1	7

(注) 税法上の賞与引当金が廃止された1999年3月以降1年間に終了する年度を年度0とする．

図表8-15　従業員賞与：支給見込額採用

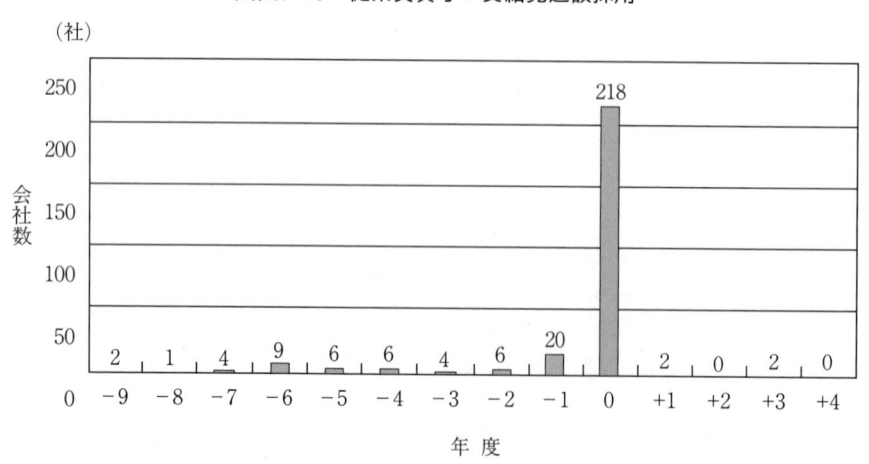

年度	-9	-8	-7	-6	-5	-4	-3	-2	-1	0	+1	+2	+3	+4
会社数	2	1	4	9	6	6	4	6	20	218	2	0	2	0

(注) 税法上の賞与引当金が廃止された1999年3月以降1年間に終了する年度を年度0とする．

(4) 従業員賞与引当金

　企業会計原則は賞与引当金の設定方法について具体的には言及していないのに対して，税法は1998（平成10）年度改正以前は詳細な計算方法を規定していた．賞与引当金の設定基準に関する日本公認会計士協会の調査によると，税制改正前には税法上の支給対象期間基準を採用している会社が多く，残りのほとんどは支給見込額基準を採用している会社であった（日本公認会計士協会，1998, p.216）．すなわち，税法改正前は類型④に該当していた．ところが，1998（平成10）年度税制改正によって税法上の賞与引当金が廃止されたことに伴って，類型①に該当することとなった．

　図表8-14と図表8-15は，税法上の賞与引当金が廃止されたときに，従来の税法規定とは異なる財務会計独自の会計方針を採用する会社の多いことを示している．この状況を受けて，日本公認会計士協会は2001年のリサーチ・センター審理情報 No.15「未払従業員賞与の財務諸表における表示科目について」によって，実務上は次のように処理することとしている．

① 賞与支給額が支給対象期間に対応して算定されており，かつ財務諸表作成時に確定している場合には，当期に帰属する額を「未払費用」として計上する．

② 賞与支給額が支給対象期間以外の基準に基づいて算定されており，かつ財務諸表作成時に確定している場合には，当期に帰属する額を「未払金」として計上する．

③ 賞与支給額が財務諸表作成時に確定していない場合には，支給見込額のうち当期に帰属する額を「賞与引当金」として計上する．

　このように，類型①の下では，財務会計独自の会計方針が採用され，しかも日本公認会計士協会もこれを追認する実務指針を公表する，という事実が観察された．

(5) 退職給付

　退職給付会計基準設定前は，企業会計原則注解18で退職給与引当金が例示されていたほか，企業会計審議会による個別問題意見が公表されているにすぎなかった．しかし，退職給付会計基準の設定によって，より詳細で具体的な会計

156　第2部　会計制度に関する実証研究

図表8-16　退職給与引当金：設定基準変更

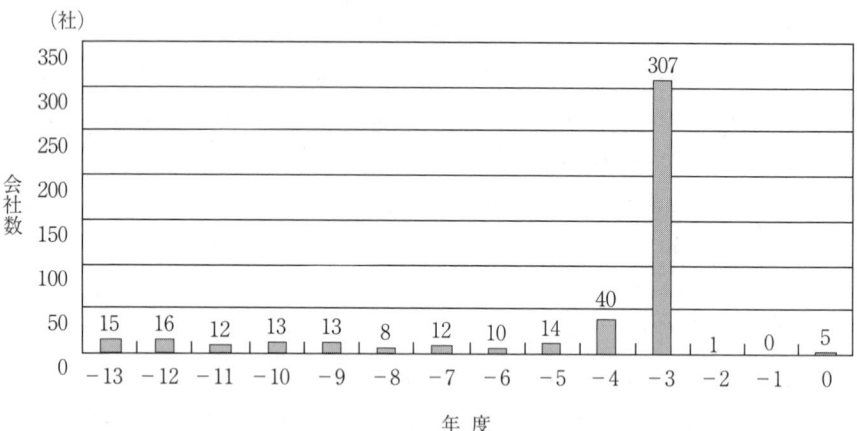

年度	-13	-12	-11	-10	-9	-8	-7	-6	-5	-4	-3	-2	-1	0
会社数	15	16	12	13	13	8	12	10	14	40	307	1	0	5

(注) 税法上，退職給与引当金が廃止された2003年3月以降1年間に終了する年度を年度0，退職給付会計基準が強制適用されるようになった2001年3月以降1年間に終了する年度を年度－2，税法上，退職給与引当金が縮小された1999年3月以降1年間に終了する年度を年度－4とする。

図表8-17　退職給与引当金：計上方法変更

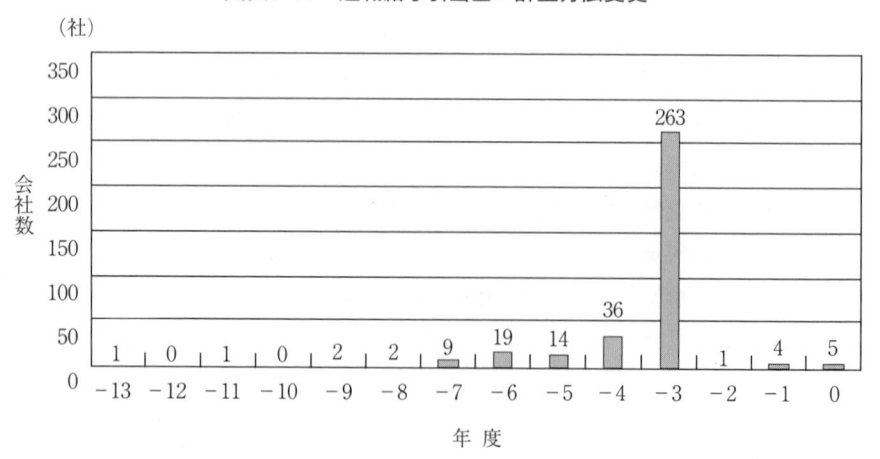

年度	-13	-12	-11	-10	-9	-8	-7	-6	-5	-4	-3	-2	-1	0
会社数	1	0	1	0	2	2	9	19	14	36	263	1	4	5

(注) 税法上，退職給与引当金が廃止された2003年3月以降1年間に終了する年度を年度0，退職給付会計基準が強制適用されるようになった2001年3月以降1年間に終了する年度を年度－2，税法上，退職給与引当金が縮小された1999年3月以降1年間に終了する年度を年度－4とする。

図表8-18　退職給付会計適用

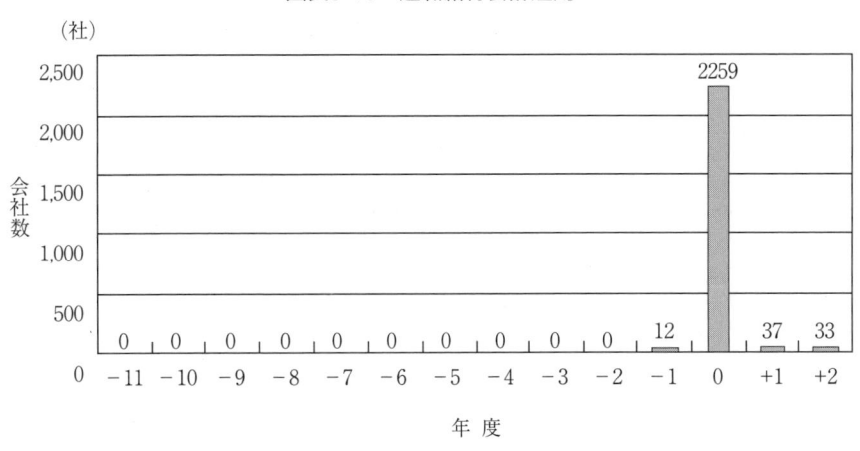

年度	-11	-10	-9	-8	-7	-6	-5	-4	-3	-2	-1	0	+1	+2
会社数	0	0	0	0	0	0	0	0	0	0	12	2259	37	33

(注)退職給付会計基準が強制適用されるようになった2001年3月以降1年間に終了する年度を年度0とする．

基準が公表されることになった．他方，税法では退職給与引当金の設定方法に関する詳細で具体的な規定が設けられていた．したがって，退職給付会計基準設定以前は類型④に該当していた．しかし1998（平成10）年度税制改正によって，累積限度額が期末退職給与の要支給額の40％相当額から20％相当額に引き下げられ，さらに2002（平成14）年度税制改正に至って，退職給与引当金制度が廃止された．この結果，税法上の退職給与引当金が廃止されてからは，類型①に該当することになった．

退職給与引当金に関する日本公認会計士協会の調査によると，退職給付会計基準設定および税制改正の前には，税法限度額を採用する会社が圧倒的に多かった（日本公認会計士協会，1998，p.229）．このことから類型④の時期には，財務会計上の退職給与引当金計上の実務が税法規定に準拠する傾向があったことがわかる．

ところが，類型①に移行すると状況は一変する．図表8-16，図表8-17および図表8-18は，詳細で具体的な会計基準が設定されるとともに税務法令がなくなったときには，財務会計上独自の会計方針を採用することになって，報告利益計算と課税所得計算が乖離する傾向にあることを示唆している[8]．

158　第2部　会計制度に関する実証研究

図表8-19　長期大規模工事：工事進行基準の採用

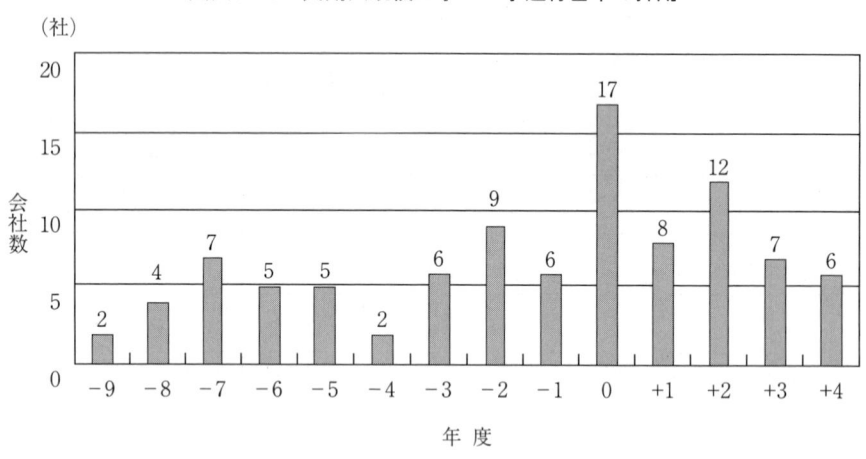

(社)

年度	-9	-8	-7	-6	-5	-4	-3	-2	-1	0	+1	+2	+3	+4
会社数	2	4	7	5	5	2	6	9	6	17	8	12	7	6

(注) 税法上，長期大規模工事に対する工事進行基準が強制適用された1999年3月以降1年間に終了する年度を年度0とする．

図表8-20　長期大規模工事：工事完成基準の採用

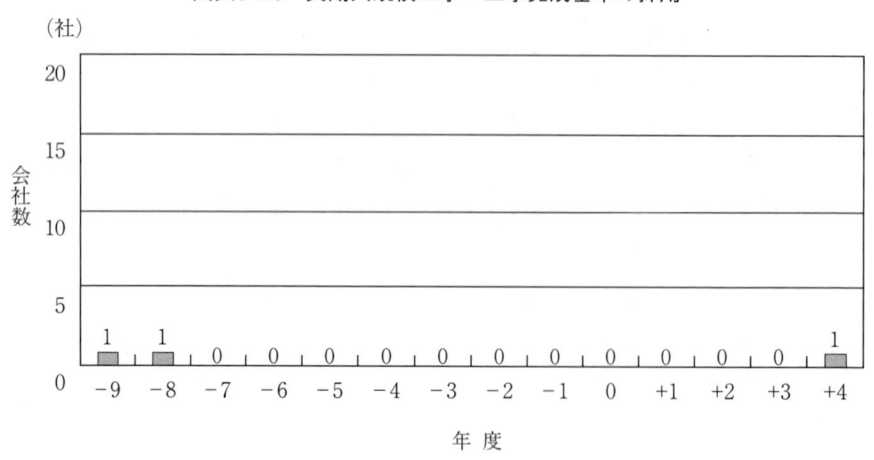

年度	-9	-8	-7	-6	-5	-4	-3	-2	-1	0	+1	+2	+3	+4
会社数	1	1	0	0	0	0	0	0	0	0	0	0	0	1

(注) 税法上，長期大規模工事に対する工事進行基準が強制適用された1999年3月以降1年間に終了する年度を年度0とする．

(6) 長期請負工事

　企業会計原則は長期請負工事に対して，工事完成基準と工事進行基準の選択適用を認めている（第二-三-Bおよび注7）．しかし，その内容は抽象的である．他方，1998（平成10）年度税制改正後は，長期大規模工事については工事進行基準が強制される（法人税法64条１項）．長期大規模工事以外の長期工事（損失の見込まれるものを除く）には，従来通り工事完成基準と工事進行基準の選択適用が認められる．つまり，長期大規模工事については建物減価償却の場合に類似して類型④に該当する．図表8-19と図表8-20は，税制改正後，長期進行基準の強制された長期大規模工事については，工事完成基準から工事進行基準への変更が行われたことを示唆している．したがって，この結果も類型④の下では財務会計が税務法令の影響を受け，報告利益計算と課税所得計算が一致しやすいという仮説を支持している．

5．総括と展望

　本章では，会計基準の国際的共通化を指向した新会計基準の設定と，わが国の財政事情に配慮した課税ベースの拡大を指向した税制改正という，方向性の異なる２つの制度改革の結果，財務会計における報告利益計算と課税所得計算の乖離の程度に変化が生じたかどうかを調査した．調査の結果，制度改革前に比べて改革後では報告利益計算と課税所得計算の乖離が拡大していることが観察された．この結果は，指向の異なる制度改革が目的の異なる２種類の利益（所得）計算の分離を促進していることを示す．

　とはいえ報告利益計算と課税所得計算は，完全に分離しているわけでもない．個別領域ごとに見ていくと，会計基準と税務法令がともに詳細かつ具体的で，しかも両者の内容が異なっている領域では，確かに報告利益計算と課税所得計算の分離が観察されるけれども，会計基準か税務法令のいずれか一方が詳細で具体的であるのに対して他方が抽象的であるかまたは存在しない場合には，報告利益計算と課税所得計算は一致する傾向にあり，とくに税務法令が詳細で具体的であるのに対して会計基準は抽象的であるかまたは存在しない場合には，税務法令が財務会計に介入する傾向が残っている．この現象は，目的が

異なる2つの会計は分離すべきであり，とくに財務会計の目的の実現のためには税務法令の会計処理への介入を排除すべきであるという立場からは，問題として残ろう．

報告利益と課税所得が一致すべきかそれとも分離すべきかは，財務会計においては，価値関連性や利益の持続性との関係で検討する必要がある．報告利益と課税所得計算の乖離が拡大している状況下で報告利益と課税所得の両方を開示することは，異なる2種類の利益（所得）情報の報告を意味するので，価値関連性を高める可能性がある．また，報告利益と課税所得の乖離が報告利益の持続性に及ぼす影響も明らかにする必要があろう．これらの問題については，すでに米国で研究が進められている．たとえば，Lev and Nissim (2004) は，報告利益に対して課税所得が大きいほど，将来の報告利益変化の予測に役立つとともに，1株当たり利益株価比率（earnings-price ratio：株価収益率の逆数）と強く関連することを発見している．Hanlon (2005) は，報告利益と課税所得の乖離が大きいほど，報告利益の持続性が低く，投資者の期待もそれに伴って低下することを報告している．Hanlon et al.(2005) は，報告利益と課税所得の両方が増分情報内容をもつことから，両者の乖離が投資意思決定にとって追加的に有用な情報を提供するとしている．Hanlon et al.(2006) も同様に，情報内容が報告利益と課税所得の乖離と比例することを示している．

しかし，課税繰延型の差異すなわち報告利益が課税所得を上回るような乖離が多数を占める米国での実証結果が，課税所得が報告利益を上回る乖離が多数を占める日本でそのまま当てはまるとは限らない．報告利益と課税所得の乖離の拡大が価値関連性や利益の持続性に及ぼす影響を明らかにすることは，わが国でも残された重要な課題である． 　　　　　　　　　　（鈴木　一水）

注

1　1998年3月末決算期までは分子に「法人税等」を用い，それ以降は「法人税，住民税及び事業税」を用いる．

2　ここでの対標本は，1996～1998年度と2002～2004年度の両3年度間のそれぞれに含まれる少なくとも1年度に乖離度の測定された会社から構成される．

3　図表8-2パネルCは各年度におけるフロー・ベースで報告利益が課税所得を上回る会社の割合が増加していることを示すのみで，ストック・ベースで繰延税金負債が繰延税金

資産を上回る会社が増加していることまで示唆するものではない.したがって,税制改正によって課税繰延型の一時差異(将来加算一時差異)が増加傾向にあると結論付けるのは早計であろう.
4 Lamb et al.(1998)も同様の類型化を図っているけれども,彼女らの類型化では類型⑤が無視されている.
5 詳細については第5章第4節を参照のこと.
6 資本金額1億円以下の中小会社には,なお特例として法定繰入率による貸倒見積額の計算が認められている(租税特別措置法57条の10).
7 ただし,実務上は,「金融商品会計基準及び実務指針と税務とでは,一般引当の対象となる債権の範囲及び貸倒実績率の算定方法が異なるため,金融商品会計基準適用後は,税法基準による引当は認められません.ただし,当面,金融商品会計基準による貸倒実績率の算定が困難である場合には,その間は税務上の貸倒実績率によることもやむを得ないものと考えられます.」(日本公認会計士協会会計制度委員会「金融商品会計に関するQ&A」110項)として,税法規定に従う余地もなお残されている.
8 図表8-16と図表8-17は,退職給付会計基準強制適用初年度(年度-2)の前年度(年度-3)に,退職給与引当金の設定基準や計上方法を変更した会社が多いことを示している.この事実は,第16章で指摘されている事前対応企業の存在と整合的である.

参考文献

Hanlon, M.(2005) "The Persistence and Pricing of Earnings, Accruals, and Cash Flows when Firms Have Large Book-tax Differences," *The Accounting Review* 80, pp.137-166.

Hanlon, M., S. K. Laplante and T. Shevlin (2005) "Evidence for Possible Information Loss of Conforming Book Income and Taxable Income," *Journal of Law and Economics* 48, pp. 407-442.

Hanlon, M., E. Maydew and T. Shevlin (2006) "Book-tax Conformity and the Information Contents of Earnings," Working paper, The University of Michigan, Ann Arbor, MI.

Lamb, M., C. Nobes, and A. Roberts (1998) "International Variation in the Connections between Tax and Financial Reporting," *Accounting and Business Research* 28, pp.173-188.

Lev, B. and D. Nissim (2004) "Taxable Income, Future Earnings, and Equity Values," *The Accounting Review* 79, pp.1039-1074.

日本公認会計士協会(1998)『決算開示トレンド―有価証券報告書500社の実態分析』中央経済社.

日本公認会計士協会(2002)『決算開示トレンド〈平成14年版〉―有価証券報告書300社の実態分析』中央経済社.

第 3 部

損益計算書に関する実証研究

9 損益計算書区分表示の意義

1．本章の目的と構成

　現在，会計基準の国際的収斂をめぐる議論において，業績報告が重要な検討課題になっている．そこでは，業績の報告様式をめぐり，区分を設けない無区分損益計算がよいか，活動別あるいは損益の源泉別の区分損益計算がよいかも，争点の1つになっている．この研究が検討対象とするのは，この区分損益計算の問題である．

　伝統的に利用されてきた区分計算には，重大な欠点があるとの指摘が，従来から繰り返されている．損益を区分する基準が曖昧であるため，企業がその分類を操作しかねないという問題である．いわゆる pro-forma 報告をめぐり，この点がクローズ・アップされたのは，周知の通りである（Bhattacharya et al., 2004）．無区分計算の支持者は，区分の廃止により，その種の操作が消滅すると主張している．しかし，各区分の損益（以下，区分損益と呼ぶ）や段階別利益に着目することによって容易に発見できた期間配分操作が，無区分の報告書から発見できなくなれば，業績の情報価値は低下する可能性もある．

　この研究は，利益の期間配分操作に着目して，区分損益情報の value relevance を確かめることを目的とする．先行研究では，利益の期間配分のパターンのみに注目しているが，この研究では，特定の期間配分パターンを創り出す区分損益の関係や動向に着目しているのが，重要な特徴点である．分析結果によると，区分損益に着目することによって識別した，利益平準化，損失回避，ビッ

グ・バスなどのサンプル企業の利益は，それ以外の企業の利益と value relevance が異なっている．この実証結果は，区分損益情報には，名目的な期間配分操作を発見できる可能性があり，それを利用すると会計情報の価値がいっそう向上する可能性があることを示唆している．

以下，第2節では，この研究の着眼点を明確にして，仮説と分析手法を解説する．第3節では利益平準化，第4節では損失回避，第5節ではビッグ・バスを取り上げる．最後の第6節はまとめである．

2. 仮説と分析手法

企業（の経営者）は，年々の利益の流列にかんして一定の選好をもっている．他方，投資家は，利益の流列から企業の将来キャッシュフローを予測し，企業価値を推定する[1]．企業が会計上の配分操作によって創り出した利益の期間配分パターンにたいして，合理的な投資家は，その配分プロセスを勘案して企業価値を推定するはずである．したがって，その配分操作が区分損益の関係や動向に現れているならば，それに応じて，利益の value relevance も違っていると予想される．

Barth et al.(1999) は，利益の momentum と value relevance との関係を分析した先駆的研究であるが，利益流列の結果のみに目を向けており，その創出方法や創出手段には目を向けていない．他方，経営者の裁量による accruals の操作とその value relevance の検証は，期間配分パターンの操作に着目したものであるが，経営者と投資家の意思決定モデルにかんして合理的な仮定が設定されていない研究が圧倒的に多い．

それに対して，Marquardt and Wiedman (2004a) は，経営者と投資家の双方を視野に入れた優れた研究である．彼らは，earnings management の種類に応じて，利益の relevance が低下することもあると指摘しているが，投資家が合理的である限り，それはきわめて当然の結果である．ただし，利益の relevance は，投資家が期待する将来キャッシュフローと利益との関係によって決まるから，経営者の利益操作によって利益の relevance が必ず低下するとはいえない．この研究では，経営者のインセンティブには立ち入らず，また，投資家の

意思決定（予想）モデルにも立ち入らない．もっぱら，区分損益の関係や動向から，企業（の経営者）が利益の期間配分を操作していると疑われるとき，利益の value relevance にそれがどのように現れるのかを検証する．

この研究では，まず，①営業利益，経常利益，純利益といった段階別利益の水準額，②それらの対前年度変化額の符号，および③その変化額の規模に着目して，利益の名目的な期間配分操作をしていると推定されるサンプル企業を識別，抽出する．つぎに，その企業の利益の value relevance が他の企業とどのように異なっているのかを確かめる．前述の①～③の情報は，区分損益情報から得られるから，そこで value relevance の相違が観察されれば，損益の区分計算と開示にも一定の合理性が存在していることになる．それは同時に，無区分損益計算の主張にたいして，有力な反証となるであろう．

この研究は，earnings management に加えて，accruals quality の研究にも関連している．Sloan(1986)以来，キャッシュフローよりも持続的ではない accruals のほうが企業評価に際して高く評価されるという accruals anomaly が着目され，最近ではとくに，special items の質や value relevance が注目を集めている．Marquardt and Wiedman (2004b) は，減益や損失の回避に special item が利用されることを発見し，状況によって利益操作の手段が異なる可能性を指摘している．この special items は transitory な要素であるが，Burgstahler et al.(2002) は，special items が将来の利益にたいしてもっている情報内容は，株価に適切に反映されていないと報告している．同様に，Dechow and Ge (2005) も，special items にかかわるミス・プライスが accruals anomaly の主要な源泉であると指摘している．もしも，special items が earnings management に利用され，その理由や帰結が投資家には不十分，不確実にしかわからないとしたら，その操作によって経営者と投資家とのあいだの情報の非対称性は拡大するとともに，利益に含まれるノイズは大きくなり，利益の value relevance は低下するであろう (Francis et al., 2005). Zhaoyang and Chen (2005) と同様に，この研究は，合理的な投資家は利益の構成要素が利益操作に利用された場合には，その構成要素にたいして他の場合と異なる評価をすると想定して，利益の value relevance を検証する．

この研究では，利益資本化 (earnings capitalization) モデルにグループ・ダ

第9章 損益計算書区分表示の意義　167

図表9-1　サンプルの分布

I期	1979年3月期	1980年	1981年	1982年	1983年	1984年	1985年	計
全産業	530	536	542	550	555	560	567	3,840
製造業	303	304	307	310	313	316	317	2,170
非製造業	227	232	235	240	242	244	250	1,670

II期	1986年3月期	1987年	1988年	1989年	1990年	1991年	1992年	計
全産業	573	576	604	645	764	876	941	4,579
製造業	322	321	330	348	418	469	491	2,699
非製造業	251	255	274	297	346	407	450	2,280

III期	1993年3月期	1994年	1995年	1996年	1997年	1998年	1999年	計
全産業	978	1,005	1,037	1,074	1,123	1,151	1,176	7,544
製造業	502	508	517	521	541	547	558	3,694
非製造業	476	497	520	553	582	604	618	3,850

	総計
全産業	16,363
製造業	8,563
非製造業	7,800

168　第3部　損益計算書に関する実証研究

図表9-2　記述統計量

Panel A：株価　P							
1979〜1985	Mean	St.Dev.	Min	1 Q	Median	3 Q	Max
全産業	521.489	822.099	62	218	313	526	14,500
製造業	517.837	667.199	92	231	478	547	9,990
非製造業	526.234	987.709	62	205	280	490	14,500
1986〜1992							
全産業	1,333.269	1,705.121	124	630	930	1,460	33,700
製造業	1,117.970	928.286	124	609	660	1,320	14,000
非製造業	1,588.575	2,282.787	132	669	1,010	1,650	33,700
1993〜1999							
全産業	2,238.765	29,632.825	45	405	639	1,100	1,150,000
製造業	1,962.446	32,753.943	45	390	591	987	1,150,000
非製造業	2,503.888	26,289.429	58	425	691	1,210	704,000
1979〜1999							
全産業	1,560.234	20,158.516	45	370	640	1,100	1,150,000
製造業	1,330.186	21,530.057	45	365	606	1,000	1,150,000
非製造業	1,812.785	18,533.029	58	375	686	1,220	704,000
Panel B：経常利益　OI							
1979〜1985	Mean	St.Dev.	Min	1 Q	Median	3 Q	Max
全産業	46.696	83.397	−640.000	13.059	29.911	55.781	1,155.556
製造業	44.163	70.926	−357.258	13.814	34.566	56.607	867.898
非製造業	49.987	97.142	−640.000	12.198	29.755	54.858	1,155.556
1986〜1992							
全産業	62.344	89.454	−604.492	20.985	41.633	74.269	1,651.003
製造業	48.485	57.220	−604.492	18.767	33.800	62.360	727.273
非製造業	78.768	114.486	−337.289	25.218	51.124	94.304	1,651.003
1993〜1999							
全産業	115.994	1,721.548	−19,566.434	11.874	32.573	73.943	70,699.000
製造業	106.478	2,081.643	−235.488	7.720	22.628	53.268	70,699.000
非製造業	125.124	1,284.344	−19,566.434	17.342	44.964	91.715	32,231.250
1979〜1999							
全産業	83.407	1,171.070	−19,566.434	14.623	34.897	69.663	70,699.000
製造業	72.408	1,368.396	−604.492	12.393	29.009	57.457	70,699.000
非製造業	95.482	906.093	−19,566.434	17.928	42.106	85.059	32,231.250

図表9-2　記述統計量（続き）

Panel C：純利益（当期純利益） NI							
1979～1985	Mean	St.Dev.	Min	1 Q	Median	3 Q	Max
全産業	21.446	42.070	−549.000	6.454	14.004	26.170	601.852
製造業	21.044	36.011	−370.290	7.197	16.567	27.338	382.328
非製造業	21.968	48.827	−549.000	5.912	12.586	24.372	601.852
1986～1992							
全産業	31.686	165.486	−965.592	9.691	19.481	36.145	11,215.455
製造業	23.934	36.434	−965.592	9.157	17.731	30.698	468.775
非製造業	40.871	241.045	−330.885	10.317	22.089	43.241	11,215.455
1993～1999							
全産業	45.070	958.332	−33,262.238	4.572	13.283	33.970	39,769.500
製造業	51.366	1,120.986	−549.230	3.116	10.492	25.268	39,769.500
非製造業	39.030	770.597	−33,262.238	5.898	17.606	41.483	14,444.500
1979～1999							
全産業	35.454	657.465	−33,262.238	6.422	15.553	32.468	39,769.500
製造業	35.035	736.913	−965.592	6.092	14.041	27.999	39,769.500
非製造業	35.913	557.354	−33,262.238	6.728	17.501	38.766	14,444.500

ミーを導入して，value relevance のグループ間の相違を検証する．仮説は次のようになる．

仮説

区分損益情報を利用して利益操作企業を抽出したとき，それらの企業の利益の value relevance は他の企業と異なっている．それを発見できるという意味で，区分損益情報は value relevant である．

区分損益情報が value relevant であるという仮説を検証するうえでは，グループ・ダミーと利益との積にかかる係数がゼロと有意に異なってさえいればよい．この研究の主題にとって，その係数の正負の符号は主たる関心事項ではない．この研究では，当該企業の主体的インセンティブには立ち入らない．以下では，意図的に利益操作をしているか否かを問わないまま，段階別利益が異常な，あるいは不自然な動き（関係）を示しているサンプルに注目する．

サンプルは，図表9−1に示したとおりである．製造業として括っているの

は，水産，鉱業，食品，繊維，紙・パルプ，化学，医薬品，ゴム，窯業，鉄鋼，非鉄金属，機械，電気機器，自動車，輸送用機器，精密機器，造船，その他製造の18業種である．データは，原則として『日経 NEEDS 企業財務データ』から入手した．この製造業のデータの一部を有価証券報告書から手作業で収集する必要があったため，サンプルは，1999年3月期において売上高が業界50位以内にランク・インしていたものに限定されている．したがって，このサンプルは，営業規模が大きいというバイアスを含んでいる．決算期はすべて3月である．他方，非製造業に括られているのは，不動産，建設，小売，サービス，商社・卸，海運，陸運，倉庫，鉄道，ガス，石油，電力の12業種である．『日経 NEEDS 企業財務データ』から財務データを入手できた3月決算の企業のすべてをサンプルとしている．なお，石油は，ガスおよび電力との代替・補完関係を考慮して，非製造業に分類した．株価のデータは，すべて東洋経済新報社の株価 CD-ROM からダウンロードした．

　記述統計量は，図表9-2にまとめた．分析期間は，1979年3月期から1999年3月期までの21年間である．この期間全体を統合するとともに，サブ期間に分けて統合した結果も記載する．これは，一般に，期間の経済環境によって利益の value relevance が異なるからである．Ⅰ期は1979年3月期から1995年3月期まで，Ⅱ期は1986年3月期から1992年3月期まで，Ⅲ期は1993年3月期から1999年3月期までであり，それぞれ7年間を1期間とするように均等に分割した．分析の結果は，製造業と非製造業，および両者を合わせた全産業のそれぞれをまとめている．その表からは，紙幅の都合により，定数項および産業ダミーの推定結果は除かれている．なお，表中の年を表わす数字は，年度ではなく，1999とあるのは1999年3月期を表わしている．

3．利益平準化

(1) 利益変化の符号による識別

　利益平準化は，企業が時系列の利益の変動を縮小する行為であり，古くから数多くの分析がなされているものの，学問的には謎の多い行動パターンである．利益平準化については，Buckmaster (2001) が優れた網羅的なサーベイを

行っている．現在では，利益が平準化されている企業の資本コストは小さくなり，企業価値は大きくなると考えるのが一般的である (Mikhail et al., 2004)．また，企業の利益平準化行動によって，経営者の業績見通しが市場に伝達され，それが会計情報の有用性を高めると解する説も有力である (Srinidhi et al., 2001；大日方，2004)．

しかし，earnings management によって平準化された利益は，earnings management によらずに平準化されている利益に比べて，value relevance は低いと解されている．Bao and Bao (2004) は，利益が平準化されていない場合よりも平準化されているほうが株価は高いが，利益が平準化されている場合，利益のうちの cash earnings の構成比が高いほど (accruals が少ないほど)，株価は高いと指摘している．それは，accruals はいずれ反転するため，cash earnings よりも persistence が低いという一般的な理解と整合的である[2]．本章で着目するのも，この点である．

さて，利益平準化というとき，そもそも平準化の目標水準がなにであるかは，外側からは直接観察できず，推定によるしかない．それ自体が1つの実証課題であるといっても過言ではないであろう．本章では，前年度の利益水準の維持が目標とされていると仮定して，対前年度変化額が縮小されているケースを利益平準化サンプルとみなすことにする．

具体的には，まず，①営業利益が対前年度で増加しているにもかかわらず，経常利益が対前年度で減少しているケース (利益圧縮型平準化)，②営業利益が対前年度で減少しているにもかかわらず，経常利益が対前年度で増加しているケース (利益捻出型平準化) に着目する．つぎに，純利益が平準化されている状況を想定して，③経常利益が対前年度で増加しているにもかかわらず，純利益が対前年度で減少しているケース (利益圧縮型平準化)，④経常利益が対前年度で減少しているにもかかわらず，純利益が対前年度で増加しているケース (利益捻出型平準化) に着目する．さらに，⑤営業利益と経常利益が対前年度で増加しているにもかかわらず，純利益が対前年度で減少しているケース (利益圧縮型平準化)，⑥営業利益と経常利益が対前年度で減少しているにもかかわらず，純利益が対前年度で増加しているケース (利益捻出型平準化)，に注目する．

分析のための回帰式はつぎのとおりである.

$$P_{it} = \alpha + \beta_1 OI_{it} + \beta_2 SM_{11} OI_{it} + \beta_3 SM_{12} OI_{it} + \beta_4 SM_{13} OI_{it} + \sum \gamma_j D_j + u_{it} \quad (1)$$

$$P_{it} = \alpha + \beta_1 NI_{it} + \beta_2 SM_{21} NI_{it} + \beta_3 SM_{22} NI_{it} + \beta_4 SM_{23} NI_{it} + \sum \gamma_j D_j + u_{it} \quad (2)$$

$$P_{it} = \alpha + \beta_1 NI_{it} + \beta_2 SM_{31} NI_{it} + \beta_3 SM_{32} NI_{it} + \beta_4 SM_{33} NI_{it} + \sum \gamma_j D_j + u_{it} \quad (3)$$

ここで P は決算日時点の株価, OI は経常利益, NI は純利益であり, D_j は産業ダミー, u は誤差項である. 株価と利益の変数は, 不均一分散の影響を緩和するため, 前期末株価でデフレートされる. SM は, 利益の期間配分パターンによってグルーピングしたときのグループ・ダミーであり, それぞれのグルーピング基準は以下の通りである. なお, OP は営業利益であり, Δ は対前年度変化額を表している.

(1)式　SM_{11} : $\Delta OP > 0$ かつ $\Delta OI < 0$　SM_{12} : $\Delta OP < 0$ かつ $\Delta OI > 0$
　　　SM_{13} : $\Delta OP < 0$ かつ $\Delta OI < 0$
(2)式　SM_{21} : $\Delta OI > 0$ かつ $\Delta NI < 0$　SM_{22} : $\Delta OI < 0$ かつ $\Delta NI > 0$
　　　SM_{23} : $\Delta OI < 0$ かつ $\Delta NI < 0$
(3)式　SM_{31} : $\Delta OP > 0$ かつ $\Delta OI > 0$ かつ $\Delta NI < 0$
　　　SM_{32} : $\Delta OP < 0$ かつ $\Delta OI < 0$ かつ $\Delta NI > 0$
　　　SM_{33} : $\Delta OP < 0$ かつ $\Delta OI < 0$ かつ $\Delta NI < 0$

ここで注目するのは, 増減の異なる符号が混在している SM_{k1} (利益圧縮型平準化) と SM_{k2} (利益捻出型平準化) のグループである. なお, SM_{k3} は, 一般に減益に含まれるノイズをコントロールする——係数 β_1 から下方バイアスを除く——ためのグループ・ダミーである.

(2) 利益変化額の規模による識別

この節では, 「平準化を目的として, 大きな変化を緩和する」という企業行動に焦点をあてる. 営業利益が対前年度比で大きく増減した場合, 他の条件が等しければ, その影響は, 経常利益と純利益にも及ぶであろう. 逆に, 営業利

益が大きく増減しているにもかかわらず，経常利益や純利益が大きく増減していない場合には，営業外損益や特別損益によってその影響が吸収（相殺）され，経常利益や純利益は平準化されていると予想される．ここでは，対前年度変化額の絶対値を前期末株価で基準化した値が，当該年度の業界のメディアンを超える場合に重大な影響が生じたと考える．年度ごとの業界のメディアンを尺度にするのは，年度と産業によって変化額の規模が様々であり，変化額の分布が正規分布ではなく歪んでいることを想定しているからである．前節のダミーの定義よりも，こちらのほうが利益平準化の定義に忠実であろう．

分析のための回帰式はつぎの通りである．

$$P_{it} = \alpha + \beta_1 OI_{it} + \beta_2 DN_1 OI_{it} + \beta_3 UP_1 OI_{it} + \sum \gamma_j D_j + u_{it} \tag{4}$$

$$P_{it} = \alpha + \beta_1 NI_{it} + \beta_2 DN_2 NI_{it} + \beta_3 UP_2 NI_{it} + \sum \gamma_j D_j + u_{it} \tag{5}$$

(4)式の DN_1 は，営業利益に大規模な増益が生じているにもかかわらず，経常利益には大規模な増減益が生じていないサンプル（利益圧縮型平準化）に付けられ，UP_1 は，逆に，営業利益に大規模な減益が生じているにもかかわらず，経常利益には大規模な増減益が生じていないサンプル（利益捻出型平準化）に付けられる．このように，(4)式は，経常利益が平準化の対象になっていると想定している．同様に，(5)式では，経常利益に大規模な増減益が生じているにもかかわらず，純利益には大規模な増減益が生じていないサンプルにダミー変数が付されており，純利益が平準化の対象になっていると想定している．

(3) 分析結果

分析結果は，図表9-3にまとめた．Panel A は，営業利益と経常利益の増減益の符号関係に着目したものである．利益圧縮型（$SM_{11}OI$）にかかる係数（正確にいうと，追加的係数．以下同様．）は，製造業，非製造業とも，期間を問わず，ほぼ5％水準で有意な負の値になっている．また，利益捻出型（$SM_{12}OI$）にかかる係数も，製造業のIII期，非製造業のII期を除いて，ほぼ5％水準で有意な負の値になっている．Panel B は，経常利益と純利益の増減益の符号

174 第3部 損益計算書に関する実証研究

図表9-3 利益平準化サンプルのvalue relevance(1)

Panel A	OI Coeff.	OI T-value	OI p-value	SM_{11} OI Coeff.	SM_{11} OI T-value	SM_{11} OI p-value	SM_{12} OI Coeff.	SM_{12} OI T-value	SM_{12} OI p-value	SM_{13} OI Coeff.	SM_{13} OI T-value	SM_{13} OI p-value	Adj.R^2
全産業													
1979〜1985	0.984	5.13	0.002	−0.942	−4.03	0.007	−0.730	−4.07	0.007	−1.018	−7.14	0.000	0.215
1986〜1992	2.543	3.58	0.012	−1.564	−2.92	0.027	−0.616	−2.07	0.084	−1.522	−4.41	0.005	0.225
1993〜1999	1.742	6.52	0.001	−0.746	−5.14	0.002	−0.976	−7.14	0.000	−1.330	−7.95	0.000	0.192
1979〜1999	1.756	8.10	0.000	−1.084	−5.89	0.000	−0.774	−6.48	0.000	−1.290	−10.23	0.000	0.211
製造業													
1979〜1985	1.341	6.71	0.001	−1.427	−3.82	0.009	−0.862	−3.86	0.008	−1.369	−8.35	0.000	0.231
1986〜1992	2.577	4.20	0.006	−2.170	−4.10	0.006	−0.795	−3.08	0.022	−1.894	−5.25	0.002	0.175
1993〜1999	1.875	5.62	0.001	−0.705	−2.43	0.051	−0.671	−1.94	0.101	−1.479	−5.94	0.001	0.204
1979〜1999	1.931	9.33	0.000	−1.434	−5.64	0.000	−0.776	−4.56	0.000	−1.580	−11.32	0.000	0.203
非製造業													
1979〜1985	0.688	2.87	0.028	−0.604	−3.33	0.016	−0.499	−2.32	0.059	−0.839	−5.53	0.001	0.190
1986〜1992	2.648	3.27	0.017	−1.047	−2.74	0.034	−0.482	−0.91	0.400	−1.121	−3.35	0.015	0.213
1993〜1999	1.655	8.01	0.000	−0.800	−5.45	0.002	−0.916	−4.46	0.004	−1.329	−9.33	0.000	0.171
1979〜1999	1.664	6.87	0.000	−0.817	−6.09	0.000	−0.632	−4.04	0.001	−1.097	−8.26	0.000	0.191

図表9-3 利益平準化サンプルのvalue relevance(1)(続き)

Panel B	NI Coeff.	NI T-value	NI p-value	$SM_{21}NI$ Coeff.	$SM_{21}NI$ T-value	$SM_{21}NI$ p-value	$SM_{22}NI$ Coeff.	$SM_{22}NI$ T-value	$SM_{22}NI$ p-value	$SM_{23}NI$ Coeff.	$SM_{23}NI$ T-value	$SM_{23}NI$ p-value	Adj.R^2
全産業													
1979〜1985	1.212	4.73	0.003	−0.635	−1.84	0.115	−1.144	−2.91	0.027	−1.407	−4.65	0.004	0.198
1986〜1992	3.414	3.46	0.014	−0.998	−1.72	0.137	−2.030	−1.99	0.093	−2.316	−2.72	0.035	0.209
1993〜1999	2.055	7.00	0.000	−1.725	−5.49	0.002	−1.392	−4.31	0.005	−1.697	−7.32	0.000	0.155
1979〜1999	2.227	8.35	0.000	−1.119	−4.49	0.000	−1.522	−4.90	0.000	−1.807	−7.63	0.000	0.188
製造業													
1979〜1985	1.298	4.76	0.003	−0.610	−1.35	0.225	−1.473	−3.45	0.014	−1.331	−4.05	0.007	0.203
1986〜1992	4.437	6.28	0.001	−1.917	−2.47	0.049	−3.365	−3.65	0.011	−3.366	−5.67	0.001	0.171
1993〜1999	2.464	7.12	0.000	−1.236	−2.45	0.050	−1.746	−3.63	0.011	−1.766	−4.60	0.004	0.182
1979〜1999	2.733	10.66	0.000	−1.254	−3.51	0.002	−2.194	−6.29	0.000	−2.154	−8.39	0.000	0.185
非製造業													
1979〜1985	1.185	2.77	0.032	−0.662	−1.92	0.103	−1.168	−3.06	0.022	−1.948	−9.82	0.000	0.192
1986〜1992	2.686	2.26	0.064	−0.275	−0.79	0.459	−0.899	−1.49	0.186	−1.386	−1.55	0.171	0.187
1993〜1999	1.883	4.30	0.005	−1.353	−2.90	0.027	−0.965	−2.31	0.060	−1.664	−4.52	0.004	0.131
1979〜1999	1.918	5.38	0.000	−0.764	−3.30	0.000	−1.010	−3.79	0.001	−1.666	−6.18	0.000	0.170

176　第3部　損益計算書に関する実証研究

図表9-3　利益平準化サンプルのvalue relevance(1)（続き）

Panel C	NI Coeff.	NI T-value	NI p-value	SM_{31} NI Coeff.	SM_{31} NI T-value	SM_{31} NI p-value	SM_{32} NI Coeff.	SM_{32} NI T-value	SM_{32} NI p-value	SM_{33} NI Coeff.	SM_{33} NI T-value	SM_{33} NI p-value	Adj.R^2
全産業													
1979〜1985	1.089	4.74	0.003	0.532	1.20	0.274	−0.987	−1.96	0.097	−1.209	−3.55	0.012	0.198
1986〜1992	2.979	3.37	0.015	0.022	0.34	0.745	−1.416	−2.33	0.058	−1.853	−5.84	0.001	0.199
1993〜1999	0.935	6.43	0.001	0.626	2.06	0.085	−0.507	−1.03	0.341	−0.598	−1.73	0.134	0.141
1979〜1999	1.668	7.98	0.000	0.393	1.91	0.070	−0.970	−3.19	0.005	−1.220	−5.28	0.000	0.179
製造業													
1979〜1985	1.254	4.76	0.003	−0.333	−0.68	0.524	−1.493	−2.95	0.026	−1.264	−3.89	0.008	0.200
1986〜1992	3.616	6.29	0.001	−1.067	−1.13	0.303	−2.302	−3.03	0.023	−2.641	−5.99	0.001	0.155
1993〜1999	1.788	5.88	0.001	−0.323	−1.54	0.175	−1.257	−2.52	0.045	−1.107	−2.73	0.034	0.171
1979〜1999	2.219	10.01	0.000	−0.574	−1.97	0.063	−1.684	−5.03	0.000	−1.671	−6.75	0.000	0.175
非製造業													
1979〜1985	0.195	1.94	0.101	1.504	3.78	0.009	−0.207	−0.47	0.653	−0.969	−1.87	0.111	0.202
1986〜1992	1.627	1.50	0.185	1.480	2.51	0.046	0.113	−0.91	0.396	−0.289	−0.44	0.672	0.189
1993〜1999	0.697	4.19	0.006	1.318	2.89	0.028	0.002	0.31	0.766	−0.488	−0.77	0.472	0.131
1979〜1999	0.840	3.72	0.001	1.434	5.22	0.000	−0.030	−0.84	0.411	−0.582	−1.87	0.076	0.174

関係に着目したものである。製造業のⅠ期，非製造業のⅠ期とⅡ期を除いて，利益圧縮型（$SM_{21}NI$）にかかる係数は，5％水準で有意な負の値になっている。利益捻出型（$SM_{22}NI$）にかかる係数も，非製造業のⅡ期を除いて，10％水準で有意な負の値になっている。

ここでの結果は，①減益にはtransitoryな要素が多く含まれており，その影響が強いために利益のpersistenceをかなり損なっているというシナリオ，あるいは，②ここで対象にしている極端な会計行動そのものに大きなノイズが含まれているために，利益の情報価値が損なわれているというシナリオ，を支持している。

しかし，Panel Cの結果は，そのような安易な解釈を拒否している。これは，営業利益，経常利益，純利益の3者の関係，なかでも特別損益が利益操作手段になりうるという点に着目したものである。利益圧縮型（$SM_{31}NI$）にかかる係数は，非製造業の全期間で5％水準で有意な正の値になっている。これは，この保守的な操作によって利益からtransitoryな要素が取り除かれてpersistenceが増加したことを示唆している。他方，利益捻出型（$SM_{32}NI$）にかかる係数は，製造業の全期間において，5％水準で有意な負の値になっている。この結果は，Panel A, Bと異ならないから，前述の非製造業の利益圧縮型にかかる係数は特異であるといってよいであろう。

つぎに，大きな増減益のショックを緩和した利益平準化行動についての分析結果を確かめよう。回帰推定の結果は，図表9-4にまとめた。Panel Aは，営業利益に大きなショックが生じたものの，営業外損益でそれを緩和したケース，Panel Bは，経常利益に大きなショックが生じたものの特別損益（および税）でそれを緩和したケースである。

Panel Aでは，利益圧縮型（DN_1OI）にかかる係数は，いずれの産業でも，Ⅲ期にほぼ5％水準で有意な正の値になっている。この結果は，保守的行動による利益平準化によって利益のpersistenceが向上したことを示唆している。それと対照的に，利益捻出型（DN_2OI）の係数は，製造業では全期間，非製造業でもⅡ期において，5％水準で有意な負の値になっている。これは，無理な利益捻出がノイズを増加させたことを示唆している。同様にPanel Bでも，利益圧縮型（DN_2NI）にかかる係数は，製造業では全期間，非製造業ではⅢ期に

図表9-4 利益平準化サンプルの value relevance (2)

Panel A

		OI			$DN_1\ OI$			$UP_1\ OI$		Adj.R^2
	Coeff.	T-value	p-value	Coeff.	T-value	p-value	Coeff.	T-value	p-value	
全産業										
1979〜1985	0.420	5.61	0.001	−0.061	−0.46	0.664	−0.452	−2.76	0.033	0.175
1986〜1992	2.028	3.30	0.016	0.561	1.25	0.258	−1.363	−4.07	0.007	0.209
1993〜1999	0.963	7.44	0.000	0.679	3.94	0.008	−0.439	−1.95	0.100	0.155
1979〜1999	1.137	7.21	0.000	0.393	1.87	0.077	−0.751	−4.95	0.000	0.180
製造業										
1979〜1985	0.648	4.49	0.004	−0.174	−0.52	0.624	−0.871	−2.97	0.025	0.185
1986〜1992	1.788	3.47	0.013	0.444	1.23	0.263	−1.383	−2.64	0.039	0.156
1993〜1999	1.113	5.83	0.001	0.895	2.73	0.034	−1.065	−2.89	0.028	0.178
1979〜1999	1.183	7.55	0.000	0.388	1.79	0.089	−1.106	−5.09	0.000	0.173
非製造業										
1979〜1985	0.252	2.13	0.077	0.020	−0.54	0.612	−0.283	−1.65	0.151	0.143
1986〜1992	2.515	3.50	0.013	0.359	0.50	0.635	−1.643	−3.71	0.010	0.209
1993〜1999	0.868	6.05	0.001	0.818	2.35	0.057	−0.256	−1.27	0.250	0.123
1979〜1999	1.212	5.80	0.000	0.399	0.90	0.379	−0.727	−3.50	0.002	0.159

第 9 章　損益計算書区分表示の意義　179

図表9-4　利益平準化サンプルの value relevance (2)（続き）

Panel B	NI Coeff.	NI T-value	NI p-value	$DN_2\,NI$ Coeff.	$DN_2\,NI$ T-value	$DN_2\,NI$ p-value	$UP_2\,NI$ Coeff.	$UP_2\,NI$ T-value	$UP_2\,NI$ p-value	Adj.R_2
全産業										
1979～1985	0.411	5.38	0.002	0.880	3.04	0.023	−1.790	−2.29	0.062	0.167
1986～1992	1.971	3.25	0.018	0.856	1.35	0.226	−1.006	−1.85	0.114	0.180
1993～1999	0.598	9.20	0.000	3.384	9.52	0.000	−0.436	−1.25	0.258	0.138
1979～1999	1.059	7.32	0.000	1.586	4.68	0.000	−1.104	−3.28	0.004	0.164
製造業										
1979～1985	0.626	4.25	0.005	1.180	2.73	0.034	−1.792	−2.47	0.049	0.170
1986～1992	2.307	4.67	0.003	2.753	2.32	0.060	−1.775	−1.50	0.184	0.147
1993～1999	0.914	9.87	0.000	3.498	4.46	0.004	−1.464	−2.34	0.058	0.165
1979～1999	1.282	9.17	0.000	2.477	5.13	0.000	−1.677	−3.77	0.001	0.161
非製造業										
1979～1985	0.175	1.80	0.122	0.601	1.85	0.113	−1.987	−1.74	0.133	0.148
1986～1992	1.792	2.06	0.085	0.322	0.63	0.552	−1.057	−1.75	0.130	0.166
1993～1999	0.473	8.89	0.000	3.178	10.85	0.000	−0.332	−1.12	0.305	0.103
1979～1999	0.814	4.93	0.000	1.367	3.85	0.001	−1.125	−2.70	0.014	0.139

ほぼ5％水準で有意な正の値になっている．それにたいして，利益捻出型（DN_2 NI）にかかる係数は，製造業のⅠ期とⅢ期において，ほぼ5％水準で有意な正の値になっている．

ここで興味深いのは，景気が低迷していたⅢ期において，保守的な方向への利益平準化にかかる係数が正になっている点である．利益平準化にたいしては従来から批判も多いが，図表9-4の結果は，利益平準化行動が利益の情報価値を高める可能性を示している．ここでも，区分損益情報は value relevant であり，無区分損益計算からはわからないか，あるいは，推定にコストがかかるような「区分損益の異常な動き」にも情報価値が存在していることが，実証的に確かめられた．

4．損失の回避

(1) 識別方法

企業は損失を回避する傾向にあるといわれており，それが企業のどのようなインセンティブによっているのか，市場はそれにたいしてどのように反応あるいは評価しているのかは，実証研究の1つの争点になっている（Burgstahler and Dichev, 1997；Degeorge et al., 1999；Bhattacharya et al., 2003；Glaum et al., 2004；Brown and Caylor, 2005など）．少額の黒字にたいするプラス評価よりも，同じ少額の赤字にたいするマイナス評価の影響のほうが甚大であるという非対称的な市場での評価が，企業に損失回避のインセンティブをあたえるといわれることもある[3]．そうであれば，企業は赤字に陥りそうなときに，利益を捻出して，（それが可能なら）損失を回避するであろうと予想される．

ここでとくに着目するのは，等しく黒字である場合でも，①収益力が低く，損失に陥りそうになったときに，利益捻出によってそれが回避されたケースと，②収益力が高く，特段の利益捻出をしなくても，黒字が確保できるケースとの違いである．当然，前者は後者よりも低く評価されると予想される．

この研究では，①営業赤字であるにもかかわらず，経常黒字であるケース（営業外損益による利益捻出）と，②経常赤字であるにもかかわらず，純利益が黒字であるケース（特別損益による利益捻出），③営業赤字であるにもかか

わらず，純利益が黒字であるケース（営業外損益と特別損益による利益捻出），に着目する．分析には，つぎの回帰式を利用した．

$$P_{it} = \alpha + \beta_1 OI_{it} + \beta_2 D_{L1} OI_{it} + \beta_3 U_1 OI_{it} + \sum \gamma_j D_j + u_{it} \tag{7}$$

$$P_{it} = \alpha + \beta_1 NI_{it} + \beta_2 D_{L2} NI_{it} + \beta_3 U_2 NI_{it} + \sum \gamma_j D_j + u_{it} \tag{8}$$

$$P_{it} = \alpha + \beta_1 NI_{it} + \beta_2 D_{L3} NI_{it} + \beta_3 U_3 NI_{it} + \sum \gamma_j D_j + u_{it} \tag{9}$$

ここで用いたグルーピングは，つぎのとおりである．なお，FIN は営業外損益，EXT は特別損益および税を表している．

- (7) 式　$D_{L1}：OP<0$ かつ $OI<0$　$U_1：OP<0<OI$
- (8) 式　$D_{L2}：OI<0$ かつ $NI<0$　$U_2：OI<0<NI$
- (9) 式　$D_{L3}：OP<0$ かつ $NI<0$　$U_3：OP<0$ かつ $0<FIN$ かつ $0<EXT$ かつ $0<NI$

ダミー変数 D_L が付けられているのは，営業赤字（経常赤字）が回避されないまま，経常赤字（純利益の赤字）になっている企業である．他方，ダミー変数 U が付けられているのは，利益捻出によって損失が回避されている企業である．

(2) 分析結果

図表9-5の Panel A は，営業損失になっているものの，経常損失を回避したケースに着目したものである．経常損失を回避しなかった（できなかった）サンプルの損失（$D_{L1}OI$）に追加的にかかる係数は，一般に損失にはノイズが多く含まれていることを反映して，非製造業のⅡ期を除いて，5％水準で有意な負の値になっている．それにたいして，経常損失を回避したときの経常利益（U_1OI）にかかる追加的係数は，製造業のⅢ期，非製造業のⅡ期において，いずれも10％水準で負の値になっている．経常損失になっているものの，純損失を回避したケースを分析した Panel B も，Panel A と同様の結果を示している．純損失を回避したときの純利益（U_2NI）に追加的にかかる係数は，製造業

図表9-5　損失回避サンプルの value relevance

Panel A

		OI			$D_{L1} OI$			$U_1 OI$		Adj.R^2
	Coeff.	T-value	p-value	Coeff.	T-value	p-value	Coeff.	T-value	p-value	
全産業										
1979～1985	0.840	4.53	0.004	−0.758	−3.23	0.018	−1.338	−1.34	0.250	0.193
1986～1992	2.514	3.06	0.022	−3.708	−3.03	0.023	1.946	−1.41	0.209	0.219
1993～1999	1.422	4.43	0.004	−1.060	−3.52	0.013	−1.435	−2.10	0.081	0.167
1979～1999	1.592	6.38	0.000	−1.842	−5.88	0.000	−0.164	−2.93	0.009	0.193
製造業										
1979～1985	1.150	5.63	0.001	−1.085	−3.55	0.012	−4.851	−1.02	0.367	0.209
1986～1992	2.676	3.28	0.017	−3.910	−3.40	0.014	7.201	0.08	0.940	0.179
1993～1999	1.834	3.72	0.010	−1.361	−2.47	0.048	−0.858	−1.99	0.094	0.198
1979～1999	1.887	6.50	0.000	−2.119	−5.48	0.000	1.060	−1.58	0.132	0.195
非製造業										
1979～1985	0.619	2.31	0.060	−0.849	−2.51	0.046	−11.681	−1.99	0.141	0.165
1986～1992	2.612	3.21	0.018	−8.426	−1.26	0.253	−3.040	−1.96	0.098	0.212
1993～1999	1.245	5.17	0.002	−0.905	−2.95	0.026	−0.351	−0.59	0.576	0.136
1979～1999	1.492	5.70	0.000	−3.393	−3.85	0.001	−3.914	−2.04	0.057	0.171

図表9-5 損失回避サンプルのvalue relevance（続き）

Panel B	NI Coeff.	NI T-value	NI p-value	$D_{L2}NI$ Coeff.	$D_{L2}NI$ T-value	$D_{L2}NI$ p-value	U_2NI Coeff.	U_2NI T-value	U_2NI p-value	Adj.R^2
全産業										
1979～1985	0.997	4.14	0.006	−0.783	−2.25	0.066	−1.035	−2.31	0.060	0.181
1986～1992	3.282	3.09	0.021	−4.541	−2.65	0.038	−1.003	−2.23	0.067	0.196
1993～1999	0.954	7.46	0.000	−0.501	−2.23	0.068	−0.292	−1.76	0.129	0.130
1979～1999	1.745	7.19	0.000	−1.942	−4.13	0.001	−0.777	−3.75	0.001	0.169
製造業										
1979～1985	1.318	4.75	0.003	−0.704	−2.66	0.037	−1.176	−1.76	0.129	0.193
1986～1992	4.212	3.80	0.009	−5.242	−2.73	0.034	−1.417	−2.39	0.054	0.162
1993～1999	1.714	5.51	0.002	−0.975	−2.00	0.093	−1.059	−2.02	0.090	0.164
1979～1999	2.415	8.20	0.000	−2.307	−4.40	0.000	−1.217	−3.62	0.002	0.173
非製造業										
1979～1985	0.627	1.46	0.195	−1.022	−2.45	0.050	−0.297	−0.70	0.511	0.164
1986～1992	2.449	2.32	0.059	−9.195	−1.47	0.192	73.483	0.50	0.639	0.172
1993～1999	0.770	9.54	0.000	−0.499	−2.45	0.050	−0.837	−0.84	0.432	0.095
1979～1999	1.282	4.81	0.000	−3.572	−3.07	0.006	21.648	−0.36	0.723	0.144

図表9-5 損失回避サンプルのvalue relevance (続き)

Panel C

		NI			$D_{L3}NI$			$U_{L3}NI$			Adj.R^2
	Coeff.	T-value	p-value	Coeff.	T-value	p-value	Coeff.	T-value	p-value	
全産業											
1979〜1985	0.882	4.12	0.006	−0.715	−1.16	0.292	4.911	−0.75	0.479	0.178
1986〜1992	3.135	3.45	0.014	−4.339	−2.23	0.067	−1.585	−3.07	0.028	0.195
1993〜1999	0.721	8.27	0.000	−0.160	−0.30	0.776	−0.243	−1.66	0.148	0.128
1979〜1999	1.579	7.83	0.000	−1.738	−2.23	0.037	1.158	−3.03	0.007	0.167
製造業											
1979〜1985	1.037	4.16	0.006	−0.746	−1.98	0.095	2.697	−0.42	0.688	0.187
1986〜1992	3.810	4.13	0.006	−4.921	−2.43	0.051	−0.501	−2.16	0.083	0.156
1993〜1999	1.406	8.31	0.000	−0.640	−1.95	0.099	−0.772	−2.43	0.051	0.160
1979〜1999	2.084	8.85	0.000	−2.102	−3.78	0.001	0.523	−2.27	0.035	0.168
非製造業											
1979〜1985	0.602	1.76	0.129	−2.914	−2.25	0.066	5.627	0.45	0.695	0.167
1986〜1992	2.179	2.25	0.066	−31.341	−1.24	0.260	271.796	1.11	0.384	0.178
1993〜1999	0.558	8.38	0.000	−0.002	0.08	0.941	−9.663	−2.09	0.105	0.096
1979〜1999	1.113	4.98	0.000	−11.419	−1.71	0.103	71.269	0.76	0.468	0.147

のⅢ期において，10％水準で負の値になっている．Panel Cは，営業損失であるものの，純損失を回避したケースに着目したものである．ここでも，純損失を回避した純利益（U_3NI）に追加的にかかる係数は，製造業のⅡ期とⅢ期において，10％水準で負の値になっている．

ここで注目したいのは，景気低迷期であるⅢ期の結果である．製造業では，経常利益の場合も純利益の場合も，損失回避をすると，利益のpersistenceは低下している．ここでの損失回避行動が，もっぱら名目的な期間配分操作であるとしたら，その嵩上げされた利益は企業価値とはrelevantな関係を有していないはずであり，それを評価しないのが合理的な投資家である．そうした企業行動の推定を可能にする点において，区分損益情報にも合理性が認められるといってよいであろう．

5．ビッグ・バス (Big Bath)

(1) 識別方法

損失を計上する必然性があきらかではないときに，一気に巨額の損失を計上する行動は，ビッグ・バスと呼ばれる．少額の赤字には厳しい評価がなされるのにたいして，巨額の損失には総体的に甘い評価しかなされないとか，上下非対称の特異な経営者報酬制度が，ビッグ・バスへのインセンティブをあたえるとか，いわれている．このビッグ・バスは，前節で取り上げた損失回避と排他的ではなく，むしろ密接に関連している．小さな損失にたいしては，なんとか回避して黒字になるように努力するものの，努力しても黒字にはならない場合，むしろ，将来の利益のために費用や損失を先取りしてしまうのがビッグ・バスだからである (Bauman et al., 2001；Kirschenheiter and Melumad, 2002)．

従来から，資産の償却や評価切り下げがビッグ・バスの手段に利用されるといわれている (Elliott et al., 1988；Walsh et al., 1991)．また，Peek (2004) は，オランダ企業を対象に，引当金の繰入がビッグ・バスに利用されていると報告している．長期性資産の減損会計は，このビッグ・バスへの歯止めになると期待されていたものの，Riedl (2004) によると，減損の会計基準 SFAS No.121 の運用ルールが曖昧で経営者の恣意性を許すために，当初の期待とは異なり，機

会主義的に減損が利用されているという．ビッグ・バスによる損失情報の有用性は，これまで主として，資産の償却や評価損を対象に検証されている．先行研究によると，臨時的な損失にも情報価値があること，損失計上が企業価値を増加させる場合もあることなど，須田(2001)の優れたサーベイが明瞭に整理している．Hirschey and Richardson (2002, 2003) は，イベント・スタディの手法によって，のれんの償却にたいする株価の反応を分析し，アナウンス後も有意な負のリターンが観察されることから，投資家は過小反応をしていると報告している．これは市場の効率性に懐疑的な結果であり，これがビッグ・バスへの誘因となる可能性もある．ただ，投資家がなぜ非合理的な行動をとるのかは十分に説明されておらず，彼らの実証結果は慎重に解釈する必要があろう．

この論文で着目するのは，通常の損失とビッグ・バスとみられる巨額の損失との relevance の違いである．後者のほうが transitory な要素が多く, relevance が低いため，巨額の損失が企業価値を低めることにはならず，そのことがビッグ・バスへの（消極的な）誘因の1つになるという見解があるかもしれない．しかし，投資家が合理的であれば，機会主義的に創り出されたビッグ・バスを低く評価するであろう．つまり，巨額の損失は企業価値と負の関係にあると予想される．通常の損失は relevance が低いことがすでに多くの先行研究によって知られているから，ここでは，通常の損失よりも巨額の損失のほうが relevant であるか否かに，分析の焦点があてられる．

これまでと同様に，ここでも利益の構成要素の水準，変動の方向と大きさに注目して，機械的にビッグ・バスのサンプルを抽出する．グループ・ダミーを利用した回帰モデルはつぎのとおりである．

$$P_{it} = \alpha + \beta_1 NI_{it} + \beta_2 D_L NI_{it} + \beta_3 BB_k NI_{it} + \sum \gamma_j D_j + u_{it} \qquad (10)$$

グループ・ダミー BB_k として，以下の3種類の変数（グルーピング）を採用する．

BB_1：$NI < OI < 0$

BB_2：$\Delta NI < \Delta OI < 0$ かつ $NI < 0$

BB_3：BB_2の条件をみたし，かつ，2つの減益額が業界のメディアンを上回る．

ダミーBB_1は，特別損益および税によって損失が拡大しているサンプルに付けられ，BB_2は経常減益であるにもかかわらず，特別損益および税を通じてさらに純利益の減益幅が拡大しているサンプルに付けられる．BB_3は，BB_2の条件に加えて，その減益額が利益変化額の業界メディアンを超えるほど大きいという条件をみたしたサンプルに付けられる．ダミーD_Lは損失サンプルを1，それ以外を0とするものである．これは，一般に損失のpersistenceは低いため，それによって係数β_1が小さくなることをコントロールするためである．したがって，当期純損失であることを加味したうえで，ビッグ・バスであることによる追加的な係数はβ_3によって捉えられることになる．

(2) 分析結果

分析結果は，図表9-6にまとめた．ビッグ・バスについては，3つのケースに着目した．経常損失であるにもかかわらず，それよりも大きな額の純損失を計上しているケース（Panel A），経常利益段階で減益であるにもかかわらず，純利益段階はさらに減益幅を拡大しているケース（Panel B），第2のケースの減益額が業界のメディアンを超えるほど大きなケース（Panel C）の3つである．

第1の損失の水準額を拡大する操作は，利益のrelevanceに有意な影響をあたえていない．それにたいして，第2と第3の減益幅を拡大する操作は，利益のrelevanceに特徴的な影響をあたえている．Panel BとPanel Cでは，Ⅲ期において，ビッグ・バスによる損失（BB_2NIとBB_3NI）にかかる追加的な係数は，少なくとも10%水準で有意な正の値になっている．いずれのケースでも，純利益（NI）の係数β_1と損失（D_LNI）の追加的係数β_2の合計は，ほぼゼロである．つまり，通常の損失は，value relevantではない．ビッグ・バスによる損失にかかる係数は，黒字の場合の係数よりも小さいが，通常の損失とは異な

図表9-6 ビッグ・バスーサンプルの value relevance

Panel A

		NI			$D_L NI$			$BB_1 NI$		Adj.R^2
	Coeff.	T-value	p-value	Coeff.	T-value	p-value	Coeff.	T-value	p-value	
全産業										
1979〜1985	1.020	4.32	0.005	−0.771	−2.45	0.050	−0.005	0.40	0.701	0.181
1986〜1992	3.065	2.67	0.037	−9.135	−1.16	0.288	4.737	0.06	0.958	0.195
1993〜1999	1.859	3.67	0.010	−1.488	−2.67	0.037	−0.048	0.21	0.844	0.147
1979〜1999	1.981	6.06	0.000	−3.798	−3.50	0.002	1.562	0.31	0.757	0.174
製造業										
1979〜1985	1.297	4.81	0.003	−1.604	−3.98	0.007	0.588	1.93	0.101	0.189
1986〜1992	4.118	3.48	0.013	−10.626	−2.08	0.083	5.686	0.85	0.426	0.160
1993〜1999	2.167	2.98	0.025	−1.564	−1.99	0.094	−0.234	0.38	0.719	0.175
1979〜1999	2.527	6.55	0.000	−4.598	−4.15	0.001	2.013	1.44	0.164	0.175
非製造業										
1979〜1985	0.744	1.96	0.097	−0.508	−1.76	0.129	−3.094	−1.51	0.191	0.168
1986〜1992	2.297	2.20	0.070	−10.717	−0.07	0.950	1.189	−0.37	0.722	0.169
1993〜1999	1.780	5.04	0.002	−1.480	−3.63	0.011	0.023	0.20	0.851	0.111
1979〜1999	1.607	4.93	0.000	−4.235	−2.70	0.014	−0.504	−1.21	0.242	0.149

図表9-6 ビッグ・バス・サンプルのvalue relevance（続き）

Panel B	Coeff.	NI T-value	p-value	Coeff.	$D_L NI$ T-value	p-value	Coeff.	$BB_2 NI$ T-value	p-value	Adj.R^2
全産業										
1979〜1985	1.039	4.25	0.005	−0.671	−1.66	0.147	−0.265	−1.36	0.223	0.190
1986〜1992	3.056	2.62	0.039	−3.777	−1.37	0.221	−4.473	−1.33	0.232	0.194
1993〜1999	1.876	3.68	0.010	−1.730	−3.05	0.023	0.338	3.21	0.018	0.148
1979〜1999	1.990	6.06	0.000	−2.059	−3.44	0.003	−1.467	−0.02	0.981	0.177
製造業										
1979〜1985	1.274	4.71	0.003	−0.568	−0.98	0.367	−0.677	−1.05	0.335	0.192
1986〜1992	4.100	3.47	0.013	−4.366	−1.76	0.128	−5.303	−1.88	0.109	0.158
1993〜1999	2.184	3.02	0.024	−1.789	−2.40	0.053	0.393	2.06	0.085	0.177
1979〜1999	2.519	6.53	0.000	−2.241	−3.03	0.007	−1.863	−0.51	0.616	0.176
非製造業										
1979〜1985	0.788	2.06	0.085	−1.111	−6.54	0.001	−0.331	−1.17	0.294	0.152
1986〜1992	2.251	2.20	0.070	−7.934	−0.78	0.465	2.469	0.05	0.961	0.172
1993〜1999	1.809	4.36	0.005	−1.792	−4.14	0.006	0.318	2.46	0.049	0.112
1979〜1999	1.616	4.79	0.000	−3.613	−3.15	0.005	0.792	0.21	0.839	0.145

図表9-6　ビッグ・バスーサンプルの value relevance（続き）

Panel C	NI Coeff.	NI T-value	NI p-value	D_L NI Coeff.	D_L NI T-value	D_L NI p-value	BB_3 NI Coeff.	BB_3 NI T-value	BB_3 NI p-value	Adj.R^2
全産業										
1979～1985	1.023	4.12	0.006	−0.724	−2.16	0.074	−0.410	−1.28	0.249	0.184
1986～1992	3.062	2.67	0.037	−3.784	−1.14	0.298	−4.783	−2.40	0.053	0.195
1993～1999	1.886	3.70	0.010	−1.739	−3.12	0.021	0.357	2.34	0.058	0.149
1979～1999	1.991	6.06	0.000	−2.082	−3.51	0.002	−1.612	−0.46	0.650	0.176
製造業										
1979～1985	1.275	4.74	0.003	−0.664	−1.42	0.205	−0.513	−0.68	0.524	0.191
1986～1992	4.091	3.46	0.014	−4.321	−1.74	0.133	−5.253	−1.43	0.203	0.159
1993～1999	2.188	3.02	0.023	−1.799	−2.38	0.055	0.445	3.99	0.007	0.176
1979～1999	2.518	6.55	0.000	−2.261	−3.28	0.004	−1.774	0.05	0.958	0.175
非製造業										
1979～1985	0.741	1.99	0.093	−1.085	−4.67	0.003	−0.702	−1.00	0.390	0.156
1986～1992	2.295	2.26	0.064	−7.753	−0.61	0.564	−0.538	−0.79	0.487	0.172
1993～1999	1.828	4.44	0.004	−1.818	−4.25	0.005	0.448	2.27	0.064	0.112
1979～1999	1.621	4.80	0.000	−3.552	−3.03	0.007	−0.122	−0.80	0.439	0.147

り，正の値をとることになる．つまり，ビッグ・バスによる損失は企業価値（株価総額）と無関係ではなく，その損失額が大きいほど株価は低いのである．

ここでも，区分損益の関係から推測したときの異常なあるいは不自然な損失は value relevant であり，その「異常さ」や「不自然さ」を投資家に明示するうえで，区分損益情報は value relevant である．

6．総括と展望

純利益を企業の活動別に区分して計算，表示する方式にたいしては，すでに触れたように，その区分基準の曖昧さをめぐり批判論も根強い．その背景には，区分間の移し替えをめぐる操作への疑念が存在しているのであろう．しかし，どの種類の利益を bottom line にするにせよ，その利益に企業（経営者）の利害が結びつけられているならば，特定の選好にそって利益の年度間配分の操作が模索される事態は避けられない．たとえ無区分の業績報告書の作成を義務づけたとしても，利益の年度帰属を変えない区分間の移し替え操作を無効にするだけであり，利益の期間配分操作が消滅するわけではない．

この章で確かめたように，区分損益の情報を利用することにより，value relevance が異なるような利益の期間配分パターンを見つけ出すこともできる．つまり，現行の区分計算と開示の方式は，利益操作サンプルのスクリーニングについて一定の機能を有していると見ることもできる．利益のどの区分＝構成要素を操作するかによって，その操作に要するコストや将来キャッシュフローにあたえる影響が違うならば，その相違は，企業経営者が利益操作に利用する手段の選択にも影響をあたえるはずである．さらに，その選択結果が開示されることにより，経営者のインセンティブや将来の業績見通しなどの内部情報が顕示される状況も期待できる．利益の区分計算の弊害だけを指摘するのは一面的でアンフェアであり，その長所も実証的に検討してみなければならないであろう．

ただし，この研究は，わが国の区分損益計算に改善の余地があるか否かを問うものではなく，現状をそのまま肯定するものではない．区分のルールや運用

に曖昧さがあれば，それによって利益情報にノイズが生じて有用性が低下したり，区分間の裁量的な操作によって経営者に情報レントが生じたりする可能性は，十分にある．どのような区分のあり方がより望ましいのか，現状に問題点はないのかなどは，残された検討課題である． (大日方　隆)

注

1　経営者と投資家の利害は必ずしも一致していないから，投資家が企業の評価を低めるような利益の年度間配分も，経営者によって利己的，機会主義的に選択されることは，十分にありえる．
2　本章の主題とは直接の関係はないが，cash earnings と accruals の persistence の違いが，企業評価における valuation multiples と必ずしも整合的ではないという accruals anomaly も，最近の1つの学問的争点になっている．
3　ペイオフが損益ゼロで屈折して，ペイオフ曲線が上方に凸になっているとき，他の事情が等しい限り，経営者は損益ゼロの周辺で保守的な行動をとる．

参考文献

Bao, B.-H. and D. H. Bao (2004) "Income Smoothing, Earnings Quality and Firm Valuation," *Journal of Business Finance and Accounting* 31, pp.1525-1557.

Barth, M. E., J. A. Elliott and M. W. Finn (1999) "Market Rewards Associated with Patterns of Increasing Earnings," *Journal of Accounting Research* 37, pp.387-413.

Bauman, C. C., M. P. Bauman and R. F. Hasley (2001) "Do Firms Use the Deferred Tax Asset Valuation Allowance to Manage Earnings?" *Journal of the American Taxation Association* Supplement 23, pp.27-48.

Bhattacharya, N., E. L. Black, T. E. Christensen (2004) "Empirical Evidence on Recent Trends in Pro Forma Reporting," *Accounting Horizons* 18, pp.27-43.

Bhattacharya, U., H. Daouk and M. Welker (2003) "The World Price of Earnings Opacity," *Accounting Review* 78, pp.641-678.

Brown, L. D. and M. L. Caylor (2005) "A Temporal Analysis of Quarterly Earnings Thresholds: Propensities and Valuation Consequences," *Accounting Review* 80, pp.423-440.

Buckmaster, D. A. (2001) *Development of the Income Smoothing Literature 1983-1998, Studies in the Development of Accounting Thought, Volume 4*, Elesvier Sience, Oxford, 2001.

Burgstahler, D. and I. Dichev (1997) "Earnings Management to Avoid Earnings Decreases and

Losses," *Journal of Accounting and Economics* 24, pp.99-126.
Burgstahler, D., J. Jiambalvo and T. Shevlin (2002) "Do Stock Prices Fully Reflect the Implications of Special Items for Future Earnings," *Journal of Accounting Research* 40, pp.585-612.
Dechow, P. M. and W. Ge (2005) "The Persistence of Earnings and Cash Flows and the Role of Special Items: Implications for the Accrual Anomaly," working paper, University of Michigan.
Degorge, F., J. Patel and R. Zeckhauser (1999) "Earnings Management to Exceed Thresholds," *Journal of Business* 72, pp.1-32.
Elliot, J. A. W. H. Wayne and G. Waymire, "Write-offs as Accounting Procedures to Manage Perceptions," *Journal of Accounting Research* 26 (Supplement), pp.91-29.
Francis, J., R. LaFond, P. Olsson and K. Schipper (2005) "The Market Pricing of Accruals Quality," *Journal of Accounting and Economics* 39, pp.295-327.
Glaum, M., K. Lichtblau and J. Lindemann (2004) "The Extent of Earnings Management in the U.S. and Germany," *Journal of International Accounting Research* 3, pp.45-77.
Hirschey, M. and V. J. Richardson (2002) "Information Content of Accounting Goodwill Write-Offs," *Journal of Accounting Policy* 21, pp.173-191.
Hirschey, M. and V. J. Richardson (2003) "Investor Underreaction to Goodwill Write-offs," *Financial Analysts Journal* 59, pp.75-84.
Kirshcenheiter, M. and N. Melumad (2002) "Can 'Big Bath' and Earnings Smoothing CO-exists as Equilibrium Financial Reporting Strategies?" *Journal of Accounting Research* 40, pp.761-796.
Marquardt, C. A. and C. I. Wiedman (2004a) "The Effect of Earnings Management on the Value Relevance of Accounting Information," *Journal of Business Finance and Accounting* 31, pp.297-332.
Marquardt, C. A. and C. I. Wiedman (2004b) "How Are Earnings Managed? An Examination of Specific Accruals," *Contemporary Accounting Research* 21, pp.461-491.
Milkhal, M. B., B. R. Walther and R. H. Willis (2004) "Earnings Surprises and the Cost of Equity Capital," *Journal of Accounting, Auditing and Finance* 19, pp.491-513.
Peek, E. (2004) "The Use of Discretionary Provisions in Earnings Management: Evidence from The Netherlands," *Journal of International Accounting Research* 3, pp.27-43.
Riedl, E. J. (2004) "An Examination of Long-lived Asset Impairments," *Accounting Review* 79, pp.823-852.
Srinidhi, B., J. Ronen and A. Maindiratta (2001) "Market Imperfections as the Cause of Accounting Income Smoothing? The Case of Differential Capital Access," *Review of Quantitative Finance and Accounting* 17, pp.283-300.
Sloan, R. G. (1996) "Do Stock Prices Fully Reflect Information in Accruals and Cash Flows about Future Earnings," *Accounting Review* 71, pp.289-315.

Walsh, P. C. Russell and F. Clarke (1991) "Big Bath Accounting Using Extraordinary Items Adjustments," *Journal of Business Finance and Accounting* 18, pp.173-189.

Zhaoyang, G. and T. Chen (2005) "Analysts' Treatment of Nonrecurring Items in Street Earnings," *Journal of Accounting and Economics* 38, pp.129-170.

大日方隆 (2004)「原発費用の裁量的決定と Value Relevance」『経済学論集』第70巻第3号, pp.29-59.

須田一幸 (2001)「減損会計の実務と情報内容」『会計プログレス』第2号, pp.23-35.

10 損益計算要素の持続性

1．米国企業の業績指標の分布

　企業業績に関する主要な指標は，損益計算書上の会計利益である．しかし，会計利益やその構成要素に関する分布が近年大きく変化していることが，米国のいくつかの先行研究において指摘されている．たとえば，DeAngelo et al. (2004) は，少数の企業が巨額の利益を稼得し株主に対する多額の配当を実施している一方で，その他の多数の企業が利益を稼いでおらず配当も実施していないという現象，すなわち「会計利益・配当の寡占化」が1970年代後半よりもさらに高まっていることを明らかにした．

　Fama and French (2004) は，1973年から2001年までの期間にわたって収益性や成長性の分布を調査した．そして，総資産成長率の分布は，非常に高い成長率を示す少数の企業が出現したために右側への歪みが最近拡大する傾向にあること，反対に，総資産利益率は，非常に業績の悪い少数の企業が存在するために左側への歪みが年々強くなる傾向があることを発見した．Burgstahler and Dichev (1997) は，1977年から1994年までの期間において，サンプル企業の会計利益の平均値が中央値に比べて小さく，分布が左側に歪んでいること，そうした分布の歪みは後半期間ほど顕著であることを指摘した．

　Hayn (1995) は，1962年から1990年までの期間において，①約20％のサンプルで損失が計上されており，損失の計上がかなり一般的なものであること，②しかし損失計上の頻度は1960年代の約3％から1980年代後半には30％を超える

水準まで時系列で増加していること,を指摘した. Collins et al.(1999) は,損失計上企業の割合が1975年から1981年までの期間は6〜15％の範囲で推移していたものが,1985年から1992年までの期間には28〜31％の範囲に上昇していること,および純利益から臨時項目(one-time items)を除いた場合でも同様の傾向があることを指摘した.

Elliott and Hanna (1996) は,1956年から1994年までの期間にわたって特別損益項目(special items)の推移を観察した.総資産の1％を超えるような巨額な特別損失が計上される頻度は,1975年が全企業の約5％,1985年が14％,1993年が21％と年を経るにつれて増加し,これは1980年代の企業リストラクチャリングの増加とも一致していると述べた.さらに,特別損益項目の分布は非対称的であり,巨額な特別利益よりも特別損失を計上する頻度のほうが高いことも指摘した. Collins et al.(1997) は,1953年から1993年までの期間にわたって会計利益に占める臨時項目の割合や損失計上企業の割合が急上昇している証拠を提示した.

Givoly and Hayn (2000) は,1950年から1998年までの期間にわたって会計利益,およびそれを構成するキャッシュ・フローと会計発生高(accounting accruals)の動向を調査した.長期的にみれば,会計利益の累積額はキャッシュ・フローの累積額に収束する,換言すれば,会計発生高の累積額はゼロになることが期待される.にもかかわらず,1980年代以降,会計発生高の累積額は首尾一貫してマイナスであり,しかも年々拡大する傾向にある.それに対し,キャッシュ・フローの時系列には明確なトレンドがなく,したがって会計利益の長期的な低下が会計発生高の動向に大きく左右されており,保守主義(conservatism)の程度が時系列で増加していると結論づけた.一方,Basu (1997),Holthausen and Watts (2001) や Ryan and Zarowin (2003) は,株式リターンと会計利益の関連性に基づいて保守主義の尺度を定量化した上で,保守主義の程度が時系列で増加している証拠を提示した[1].

2. 日本企業の業績指標の分布

会計利益・配当の寡占化,会計利益の分布の歪み,損失計上企業の増加,特

別損益項目の急増，保守主義の程度の強化など，企業業績に関する指標の時系列に大きな変化が起きているという指摘は，日本企業の場合にも該当する．たとえば，薄井 (1999) は，1980年から1998年までの期間において，損失計上企業の割合がバブル崩壊後の1990年代に上昇していることを指摘した．Tazawa (2003) は，会計発生高の累積額が年々，マイナス方向に拡大していることを発見した．髙田 (2006) は，Basu (1997) や Ryan and Zarowin (2003) のモデルに依拠しながら，日本においても保守主義の程度が増加している証拠を提示した．木村・浅野 (2005) は，会計利益や特別損益項目の時系列推移を観察し，その傾向が近年大きく変化していることを指摘した．

　さらに，音川・髙田 (2005) は，日本経済新聞社の『日経 NEEDS 企業財務データ』に収録されている上場会社の個別財務諸表データを用いて，企業業績に関するいくつかの指標を1980年から2004年までの各年度別に計算した[2]．図表10-1 の【A】では，当期利益の合計額と損失計上企業の割合について計算した結果を再掲している．それによれば，当期利益合計額は1991年にピークとなるが，その後バブル経済の崩壊により当期利益は減少し，2002年にはマイナスに陥った．これと同様に，損失計上企業の割合も1990年に最低水準を記録した後で上昇に転じ，2002年には30％を超える企業が当期損失を計上する事態となった．その後，2004年には，損失計上企業の割合は依然として10％の水準を上回っているものの，当期利益の合計額はバブル期の水準にまで急激に回復している．

　図表10-1 の【B】では，経常利益と特別損益項目（＝特別利益－特別損失）について，それぞれの合計額を各年度別に計算した結果を再掲している．経常利益の合計額は，1991年まで増加傾向にあるが，その後下落する．しかし，その落ち込みは当期利益に比べるとひどくはなく，2001年と2004年はバブル期の水準を上回っている．それに対し，特別損益項目はいずれの年度も，特別利益よりも特別損失のほうが大きく，マイナスの水準である．しかも，1990年代初めまで数千億円の特別損失で推移していたが，それ以降に特別損失が急増し，2000年から2002年までの３年間は各年とも10兆円を超える規模に達している．したがって，こうした特別損失の増加が，図表10-1 の【A】で示した当期利益の推移に多大な影響を及ぼしていることが理解できる．

198 第3部 損益計算書に関する実証研究

図表10-1 日本企業の企業業績の長期時系列
【A】当期利益の時系列

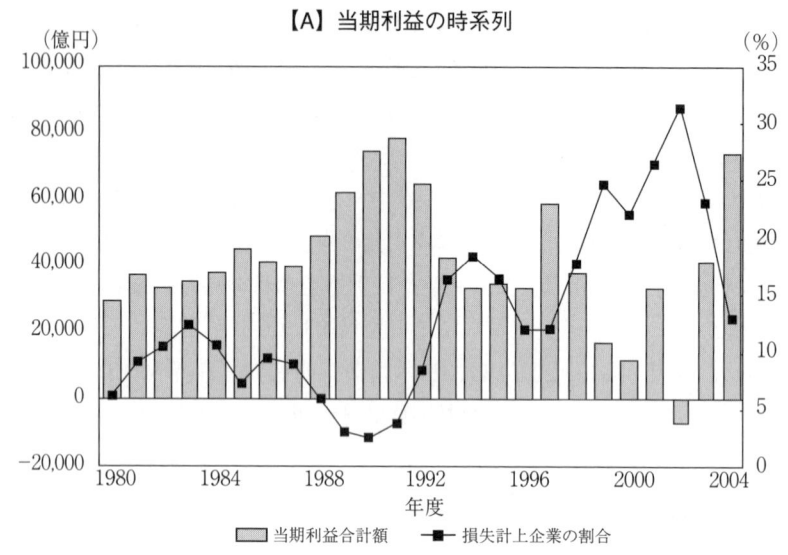

【B】経常利益と特別損益項目の時系列

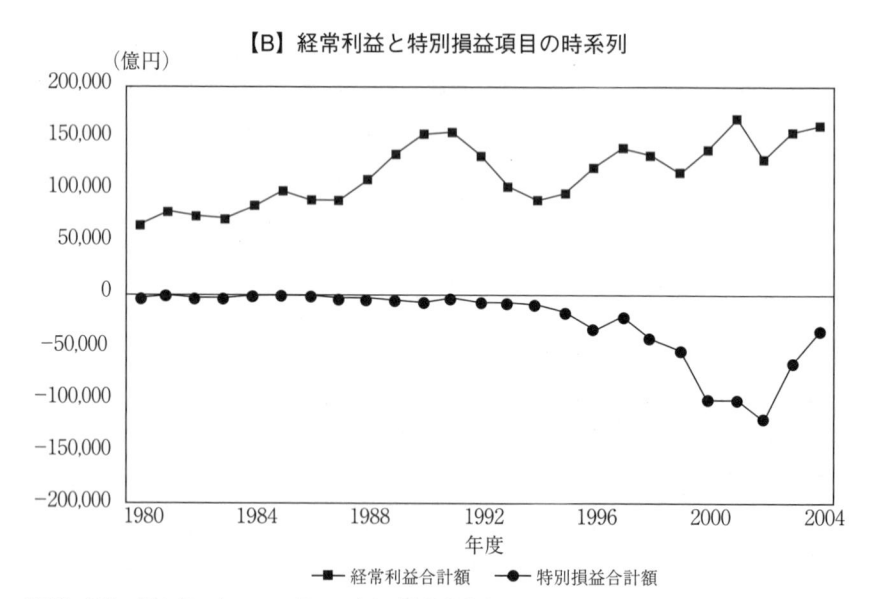

(出所) 音川・髙田 (2005), p.40, 図1にもとづき筆者作成.

3．本章の目的

　このように，日本企業の業績指標の分布も近年大きく変化していることが理解できる．したがって，われわれは，こうした状況において，少なくとも2つの研究課題について取り組まなければならない．

　まず，1番目の課題は，そのような業績指標の分布の変化がなぜ生じたのか，その原因を探究することである．たとえば，Fama and French (2004) は，成長性や収益性の分布の歪みが新規株式公開 (Initial Public Offering ; IPO) の急増に起因していることを指摘した．Basu (1997) は，監査人の訴訟リスクの高まりが保守主義の程度と関係があることを発見した．また，Klein and Marquardt (2006) は，保守主義，データベースの標本バイアス，マクロ経済変数が損失計上企業の割合に関する決定要因であることを明らかにしている．

　日本企業に関していえば，企業業績に関する指標の分布が大きく変化した第1の要因は，1990年代のバブル経済の崩壊とそれに続く経済不況である．そして，第2の要因は，2000年前後に実施された一連の会計制度改革であり，これに伴って，資産価値の下落や年金債務の積立不足などの問題を先送りすることが難しくなった[3]．木村・浅野 (2005) は，新たに設定された会計基準のうち「退職給付に係る会計基準」，「金融商品に係る会計基準」および「税効果会計に係る会計基準」について，それぞれの影響を個別に分析している．さらに，音川・髙田 (2005) は，損失計上企業の割合や特別損益項目が近年急増しているという現象の背景にある1つの要因として，ストック・オプション制度の普及を取り上げている．

　一方，われわれが取り組むべき2番目の課題は，そのような業績指標の分布の変化がどの様な影響を及ぼしているのかを多様な観点から調査することである．そのうち，本章では，利益の持続性 (earnings persistence) に焦点を当てる．Kormendi and Lipe (1987)，Collins and Kothari (1989)，Easton and Zmijewski (1989) や Lipe (1990) などの研究は，利益の持続性が高くなればなるほど利益反応係数 (earnings response coefficient) が大きくなる証拠を提示した[4]．Penman and Zhang (2002) は，利益の質 (earnings quality) の定義について意見の一致はみられないが，損益計算書で報告された利益が将来期間の利益につ

いて良い指標となる，言い換えれば，当期の利益が持続可能（sustainable）であるならばその質が高いと主張して分析を展開した．Schipper and Vincent (2003) は，従来の会計学研究などにおいて用いられてきた利益の質に関するさまざまな尺度を議論しているが，その1つとして利益の持続性を取り上げた．Francis et al.(2004) は，利益の持続性が低い企業ほど高い資本コストを負担していることを例証した．このように，数多くの研究が利益の持続性に焦点を当てていることから，本章では，近年の特別損益項目の急増が会計利益の持続性に及ぼした影響について検討する．

4．会計利益の持続性

(1) サンプル

本節では，1980年1月から2003年12月までの期間に終了した決算年度を分析対象とする．利益の持続性を推定するために必要な当期，次期および前期の個別財務諸表データは，『日経 NEEDS 企業財務データ』から入手した．本節では，当期の決算日時点においていずれかの証券取引所に上場している企業[5]，および当期と次期の決算年度がともに1年決算である企業を分析対象とした．サンプル数は年々増加する傾向にあり，1980年の1,573社が最も少なく，2003年の3,375社が最も多い．

図表10-2は，特別損益項目（＝特別利益－特別損失）の記述統計を年度別にグラフ表示したものである．特別損益項目の平均値（中央値）は，2002年が－34.73（－2.53）億円であり，1980年代や1990年代に比べて増加している．さらに，中央値よりも平均値のほうが小さいから，分布が左側に歪んでいる．すなわち，巨額な特別利益よりも巨額な特別損失を計上する頻度のほうが高く，これは Elliott and Hanna (1996) とも首尾一貫している．

それから，1980年には，58.4％の企業がマイナスの特別損益項目を計上していたが，その割合は2001年には87.4％にまで上昇している．それに対し，プラスの特別損益項目を計上している企業の割合は，1980年の32.5％から2001年には10.7％にまで低下している．しかし，全体としてみれば，マイナスまたはプラスの特別損益項目を計上する企業は増加しているので，特別損益項目がゼロ

第10章 損益計算要素の持続性　201

図表10-2　特別損益項目の記述統計
【A】平均値と中央値

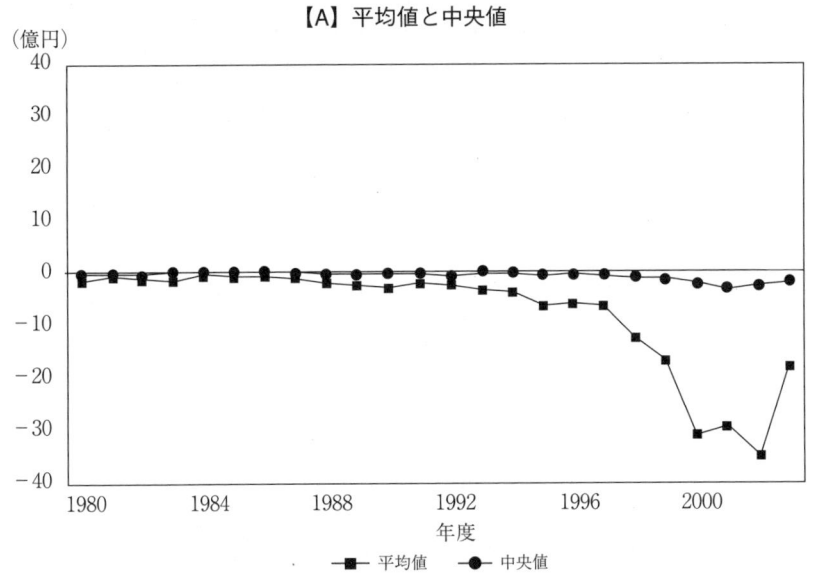

【B】構成割合

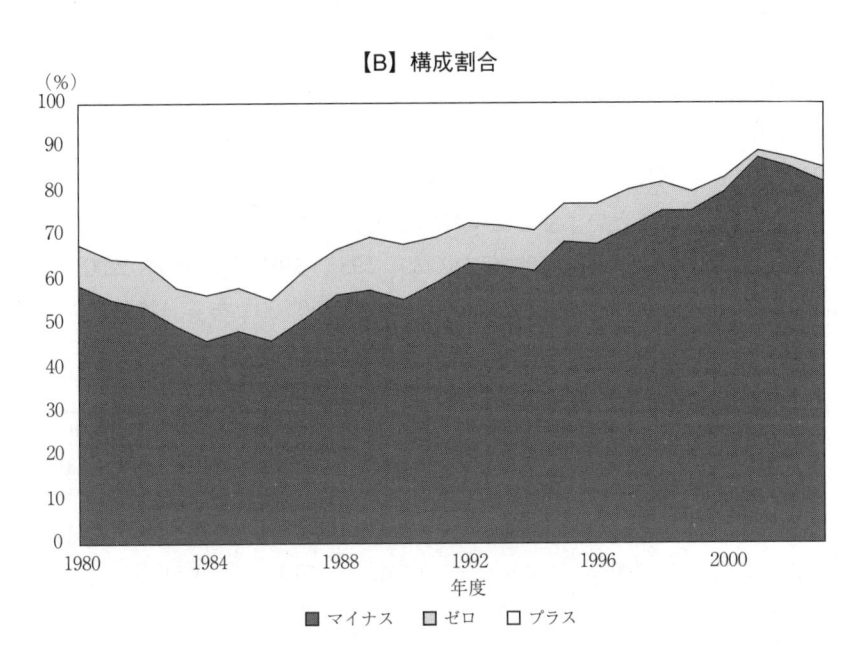

である企業の割合は，年々低下する傾向にある．換言すれば，損益計算書上の経常利益と税引前利益が同じ金額である企業は，2001年には全体サンプルのわずか1.9％にすぎない．したがって，会計利益の中に一時的・臨時的な性格をもつ特別損益項目を計上している企業が時系列で増大していることが示唆される．以下では，こうした特別損益項目，特に特別損失の急増が会計利益の持続性に及ぼした影響について検討する．

(2) 税引前利益の持続性

本節では，(1)式の係数 β_1 の推定値を会計利益の持続性と定義し，年度別に(1)式を OLS で推定する．β_1 の推定値が 1 (0) に近接すればするほど，利益の持続性は高い（低い）と判断される．

$$E_{i,t+1} = \beta_0 + \beta_1 E_{i,t} + \varepsilon_{i,t} \tag{1}$$

$E_{i,t}$ は，第 i 企業の第 t 年度の税引前利益である[6]．ただし，本節では，利益の持続性をクロスセクションで推定するので，利益変数を総資産（期首と期末の平均値）で割算して企業規模の影響をコントロールする．さらに，異常値の影響を緩和するために，各年度の分布の上下各１％を置換した[7]．

図表10-3は，(1)式を年度別に推定した結果を要約したものである．1980～2003年の24年間にわたって年度別に推定した利益の持続性の平均値は0.698である．一方，24年というサンプル期間を５年ずつに分割した場合，部分期間の持続性の平均値は，1980～1984年が0.739，1985～1989年が0.697，1990～1994年が0.742，1995～1999年が0.731，2000～2003年が0.550である．特別損失が急

図表10-3 税引前利益の持続性の推移（平均値）

Period	b_0	t-stat.	b_1	t-stat.	R^2	Obs.
全体	0.008	7.749	0.698	46.532	0.490	2,317
1980～1984	0.011	9.659	0.739	46.340	0.572	1,601
1985～1989	0.015	13.868	0.697	44.543	0.538	1,692
1990～1994	0.003	3.182	0.742	53.019	0.547	2,299
1995～1999	0.003	4.589	0.731	49.594	0.459	2,891
2000～2003	0.008	7.372	0.550	37.320	0.297	3,297

増した2000～2003年の持続性はその他の期間に比べて小さい．

そこで，会計利益の持続性が近年有意に低下しているかどうかを確認するために，(2)式のようなタイム・トレンド回帰を行った．

$$b_{1,t} = \gamma_0 + \gamma_1 TIME + \varepsilon_t \qquad (2)$$

ただし，$b_{1,t}$ は(1)式から推定された第 t 年度の会計利益の持続性，$TIME$ は1980年から2003年の各年度について1から24の値をとるタイム・トレンド変数である．(3)式は，その結果である．

$$b_{1,t} = 0.774 - 0.006 TIME \quad R^2 = 0.294 \qquad (3)$$
$$(t = 26.710)(-3.030)$$

$TIME$ 変数の係数は有意にマイナスであるから，税引前利益の持続性は年々低下する傾向にある[8]．すなわち，一時的・臨時的な性格をもつ特別損失の計上が，当該企業の利益の持続性を低下させるのは当然のことである[9]．しかし，前節でみたように，巨額な特別損失を計上する企業の急増は，当該企業の利益の持続性だけではなく，日本企業全体の平均的な利益の持続性に対しても有意な影響を及ぼしていることが示唆される．

最後に，(1)式の決定係数が低下傾向にあることも指摘しておきたい．たとえば，部分期間の決定係数の平均値は，1980～1984年が0.572，1985～1989年が0.538，1990～1994年が0.547，1995～1999年が0.459，2000～2003年が0.297である．紙幅の関係で省略しているが，各年度の決定係数をタイム・トレンド変数で回帰した場合，その係数は有意にマイナスである．もし業績が好調だった企業が突然翌期に赤字に転落したり，反対に一時的に低迷した企業の業績が翌期には急激に回復したりするような事例が増加すれば，このような決定係数の低下が起きるであろう．

(3) 経常利益の持続性

図表10-4は，(1)式を用いて経常利益の持続性を年度別に推定した結果を要約している．サンプル期間全体の経常利益の持続性の平均値は0.822である．当然のことではあるが，一時的・臨時的な特別損益項目を含む税引前利益

図表10-4　経常利益の持続性の推移（平均値）

Period	b_0	t-stat.	b_1	t-stat.	R^2	Obs.
全体	0.005	7.418	0.822	75.137	0.710	2,317
1980〜1984	0.005	6.261	0.838	65.734	0.725	1,601
1985〜1989	0.010	11.950	0.803	68.364	0.729	1,692
1990〜1994	−0.002	−1.610	0.857	84.048	0.752	2,299
1995〜1999	0.005	9.765	0.838	83.438	0.706	2,891
2000〜2003	0.008	11.550	0.763	73.839	0.619	3,297

の持続性に比べて，それらを含まない経常利益の持続性はより高い．一方，部分期間の平均値は，1980〜1984年が0.838，1985〜1989年が0.803，1990〜1994年が0.857，1995〜1999年が0.838，2000〜2003年が0.763である[10]．税引前利益と同様に，2000〜2003年の経常利益の持続性はその他の期間に比べて低下しているが，その落ち込みはそれほど大きくはない．

(4)式は，各年度の経常利益の持続性をタイム・トレンド変数で回帰した結果である．

$$b_{1,t} = 0.848 - 0.002 TIME \quad R^2 = 0.097 \quad (4)$$
$$(t=44.361)(-1.541)$$

$TIME$ 変数の係数はマイナスであるが，統計的な有意水準はそれほど高くはない[11]．したがって，日本企業全体からみた平均的な会計利益（税引前利益）の持続性の低下は，通常の事業活動から稼得される経常利益や営業利益の持続性が大きく低下したことよりもむしろ，一時的・臨時的に計上される特別損失の増加に，その主たる原因があると推察することができる．

5．営業キャッシュ・フローと会計発生高の持続性

会計利益を営業キャッシュ・フローと会計発生高という2つの構成要素に分解した上で議論を展開している先行研究も数多い．たとえば，Sloan (1996) やXie (2001) などは，営業キャッシュ・フローと会計発生高のいずれが将来利益とより強い関連性を有しているのか，そして投資家がその持続性の差異を完全

に理解して価格形成を行っているか否かを実証的に分析している．日本でも，浅野 (2002)，榎本 (2003)，奥村 (2003)，野間 (2004)，河 (2005)，成岡 (2005)，海老原 (2005)，Kubota et al.(2006) などの研究は，キャッシュ・フローまたは会計発生高と将来利益の関連性，およびそれに関する株式市場の合理性について調査を行っている．本節では，会計利益の構成要素である営業キャッシュ・フローや会計発生高の持続性について，その時系列動向を調査する[12]．

キャッシュ・フロー計算書の入手可能性について大きな制約があることから，営業キャッシュ・フローと会計発生高は，須田・首藤 (2004) に従って次のように定義した．

営業キャッシュ・フロー＝当期利益－特別利益＋特別損失－会計発生高
会計発生高＝（Δ流動資産－Δ現金預金）－（Δ流動負債－Δ資金調達項目）
　　　　　－（Δ貸倒引当金＋Δ長期引当金＋減価償却費）

なお，Δは期中増減額（＝期末残高－期首残高）を示す．また，これまでと同様に，2つの変数は総資産（期首と期末の平均値）で割算して企業規模の影響をコントロールする．

図表10-5のPanel Aは，(1)式を用いて営業キャッシュ・フローの持続性を年度別に推定した結果を要約している．サンプル期間全体の営業キャッシュ・フローの持続性の平均値は0.191である．一方，部分期間の平均値は，1980〜1984年が0.270，1985〜1989年が0.259，1990〜1994年が0.179，1995〜1999年が0.140，2000〜2003年が0.087である．そして，(5)式は，各年度の営業キャッシュ・フローの持続性をタイム・トレンド変数で回帰した結果である．

$$b_{1,t} = 0.312 - 0.010 TIME \quad R^2 = 0.606 \quad (5)$$
$$(t = 13.151)(-5.815)$$

TIME 変数の係数は有意にマイナスであるから，利益の構成要素である営業キャッシュ・フローの持続性は年々低下する傾向にある．ありうべき1つの理由は，企業間競争の激化やヒット商品の寿命短縮化などの実体経済の変化によって営業キャッシュ・フローの持続性が低下した可能性が考えられる．

図表10-5のPanel Bは，(1)式を用いて会計発生高の持続性を年度別に推

図表10-5 営業キャッシュ・フローと会計発生高の持続性の推移（平均値）

Period	b_0	t-stat.	b_1	t-stat.	R^2	Obs.
Panel A：営業キャッシュ・フロー						
全体	0.035	20.809	0.191	8.936	0.044	2,317
1980～1984	0.028	14.970	0.270	11.404	0.077	1,601
1985～1989	0.028	14.234	0.259	10.858	0.066	1,692
1990～1994	0.027	18.758	0.179	9.222	0.038	2,299
1995～1999	0.039	27.198	0.140	7.336	0.022	2,891
2000～2003	0.055	30.903	0.087	5.089	0.011	3,297
Panel B：会計発生高						
全体	−0.020	−14.216	0.106	4.770	0.017	2,317
1980～1984	−0.015	−9.817	0.151	6.233	0.024	1,601
1985～1989	−0.013	−8.018	0.155	6.354	0.025	1,692
1990～1994	−0.015	−11.824	0.125	6.403	0.020	2,299
1995～1999	−0.024	−18.920	0.094	4.931	0.011	2,891
2000～2003	−0.035	−24.571	−0.018	−1.282	0.002	3,297

定した結果を要約している．サンプル期間全体の会計発生高の持続性の平均値は0.106である．一方，部分期間の平均値は，1980～1984年が0.151，1985～1989年が0.155，1990～1994年が0.125，1995～1999年が0.094，2000～2003年が−0.018である．(6)式は，各年度の会計発生高の持続性をタイム・トレンド変数で回帰した結果である．

$$b_{1,t} = 0.198 - 0.007 TIME \quad R^2 = 0.464 \qquad (6)$$
$$(t=8.235)(-4.363)$$

TIME 変数の係数は有意にマイナスであるから，利益の構成要素である会計発生高の持続性もまた年々低下する傾向にある．ありうべき理由として，①実現・発生・対応の諸原則に基づいてキャッシュ・フローの期間帰属を変更・決定するという会計発生高の役割を考慮すれば，前述したようなキャッシュ・フローの持続性の低下が影響しているかもしれないこと，②実際のキャッシュ・フローに基づかない会計発生高や遠い将来期間のキャッシュ・フロー予想に基づいた会計発生高の計上を要求する新しい会計基準が影響しているかもしれないことなどがあげられる．

6. 総括と展望

　本章では，日本企業の業績指標に関する分布が近年大きく変化している証拠を第2節において提示した上で，われわれが取り組むべき2つの研究課題を第3節において指摘した．1つは，そのような業績指標の分布の変化がなぜ生じたのか，その原因を探究することである．たとえば，音川・髙田（2005）は，損失計上企業の割合や特別損益項目が近年急増しているという現象の背景にある1つの要因として，ストック・オプション制度の普及を取り上げている．しかし，それ以外にも数多くの要因が作用しているであろうから，企業業績に関する指標の分布が大きく変化した原因について，今後より包括的な調査がなされるべきである．

　もう1つの課題は，そのような業績指標の分布の変化が及ぼす影響をさまざまな観点から調査することである．これまでの数多くの研究などにおいて，持続性の高い利益ほど利益の質が高いとみなされてきたことを考慮して，第4節では，会計利益の持続性に対する影響という観点から実証的な調査を行った．実証結果は，巨額な特別損失を計上する企業の急増に伴って，日本企業全体からみた平均的な会計利益（税引前利益）の持続性が近年低下していること，しかし通常の事業活動から稼得される経常利益や営業利益については，顕著な持続性の低下がみられないことを明らかにしている．したがって，もし持続性が利益の質の尺度であるとすれば，日本企業の会計利益の質は近年低下傾向にあると推察することができる．

　もっとも，こうした特別損失の急増と会計利益の持続性の低下が，一連の会計制度改革による一時的な現象であるのか，それとも固定資産の減損処理などの会計基準が整備されたことによって今後も継続する現象であるのかについては，更なるデータの蓄積をまって判断することが肝要である．また，第4節の実証結果によれば，経常利益や営業利益の持続性に顕著な低下はみられなかった．しかし，巨額な特別損失を計上した企業については，将来の費用・損失をその期に一括計上して業績を一時的に悪化させるビッグ・バスによって，それ以降の会計利益の持続性が維持されている可能性がある．この点についても，更なる検討が必要である．そして，本章では，利益の持続性に焦点を当てた

が，それ以外の観点から，業績指標の分布の変化がもたらした影響を多面的に調査することも必要である．

さらに，第5節では，会計利益をその構成要素である営業キャッシュ・フローと会計発生高に分解して，それぞれの持続性を分析した．いずれの構成要素の持続性も通時的に低下傾向にあることが観察された．しかし，営業キャッシュ・フローや会計発生高の持続性が低下した理由について，その解釈の妥当性は検証されておらず，将来において探究すべき課題としたい．また，営業キャッシュ・フローのほかに，投資キャッシュ・フローやフリー・キャッシュ・フローなどについても，その持続性を検討することは興味深い課題である．

（音川　和久）

注

1　保守主義に関する先行研究の詳細については，髙田（2004）を参照．
2　たとえば，1980年の数値は，1980年1月から12月の間に終了した決算年度にかかる個別財務諸表のデータを用いて算出している．
3　会計制度改革の経済的影響については，須田（2004）が詳しい．
4　利益反応係数に関する米国の実証研究については，Brown（1994, ch. 4）や音川（1999）を参照．
5　ある企業が証券取引所に上場しているかどうかは，日本経済新聞社の『日経ポートフォリオ・マスター』に収録されているデータを用いて判断している．なお，1980年1月から2003年12月までの期間にわたって証券取引所に継続上場している企業に調査対象を限定した場合，より顕著な利益の持続性の低下が観察されるが，分析結果は基本的に同じ傾向を有する．
6　税効果会計導入の影響を排除するために，本節では，当期利益ではなく税引前利益に焦点を当てる．また，法人税に関連する諸問題は，別の箇所で詳細に議論される．
7　異常値処理を行わない場合，および各年度の分布の上下各1％を削除した場合について，以下の分析を繰り返した．推定結果は，紙幅の関係で省略しているが，基本的に同じ傾向を有する．
8　各年度の特別損益項目の合計額を総資産合計額で割算した比率（SPE）を独立変数とした場合，その係数は有意にプラスであった．また，損失計上企業の割合（LOSS）を独立変数とした場合，その係数は有意にマイナスであった．このことは，特別損失が多く計上された年度または損失計上企業が多い年度ほど，利益の持続性が低くなることを意味する．なお，これらの変数は非常に高い相関を有しているが，TIME 変数，SPE 変数および LOSS 変数の3つを独立変数とした場合，SPE 変数の係数のみが有意にプラスであった．

9 図表では報告していないが，総資産の5％または10％を超える特別損益項目を計上した企業とそうでない企業について利益の持続性を比較した場合，前者のグループは，後者よりも有意に小さい利益の持続性を有する．また，損失計上企業と利益計上企業について利益の持続性を比較した場合，前者のグループは，後者よりも有意に小さい利益の持続性を有する．

10 営業利益についても同様の分析を行い，経常利益のケースと基本的に同じ結果を獲得した．たとえば，分布の上下各1％を置換したサンプルを用いて営業利益の持続性を推定した場合，部分期間の持続性の平均値は，1980～1984年が0.782，1985～1989年が0.771，1990～1994年が0.812，1995～1999年が0.817，2000～2003年が0.751であった．

11 営業利益の持続性をタイム・トレンド変数で回帰した場合，*TIME* 変数の係数は統計的に有意ではなかった．

12 キャッシュ・フロー情報に焦点を当てた研究として，百合草（2001）がある．

参考文献

Basu, S. (1997) "The Conservatism Principle and the Asymmetric Timeliness of Earnings," *Journal of Accounting and Economics* 24, pp.3-37.

Brown, P. (1994) *Capital Markets-based Research in Accounting : An Introduction*, Coopers & Lybrand（山地秀俊・音川和久訳（1999）『資本市場理論に基づく会計学入門』勁草書房）．

Burgstahler, D. and I. Dichev (1997) "Earnings Management to Avoid Earnings Decreases and Losses," *Journal of Accounting and Economics* 24, pp.99-126.

Collins, D. W. and S. P. Kothari (1989) "An Analysis of Intertemporal and Cross-sectional Determinants of Earnings Response Coefficients," *Journal of Accounting and Economics* 11, pp.143-181.

Collins, D. W., E. L. Maydew and I. S. Weiss (1997) "Changes in the Value-relevance of Earnings and Book Values over the Past Forty Years," *Journal of Accounting and Economics* 24, pp.39-67.

Collins, D. W., M. Pincus and H. Xie (1999) "Equity Valuation and Negative Earnings : The Role of Book Value of Equity," *The Accounting Review* 74, pp.29-61.

DeAngelo, H., L. DeAngelo and D. J. Skinner (2004) "Are Dividends Disappearing? Dividend Concentration and the Consolidation of Earnings," *Journal of Financial Economics* 72, pp.425-456.

Easton, P. D. and M. E. Zmijewski (1989) "Cross-sectional Variation in the Stock Market Response to Accounting Earnings Announcements," *Journal of Accounting and Economics* 11, pp.117-141.

Elliott, J. A. and J. D. Hanna (1996) "Repeated Accounting Write-offs and the Information Content of Earnings," *Journal of Accounting Research* 34, pp.135-155.

Fama, E. F. and K. R. French (2004) "New Lists : Fundamentals and Survival Rates," *Journal of Financial Economics* 73, pp.229-269.

Francis, J., R. LaFond, P. M. Olsson and K. Schipper (2004) "Cost of Equity and Earnings Attributes," *The Accounting Review* 79, pp.967-1010.

Givoly, D. and C. Hayn (2000) "The Changing Time-series Properties of Earnings, Cash Flows and Accruals : Has Financial Reporting Become More Conservative?" *Journal of Accounting and Economics* 29, pp.287-320.

Hayn, C.(1995) "The Information Content of Losses," *Journal of Accounting and Economics* 20, pp.125-153.

Holthausen, R. W. and R. L. Watts (2001) "The Relevance of the Value-relevance Literature for Financial Accounting Standard Setting," *Journal of Accounting and Economics* 31, pp.3-75.

Klein, A. and C. A. Marquardt (2006) "Fundamentals of Accounting Losses," *The Accounting Review* 81, pp.179-206.

Kormendi, R. and R. C. Lipe (1987) "Earnings Innovations, Earnings Persistence, and Stock Returns," *Journal of Business* 60, pp.323-345.

Kubota, K., K. Suda and H. Takehara (2006) "Pricing of Accounting Accruals Information and the Revisions of Analyst Earnings Forecasts : Evidence from Tokyo Stock Exchange Firms," *Working Paper*, Musashi University and Waseda University.

Lipe, R. C.(1990) "The Relation between Stock Returns and Accounting Earnings Given Alternative Information," *The Accounting Review* 65, pp.49-71.

Penman, S. H. and X-J. Zhang (2002) "Accounting Conservatism, the Quality of Earnings, and Stock Returns," *The Accounting Review* 77, pp.237-264.

Ryan, S. G. and P. A. Zarowin (2003) "Why Has the Contemporaneous Linear Returns-earnings Relation Declined ? " *The Accounting Review* 78, pp.523-553.

Schipper, K. and L. Vincent (2003) "Earnings Quality," *Accounting Horizons* 17, pp.97-110.

Sloan, R. G.(1996) "Do Stock Prices Fully Reflect Information in Accruals and Cash Flows about Future Earnings ? " *The Accounting Review* 71, pp.289-315.

Tazawa, M.(2003) "The Timeliness of Earnings and Accruals under Conservatism in Japan," *Working Paper*, Nagoya City University.

Xie, H.(2001) "The Mispricing of Abnormal Accruals," *The Accounting Review* 76, pp.357-373.

浅野信博 (2002)「会計利益の質的差異と資本市場―会計発生高アノマリーは存在するか」山地秀俊編著『マクロ会計政策の評価』神戸大学経済経営研究所, pp.43-79.

薄井彰 (1999)「クリーンサープラス会計と企業の市場評価モデル」『會計』第155巻第3号, pp.394-409.

榎本正博 (2003)「裁量的会計発生高と将来株式リターンの関連について―運転資本会計発生高を中心とした分析」『経済研究』第7巻第3・4号, pp.145-168.

海老原崇 (2005)「発生項目の予測誤差が市場の合理性に与える影響」石塚博司編『会計情報の現代的役割』白桃書房, pp.233-246.
奥村雅史 (2003)「個別財務諸表情報と株価の関係―Mishkinテストによる研究」『早稲田商学』第397号, pp.141-158.
音川和久 (1999)『会計方針と株式市場』千倉書房.
音川和久・髙田知実 (2005)「ストック・オプションの権利付与と会計上の損失に関する予備的証拠」『国民経済雑誌』第192巻第5号, pp.37-54.
木村史彦・浅野信博 (2005)「財務データの特性と統計分析上の留意点」『オイコノミカ』第42巻第1号, pp.133-152.
須田一幸編著 (2004)『会計制度改革の実証分析』同文舘出版.
須田一幸・首藤昭信 (2004)「経営者の利益予想と裁量的会計行動」須田一幸編著『ディスクロージャーの戦略と効果』森山書店, pp.211-229.
髙田知実 (2004)「会計における保守主義の役割と定量化」『六甲台論集（経営学編）』第51巻第2号, pp.57-77.
髙田知実 (2006)「利益／株価比率を利用した保守主義の定量化」『経済経営研究（年報）』第56号, pp.1-38.
野間幹晴 (2004)「利益の持続性と会計発生高の信頼性」『会計プログレス』第5号, pp.77-90.
成岡浩一 (2005)「株式市場における貸借対照表情報のプライシング」石塚博司編『会計情報の現代的役割』白桃書房, pp.220-232.
河榮徳 (2005)「キャッシュ・フローとアクルーアルの予測能力と価値関連性」石塚博司編『会計情報の現代的役割』白桃書房, pp.157-167.
百合草裕康 (2001)『キャッシュ・フロー会計情報の有用性』中央経済社.

11 当期純利益と包括利益

1．本章の目的と構成

　情報の非対称性がもたらす経済問題を解決するため，財務会計に意思決定支援機能と契約支援機能を達成することが求められる[1]．米国で包括利益に関する議論が上下されたとき，その中心となったのは，包括利益情報の証券投資意思決定に対する有用性であった．

　これに対して Skinner (1999) は，包括利益と当期純利益の情報内容を公平に比較するのであれば，証券投資意思決定よりも契約との関係を分析すべきであると指摘した．なぜなら，その他の包括利益に該当する項目は持続性がなく，それを計算要素とする包括利益は当期純利益よりも将来予測能力に劣ると推測されるが，他方，利益を契約目的で使用する場合，それは事後的活用であり，当期純利益と包括利益は事後的尺度として，いずれも等しく有用であると想定されるからである．

　Biddle and Choi (2006) は，意思決定支援機能と契約支援機能の両方を視野に入れ，包括利益と当期純利益の情報内容を比較した．すなわち，株式収益率と経営者報酬を被説明変数として，当期純利益と包括利益の情報内容を分析したのである．

　本章は Biddle and Choi (2006) に依拠して，当期純利益と包括利益が株価と経営者報酬に与える影響を分析する．ただし本章では，日本企業が開示した「その他有価証券評価差額金」と「為替換算調整勘定」の変化額および「土地

再評価差額金」の3項目を「その他の包括利益」の構成要素とみなし，その他の包括利益と当期純利益の合計額を「包括利益の推定値（疑似的包括利益）」として扱う．そして，当期純利益と包括利益の相対情報内容（relative information content）を検証し，併せて，その他の包括利益の構成要素について増分情報内容（incremental information content）を分析する．

以下では，第2節で最近の先行研究を概観し，第3節で相対情報内容と増分情報内容の分析方法を説明する．第4節で使用するデータとモデルを提示する．そして第5節において，価値関連性の視点で包括利益と当期純利益の情報内容を比較し，第6節では，経営者報酬との関連性で各々の情報内容を分析する．最後に，結論と今後の展望を示す．

2．先行研究の概要

アメリカを中心にニュージーランドやイギリスの企業について，包括利益情報の価値関連性を検証する研究が行われている[2]．その結果はまちまちであり，比較的古い実証研究の場合，包括利益情報の価値関連性は観察されていないが，1997年に財務会計基準書第130号（以後SFAS130と略称）が設定された以後の期間を対象にした実証研究では，包括利益情報の価値関連性を支持する証拠が提示されている．それぞれの研究を順番に概観しよう．

Dhaliwal et al.(1999)は，包括利益情報の開示を求めたSFAS130が設定される前の期間について調査を行った．すなわち，もしSFAS130が設定されたならば開示されるであろう包括利益（as if comprehensive income）の金額を推定し，その価値関連性を当期純利益と比較した．その結果，包括利益は当期純利益よりも株式収益率との関連性が小さいと判断された．

Chambers et al.(2005)は，S&P500社を対象にしてSFAS130設定前の期間（1994～1997）と設定後の期間（1998～2001）について，その他の包括利益と当期純利益の価値関連性を比較した．SFAS130設定前の期間については，Dhaliwal et al.(1999)と同様に as if comprehensive income を推定し，その他の包括利益の価値関連性を分析した．SFAS130設定後の期間については，SFAS130に基づいて実際に報告された包括利益を用いて，その他の包括利益の価値関連性を分

析した．その結果，SFAS130設定前の期間では，その他の包括利益の価値関連性が観察されず，SFAS130設定後において，その他の包括利益の価値関連性を示す証拠が得られた．他方，当期純利益の価値関連性は，SFAS130の設定前後で変化することはなかった．

さらに Chambers et al.(2005) は，SFAS130設定後の期間について，その他の包括利益の開示方法が価値関連性に与える影響を分析した．包括利益は，結合損益計算書（包括利益計算書）に表示されたケース（337件）と株主持分変動計算書に示されたケース（1,502件）がある．それぞれのケースについて，包括利益の価値関連性を分析したところ，価値関連性に差異はないことがわかった．つまり，開示方法はその他の包括利益の価値関連性に影響を及ぼさない，ということである．

Chambers et al.(2005) と整合的な結果が，Kanagaretnam et al.(2005) で提示されている．Kanagaretnam et al.(2005) は，調査期間を1994年から2003年に設定し，SFAS130設定前の期間（1994～1997）と設定後の期間（1998～2001）について，その他の包括利益と当期純利益の増分情報内容を検証し，さらに各々の将来予測能力を比較した．サンプル数は延べ3万325である．SFAS130設定前の期間について増分情報内容を検証した結果，当期純利益と有価証券評価差額に統計的に有意な増分情報内容があることが分かった．次に，SFAS130設定後の期間について増分情報内容を調査したところ，当期純利益と有価証券評価差額に加えて，為替換算調整勘定と最小年金債務調整額に有意な増分情報内容が検出された．さらに，SFAS130設定後の期間について推定した回帰式の自由度修正決定係数は，SFAS130設定前の期間について推定した回帰式の決定係数よりも大きかった．つまり，その他の包括利益は当期純利益を所与としても増分情報内容があり，その他の包括利益の情報内容はSFAS130設定後の期間に増大したということである．

ただし，将来利益と将来キャッシュフローの予測能力については，当期純利益のほうが優れていることが示された．Kanagaretnam et al.(2005) は，第1に，当期純利益と包括利益を用いて将来の当期純利益を予測するモデルを設定した．そのモデルを推定した結果，いずれも統計的に有意な予測能力を備えているが，当期純利益を用いたモデルの予測精度は包括利益のモデルよりも高い

ことが確認された．第2に，当期純利益と包括利益を用いて将来の包括利益を予測するモデルを推定した．その結果，包括利益の予測においてさえ，当期純利益を用いたモデルの方が優れていることがわかった．最後に Kanagaretnam et al.(2005) は，当期純利益と包括利益を用いて将来の営業キャッシュフローを予測するモデルを推定した．そして，包括利益よりも当期純利益を用いたモデルの方が，将来キャッシュフローの予測能力が優れていることを示したのである．

以上の実証研究は価値関連性の視点で行われたものであり，財務会計の契約支援機能は考慮されていない．Biddle and Choi (2006) は，財務会計の機能を意思決定支援機能と契約支援機能の両面で理解し，それぞれの機能について包括利益と当期純利益の相対情報内容と増分情報内容を検証した．契約支援機能として Biddle and Choi (2006) は，経営者報酬契約における利益情報の活用を想定している．

彼らは分析期間を1994年から1998年に設定し，包括利益と経営者報酬および株式収益率のデータが入手可能な企業をサンプルとした（延べ数5,349）．Dhaliwal et al.(1999) と同様に as if comprehensive income を推定し，彼らは最初に包括利益と当期純利益の価値関連性を比較した．その結果，証券投資意思決定において包括利益は相対情報内容を有し，とりわけ有価証券評価差額に増分情報内容のあることが分かった．続いて彼らは，経営者への現金報酬と利益情報の関連性を分析した．そして，経営者報酬との関連では当期純利益が相対情報内容を有し，その他の包括利益を構成する項目に増分情報内容はないという結果を得た．要するに，包括利益情報は証券投資意思決定にとって有用であるが，経営者報酬契約では活用されていないということである．これは日本企業についても言えるのであろうか．以下でこの問いについて回答を提示する．

3．包括利益の相対情報内容と増分情報内容

本研究では Biddle et al.(1995) にもとづき，包括利益の情報内容を相対情報内容と増分情報内容に区別して分析する．このように相対情報内容と増分情報

内容の2面から情報内容を検証するアプローチは，①当期純利益と売上高およびキャッシュフローの情報内容を比較した Biddle et al.(1995)，②当期純利益と残余利益および経済的付加価値（EVA）の比較を行った Biddle et al.(1997)，③ EBIT と EBITDA ならびに営業キャッシュフローを比較した Francis et al.(2001)，および④当期純利益と包括利益の比較を行った Biddle and Choi (2006) などで適用されている．

最初に，相対情報内容と増分情報内容の違いを具体的に説明しよう[3]．ここでは価値関連性の分析を想定し，当期純利益と包括利益の相対情報内容と増分情報内容を例示する．

t 期の当期純利益 NI_t と包括利益 CI_t の両方を入手できる市場を仮定する．合理的期待が形成される市場では，これらの情報変数における予想外の変化が t 期の株式異常収益率 $Abnret_t$ をもたらす．その情報が AR(1)（1階の自己回帰）モデルにより予想可能であるならば，情報変数を価値関連性の線形式に代入し，以下のような2種類の線形回帰モデルを設定することが可能となる(Biddle et al., 1995)．

$$Abnret_t = \alpha + \beta_1 NI_t + \beta_2 NI_{t-1} + \varepsilon_t, \\ Abnret_t = \alpha + \beta_1 CI_t + \beta_2 CI_{t-1} + \varepsilon_t. \tag{1}$$

投資家が当期純利益情報と包括利益情報の両方を入手した状態は，以下の(2)式で表される．

$$Abnret_t = \alpha + \beta_1 NI_t + \beta_2 NI_{t-1} + \beta_3 CI_t + \beta_4 CI_{t-1} + \varepsilon_t \tag{2}$$

相対情報内容の分析では，(2)式（当期純利益情報と包括利益情報の両方を入手している状態）から，(1)式（どちらか一方の情報がなくなった状態）に移行したときの喪失情報量を比較する(Biddle et al., 1995)．有意性検定は Biddle et al.(1995) に依拠して，非線形制約条件に対するワルド検定 (Wald test) を行なう[4]（以下では，相対情報内容に関するワルド検定を BSS テストと呼ぶ）．非入れ子型モデル (non-nested model) における相対情報内容の検定では Voung(1989) の尤度比検定が多用されるが，Biddle et al.(1997, 注10)は，Voung 検定よりも BSS テストの方がキャリブレーションと検定力の点で優れている

と指摘している．

　増分情報内容の分析では，当期純利益情報を所与としてその他の包括利益情報を加えたときの追加的説明力を検証する．その他の包括利益として，t 期におけるその他有価証券評価差額金と為替換算調整勘定の変化額および土地再評価差額金を想定し，それぞれを SEC_t と FCT_t および LRE_t と表記する．そして前記の式と同様，AR(1)モデルに従い以下の(3)式を設定する．(3)式における SEC_t の増分情報内容は $\beta_3 = \beta_4 = 0$ を制約とする F 検定により検証され，FCT_t の増分情報内容は $\beta_5 = \beta_6 = 0$，LRE_t の増分情報内容は $\beta_7 = \beta_8 = 0$ を制約とする F 検定で確認される．

$$Abnret_t = \alpha + \beta_1 NI_t + \beta_2 NI_{t-1} + \beta_3 SEC_t + \beta_4 SEC_{t-1} + \beta_5 FCT_t \\ + \beta_6 FCT_{t-1} + \beta_7 LRE_t + \beta_8 LRE_{t-1} + \varepsilon_t \tag{3}$$

　以上のように，包括利益の情報内容を相対情報内容と増分情報内容の2面から検証すれば，包括利益情報の有用性はより厳密に評価されるであろう．第1段階で相対情報内容を検証することにより，当期純利益と包括利益のいずれが株式収益率（経営者報酬）と強く関連しているのかを知ることができ，第2段階で増分情報内容を検証すれば，その他の包括利益の構成要素のどれに情報内容があるのかを判断することが可能となる．

4．データの説明と変数の定義

　本研究の調査対象期間は，1999年3月から2004年3月までの間である．調査対象にしたサンプルは，以下の条件を満たした企業である．
1) 3月決算の東京証券取引所第1部上場企業，
2) 銀行と証券および保険業の3業種以外の業種に属する企業，
3) 連結財務諸表を開示し，「その他有価証券評価差額金」と「為替換算調整勘定」および「土地再評価差額金」のうち，少なくとも1項目はゼロではない企業，
4) 分析で使用する財務データが，『日経NEEDS』の一般企業本決算データ・ベースから入手でき，かつ株価データが，『日経ポートフォリオマス

ター』の日次収益率データ・ベースから入手可能な企業.

その結果,本研究のサンプルは,1999年226社,2000年220社,2001年1,016社,2002年1,262社,2003年1,253社,2004年1,264社になった.延べ数で5,241のサンプルを使用する.

本研究は第1に,その他有価証券評価差額金と為替換算調整勘定および土地再評価差額金の対前年変化額を求め,擬似的にその他の包括利益の金額を計算する.そして,その他の包括利益と当期純利益を合計して,擬似的包括利益を算定する.土地再評価差額金は,時限立法たる土地再評価法に従い1998年3月から5年間に限って計上されたものであり,①期間が限定されている,②計上は任意である,③個々の企業は一度しか再評価を実施できないという点で,他の項目と異なっている.個別の企業が土地再評価差額金を計上するのは一度だけであるが,複数の会社からなる企業集団の連結財務諸表では,それが複数年度にわたって計上されることがあり,本研究は土地再評価差額金についても変化額を計算し,当該変化額をその他の包括利益の構成要素とみなした.

第2に,従属変数である株式収益率と経営者報酬を計算しなければならない.経営者報酬は,利益処分計算書で開示された「役員賞与」と,損益計算書における販売費・一般管理費の内訳項目として示された「役員報酬・賞与」を合計して算定する.

年次株式収益率はBiddle and Choi (2006) と同様に,決算日の8ヵ月前から決算日の3ヵ月後までの1年間の月次収益率をもとに計測する.つまり3月決算企業の場合,前年7月から翌年6月までの月次収益率を使用する.これは,決算日から3ヵ月が経過した6月末の段階で,連結財務諸表が一般に利用可能となり,その情報が株価に十分反映されている状態を想定している.

本研究では,t年度のj企業における月次収益率を$r_{j,t,k}$, k=,...,12で示し,年間累積株式収益率(Cumulative Raw Return ; CRR) を以下のように定義する.

$$CRR_{j,t} = \left(\prod_{k=1}^{12} (1 + r_{j,t,k}) \right) - 1 \qquad (4)$$

CRRはロー・リターンであるが,本研究はさらにロー・リターンから正常収益率を控除して異常収益率を計測する.そして月次異常収益率を累積して,年間累積異常株式収益率(Cumulative Abnormal Return ; CAR) を算定する.

正常収益率（normal return）を測定するため，本研究では資本資産価格評価モデル（Capital Asset Pricing Model ; $CAPM$）と Fama and French 3 factor model を使用する．

CAPM を用いた月次異常株式収益率は，以下の回帰式(5)の切片項で示される．(5)式における $r_{f,t,k}$ は，株価収益率と同時期の安全資産利子率であり，$r_{M,t,k}$ は市場ベンチマーク株式収益率を示している．

$$r_{j,t,k} - r_{f,t,k} = \alpha_{j,t}^{CAPM} + \beta_{j,t}^{CAPM}(r_{M,t,k} - r_{f,t,k}) + \varepsilon_{j,t,k}, \quad k = 1,...,12 \quad (5)$$

そして(6)式のように月次異常株式収益率を12倍すれば，年間累積異常株式収益率（CAR^{CAPM}）が計算される．

$$CAR_{j,t}^{CAPM} = 12 \times \alpha_{j,t}^{CAPM} \quad (6)$$

正常リターンを推定するモデルとして Fama and French 3 factor model を使用する場合は，年間累積異常株式収益率（CAR^{FF3}）を以下のように算定する[5]．$SMB_{t,k}$ は Fama and French (1993) の SMB ファクター，そして $HML_{t,k}$ は Fama and French (1993) の HML ファクターを示している．

$$\begin{aligned} r_{j,t,k} - r_{f,t,k} &= \alpha_{j,t}^{FF3} + \beta_{j,t}^{FF3}(r_{M,t,k} - r_{f,t,k}) + \gamma_{j,t}^{FF3} SMB_{t,k} \\ &\quad + \delta_{j,t}^{FF3} HML_{t,k} + \varepsilon_{j,t,k}, \quad k = 1,...,12 \end{aligned} \quad (7)$$

$$CAR_{j,t}^{FF3} = 12 \times \alpha_{j,t}^{FF3}$$

以上の方法で算定した各変数の基本統計量を図表11-1に示した．当期純利益と包括利益，その他有価証券評価差額金，為替換算調整勘定，土地再評価差額金および経営者報酬は，Biddle and Choi (2006) と同様に，当該会計年度における期首の発行済株式時価総額で割り基準化している．図表11-1によれば，当期純利益と包括利益の5パーセンタイルと標準偏差は同一水準にあるが，第3四分位と95パーセンタイルは包括利益の方が大きい．つまり，包括利益の分布は右裾において厚く，当期純利益の分布とやや異なっていることがわかる．また，CRR と CAR (CAPM) および CAR (Fama–French) の分布もかなり異なっており，別個に分析する必要性を示唆している．

図表11-1　変数の基本統計量

	Ave.	S.D.	5%	1Q	Median	3Q	95%
NI (Net Income)	−2.837	24.726	−43.124	0.026	3.407	5.982	12.430
CI (Comprehensive Income)	−1.527	25.427	−42.029	−2.160	3.367	7.377	19.190
OTH	1.310	10.141	−9.079	−1.216	−0.001	2.195	14.671
SEC	0.961	4.885	−5.206	−0.382	0.000	1.675	10.246
FCT	−0.511	2.591	−4.487	−0.609	0.000	0.000	2.355
LRE	0.739	5.544	−0.163	0.000	0.000	0.000	1.382
CRR	10.053	41.659	−42.327	−16.874	2.198	28.463	89.438
CAR (CAPM)	10.249	34.900	−41.929	−10.194	6.705	26.449	75.684
CAR (Fama-French)	0.050	38.761	−61.724	−21.994	−1.836	18.980	65.908
COMP	1.763	2.390	0.019	0.210	0.881	2.309	6.652

(注)　NI：当期純利益，CI：包括利益，OTH：その他の包括利益，SEC：その他有価証券評価差額金，FCT：為替換算調整勘定，LRE：土地再評価差額金，CRR：Cumulative Raw Return，CAR (CAPM)：CAPMをベンチマークとして測定された異常収益率，CAR (Fama-French)：Fama-French 3 factor modelをベンチマークとして測定された異常収益率，COMP：経営者報酬．Ave.とS.D.は各々の変数の標本平均と標準偏差．単位はすべて%．

5．包括利益情報の価値関連性

　本研究は第1に，当期純利益と包括利益およびその他の包括利益などについてPearson相関係数とその有意確率を計算した．その結果が図表11-2に要約されている．この表を見ると，①当期純利益と包括利益の相関係数が大きい(0.919)，②その他の包括利益と土地再評価差額金の相関係数が大きい(0.677)，③その他の包括利益の構成要素であるSEC・FCT・LREの相関係数は小さい，ということがわかる．したがって，変数の多重共線性を考慮して，回帰分析を行う必要があろう．

　第2に本研究は，右記の回帰モデル(8)式を設定し，相対情報内容の分析を行う．本研究では，(8)式の従属変数R_tにCRR_t，CAR_t^{CAPM}，CAR_t^{FF3}の3つを使用する．Added Component(s)の項目はSECとFCTとLREであり，SECとFCTおよびLREをすべて使用した場合(8)式の[　]内は，すでに定義した擬似的包括利益と一致する．

図表11-2　当期純利益と包括利益などの相関係数

	NI	CI	OTH	SEC	FCT	LRE
NI		0.000	0.000	0.000	0.112	0.000
CI	0.919		0.000	0.000	0.000	0.000
OTH	−0.135	0.268		0.000	0.000	0.000
SEC	0.062	0.260	0.502		0.000	0.000
FCT	−0.022	0.098	0.300	−0.087		0.451
LRE	−0.215	0.061	0.677	−0.068	0.010	

(注)　NI：当期純利益，CI：包括利益，OTH：その他の包括利益，SEC：その他有価証券評価差額金，FCT：為替換算調整勘定，LRE：土地再評価差額金．
左下三角行列は変数間のPearson相関係数，右上三角行列は対応する有意確率．

$$R_t = a + b_1[NI_t + \text{Added Component(s)}_t] \\ + b_2[NI_{t-1} + \text{Added Component(s)}_{t-1}] + \varepsilon_t \tag{8}$$

(8)式の推定結果を図表11-3に要約した．図表11-3のPanel Aは，従属変数に CRR_t を用いた結果であり，Panel Bには CAR_t^{CAPM} を用いた結果を示している．Panel Cには CAR_t^{FF3} の結果が表示されている．説明変数は，当期純利益(NI)をベンチマークとして，当期純利益にその他の包括利益項目を加えた6種類の利益情報($NI+SEC$, $NI+FCT$, $NI+LRE$, $NI+SEC+FCT$, $NI+SEC+LRE$, $NI+FCT+LRE$) および包括利益(CI) から成る．それぞれの変数と当期純利益の相対情報内容を検証するためBSSテストを実施し，その結果を右端の"BSS test"の列に示した．この"BSS test"列では，各変数について上段にワルド統計量，下段に対応する有意確率(p値) を示している．

図表11-3のPanel A・B・Cはいずれも，①当期純利益(NI)の回帰式における自由度修正決定係数が包括利益(CI)よりも大きい，②NIとCIの相対情報内容は統計的に有意に異なる，ということを示している．これは，当期純利益の相対情報内容が包括利益よりも大きいということを意味している．

ただしPanel Aによれば，$NI+SEC$ と $NI+SEC+FCT$ を用いた回帰式の決定係数が当期純利益よりも大きく，相対情報内容も有意に異なっている．これは，当期純利益にSECを加えた方が単独の当期純利益よりも相対情報内容がある，ということを示唆している．しかし，リスク調整後の分析結果(Panel

図表11-3 株式収益率に関する相対情報内容の分析

Panel A : Cumulative Raw Return

	a	b_1	b_2	Adj.R^2	BSS test
NI（Net Income）	10.397	0.347	−0.174	0.093	
	0.000	0.000	0.000		
NI+SEC	10.038	0.382	−0.208	0.106	85.630
	0.000	0.000	0.000		0.000
NI+FCT	10.536	0.330	−0.154	0.089	34.498
	0.000	0.000	0.000		0.000
NI+LRE	10.256	0.305	−0.146	0.084	61.725
	0.000	0.000	0.000		0.000
NI+SEC+FCT	10.193	0.368	−0.190	0.101	36.604
	0.000	0.000	0.000		0.000
NI+SEC+LRE	9.929	0.345	−0.182	0.096	1.877
	0.000	0.000	0.000		0.171
NI+FCT+LRE	10.618	0.266	−0.389	0.079	44.960
	0.000	0.000	0.000		0.000
CI（Comprehensive Income）	10.064	0.301	−0.146	0.087	8.868
	0.000	0.000	0.000		0.003

Panel B : Cumulative Abnormal Return（CAPM）

	a	b_1	b_2	Adj.R^2	BSS test
NI（Net Income）	9.922	0.127	−0.187	0.097	
	0.000	0.000	0.000		
NI+SEC	9.807	0.107	−0.182	0.096	1.304
	0.000	0.000	0.000		0.253
NI+FCT	9.949	0.117	−0.172	0.094	19.772
	0.000	0.000	0.000		0.000
NI+LRE	9.983	0.093	−0.154	0.091	21.182
	0.000	0.000	0.000		0.000
NI+SEC+FCT	9.831	0.099	−0.168	0.093	10.766
	0.000	0.000	0.000		0.001
NI+SEC+LRE	9.903	0.076	−0.152	0.090	16.056
	0.000	0.000	0.000		0.000
NI+FCT+LRE	10.014	0.056	−0.189	0.087	21.105
	0.000	0.003	0.000		0.000
CI（Comprehensive Income）	9.961	0.050	−0.119	0.086	19.302
	0.000	0.010	0.000		0.000

第11章 当期純利益と包括利益 223

Panel C : Cumulative Abnormal Return (Fama-French 3 Factor Model)

	a	b_1	b_2	Adj.R^2	BSS test
NI (Net Income)	0.659	0.225	−0.008	0.020	
	0.220	0.000	0.711		
$NI+SEC$	0.423	0.192	0.004	0.016	23.006
	0.431	0.000	0.865		0.000
$NI+FCT$	0.791	0.234	−0.011	0.022	11.208
	0.142	0.000	0.625		0.001
$NI+LRE$	0.503	0.224	−0.006	0.019	1.479
	0.347	0.000	0.803		0.224
$NI+SEC+FCT$	0.534	0.201	0.001	0.017	8.831
	0.321	0.000	0.960		0.003
$NI+SEC+LRE$	0.282	0.191	0.005	0.015	17.566
	0.599	0.000	0.819		0.000
$NI+FCT+LRE$	0.831	0.219	−0.226	0.021	0.570
	0.122	0.000	0.000		0.450
CI (Comprehensive Income)	0.372	0.191	0.010	0.016	6.176
	0.487	0.000	0.646		0.013

(注) SEC：その他有価証券評価差額金，FCT：為替換算調整勘定，LRE：土地再評価差額金．a，b_1，b_2の各列は回帰係数（上段）と有意確率（下段），Adj.R^2は自由度修正決定係数，BSS testは相対情報内容が当期純利益と異なるかについて検証した結果であり，上段がワルド統計量，下段が有意確率．

BおよびPanel C)は，それを支持していない．むしろPanel Cでは，$NI+FCT$と$NI+FCT+LRE$を用いたモデルに相対情報内容があることを示している．3つのリスク・ファクターを反映させたCARの場合，当期純利益にFCTを追加したモデルに相対情報内容が備わっていると考えられる．

第3に本研究は，以下の回帰式(9)を設定し増分情報内容を分析した．すべての変数を用いて(9)式を推定した結果と，SEC・FCT・LREの変数を1個づつ除外した推定結果を図表11-4に示した．Panel Aは従属変数にCRR_tを用いており，Panel BはCAR_t^{CAPM}，Panel CはCAR_t^{FF3}を用いた結果である．

$$R_t = a + b_1NI_t + b_2NI_{t-1} + b_3SEC_t + b_4SEC_{t-1} + b_5FCT_t + b_6FCT_{t-1} \\ + b_7LRE_t + b_8LRE_{t-1} + \varepsilon_t \quad (9)$$

図表11-4を見れば，①当期純利益の回帰係数は一貫して有意な正の値であ

図表11-4 株式収益率に対する増分情報内容の分析

Panel A : Cumulative Raw Return

		Intercept a	NI_t b_1	NI_{t-1} b_2	SEC_t b_3	SEC_{t-1} b_4	FCT_t b_5	FCT_{t-1} b_6	LRE_t b_7	LRE_{t-1} b_8	Adj.R^2	F-test
Coeff.		10.060	0.307	−0.161	0.956	−0.767	−0.203	1.288	−0.459	0.235	0.077	63.765
p-val		0.000	0.000	0.000	0.000	0.000	0.365	0.000	0.000	0.040		0.000
Coeff.		10.837	0.309	−0.162			−0.448	1.338	−0.542	0.215	0.054	18.050
p-val		0.000	0.000	0.000			0.048	0.000	0.000	0.062		0.000
Coeff.		9.772	0.321	−0.168	0.936	−0.872			−0.486	0.239	0.071	12.674
p-val		0.000	0.000	0.000	0.000	0.000			0.000	0.038		0.000
Coeff.		9.938	0.325	−0.166	0.964	−0.813	−0.192	1.343			0.073	
p-val		0.000	0.000	0.000	0.000	0.000	0.395	0.000				

Panel B : Cumulative Abnormal Return (CAPM)

		Intercept a	NI_t b_1	NI_{t-1} b_2	SEC_t b_3	SEC_{t-1} b_4	FCT_t b_5	FCT_{t-1} b_6	LRE_t b_7	LRE_{t-1} b_8	Adj.R^2	F-test
Coeff.		10.571	0.113	−0.165	−0.401	−0.288	−0.184	1.032	−0.352	0.511	0.037	8.187
p-val		0.000	0.000	0.000	0.000	0.024	0.339	0.000	0.000	0.000		0.000
Coeff.		10.150	0.106	−0.165			−0.139	1.098	−0.343	0.537	0.034	16.107
p-val		0.000	0.000	0.000			0.466	0.000	0.000	0.000		0.000
Coeff.		10.350	0.124	−0.171	−0.416	−0.374			−0.374	0.514	0.031	22.977
p-val		0.000	0.000	0.000	0.000	0.003			0.000	0.000		0.000
Coeff.		10.671	0.122	−0.181	−0.414	−0.347	−0.178	1.077			0.029	
p-val		0.000	0.000	0.000	0.000	0.007	0.355	0.000				

Panel C : Cumulative Abnormal Return (Fama and French 3 Factor Model)

	Intercept a	NI_t b_1	NI_{t-1} b_2	SEC_t b_3	SEC_{t-1} b_4	FCT_t b_5	FCT_{t-1} b_6	LRE_t b_7	LRE_{t-1} b_8	Adj.R^2	F-test
Coeff.	1.880	0.232	−0.016	−0.540	−0.209	0.966	0.316	−0.015	−0.097	0.027	
p-val	0.001	0.000	0.461	0.000	0.143	0.000	0.162	0.881	0.375		
Coeff.	1.341	0.225	−0.015			1.043	0.380	0.006	−0.067	0.024	11.079
p-val	0.017	0.000	0.489			0.000	0.092	0.953	0.541		0.000
Coeff.	1.332	0.231	−0.012	−0.580	−0.189			−0.022	−0.100	0.024	10.154
p-val	0.017	0.000	0.595	0.000	0.183			0.824	0.360		0.000
Coeff.	1.815	0.233	−0.013	−0.534	−0.203	0.968	0.317			0.028	0.398
p-val	0.001	0.000	0.557	0.000	0.155	0.000	0.161				0.671

(注) SEC：その他有価証券評価差額金, FCT：為替換算調整勘定, LRE：土地再評価差額金. a, b_1, b_2, b_3, b_4, b_5, b_6, b_7, b_8の各列は回帰係数（上段）と有意確率（下段），Adj.R^2は自由度修正決定係数，F-test は増分情報内容の検定結果であり，上段がF値，下段が有意確率．

る，②当期 *SEC* の回帰係数はほぼ一貫して有意である，③ *CRR* と当期 *SEC* は正の関係にあるが，*CAR* とは負の関係にある，ということがわかる．*SEC* の情報内容は，企業規模と純資産株価倍率により，大きく左右されるのである．

以上，包括利益と当期純利益の相対情報内容と増分情報内容を分析した．その結果，当期純利益は相対情報内容と増分情報内容のいずれも保持しており，株式収益率との関係が安定していることがわかった．包括利益には相対情報内容がない．ただし，その他の包括利益の構成要素の中で一部，相対情報内容と増分情報内容を備えている項目がある．それは，その他有価証券評価差額金である．しかし，この項目と株式収益率の関係はかなり不安定であることが判明した．

6．包括利益情報と経営者報酬

財務会計には意思決定支援機能と契約支援機能を達成することが期待されている．したがって，たとえ証券投資意思決定における有用性が支持されなくても，契約との関係で有用性が発揮されていれば，その情報に対して経済的な意義を与えることができる．

米国企業の場合，経営者報酬契約に財務諸表数値が明示的に用いられ，それが有効なインセンティブ・システムとして機能していることが実証されている（須田，2000）．日本企業では，財務諸表数値を用いた明示的な経営者報酬契約を結んでいる例が少ない．しかし，経営者報酬とその企業の会計利益に統計的に有意な関係があり，日本企業も利益に連動する報酬制度が暗黙のうちに設定されているという（乙政，2004a，2004b）．

では，包括利益情報は経営者報酬の決定に活用されているのだろうか．本研究は，包括利益情報の相対情報内容と増分情報内容を経営者報酬との関係で分析する．

最初に相対情報内容を検証しよう．株式収益率の分析と同様に，ここでも AR (1)モデルによる利益予測を仮定し，(8)式と類似したモデルを設定する．ただし，Gaver and Gaver (1998) や Biddle and Choi (2006) は，企業業績が悪化し

た会計年度の影響を直接コントロールするため,独立変数が負の値となった場合のダミー変数をモデルに組み込んでいる.本研究でも,ある変数が負の値となる場合に1,その他の場合に0とするダミー変数 NEG を導入する.そして,以下の回帰モデル(10)式を設定した.Added Component(s)の項目は SEC と FCT と LRE であり,SEC と FCT および LRE をすべて使用した場合,(10)式の [　] 内は,すでに定義した擬似的包括利益と一致する.

$$\begin{aligned}COMP_t = & a + b_1[NI_t + \text{Add Component(s)}_t] \\ & + b_2(NEG_t \times [NI_t + \text{Add Component(s)}_t]) \\ & + b_3[NI_{t-1} + \text{Add Component(s)}_{t-1}] \\ & + b_4 \ (NEG_{t-1} \times [NI_t + \text{Add Component(s)}_t]) + \varepsilon_t\end{aligned} \quad (10)$$

(10)式の推定結果を図表11-5に示した.図表11-5を見ると,①自由度修正決定係数が図表11-3の約5倍である,② NI の回帰式における決定係数が CI よりもわずかに大きい,③ NI と CI の相対情報内容に有意差はない,④その他の包括利益の構成要素についても,NI を上回る決定係数は観察されず,かつ NI との相対情報内容に有意差はない,ということがわかる.①は,株式収益率よりも経営者報酬と利益の関連性が強いことを示している.しかし調査結果からは,当期純利益と包括利益のいずれを主に活用しているのか判断できない.その他の包括利益の構成要素についても同様である.

そこで本研究は次に,増分情報内容の分析を行った.株式収益率の分析で用いた(9)式に類似したモデル(11)式を設定し,その他の包括利益情報の構成要素について,経営者報酬の追加的説明力を検証したのである.

$$\begin{aligned}COMP_t = & a + b_1 NI_t + b_2(NEG_t \times NI_t) + b_3 NI_{t-1} + b_4(NEG_{t-1} \times NI_{t-1}) \\ & + b_5 SEC_t + b_6(NEG_t \times SEC_t) + b_7 SEC_{t-1} + b_8(NEG_{t-1} \\ & \times SEC_{t-1}) + b_9 FCT_t + b_{10}(NEG_t \times FCT_t) + b_{11} FCT_{t-1} \\ & + b_{12}(NEG_{t-1} \times FCT_{t-1}) + b_{13} LRE_t + b_{14}(NEG_t \times LRE_t) \\ & + b_{15} LRE_{t-1} + b_{16}(NEG_{t-1} \times LRE_{t-1}) + \varepsilon_t\end{aligned} \quad (11)$$

(11)式の推定結果が図表11-6に要約されている.これを見ると,①当期純利益の回帰係数は一貫して有意な正の値である,②当期の SEC と FCT および

図表11-5　経営者報酬に関する相対情報内容の分析

	a	b_1	b_2	b_3	b_4	Adj.R^2	BSStest
NI (Net Income)	0.992	0.059	−0.093	0.042	−0.056	0.449	
	0.000	0.000	0.000	0.000	0.000		
$NI+SEC$	1.030	0.035	−0.068	0.044	−0.059	0.447	0.279
	0.000	0.000	0.000	0.000	0.000		0.598
$NI+FCT$	1.003	0.064	−0.097	0.038	−0.052	0.449	1.019
	0.000	0.000	0.000	0.000	0.000		0.313
$NI+LRE$	1.013	0.055	−0.089	0.036	−0.051	0.447	0.707
	0.000	0.000	0.000	0.000	0.000		0.401
$NI+SEC+FCT$	1.027	0.038	−0.070	0.044	−0.059	0.448	0.589
	0.000	0.000	0.000	0.000	0.000		0.443
$NI+SEC+LRE$	1.014	0.039	−0.073	0.039	−0.054	0.446	0.202
	0.000	0.000	0.000	0.000	0.000		0.653
$NI+FCT+LRE$	1.029	0.056	−0.090	0.035	−0.049	0.448	0.813
	0.000	0.000	0.000	0.000	0.000		0.367
CI (Comprehensive Income)	1.060	0.037	−0.070	0.031	−0.046	0.445	0.727
	0.000	0.000	0.000	0.000	0.000		0.394

注）SEC：その他有価証券評価差額金，FCT：為替換算調整勘定，LRE：土地再評価差額金。a, b_1, b_2, b_3, b_4の各列は回帰係数（上段）と有意確率（下段），Adj.R^2は自由度修正決定係数，BSS testは相対情報内容が当期純利益と異なるかに関する検証結果を示したもので，上段がワルド統計量，下段が有意確率を表す。

　LRE の回帰係数も一貫して有意な正の値である，ということがわかる．つまり，当期純利益とその他の包括利益の構成要素には，それぞれ増分情報内容があり，他の情報を所与としても経営者報酬について追加的説明力を有していると解釈される．

　以上を要するに，経営者報酬との関連では包括利益と当期純利益の相対情報内容に差はなく，いずれも増分情報内容を備えており，包括利益と当期純利益は相互補完的に経営者報酬の決定に活用されているのである．

第11章 当期純利益と包括利益　229

図表11-6　経営者報酬に関する増分情報内容の分析

		Coeff.	p-val.	Coeff.	p-val.	Coeff.	p-val.	Coeff.	p-val.
Intercept	a	0.839	0.000	0.950	0.000	0.842	0.000	0.883	0.000
NI_t	b_1	0.049	0.000	0.055	0.000	0.051	0.000	0.051	0.000
$NEG*NI_t$	b_2	−0.076	0.000	−0.084	0.000	−0.079	0.000	−0.081	0.000
NI_{t-1}	b_3	0.038	0.000	0.040	0.000	0.039	0.000	0.039	0.000
$NEG*NI_{t-1}$	b_4	−0.050	0.000	−0.052	0.000	−0.050	0.000	−0.053	0.000
SEC_t	b_5	0.047	0.000			0.051	0.000	0.044	0.000
$NEG*SEC_t$	b_6	−0.230	0.000			−0.237	0.000	−0.230	0.000
SEC_{t-1}	b_7	−0.038	0.001			−0.039	0.001	−0.039	0.001
$NEG*SEC_{t-1}$	b_8	0.075	0.000			0.086	0.000	0.078	0.000
FCT_t	b_9	0.066	0.069	0.100	0.006			0.069	0.061
$NEG*FCT_t$	b_{10}	−0.101	0.015	−0.136	0.001			−0.100	0.016
FCT_{t-1}	b_{11}	−0.091	0.003	−0.097	0.001			−0.097	0.002
$NEG*FCT_{t-1}$	b_{12}	0.096	0.011	0.098	0.010			0.101	0.008
LRE_t	b_{13}	0.045	0.000	0.045	0.000	0.046	0.000		
$NEG*LRE_t$	b_{14}	−0.121	0.000	−0.117	0.000	−0.122	0.000		
LRE_{t-1}	b_{15}	0.023	0.000	0.026	0.000	0.023	0.000		
$NEG*LRE_{t-1}$	b_{16}	−0.093	0.009	−0.092	0.011	−0.083	0.020		
Adj. R^2		0.188		0.165		0.186		0.175	
F-test				37.923	0.000	3.826	0.004	21.674	0.000

(注)　回帰モデル(11)式におけるパラメータ推定値と F test による増分情報内容の検証結果。SEC：その他有価証券評価差額金、FCT：為替換算調整勘定、LRE：土地再評価差額金。a と b_i, ($i=1$, …,16) の各行は回帰係数 (Coef) と有意確率 (p-val.) を示す。Adj.R^2は自由度修正決定係数、F test は増分情報内容の検定結果である。

7．総括と展望

　本研究は，その他有価証券評価差額金と為替換算調整勘定および土地再評価差額金から擬似的に包括利益を算定し，その情報内容を明らかにするため，株式収益率および経営者報酬と包括利益の関連性を分析した．株式収益率と経営者報酬を従属変数にして，包括利益と当期純利益の相対情報内容と増分情報内容を検証したのである．

　その結果，株式収益率について，当期純利益は相対情報内容と増分情報内容のいずれも保持しており，株式収益率との関係も安定しているということがわ

かった．包括利益には相対情報内容がなかった．ただし，その他の包括利益の構成要素の中で，その他有価証券評価差額金は相対情報内容と増分情報内容を備えている．しかし，この項目と株式収益率の関係はかなり不安定であることが示された．

これらの調査結果が示唆しているのは，証券投資意思決定にとって当期純利益の情報は不可欠だということである．それを継続的に活用できない会計制度は考えられない．仮に包括利益情報を開示する場合でも，当期純利益の情報は保持したうえで，追加的に包括利益を示す方法が望まれよう．

経営者報酬との関連では，包括利益と当期純利益の相対情報内容に差はなく，いずれも増分情報内容を備えており，相互補完的に経営者報酬の決定に関連していることがわかった．この結果は Biddle and Choi (2006) と異なっている．日本ではこの頃，利益連動型報酬制度を明示的に設けた企業が少なく，したがって特定の利益概念を報酬制度へ組み込むまでに至っていなかったのであろう．今後，利益連動型報酬制度が日本へ浸透するにつれて，契約に適した利益概念が議論されるに違いない．

最後に問題点を指摘しよう．第1に，2000～2003年度という分析期間があげられる．この期間は，会計制度が大きく変更された時期であり，さらに，景気と株式市場も著しく変動した．この期間に限定された調査結果の普遍性は，今後の分析を待って判断されるだろう．第2に擬似的包括利益の使用があげられる．本研究は，現在開示されているデータから「その他の包括利益」を推定しており，将来，包括利益の基準が設定されたときに求められる情報と開示形式は考慮していない．また，包括利益ではなく当期純利益を中心にした現在のディスクロージャー・システムのもとで分析を行った．もし包括利益の基準が設定されれば，包括利益情報に対応した分析システムが普及するかもしれない．米国の先行研究が示しているように，擬似的包括利益の価値関連性は乏しくとも，基準設定後に包括利益情報の価値関連性が増大することは十分に考えられる．

> 本研究は，久保田敬一教授（武蔵大学）と竹原均教授（早稲田大学）と須田が行った共同研究による成果の一部である．本稿を本書に掲載することを認めていただいた両教授に感謝申し上げる．

注

1 財務会計の意思決定支援機能と契約支援機能については，須田 (2000) を参照されたい．
2 包括利益情報の価値関連性に関する海外の実証研究は，大日方 (2003) で精緻に考察されている．日本企業を対象にした実証研究には，若林 (2002)(2006) があるので参照されたい．
3 相対情報内容と増分情報内容の概念的な説明は，須田 (2004)pp.126-132を参照されたい．
4 Biddle et al.(1995) はワルド検定の詳細を説明していないが，同論文の非線形制約条件(13)式に基づき Kennedy (1985) p.66のテクニカルノートを用いてワルド検定の方法を具体化することができる．ワルド検定統計量の標本分布特性については，Amemiya (1985) pp.142-144が詳説している．BSSテストは，R^2を元に予測力の高い変数を選択する Hotelling (1940) の方法を，分散不均一性が存在する場合について拡張した統計量であり，ワルド検定における大標本特性を有する．BSSテストは Francis et al.(2001) でも使用されているので参照されたい．
5 Fama and French 3 factor model に従った正常リターンの推定は，久保田・竹原 (2007) を参照されたい．

参考文献

Amemiya, T.(1985) *Advanced Econometrics*, Harvard University Press, Cambridge, MA.

Biddle, G.C., R. M. Bowen and J. S. Wallace (1997) "Does EVA[TR] Beat Earnings? Evidence on Associations with Stock Returns and Firm Values," *Journal of Accounting and Economics* 24, pp.301-336.

Biddle, G.C. and Jong-Hag Choi (2006) "Is Comprehensive Income Useful?" *Journal of Contemporary Accounting and Economics* 2-1, pp.1-21.

Biddle, G., G. Seow. and A. Siegel (1995) "Relative versus Incremental Information Content," *Contemporary Accounting Research* 12, pp.1-23.

Chambers, D., T. J. Linsmeier, C. Shakespeare and T. Sougiannis (2005) "An Evaluation of SFAS No.130 Comprehensive Income Disclosure," *Working paper*, Unversity of Kentucky, pp.1-43.

Dhaliwal, D., K. Subramnayam and R. Trezevant (1999) "Is Comprehensive Income Superior to Net Income as a Measure of Firm Performance?" *Journal of Accounting and Economics* 26, pp.43-67.

Financial Accounting Standards Board (1997) *Statement of Financial Accounting Standards No. 130 : Reporting Comprehensive Income*, FASB, Stamford, CT.

Francis J., K. Schipper, and L. Vincent (2001) "The Relative and Incremental Information in

Alternative (to Earnings) Performance Measures," *Contemporary Accounting Research* 20, pp.121-164.
Gaver, J. and K. Gaver (1998) "The Relation between Nonrecurring Accounting Transactions and CEO Compensation," *The Accounting Review* 73, pp.235-253.
Hotelling, H. (1940) "The Selection of Variates for Use in Prediction with Some Comments on the General Problem of Nuisance Parameters," *Annals of Mathematical Statistics*, pp.271-283.
Kanagaretnam, K., R. Mathieu and M. Shehata (2005) "Usefulness of Comprehensive Income Reporting in Canada," *Working paper*, McMaster University, pp.1-35.
Schipper, K. and L. Vincent (2003) "Earnings quality," *Accounting Horizons* 17 (Supplement), pp.97-110.
Skinner, D. (1999) "How Well Does Net Income Measure Firm Performance? A Discussion of Two Studies," *Journal of Accounting and Economics* 26, pp.105-111.
Vuong, Q. (1989) "Likelihood Ratio Tests for Model Selection and Non-nested Hypotheses," *Econometrica* 57, pp.307-333.
久保田敬一・竹原均 (2007)「Fama-French ファクターモデルの有効性の再検証」『現代ファイナンス』No.22, pp.3-23.
岡部孝好 (2006)「包括利益からの離脱と収益費用項目の裁量的分類」『會計』第169巻第6号, pp.1-16.
乙政正太 (2004a)「個別会計情報と経営者報酬」須田一幸編著『企業制度改革の実証分析』同文舘出版, pp.122-131.
乙政正太 (2004b)『利害調整メカニズムと会計情報』森山書店.
大日方隆 (2002)「利益概念と情報価値」斎藤静樹編著『会計基準の基礎概念』中央経済社, pp.375-417.
首藤昭信 (2006)「債務契約におけるダーティーサープラス項目の意義」日本会計研究学会課題研究委員会『会計制度設計に関する実証研究』.
須田一幸 (2000)『財務会計の機能―理論と実証』白桃書房.
若林公美 (2002)「包括利益情報に対する株式市場の評価―有価証券の評価差額を手がかりとして」『會計』第162巻第1号, pp.81-94.
若林公美 (2006)「包括利益情報に関する利益調整行動」『會計』第169巻第6号, pp.42-52.

第4部

貸借対照表に関する実証研究

12 繰延税金資産の価値関連性

１．繰延税金資産の資産性と繰延税金負債の負債性

(1) 税効果会計の導入

　企業会計審議会は，1975年に公表した「連結財務諸表制度の制度化に関する意見書」では，税効果会計の有用性を認識していたにもかかわらず，「税金の期間配分を行ういわゆる税効果会計は，わが国の会計実務ではまだ慣行として成熟していないことを考慮して，連結財務諸表原則ではこれを取り上げていない」という理由で，税効果会計を任意適用とした．その後，1997年の「連結財務諸表制度の見直しに関する意見書」は，連結財務諸表と個別財務諸表のいずれにも，税効果会計の強制適用を提言した．1998年には企業会計審議会の「税効果会計に係る会計基準」，日本公認会計士協会の「連結財務諸表における税効果会計に関する実務指針」と「個別財務諸表における税効果会計に関する実務指針」，1999年に日本公認会計士協会の「中間財務諸表等における税効果会計に関する実務指針」が設定された．税効果会計は，1999年4月以後開始される事業年度から，実施されることになった[1]．

　「税効果会計に係る基準」は，繰延税金資産の資産性と繰延税金負債の負債性について，次のように述べている．

　　繰延税金資産は，将来の法人税等の支払額を減額する効果を有し，一般的には法人税等の前払額に相当するため，資産としての性格を有するものと考えられる．また，繰延税金負債は，将来の法人税の支払額を増額する効果を有

し，法人税の未払額に相当するため，負債としての性格を有するものと考えられる（「税効果会計に係る基準」二－2）．

繰延税金資産・負債の計上は，将来の課税所得を前提としているため，将来の収益性に依存する．とりわけ，金融機関では，繰延税金資産の資産性は，自己資本比率規制に関連するので，重要な問題となっている．たとえば金融審議会（2004）は繰延資産の脆弱性（不安定性）を強調している．

(2) 繰延税金資産の回収可能性

日本公認会計士協会は，1999年に監査委員会報告第66号「繰延税金資産の回収可能性の判断に関する監査上の取扱い」を公表し，繰延税金資産の計上を厳格化した．この実務指針では，将来年度の課税所得の見積額による課税資産の回収可能性の主たる判断基準として，過去の業績をあげている．監査委員会報告第66号は，会社の実態，すなわち，①期末における将来減算一時差異を十分に上回る課税所得を毎期計上している会社など，②業績は安定しているが，期末における将来減算一時差異を十分上回るほどの課税所得がない会社など，③業績が不安定であり，期末における将来減算一時差異を十分上回るほどの課税所得がない会社など，④重要な税務上の繰越欠損金が存在する会社など，⑤過去連続して重要な税務上の欠損金を計上している会社など，の5区分に応じて，繰延税金資産の回収可能性を判断している．①に区分される会社では，一般的にその繰延税金資産の全額について，その回収可能性があると判断される．②の会社では，一時差異などのスケジューリングの結果に基づいて計上された繰延税金資産について，回収可能性がある．③の会社では，将来の合理的な見積可能期間（おおむね5年）内の課税所得の見積額を限度として，当該期間内の一時差異などのスケジューリングの結果に基づいて計上された繰延税金資産について，その回収可能性があると判断される．④の会社については，翌期に課税所得の発生が確実に見込まれる場合で，かつ，その範囲内で翌期の一時差異などのスケジューリングの結果に基づき計上された繰延税金資産について，その回収可能性があると判断される．⑤の会社では，原則として，繰延税金資産は計上できない．

監査人が過去の業績区分に応じて，将来の課税所得額による繰延税期資産の

回収可能性を判断し，繰延税金資産が貸借対照表に計上されることになる．その回収可能性は，監査人によって，毎期見直される．監査委員会報告第66号による会社の5区分は，監査委員会報告第70号「その他有価証券の評価差額及び固定資産の減損損失に係る税効果会計の適用における監査上の取扱い」においても，原則として適用されている．ただし，過去の業績区分に応じた回収可能性判断の妥当性については，これまで，実証的に十分に明らかにされていない．

(3) 繰延税金負債の支払可能性

将来加算一時差異は，課税所得の繰延であるので，繰延税金負債が計上される．欧米では，繰延税金負債の計上が多いが，日本では，確定決算主義がとられているため，繰延税金資産が計上される傾向にある．将来加算一時差異が生じる例としては，利益処分方式により，固定資産に係る圧縮積立金，特別償却積立金，租税特別措置法上の諸準備金が計上される場合である．

税金の支払が行われると見込まれない場合は，事業休止等により，会社が清算するまでに明らかに将来加算一時差異を上回る損失が発生し，課税所得が発生しないことが合理的に見込まれる場合に限る（日本公認会計士協会会計制度委員会報告第10号「個別財務諸表における税務効果会計に関する実務指針」第24項）．

欧米では，前述したように，繰延税金負債が計上されるケースが多い．Givoly and Hayn (1992) は，投資家が繰延税金負債を負債として評価していることを確認した．彼らは，1986年の Tax Reform Act による法人税率の引き下げ（46%から34%）に関するニュースの公表をイベントとして，期待外株式リターンと繰延税金負債の減少の関係が正であることを発見した．Amir et al.(1997) は，Feltham and Ohlson (1995) の企業価値モデルを利用して，SFAS No.109 によって開示が要請された繰延税金資産とその内訳項目の価値関連性を調査した．Amir et al.(1997) は，①正味営業資産は正味金融資産よりも高くプライシングされている，②正味繰延税金資産は，正味金融資産よりも高くプライシングされているが，正味営業資産との差異は有意ではなかった．繰延税金資産の内訳項目については，①減価償却・アモチゼーションに関する繰延税金負債は

株価とほとんど関連しない，②リストラクチャリング費用に関する繰延税金は他の項目よりも株価と関連する，③繰延損失金に関する繰延税金は株価と負に関連することを発見した．Ayers (1998) もまた，SFAS No.109に基づく区分開示（繰延税金資産，繰延税金負債，評価性引当金）の増分内容を確認した．日本では，奥田 (2001) と須田 (2003) が銀行業の繰延税金資産の価値関連性とその裁量的会計行動を調査している．一ノ宮 (2005) は倒産企業が繰延税金資産を利用した利益操作を検討している．日本では，一般事業会社を対象にした繰延税金資産の価値関連性については，これまで，ほとんど検証されていない．

本章では，正味繰延税金資産の価値関連性，その内訳項目の価値関連性，繰延税金資産に関する回収可能性の市場評価，繰延税金負債の支払可能性を検証する．

2．モデル

(1) 価値関連性

最初に，Amir et al. (1997) の実証モデルを利用して，繰延税金の価値関連性を調査する．

$$Vt = \beta_0 + \beta_1 NOA_t + \beta_2 NFA_t + \beta_3 RI_t + \beta_4 LRI_t + \beta_5 DT_t + e_t \tag{1}$$

繰延税金資産の開示区分モデル

$$Vt = \beta_0 + \beta_1 NOA_t + \beta_2 NFA_t + \beta_3 RI_t + \beta_4 LRI_t + \beta_5 NCDTA_t + \beta_6 NLDTA_t + e_t \tag{1a}$$

$$Vt = \beta_0 + \beta_1 NOA_t + \beta_2 NFA_t + \beta_3 RI_t + \beta_4 LRI_t + \sum_t \beta_{5j} DTC_{jt} + e_t \tag{1b}$$

ただし，V は株主資本時価，NOA は正味営業資産，NFA は正味金融資産，RI は超過利益，LRI は前期超過利益，DT は正味繰延税金資産である．$NCDTA$ と $NLDTA$ は，それぞれ，流動正味繰延税金資産，長期正味繰延税金資産である．(1b)式の DTC は繰延税金資産の開示項目である．クロスセクション比較を可能にするため，すべての変数は，前期株主資本時価によってデフレートさ

れている.

V＝株主資本時価/前期株主資本時価

NFA＝正味営業資産/前期株主資本時価

DT＝(繰延税金資産－繰延税金負債)/前期株主資本時価

NFA＝正味金融資産/前期株主資本時価

RI＝超過利益/期首株主資本時価

LRI＝前期超過利益/前期株主資本時価

$NCDTA$＝正味流動繰延資産/前期株主資本時価

$NLDTA$＝正味長期流動繰延資産/前期株主資本時価

株主資本時価は,決算期末3か月後の月次終値に発行済株式数を乗じた値である.

(2) 業種をコントロールしたモデル

Amir et al.(1997)に従い,Standard & Poor's社のセクター分類に従い,東証業種コードに基づいてエネルギー,素材,資本財・サービス,一般消費財・サービス,生活必需品,ヘルスケア,情報技術,電気通信サービス,公益事業の9セクターに分類した[2].

$$V_t = \sum_{j=1}^{9}\beta_{0tj}IND_j + \sum_{j=1}^{9}\beta_{1tj}IND_jNOA_t + \beta_{2t}NFA_t + \sum_{j=1}^{9}\beta_{3tj}IND_jRI_t + \sum_{j=1}^{9}\beta_{4tj}IND_jLRI_t + \sum_{j=1}^{9}\beta_{5tj}IND_jDT_t + e_t \quad (2)$$

$$t = 2000, \ 2001, \ 2002, \ 2003, \ 2004, \ 2005$$

ただし,IND_jは業種ダミー変数である.i社がt年にj番目の業種($j=1,2,…,9$)に属するならば1,そうでないならば0.

3．データ

(1) サンプル

サンプル企業は,日本政策投資銀行・日本経済研究所『企業財務データバンク』(上場1部・2部会社 2005年版)に収録されている企業を対象とする.

図表12-1 サンプル（年別）

年	エネルギー	素材	一般消費財	生活必需品	資本財・サービス	ヘルスケア	情報技術	電気通信サービス	公共事業	計
1998	19	283	585	430	181	24	24	3	19	1,559
1999	19	283	598	447	186	26	28	3	19	1,599
2000	19	285	634	454	198	27	28	4	19	1,656
2001	19	297	652	473	197	30	26	4	19	1,705
2002	21	316	733	514	214	34	28	5	21	1,874
2003	22	307	715	454	230	35	30	67	22	1,868
2004	22	297	688	440	234	34	27	83	22	1,833
2005	19	261	592	372	194	31	31	69	19	1,575
計	160	2,329	5,197	3,584	1,634	241	222	238	160	13,669

財務データは『企業財務データバンク』の連結決算データを利用する．株価データは日本経済新聞社『NEEDS Portfolio Master』から収集された．サンプル企業は，東京証券取引所，大阪証券取引所，名古屋証券取引所に上場している企業である．ただし，銀行，証券，保険業，その他金融に属する企業は除かれている．分析期間は1998年から2005年3月期の6年間である．

期ごとに，回帰分析に利用した主な変数である V（株主資本時価/前期株主資本時価），NFA（正味営業資産/前期株主資本時価），DT（(繰延税金資産－繰延税金負債)/前期株主資本時価），NFA（正味金融資産/前期株主資本時価），RI＝超過利益/前期株主資本時価，LRI（時価総額/前期株主時価）のうち，いずれかの変数が1パーセンタイル以下の企業と99パーセンタイル以上の企業を外れ値として取り除く．決算期変更の期のデータは分析から除かれている．最終的に，13,669社/年の観測値が得られた[3]．図表12-1はサンプルの年別の業種構成である．

(2) データ

分析に利用した変数を作成するため，データ項目を次のように定義した．

繰延税金資産＝繰延税金資産（流動資産）＋繰延税金資産（固定資産）
　　　　　　＋土地の再評価に係る繰延税金資産＋繰延税金（繰延資産）
　　　　　　＋その他有価証券時価評価に係る繰延税金資産

繰延税金負債＝繰延税金負債（流動負債）＋繰延税金負債（固定負債）
　　　　　　＋土地の再評価に係る繰延税金負債＋その他有価証券時価評価に係る
　　　　　　繰延税金負債

正味繰延税金資産＝繰延税金資産－繰延税金負債

正味流動繰延税金資産＝繰延税金資産（流動資産）
　　　　　　　　　　－繰延税金負債（流動負債）

正味長期繰延税金資産＝繰延税金資産（固定資産）＋土地の再評価に係る繰
　　　　　　　　　　延税金資産＋繰延税金（繰延資産）＋その他有価証券時価評価に係る
　　　　　　　　　　繰延税金資産－繰延税金負債（固定負債）－土地の再評価に係る繰延
　　　　　　　　　　税金負債－その他有価証券時価評価に係る繰延税金負債

金融資産＝有価証券＋コマーシャルペーパー＋金銭信託＋投資有価証券

金融負債＝短期借入金＋短期スワップ債務＋１年以内返済社債・長期借入金
　　　　＋コマーシャルペーパー＋普通社債＋転換社債＋新株引受権付社債
　　　　＋長期借入金＋長期スワップ債務

正味金融資産＝金融資産－金融負債

正味営業資産＝資本－正味金融資産－正味繰延税金資産

税引前事業利益＝営業利益＋受取利息・受取配当金＋持分法投資利益
　　　　　　　－持分法投資損失[4]

税引後事業利益＝（営業利益＋受取利息・受取配当金＋持分法投資利益－持分法投資損失）×実効税率

超過利益＝税引後事業利益－資本コスト×前期正味営業資産

前期超過利益＝１期前の超過利益

繰延税金項目＝繰延税金資産（流動資産），繰延税金資産（固定資産），土地の再評価に係る繰延税金資産，繰延税金負債（流動負債），繰延税金負債（固定負債），土地の再評価に係る繰延税金負債，その他有価証券時価評価に係る繰延税金負債）[5]

実効税率は40％，資本コストは５％とした．

4．実証結果

(1) 記述統計

　図表12-2は記述統計量，図表12-3は相関係数行列（右上の非対角要素はPearson 相関係数，左下の非対角要素は Spearman 相関係数）である．株主資本時価と正味営業資産は正の相関（Pearson 相関係数0.115, Spearman 相関係数0.145）である．超過利益と株主資本時価もまた（Pearson 相関係数0.116, Spearman 相関係数0.1785）である．正味金融資産と前期超過利益は，それぞれ株主資本時価と弱い相関関係にある．正味繰延税金資産と株主資本時価のPearson 相関係数 (0.03) は０に近いが，Spearman 相関係数 (0.178) は正の相関である．

図表12-2　記述統計量

	平均値	最小値	中央値	最大値	標準偏差
株主資本時価 (V)	1.052	0.282	0.980	4.769	0.422
正味営業資産 (NOA)	1.922	0.086	1.461	16.984	1.623
正味金融資産 (NFA)	-0.855	-16.183	-0.383	0.939	1.426
超過利益 (RI)	-0.035	-0.819	-0.013	0.142	0.089
前期超過利益 (LRI)	-0.040	-0.953	0.021	0.759	0.133
正味繰延税金資産 (DT)	0.038	-1.382	0.021	0.759	0.133
正味流動繰延税金資産 ($NCDT$)	0.022	-0.379	0.013	0.631	0.033
正味長期繰延税金資産 ($NLDT$)	0.031	-1.226	0.009	0.973	0.094
正味繰延税金資産－土地再評価 ($NDTLAND$)	-0.016	-1.384	0.000	0.413	0.092
正味繰延税金資産－その他有価証券時価評価 ($NDTSEC$)	0.000	-0.228	0.000	0.000	0.003

(注) すべての変数は前期株主資本時価で除している．期間1998～2005年．

図表12-3　変数の相関係数

	V	NOA	NFA	RI	LRI	DT
V	1.000	0.115	-0.034	0.116	-0.056	0.030
NOA	0.145	1.000	-0.886	-0.688	-0.714	-0.050
NFA	0.014	-0.740	1.000	0.619	0.640	0.009
RI	0.178	-0.631	0.539	1.000	0.796	0.112
LRI	-0.028	-0.669	0.565	0.786	1.000	0.085
DT	0.112	0.093	-0.045	0.067	0.018	1.000

(注) Pearson (Spearman) 相関係数は右上 (左下) の非対角要素．

(2) Amir et al.(1997) モデルの推計結果

　図表12-4はAmir et al.(1997)の実証モデル(1)式 (業種をコントロールしていない) の推計結果である．プールされたサンプルでは，正味営業資産 (NOA)，正味金融資産 (NFA)，超過利益 (RI)，前期超過利益 (LRI)，および正味繰延税金資産 (NDT) は，すべて，1％水準で統計的に有意である．

　年別にみると，正味繰延税金資産 (NDT) は，1998年，1999年，2001年，2002年において，1％水準で統計的に有意な正の推計値である．

　図表12-5はAmir et al.(1997)の実証モデル(2)式 (業種をコントロールし

図表12-4　Amir et al.(1997)モデルの推計結果

		Inst	NOA	NFA	RI	LRI	DT	Adj.R^2	観測値数
pooled	推計値	0.890	0.144	0.092	2.505	−1.221	0.062	0.130	13,669
	t値	133.945	28.783	17.871	38.025	−19.548	2.424		
1998	推計値	0.655	0.096	0.068	2.008	−0.679	1.344	0.127	1,559
	t値	52.773	6.722	4.750	12.001	−3.905	1.996		
1999	推計値	1.167	0.054	0.019	2.437	−1.410	1.122	0.068	1,599
	t値	43.752	2.688	0.952	10.703	−6.243	2.402		
2000	推計値	1.041	−0.043	−0.023	1.518	−0.797	0.108	0.051	1,656
	t値	54.797	−2.647	−1.482	6.791	−4.221	1.105		
2001	推計値	0.655	0.096	0.068	2.008	−0.679	1.344	0.147	1,705
	t値	52.773	6.722	4.750	12.001	−3.905	1.996		
2002	推計値	0.810	0.060	0.044	1.217	−0.632	0.054	0.125	1,874
	t値	87.632	9.281	6.708	14.678	−7.741	1.949		
2003	推計値	0.893	0.143	0.078	1.996	−1.132	−0.066	0.219	1,868
	t値	55.823	14.477	7.613	15.027	−9.944	−1.525		
2004	推計値	1.169	0.158	0.070	3.521	−1.373	0.122	0.137	1,833
	t値	48.714	10.004	4.329	15.083	−6.601	1.581		
2005	推計値	0.900	0.194	0.116	2.496	−1.300	−0.021	0.206	1,575
	t値	58.107	14.931	8.662	13.085	−5.993	−0.323		

図表12-5　Amir et al.(1997)モデル(業種コントロール)の推計結果

		Inst	NOA	NFA	RI	LRI	DT	Adj.R^2	観測値数
pooled	推計値	−0.115	0.178	0.091	3.434	−1.604	0.143	0.138	13,669
	p値	0.001	0.000	0.000	0.066	0.084	0.460		

ていない)の推計結果である．正味繰延税金資産の係数平均0.143は，統計的に有意ではない．この結果からは，業種をコントロール後の正味繰延税金資産は，平均的に価値関連性をもたない．

図表12-6は繰延税金資産の内訳項目の価値関連性を推計した結果である．期待されたように，正味流動繰延税金資産の推計値0.531は統計的に有意である．しかし，正味長期繰延税金資産は，統計的に有意であるが，その符号が負である．これは，市場が長期繰延税金資産を貸借対照表項目から除いて企業価

244 第4部 貸借対照表に関する実証研究

図表12-6 繰延税金資産の内訳項目の価値関連性

モデル $V_t = \beta_0 + \beta_1 NOA_t + \beta_2 NFA_t + \beta_3 RI_t + \beta_4 LRI_t + \beta_5 NCDTA_t + \beta_6 NLDTA_t + e_t$ (1a)

モデル $V_t = \beta_0 + \beta_1 NOA_t + \beta_2 NFA_t + \beta_3 RI_t + \beta_4 LRI_t + \sum_j \beta_{5j} DTC_{jt} + e_t$ (1b)

	pooled 推計値	t値	推計値	t値
$Inst$	0.947	119.973	0.946	119.962
NOA	0.073	12.996	0.068	11.884
NFA	0.075	14.180	0.073	13.534
RI	0.954	26.902	0.948	26.687
LRI	−0.871	−17.474	−0.870	−17.448
$NCDT$	0.531	5.842		
$NLDT$	−0.050	−1.209		
$NDTLAND$	−0.006	−0.255		
$NDTSEC$	0.839	0.525		
繰延税金資産−流動資産			0.621	6.005
繰延税金資産−固定資産			−0.007	−0.130
繰延税金資産−土地再評価（借方）			0.335	1.013
繰延税金負債−流動負債			0.115	0.523
繰延税金負債−固定負債			0.167	2.295
繰延税金負債−土地再評価（貸方）			0.007	0.276
繰延税金負債−その他有価証券（貸方）			−0.817	−0.512
Adj.R^2	0.072		0.073	

値を推計していると解釈できよう．土地再評価とその他有価証券時価評価に係る繰延税金資産は，有意な推計値となっていない．

(3) 繰延税金資産の回収可能性

　日本公認会計士協会の監査委員会報告第66号「繰延税金資産の回収可能性の判断に関する監査上の取扱い」に従い，過去の業績に基づいて，繰延税金資産の回収可能性を判断する．実務指針の判断基準の代理変数として，総資産税引前事業利益率（3年間平均）を採用する．

$$総資産税引前事業利益率 = \frac{当期税引前事業利益＋前期税引前事業利益＋前々期税引前事業利益}{当期総資産＋前期総資産＋前々期総資産}$$

図表12-7　繰延税金資産の回収可能性

モデル　$V_t = \beta_0 + \beta_1 NOA_t + \beta_2 NFA_t + \beta_3 RI_t + \beta_4 LRI_t + \sum_j \beta_{5j} DTC_{jt} + e_t$　（1 b）

総資産税引前事業利益率（3年間平均）

低　→　高

	サブサンプル1 推計値	t値	サブサンプル2 推計値	t値	サブサンプル3 推計値	t値	サブサンプル4 推計値	t値	サブサンプル5 推計値	t値
Inst	0.910	43.403	0.931	51.686	0.869	52.909	0.812	43.583	0.910	41.360
NOA	0.080	6.769	0.042	3.853	0.085	7.102	0.093	5.627	0.065	2.065
NFA	0.090	8.005	0.051	5.367	0.104	9.258	0.070	3.615	0.042	1.191
RI	0.342	6.135	1.532	14.795	1.808	16.478	2.644	17.088	2.996	14.596
LRI	−0.518	−6.990	−1.518	−10.973	−1.435	−6.725	−1.736	−5.506	−2.716	−7.785
繰延税金資産−流動資産	0.666	2.698	0.049	0.317	1.124	4.612	1.399	5.281	2.096	2.999
繰延税金資産−固定資産	0.108	0.912	0.025	0.262	−0.200	−1.955	−0.367	−2.292	−0.997	−3.186
繰延税金資産−土地再評価（借方）	−0.767	−0.752	−0.073	−0.143	0.775	1.423	0.917	1.229	0.864	0.642
繰延税金負債−流動負債	−0.062	−0.231	0.708	0.219	0.613	0.376	−1.942	−0.248	−1.730	−0.333
繰延税金負債−固定負債	0.198	1.603	0.118	0.748	0.212	1.320	0.435	1.636	−1.182	−2.296
繰延税金負債−土地再評価（貸方）	−0.034	−0.906	0.140	2.261	−0.068	−0.532	−0.306	−0.981	−2.198	−0.988
Adj.R^2	0.055		0.153		0.107		0.133		0.168	

年ごとに，総資産税引前事業利益率（3年間平均）の昇順に5個のサブサンプル1, 2, …, 5をつくる．サブサンプルごとに繰延税金資産の内訳項目の価値関連性を計測する．

図表12-7は，モデル(1b)式の推計結果である．流動資産に計上された繰延税金資産の係数は，サブサンプル2を除いて，いずれも有意な正の値である．税効果が実現する時期が1年以内の項目，たとえば，貸倒引当金損金算入限度額，賞与引当金損金算入限度額，未払事業税否認など，回収可能性が高く，市場は短期の繰延税金資産の資産性をプライシングしている[6]．固定資産に計上された繰延税金資産としては，退職給与引当金損金算入限度額があげられる．固定資産に計上された繰延税金資産の係数は，収益性の高いサブサンプル3，4，5でそれぞれ，有意な負の値−0.200（t値−1.950），−0.367（t値−2.297），−0.997（t値−3.186）である．収益性の高いサブサンプル1と2では，その係数は有意ではない．市場は，長期の繰延税金資産の資産性を評価していない．過去の業績を判断基準に繰延税金資産の回収可能性を認定し，資産計上したにもかかわらず，市場はその資産性をプラスにプライシングせず，ディスカウントしている．

日本では，米国と異なり，繰延税金負債が計上されることは少ないが，市場は繰延税金負債をおおむねプライシングしていない．ただし，収益性の最も高いサブサンプル5では，固定資産に計上された繰延税金負債の係数は，期待したように，有意な負の値−1.182（t値−2.296）である．収益性の高いサンプルでは，繰延税金負債が繰延税金資産と相殺される可能性が高いと解釈できる．収益性が高ければ，市場は，長期繰延税金負債の支払可能性を確認して，その負債性をプライシングする．そうでなければ，市場はその負債性をプライシングしない．

5．総括と展望

本章では，上場一般事業会社のサンプルについて，繰延税金資産の価値関連性を調査した．その結果，以下の事実が明らかになった．

① 繰延税金資産の価値関連性は，業種をコントロールしなければ，確認で

きるが，業種をコントロール後の正味繰延税金資産は，平均的に価値関連性をもたない．
② 正味流動繰延税金資産は平均的に価値関連性をもつ．
③ 正味長期繰延税金資産の価値関連性は，統計的に有意でない．市場は長期繰延税金資産の資産性をプライシングしていない．
④ 土地再評価とその他有価証券時価評価に係る繰延税金資産は，株価と有意に関していない．市場は，それらの税効果が実現すると解釈していない．
⑤ 市場は，繰延税金資産について，短期であればその回収可能性を認めて，その資産性をプライシングしているが，長期であれば過去の業績にかかわらず，資産性をプライシングしておらず，回収可能性をより保守的に評価している．
⑥ 市場は繰延税金負債をおおむねプライシングしていない．収益性が高ければ，市場は，長期繰延税金負債の支払可能性を確認して，その負債性をプライシングする．そうでなければ，市場はその負債性をプライシングしない．収益性の高いサンプルでは，繰延税金負債が繰延税金資産と相殺される可能性が高いと解釈できる．

繰延税金資産の価値関連性は，税効果が実現する時期が１年以内の場合のみ確認された．税効果が実現する時期が１年超の長期繰延税金資産の回収可能性については，現行の判断基準では不十分であろう．価値関連性の観点からは，長期繰延税金資産の計上について，より慎重な判断が必要である．

(薄井　彰)

注

1　早期適用が認められていた．
2　Amir et al.(1997) は，Fortune500（金融と公益事業を除く）のサンプルをエネルギー，運輸，素材，資本財，建設，消費財，エネルギー，運輸のセクターに分類している．ここでのサンプルは，全上場企業を対象にしているので，Standard & Poor's 社の COMPUSTAT の分類を採用した．
3　2003年に，取引所の業種区分の見直しがあったため，電気通信サービスの社数が増加している．

4 2000年3月期以前は，税引後持分法投資損益が税引後当期純利益の後に表示されていた．ここでは，税引後持分法投資損益は，税引後持分法投資損益を0.6（＝1－実効税率）で割った値である．
5 このサンプルでは，繰延税金（繰延資産）とその他有価証券時価評価に係る繰延税金資産の観測値はなかった．
6 たとえば，鈴木（2007）によれば，1998年税制改正によって賞与引当金制度は廃止されたが，依然として，賞与引当金を計上している企業が多い．そのため，賞与引当金を原因とする繰延税金資産の税効果の実現性が高い．

参考文献

Amir, E., M. Kirschenheiter, M. and K. Willard (1997) "The Valuation of Deferred Taxes," *Contemporary Accounting Research* 14, pp.597-622.

Ayers, B.C. (1998) "Deferred Tax Accounting under SFAS No.109 : An Empirical Investigation of Its Incremental Value-relevance Relative to APB No.11," *The Accounting Review* 73, pp.195-212.

Givoly, D. and C. Hayn (1992) "The Valuation of the Deferred Tax Liability : Evidence from the Sock Market," *The Accounting Review* 67, pp.394-410.

一ノ宮士郎（2005）「税効果会計と利益操作―倒産企業における実証分析―」『経済経営研究』日本政策投資銀行設備投資研究所，第25巻第6号．

奥田真也（2001）「繰延税金とその配分法の市場における解釈―銀行決算をもとに―」『一橋論叢』第125巻第5号，pp.32-47．

金融審議会金融分科会第2部会（2004）「自己資本比率規制における繰延税金資産に関する算入の適正化及び自己資本のあり方について」．

須田一幸（2003）「銀行の税効果会計実務と証券市場」『経営分析研究』第19号，pp.9-18．

鈴木一水（2008）「法人税税制の改正と会計制度」須田一幸編著『会計制度の設計』白桃書房第8章．

13 債務契約における
ダーティー・サープラス項目の意義

1．本章の目的と構成

　本章の目的は，自己資本情報に含まれるダーティー・サープラス項目と負債コストの関係を分析することである．具体的には，負債コストに対するダーティー・サープラス項目の情報内容を分析することによって，ダーティー・サープラス項目の債務契約における意義について検証を行う．

　ここでいうダーティー・サープラス項目とは「損益計算書には記載されないまま貸借対照表の資本の部に直接記載される項目」と一般に定義されるものである（佐藤，2003，i頁）．その性格により，資本直入項目と表現されることもある．近年，わが国の会計基準の下で計上されるダーティー・サープラス項目は増加している．連結財務諸表上では，土地再評価差額金，その他有価証券評価差額金，為替換算調整勘定の3項目が資本の部に計上される．個別財務諸表では，土地再評価差額金とその他有価証券評価差額金の2項目がダーティー・サープラスに該当する[1]．

　ダーティー・サープラス項目を扱った多くの研究は，株価との関連性（value-relevance：価値関連性）を調査することによってその有用性を検証している（Barth et al., 2001）[2]．しかしそのような中で，価値関連性の視点のみにもとづいて会計情報の有用性を判断することに疑問を提示する研究も存在する．

　たとえばSkinner (1999)は，代替する会計利益の情報内容を比較検証するためには，価値関連性だけではなく，契約との関連でも分析を行うことの必要

性を指摘している．この主張は，会計基準設定者の最大の関心事は価値関連性であるとする Barth et al.(2001) の主張に対して，価値関連性に関する研究成果のみで会計基準設定の適否を議論してはならないとする Holthausen and Watts (2001) の議論とも共通する．

このような議論を受けて，Biddle and Choi (2006) は，当期純利益と包括利益の情報内容の比較について，株式収益率だけではなく，経営者報酬との関連でも分析を行っている．つまり証券市場と契約という2つの異なる状況下において，利益の有用性に関する検証を行ったのである．彼らは，SFAS130にもとづく包括利益は，株式収益率との関係では当期純利益を上回る有用性があるが，経営者報酬との関連では当期純利益のほうがより利用されていることを示した．彼らの調査結果の興味深い点は，会計情報が利用される状況が異なれば，期待される会計情報の属性も異なるということを示した点である．これは様々な状況下で会計情報の有用性を検証することの必要性を示唆している．

そこで本研究では，わが国のダーティー・サープラス項目に関する研究の多くが価値関連性の視点から行われていることを考慮し（桜井，2003；薄井，2005b），株式市場以外の状況，すなわち債務契約との関連で分析を行うことにしたい．具体的には，負債コストの決定における自己資本情報の利用可能性に，ダーティー・サープラス項目が影響を与えているか否かという視点から検証を行う．したがって分析上の比較検証を行う際には，「ダーティー・サープラス項目を含む自己資本比率」対「ダーティー・サープラス項目を含まない自己資本比率」という情報内容が比較される．情報内容には，相対情報内容と増分情報内容という2種類の情報内容が存在する．分析に際しては，この2つの情報内容の有無に関する統計的な検定を行い，ダーティー・サープラス項目の情報内容の評価を実証的に行う．

自己資本比率は，企業のデフォルト・リスクを推計するための重要な会計情報である．ダーティー・サープラス項目が自己資本情報の利用可能性を妨げているかどうかは，重要な検討課題となろう．したがって，とりわけ財務の安全性や健全性が重視される債務契約との関連で分析を行うことの意義は大きく，価値関連性研究とは別のインプリケーションを得られることが期待される[3]．

以下の第2節では，本分析が採用するリサーチ・デザインについて説明す

る．第3節では，サンプルの選択基準と記述統計量を示す．第4節において主要な調査結果を示し，続く第5節で追加的検証の調査結果を報告する．そして最後の第6節において調査結果の要約と解釈を行い，インプリケーションを議論する．

2．リサーチ・デザインの設定

(1) ダーティー・サープラス項目

　本分析では，連結会計情報のダーティー・サープラス項目を分析対象とする．すでに述べたとおり，本分析が対象とする期間の財務諸表では，土地再評価差額金，その他有価証券評価差額金，為替換算調整勘定の3項目が連結貸借対照表の資本の部に計上される[4]．

　土地再評価差額金とは，1998年3月に施行された「土地の再評価に関する法律」にもとづいて計上されるものである．事業用土地について時価による再評価を行った場合，帳簿価額との差額に税効果会計を適用した後の金額が，土地再評価差額金となる．この項目の特徴としては，①再評価の適用は企業の任意であること，②再評価は1回だけの実施しか認められていないこと，が指摘できる[5]．したがって，再評価後の時価の変動が財務諸表数値に反映されることはない．この項目の取崩しについては，土地の売却，土地の評価減，そして自己株式の取得・消却をする場合にのみ認められている．

　その他有価証券評価差額金は「金融商品に係る会計基準」にもとづいて，その他有価証券に分類された有価証券の評価差額のことである．同基準は，その他有価証券に係る評価差額について，次の2つの方法のいずれかにより処理することを求めている．すなわち①評価差額の合計額を資本の部に計上する，②時価が取得原価を上回る銘柄に関する評価差額は資本の部に計上し，時価が取得原価を下回る銘柄に関する評価差額は当期の損失として処理する，というものである．したがって①と②の時価が取得原価を上回るケースにおいて生じる評価差額がダーティー・サープラス項目となる．

　為替換算調整勘定は「外貨建取引等会計処理基準」にしたがって計上される．同基準の下では，在外子会社等の財務諸表項目について，資産および負債

項目については決算日レートで換算し，株式取得時の資本項目については親会社による取得時の為替レート（株式取得後に生じた資本項目はその項目の発生時の為替レート）で換算される．この換算の際に生じる貸借差額が為替換算調整勘定であり，貸借対照表の資本の部に直接計上することが求められている．

本分析では，この土地再評価差額金，その他有価証券評価差額金，為替換算調整勘定の3項目について，負債コストに対する相対情報内容と増分情報内容の分析を行うことになる[6]．以下では，相対情報内容と増分情報内容の分析方法について説明する．

(2) 相対情報内容の分析

相対情報内容は，ある会計情報が他の会計情報よりも多くの情報を提供するときに観察される．相対情報内容の検証は，複数の会計情報について情報内容のランク付けをする場合や，複数の会計情報の中から1つを選択せざるを得ない場合に実施される（Biddle et al., 1995, p.1；須田, 2001, p.43）．したがって相対情報内容の評価を行えば，社債契約において，ダーティー・サープラス項目が自己資本情報として利用されているか否かを特定することができる．具体的には，以下のような2つの回帰式のモデル選択を行うことによって検証される．

$$SPREAD = C + \beta_1 BPS + \varepsilon \tag{1}$$

$$SPREAD = C + \beta_2 SBPS + \varepsilon \tag{2}$$

ただし，
　　$SPREAD$＝無担保普通社債の利率に関するスプレッド（国債にもとづいて算定）
　　BPS＝自己資本比率（自己資本総額/総資産額）
　　$SBPS$＝ダーティー・サープラス項目控除後の自己資本比率：$BPS-(LAND+SEC+FOC)$
　　$LAND$＝土地再評価差額金/総資産額
　　SEC＝その他有価証券評価差額金/総資産額

$FOC=$ 為替換算調整勘定/総資産額

　本分析では，負債コストの代理変数として，国債にもとづいて算定した無担保普通社債の利率に関するスプレッド（SPREAD）を利用する．使用する財務変数はすべて連結財務諸表上の数値である[7]．なお使用する財務数値は，社債が発行された会計年度の前期末の値を使用している．自己資本比率は，財務の安全性・健全性を示す基本的な指標である．したがってSPREADと自己資本比率は負の相関を有することが予測される．またダーティー・サープラス項目が自己資本情報としての役割を果たしているのであれば，同じようにSPREADと負の相関を有することが期待される．

　(1)式はSPREADを従属変数，自己資本比率（BPS）を独立変数とした回帰式である．これに対して(2)式は，ダーティー・サープラス項目控除後の自己資本比率（SBPS）を独立変数としている．この(1)式と(2)式について，Vuong (1989)によるモデル選択の検定を行う[8]．もし(1)式のほうが優れたモデルとして選択されれば，ダーティー・サープラス項目を含んだ自己資本比率が，含まない自己資本比率よりも，相対情報内容を有すると判断される．すなわちこれは，ダーティー・サープラス項目総額が情報内容を有することを示唆する結果となる．

　さらに本分析では，ダーティー・サープラスの各項目の情報内容の有無を分析したい．そこで土地再評価差額金（LAND），その他有価証券評価差額金（SEC）および為替換算調整勘定（FOC）の各項目を，それぞれ自己資本の額から控除した値にもとづく自己資本比率を作成する．そして上記式と同様に，これらの変数をそれぞれ独立変数とした以下のような回帰式を設定する．

$$SPREAD = C + \beta_3(SBPS + LAND + SEC) + \varepsilon \quad (3)$$

$$SPREAD = C + \beta_4(SBPS + SEC + FOC) + \varepsilon \quad (4)$$

$$SPREAD = C + \beta_5(SBPS + LAND + FOC) + \varepsilon \quad (5)$$

たとえば(3)式について見れば，独立変数はFOCを控除した自己資本比率

となる.したがって(1)式と(3)式を比較することにより,為替換算調整勘定の負債コストに対する情報内容を検証することができる.同様に,(1)式と(4)式,(1)式と(5)式をそれぞれ比較することにより,土地再評価差額金およびその他有価証券評価差額金の情報内容を検証することができる.よって本分析では,モデル(1)式と残りのモデル((2)から(5)式)について,それぞれ Vuong (1989)によるモデル選択の検定を行うことにより,ダーティー・サープラス項目の情報内容を検証するという形で分析を進める.

(3) 増分情報内容の分析

増分情報内容は,ある会計情報が他にはない情報を提供するときに観察される.増分情報内容の検証は,他の会計情報を所与としても,ある会計情報が追加的な役立ちをするか否かを評価するものであり,たとえば補足的情報開示の有用性を判断するときに適用される(Biddle et al., 1995, p.1 ; 須田, 2001, p.43).したがって増分情報内容の評価を行えば,社債契約において,各ダーティー・サープラス項目が負債コストに影響を与える他の情報を所与としても,負債コストに対して追加的な説明力を有するか否かを検証することができる.具体的には,以下のような回帰式を推定することによって検証を行う.

$$SPREAD = C + \beta_6 SBPS + \beta_7 LAND + \beta_8 SEC + \beta_9 FOC + \text{Control variable} + \varepsilon \quad (6)$$

$$SPREAD = C + \beta_{10} SBPS + \beta_{11} LAND + \beta_{12} SEC + \text{Control variable} + \varepsilon \quad (7)$$

$$SPREAD = C + \beta_{13} SBPS + \beta_{14} SEC + \beta_{15} FOC + \text{Control variable} + \varepsilon \quad (8)$$

$$SPREAD = C + \beta_{16} SBPS + \beta_{17} LAND + \beta_{18} FOC + \text{Control variable} + \varepsilon \quad (9)$$

モデル(6)式のダーティー・サープラス項目の係数および決定係数に注目することで,各項目の増分情報内容を検証する.たとえば為替換算調整勘定(FOC)の増分情報が確認されるためには,次の2つの条件が必要となる(須田, 2001, p.41).1つは,(6)式における FOC の係数が有意な負の値を示し

ていること．そしてもう1つは，(6)式の調整済み決定係数 (Adj.R^2) が(7)式よりも大きいことである．これは負債コストに影響を与える他の情報を所与としても，為替換算調整勘定に負債コストに対する追加的説明力が存在することを意味する．土地再評価差額金およびその他有価証券評価差額金についても同様の分析を行う[9]．

　回帰式を設定するあたり，負債コストに影響を与える自己資本情報以外の要因について考慮する必要がある．そこで Sengupta (1998) および須田・首藤 (2004) にもとづいて，コントロール変数 (Control variable) を識別する[10]．まず起債会社の財務内容を示す変数として，売上高経常利益率 (*MARGIN*)，インタレスト・カバレッジ・レシオ (*INCR*) および総資産額 (*LASSET*) を利用する[11]．収益性が高い企業ほど，負債コストは低下することが予想される．またインタレスト・カバレッジ・レシオが高い企業は，金融費用の支払能力の余裕度が高いという評価が得られるため，低い負債コストを享受すると考えられる．さらに企業規模が大きな企業はマーケット・リスクが低下するため，負債コストも低くなることが期待される．したがって *MARGIN*，*INCR* および *LASSET* の予測符号はすべて負となる．

　次に社債の発行条件を示す変数として，社債の発行総額 (*BSIZE*)，償還期限 (*MATURE*) および社債管理会社の有無 (*BCFIRM*) を利用する．社債の発行総額が大きな銘柄は，引受時における規模の経済性の効果が期待されるため，負債コストは低下することが予測される．償還期限が長い銘柄は，社債権者にとってはその分リスクが増大するため，負債コストは上昇することが考えられる．また社債管理会社の設置は社債投資家の保護に寄与するため，負債コストは低下することが予想される．したがって *BSIZE* と *BCFIRM* の予測符号は負となり，*MATURE* の予測符号は正となる．

　最後に市場全体の動きを示す変数として，A格の銘柄に関して発行月ごとに計算した *SPREAD* の平均値 (*RISKP*) を使用する[12]．*RISKP* はリスク・プレミアムの時系列変動をコントロールするために使用される．*RISKP* の予測符号は正である．この他には年度ダミー (*YEAR*) を挿入している．各変数の詳細な定義は図表13-1の脚注を参照してほしい．

3．サンプルの選択と記述統計量

(1) サンプルの選択

本研究は，2001年3月決算期から2003年3月決算期までの連結財務諸表数値を分析対象とする．そのため，2002年4月から2004年3月の間に発行された無担保普通社債のうち，以下の要件を満たす銘柄をサンプルとしている．

① 証券・銀行・保険業・その他金融業に属していない．
② 3月決算企業である．
③ ダーティー・サープラス項目である，土地再評価差額金，その他有価証券，評価差額金，為替換算調整勘定のいずれかを計上している[13]．
④ 社債契約に関するデータおよび分析に必要な財務データが入手可能である．

社債契約に関するデータは㈱アイ・エヌ情報センターが発行している『債券・株式データ・ベース』から入手し，財務データは『日経財務CD-ROM一般事業会社版』から入手した．同一企業が，同一会計年度において複数回社債を発行している場合には，最初に発行された銘柄のみをサンプルとして利用している．またSEC基準にしたがって連結財務諸表を作成している企業についてもサンプルから除外した．さらに異常値の影響を緩和するため，SPREADと財務数値の値が極端に大きい（小さい）観測値を各変数ごとに上下1％ずつ除去している．以上の要件を満たす最終的なサンプルは136銘柄であった．

(2) 記述統計量

分析に利用する変数の記述統計量を図表13-1に要約している．図表13-1より，SPREAD の平均値が約0.3％であることが分かる．またBPSの平均値は27.3％であり，SBPS の平均値は26.5％である．これはダーティー・サープラス項目総額の総資産額に占める割合は平均値ベースで0.8％であることを意味する．

図表13-2には，各変数の相関係数が表示されている．自己資本比率に関する変数（BPS，SBPSなど）は SPREAD と負の相関関係を有している．これは自己資本が潤沢な企業ほど負債コストが低いことを意味しており，本分析の予

第13章　債務契約におけるダーティー・サープラス項目の意義　257

図表13-1　記述統計量

	Mean	Median	Maximum	Minimum	Std. Dev.	Skewness	Kurtosis	N
SPREAD	0.338	0.189	1.546	0.050	0.332	1.745	5.603	136
BPS	0.273	0.248	0.633	0.063	0.127	0.770	3.091	136
SBPS	0.265	0.240	0.610	0.039	0.130	0.779	3.034	136
SBPS +LAND +SEC	0.278	0.250	0.630	0.067	0.130	0.753	2.966	136
SBPS +SEC +FOC	0.269	0.245	0.633	0.043	0.129	0.733	3.058	136
SBPS +LAND +FOC	0.263	0.241	0.613	0.063	0.126	0.829	3.174	136
LAND	0.004	0.000	0.132	−0.001	0.016	5.707	39.470	136
SEC	0.009	0.005	0.067	−0.005	0.012	1.976	7.940	136
FOC	−0.005	0.000	0.004	−0.059	0.010	−2.806	12.224	136
MARGIN	5.390	5.535	21.240	−0.190	3.036	1.712	9.185	136
INCR	7.311	3.450	59.960	1.030	10.546	3.106	12.632	136
LASSET	14.109	14.184	16.854	11.399	1.188	−0.145	2.711	136
BSIZE	23.529	23.464	25.734	21.822	0.742	0.598	3.433	136
MATUR	7.890	7.000	20.000	3.000	3.900	1.408	5.384	136
BCFIRM	0.397	0.000	1.000	0.000	0.491	0.421	1.177	136
RISKP	0.467	0.384	1.207	0.175	0.255	1.626	5.220	136

(注) 各変数の定義は以下のようになる．SPREAD＝無担保普通社債の利率に関するスプレッド（国債にもとづいて算定），BPS＝自己資本比率（自己資本総額／総資産額），SBPS＝ダーティー・サープラス項目控除後の自己資本比率：BPS－(LAND+SEC+FOC)，LAND＝土地再評価差額金／総資産額，SEC＝その他有価証券評価差額金／総資産額，FOC＝為替換算調整勘定／総資産額，MARGIN＝売上高経常利益率（経常利益／売上高×100），INCR＝インタレスト・カバレッジ・レシオ（営業利益＋受取利息・割引料・有価証券利息）／支払利息・割引料×100)，LASSET＝総資産額の自然対数値，BSIZE＝社債発行総額の自然対数値，MATUR＝社債の償還期限，BCFIRM＝社債管理会社を設置していれば1（設置していなければ0)を示すダミー変数，RISKP＝格付けがA格の銘柄におけるSPREADの平均値（当該社債の発行月ごとに算定)．格付けは，格付け投資情報センター（R&I）が発行したものを利用．

測と一致する結果であるといえる．またダーティー・サープラス項目のSECとFOCについては，予測どおりSPREADと負の相関関係を有するが，LANDは予測と反して正の相関関係が観察される．前節で識別した7つのコントロール変数のうち，MATUREとBCFIRMを除く5つの変数がSPREADと予測符号どおりの相関関係を有している．後の重回帰分析において，多重共線性が懸念されるような高い相関係数を有する変数は観察されない．

図表13-2 相関係数

	SPREAD	BPS	SBPS	SBPS+LAND+SEC	SBPS+SEC+FOC	SBPS+LAND+FOC	LAND	SEC	FOC	MARGIN	INCR	LASSET	BSIZE	MATUR	BCFIRM	RISKP
SPREAD	1.000															
BPS	−0.239	1.000														
SBPS	−0.219	0.985	1.000													
SBPS+LAND+SEC	−0.228	0.997	0.988	1.000												
SBPS+SEC+FOC	−0.248	0.992	0.993	0.990	1.000											
SBPS+LAND+FOC	−0.220	0.995	0.989	0.993	0.988	1.000										
LAND	0.100	−0.032	−0.158	−0.038	−0.155	−0.030	1.000									
SEC	−0.219	0.158	0.065	0.157	0.159	0.062	−0.023	1.000								
FOC	−0.083	−0.207	−0.288	−0.280	−0.216	−0.207	0.091	−0.024	1.000							
MARGIN	−0.201	0.280	0.279	0.266	0.284	0.289	−0.056	−0.063	0.111	1.000						
INCR	−0.143	0.719	0.717	0.711	0.720	0.723	−0.081	0.033	−0.082	0.491	1.000					
LASSET	−0.398	−0.348	−0.342	−0.349	−0.344	−0.346	−0.005	−0.059	0.088	0.145	−0.130	1.000				
BSIZE	−0.408	0.045	0.063	0.045	0.052	0.057	−0.060	−0.121	−0.004	0.334	0.179	0.715	1.000			
MATUR	−0.461	−0.106	−0.120	−0.118	−0.098	−0.117	−0.057	0.093	0.185	0.198	−0.147	0.342	0.214	1.000		
BCFIRM	0.134	−0.330	−0.303	−0.338	−0.316	−0.308	−0.083	−0.257	0.192	0.251	−0.118	0.186	0.207	−0.004	1.000	
RISKP	0.110	−0.083	−0.111	−0.093	−0.100	−0.083	0.146	−0.001	0.160	0.019	−0.029	0.162	0.140	−0.119	0.121	1.000

(注) 各変数の定義については図表13-1の注を参照。

4. 調査結果

(1) 相対情報内容に関する調査結果

　図表13-3に相対情報内容の調査結果を報告している．Panel Aに各モデルの推定結果を要約した．自己資本比率に関する変数は，すべてのモデルにおいて統計的に有意な負の値を示している．これは自己資本比率が高い企業ほど，低い負債コストを享受していることを意味し，予想と一致する結果であるといえる．

　Panel BにVuong (1989) によるモデル選択検定の調査結果を載せている．発見事項は以下の4点に要約される．第1点は，(1)式と(2)式では，モデルの有意な差は確認されないため (p-value = 0.334)，ダーティー・サープラス項目総額の利用は確認されない．第2点は，(1)式と(3)式では，モデル(1)式が選択されているため (p-value = 0.000)，為替換算調整勘定の利用が示唆される．第3点は，(1)式と(4)式では，モデルの有意な差は確認されないため (p-value = 0.237)，土地再評価差額金の利用は確認されない．そして最後の第4点は，(1)式と(5)式では，モデルの有意な差は確認されず (p-value = 0.284)，その他有価証券評価差額金の利用は確認されない，という発見事項である．したがって相対情報内容の分析結果は，ダーティー・サープラス項目総額の情報内容は確認されないものの，為替換算調整勘定に情報内容があることを示唆している．

図表13-3　相対情報内容の調査結果

			独立変数				
	C	BPS	SBPS	SBPS + LAND + SEC	SBPS + SEC + FOC	SBPS + LAND + FOC	Adj.R^2
Panel A：重回帰分析の調査結果，従属変数＝SPREAD							
Model(1)							
Coeff	0.508	−0.623					0.0499
t-value	7.016	−3.028					
p-value	0.000	0.003					
							N=136
Model(2)							
Coeff	0.486		−0.561				0.0410
t-value	7.097		−2.804				
p-value	0.000		0.006				
							N=136
Model(3)							
Coeff	0.500			−0.584			0.0449
t-value	6.879			−2.858			
p-value	0.000			0.005			
							N=136
Model(4)							
Coeff	0.510				−0.641		0.0546
t-value	7.206				−3.142		
p-value	0.000				0.002		
							N=136
Model(5)							
Coeff	0.491					−0.580	0.0413
t-value	7.043					−2.858	
p-value	0.000					0.005	
							N=136
Panel B：Vuong (1989) によるモデル選択検定の調査結果							
競合モデル	尤度比検定		p-value		モデル選択		
Model(1) against Model(2)	0.965		0.334		—		
Model(1) against Model(3)	5.760		0.000		Model(1)		
Model(1) against Model(4)	−1.182		0.238		—		
Model(1) against Model(5)	1.070		0.284		—		

(注) 各変数の定義については図表13-1の注を参照．t 値は White の標準誤差にもとづいている．

(2) 増分情報内容に関する調査結果

　増分情報内容の調査結果は図表13-4にまとめている．各ダーティー・サープラス項目ごとに増分情報内容を確認していきたい．まず為替換算調整勘定であるが，(6)式における FOC の係数は-4.731であり，有意な負の値となっている（p-value $= 0.060$）．また(6)式の決定係数（Adj.R^2）は0.4576であり，(7)式の0.4449よりも大きい．これは第2節で確認した2つの条件を満たしているため，為替換算調整勘定には負債コストに対する追加的な情報内容があるといえる．

　土地再評価差額金について見ると，(6)式における $LAND$ の係数は有意な負の値となっておらず，決定係数の値は(6)式よりも(8)式の値のほうが大きい．よって土地再評価差額金には増分情報内容は確認されない．最後に，その他有価証券評価差額金の調査結果を確認したい．(6)式における SEC の係数は有意な負の値を示している．さらに(6)式の決定係数は，(9)式の決定係数よりも大きい．これはその他有価証券評価差額金には増分情報内容があることを示している[14]．(6)式のコントロール変数については，7つの変数のうち4つの変数で予測符号どおりの推定結果が得られた[15]．

　したがって増分情報内容に関する調査結果をまとめれば，為替換算調整勘定とその他有価証券評価差額金は負債コストに対する追加的な説明力を有するが，土地再評価差額金には増分情報内容はない，と要約される．

5．追加的検証

(1) 格付データを利用した分析

　ここでは，$SPREAD$ の代わりに債券格付け（$RATE$）を従属変数にした分析結果を示したい．格付けに注目する理由は，格付けが一般的にデフォルト・リスク示す尺度として利用されているからである（Sengupta, 1998, p.470）．負債コストの決定には，社債発行企業のデフォルト・リスクが大きく反映されていることが考えられる．したがってアナリストが推計するデフォルト・リスクである格付データとダーティー・サープラス項目の関係を分析することにより，前節の調査結果の頑健性チェックを行いたい．デフォルト・リスクを反映

図表13-4 増分情報内容の調査結果

従属変数＝SPREAD

							独立変数						
	C	SBPS	LAND	SEC	FOC	MAR GIN	INCR	LAS SET	BSIZE	MAT UR	BCF IRM	RISKP	Adj.R^2
Model(6)													
Coeff	3.513	−1.134	0.189	−5.459	−4.731	−0.003	0.004	−0.097	−0.059	−0.021	0.047	0.185	0.4576
t-value	3.999	−3.632	0.159	−3.330	−1.897	−0.237	1.520	−2.688	−1.182	−3.008	0.799	1.593	
p-value	0.000	0.000	0.874	0.001	0.060	0.813	0.131	0.008	0.240	0.003	0.426	0.114	N=136
Model(7)													
Coeff	3.413	−0.961	0.072	−5.422		−0.004	0.003	−0.088	−0.059	−0.023	0.040	0.169	0.4449
t-value	3.936	−3.105	0.062	−3.271		−0.400	1.115	−2.548	−1.176	−3.320	0.676	1.423	
p-value	0.000	0.002	0.951	0.001		0.690	0.267	0.012	0.242	0.001	0.500	0.157	N=136
Model(8)													
Coeff	3.515	−1.140		−5.469	−4.717	−0.003	0.004	−0.097	−0.059	−0.021	0.046	0.187	0.4619
t-value	4.033	−3.732		−3.354	−1.900	−0.236	1.528	−2.699	−1.180	−3.040	0.787	1.685	
p-value	0.000	0.000		0.001	0.060	0.814	0.129	0.008	0.240	0.003	0.433	0.095	N=136
Model(9)													
Coeff	3.122	−1.132	0.345		−4.6595	−0.002	0.004	−0.101	−0.042	−0.024	0.079	0.199	0.4238
t-value	3.694	−3.667	0.263		−1.902	−0.138	1.235	−2.847	−0.865	−3.264	1.338	1.620	
p-value	0.000	0.000	0.793		0.060	0.891	0.219	0.005	0.389	0.001	0.183	0.108	N=136

(注) 各変数の定義については図表13-1の注を参照。年度ダミー (YEAR) の係数は省略している。t 値は White の標準誤差にもとづいている。

する2つの異なる変数（負債コストと格付け）について整合的な結果が得られれば，調査結果の頑健性を示す証拠となろう．分析にあたっては，Sengupta (1998, p.471) にもとづき，以下の回帰式を推定する．

$$RATE = C + \beta_{19}SBPS + \beta_{20}LAND + \beta_{22}SEC + \beta_{23}FOC \\ + \text{Control variable} + \varepsilon \tag{10}$$

ただし，

$RATE$＝格付け投資情報センター（R＆I）が発行するAAAからBBB-までの格付に対して1から10までの数値を割り当てた変数

従属変数である $RATE$ は離散型の順序変数となるため，分析にはオーダー・ロジットモデルを利用した．(10)式を推定した結果，FOC と SEC の係数が有意な負の値となることが分かった（調査結果の表は省略）．これは為替換算調整勘定とその他有価証券評価差額金が，それぞれ格付けの決定に対して追加的な説明力を有していることを意味する[16]．この調査結果は，前節の増分情報内容の調査結果と一致する．

(2) 個別会計情報の分析結果

本研究では，連結会計情報のダーティー・サープラス項目を分析対象としたが，個別財務諸表のダーティー・サープラス項目である，土地再評価差額金とその他有価証券評価差額金についても同様の分析を行っている．主要な調査結果を要約すると以下のようになる（調査結果の表は省略）．すなわち①その他有価証券評価差額金は，相対情報内容および増分情報内容の両分析において，その情報内容が確認される．②土地再評価差額金に関しては，相対情報内容および増分情報内容のいずれの分析においても，その情報内容は確認されない．③格付けを利用した分析でも①および②と首尾一貫した結果が得られた．

土地再評価差額金の情報内容が確認されず，その他有価証券評価差額金の情報内容が大きいという結果は，連結会計情報の分析結果とも一致している．ただし個別会計情報の分析では，連結会計情報の分析と比較して，自己資本比率の係数の有意性や決定係数の大きさなどから判断して，会計数値の説明力が相

対的に低くなるということがわかった[17]．したがって調査結果の頑健性については，多少の制限があることに注意して欲しい．

6．総括と展望

(1) 調査結果の要約と解釈

　本章では，ダーティー・サープラス項目を含んだ自己資本情報と含まない情報について，負債コストとの関係を比較検証することにより，ダーティー・サープラス項目の債務契約における利用について調査を行った．相対情報内容の分析では，ダーティー・サープラス項目総額の利用は検証されなかったが，為替換算調整勘定の利用を示唆する結果が得られた．増分情報内容の分析では，為替換算調整勘定とその他有価証券評価差額金の追加的情報内容が確認された．土地再評価差額金に関しては，相対情報内容および増分情報内容のいずれの分析においても，その情報内容は確認されなかった．格付データを利用した分析でも首尾一貫した結果が得られた．

　以上の結果により，連結会計情報におけるダーティー・サープラス項目の中で，為替換算調整勘定とその他有価証券評価差額金が債務契約において一般に使用されていることがわかった．また土地再評価差額金の負債コストに対する情報内容は，本研究の調査結果に依拠する限り確認されなかった．

　これらの発見事項が示唆することは，社債契約において，ダーティー・サープラス項目の各情報が一様に負債コストに反映されているのではなく，各項目の内容を識別した上で負債コストが決定されていることである．これは資本の部の開示形式が，ダーティー・サープラス項目の総額表示ではなく，個別項目ごとの開示を要求していることの意義を確認する結果であるといえる．

　土地再評価差額金が負債コストに対する情報内容を有しないことについては，いくつかの理由が考えられる．たとえば土地の再評価は，法律の規定により一度しか行われないため，再評価後の時価の変動が財務諸表数値に反映されることはない．桜井（2003）は，地価が再評価後に変動している場合には，自己資本として計上されている土地再評価差額金が実態を反映していない可能性を指摘している．そして投資家がこのことを見抜いていれば，再評価後の年度

においては，株価形成との関連が見られないことを予測し，それを裏付ける経験的証拠を提示している．

また宮田・近（1999）は，土地再評価差額金が株価形成に反映されない理由として，①再評価された土地が実際に売却される可能性が低く，再評価額の換金可能性が低い，②企業が任意に採用する土地の時価は，その基準（路線価や公示地価等）が複数存在するため，土地再評価差額金の情報内容が信頼性に欠ける，といったことをあげている．これらの議論は，負債コストとの関連においても妥当すると考えられる[18]．社債契約において，土地再評価差額金は時価を反映していない信頼性の低い情報として認識され，社債発行企業のデフォルト・リスク推計の際に利用されなかったのかもしれない．さらには，土地の再評価の実施は企業の任意であったため，自己資本が相対的に脆弱な企業ほど積極的に正の土地再評価差額金を計上した可能性もある．これにより土地再評価差額金の計上が財務体質に問題のある企業を反映する変数となってしまい，負債コストと統計的に有意な関係が見られなかったのかもしれない．

(2) ディスカッション

最後に本分析のインプリケーションおよび課題について議論したい．日本におけるダーティー・サープラス項目の分析を行った研究の多くは，包括利益情報の有用性の検討に分析の焦点があてられている．ダーティー・サープラス項目の期中変化額を利用して擬似的な包括利益を計算し，価値関連性の視点から当期純利益との比較検証が行われている．包括利益情報が当期純利益の代替的な業績利益となりえるか否かを実証的に解明することが重要な検証課題となっているのである．

本分析では，負債コストに対するダーティー・サープラス項目の情報内容を示唆するいくつかの調査結果が得られた．ただしこれらの調査結果は，包括利益情報の有用性を支持するものではない点に注意しなければならない．本研究が分析対象としたのは，資本の部に直接計上されるダーティー・サープラス項目の水準である．また株価との関連ではなく，負債コストとの関係を分析した．したがって業績利益の指標としてダーティー・サープラス項目に注目したのではなく，負債コストと格付けの決定というデフォルト・リスクの推計に利

用されている自己資本比率の情報内容に，ダーティー・サープラス項目が影響を与えているか否かを検証したにすぎない．したがって本分析の調査結果からは，包括利益情報の業績利益としての妥当性について積極的に議論することはできない．

最近の会計研究では，価値関連性に関する研究成果のみで会計基準の適否を議論してはならないとする主張がある (Holthausen and Watts, 2001)．この議論は，会計制度の設計において，財務会計の意思決定支援機能と契約支援機能のいずれを重視すべきなのかという議論にも共通する．本章は，いずれか一方の立場を取るものではないが，先行研究の多くが価値関連性の視点から分析されていることを鑑みて，債務契約との関連でダーティー・サープラス項目の分析を行った．本章で提示した証拠は，ダーティー・サープラス項目の一部が債務契約に使用されていることを示唆していた．これは財務会計の契約支援機能を示す1つの証拠となる．ただしそれは債務契約における財務上の特約で財務諸表数値が使用されている場合と異なり，契約締結時の情報として活用されていることを意味する．以上のように，株式投資意思決定以外でダーティー・サープラス項目が利用されているという経験的証拠を得ることができたのは，会計情報がもたらす経済的意義を再考する上で有用であったと思われる．

ただし契約との関連でダーティー・サープラス項目を分析した研究は多くない．そこで今後は，財務上の特約や経営者報酬契約といった他の契約環境において，ダーティー・サープラス項目の情報内容を検討することが重要な課題となろう．様々な状況下において分析された経験的証拠の蓄積は，会計制度の設計および発展のための基礎的資料となることが期待されるからである．

（首藤　昭信）

注

1 本研究の終了後に公表された，企業会計基準第5号「貸借対照表の純資産の部の表示に関する会計基準」では，純資産の部において，株主資本と株主資本以外の各項目が区分して開示されることになった．この株主資本以外の項目の中に「評価・換算差額等」が含まれており，本文中のダーティー・サープラス項目はここで開示される．したがって純資産の部でダーティー・サープラス項目が開示される規定は現在も継続している．

2 ダーティー・サープラス項目に関する実証研究の詳細は，図表13-5に要約している．

第13章　債務契約におけるダーティー・サープラス項目の意義　267

図表13-5　ダーティー・サープラス項目および包括利益に関する実証研究

研究	サンプルと調査期間	主な調査目的と調査方法	主要な調査結果
Cheng et al. (1993)	1972年から1989年までの期間で、分析に必要なデータが入手可能な米国企業の16,604観測値。	3つの異なる定義の利益（営業利益、当期純利益、包括利益）と異常リターンの関係を分析している。	(1)利益の異常リターンに対する説明力の大きさを、決定係数の大きさで測った結果、①営業利益、②当期純利益、③包括利益の順番になることが分かった。(2)包括利益は当期純利益に対して追加的な情報内容を有さない。
O'Hanlon and Pope (1999)	1972年から1992年までの期間で、分析に必要なデータが入手可能な英国の158企業。	英国会計基準特有のダーティー・サープラス項目（買掛のれん、固定資産の再評価剰余金、為替差額、特別損益項目、その他の項目）と株式リターンの関係を検証している。最長で20年までの累積データ（累積株式リターン、累積経常利益、ダーティー・サープラス項目の累積額）を用いて回帰分析を行っている。情報内容の分析方法は、増分情報内容の検証を行っている。	(1)ダーティー・サープラス項目を含まない経常利益は、推計期間にかかわらず株式リターンと強い関連を持つ。(2)推計期間が長期の場合には、(3)他のダーティー・サープラス項目には株式リターンに対する説明力は確認されない。以上の調査結果から、ダーティー・サープラス項目が価値関連性を有さないと結論付けている。
Dhaliwal et al. (1999)	1994年と1995年の期間で、分析に使用するデータがCOMPUSTATおよびCRSPから入手可能な11,425観測値。	包括利益と純利益のいずれが企業業績をより反映しているかを、株価形成の観点から検証している。情報内容の分析は、Vuong (1989)によるモデル選択検定を行っている。	(1)包括利益が純利益よりもより株式リターンと関連するという明確な結果は得られない。(2)純利益よりも包括利益よりも株価水準、将来業績（キャッシュフローおよび利益）とより強い関連を持つ。(3)その他の包括利益の中では、売却可能有価証券の未実現保有損益について情報内容が確認されたが、それは銀行業に限定的なものであった。以上の調査結果から、包括利益は純利益よりも有用な業績指標であるとはいえないと結論付けている。
Cahan et al. (2000)	1992年から1997年までの期間で、分析に必要なデータが入手可能なニュージーランドの48企業（237観測値）。	(1)包括利益に関する個別項目（外貨換算調整勘定、固定資産の評価損益、総額の開示）に対する追加的な情報内容を有するか、(2)個別項目の追加的な情報内容が、株主持分計算書の導入以後に増大しているか、ということを検証している。	(1)包括利益情報は当期純利益よりも価値関連性が高いが、包括利益の個別項目を開示することでの追加的な情報内容に対する計算書の導入以後に、包括利益の個別項目の情報内容が増加したと言う結果は得られていない。

Biddle and Choi (2006)	1994年から1998年までの期間で、COMPUSTAT、CRSPおよびExecuCompのデータが入手可能な5,349観測値を基本サンプルとしている。	包括利益をベースとした複数の利益の定義について、企業評価と契約関係の両観点からその有用性を比較検証している。情報内容を検証するモデルを行うモデル選択の検証方法は、Biddle et al. (1995)にもとづく検定を行っている。	株価との関連では、(1)包括利益情報は当期純利益情報よりも価値関連性が高い、(2)売却可能有価証券の未実現保有損益は最も大きな追加的情報内容を有する、(3)SFAS130による利益の定義は、他の定義にもとづく利益よりも価値関連性が高い、(4)SFAS130にもとづく各項目は追加的情報内容を有し、各項目を個別開示することを支持する。経営者報酬との関連では、(5)当期純利益は、包括利益よりも強い説明力を有する、(6)SFAS130にもとづく各項目は、いずれも追加的な情報内容を有さない。
宮田・近(1999)	1996年と1997年において、上場株式の評価方法を変更しているか、土地の再評価を実施した銀行。土地再評価に関する分析に利用したサンプルは54行。	1997年度に初めて計上された土地再評価差額金と株価の関係を分析している。分析にあたっては、割引配当モデルをベースに分析を行っている。	土地再評価額と株価の間には有意な正の関係は観察されなかった。これにより、土地再評価差額金には追加的な情報内容はないと結論付けている。
若林(2001)	1998年から2000年までの3月決算企業の東証1部上場企業。分析に必要な連結財務諸表データが入手可能な1,819観測値。	為替換算調整勘定の情報内容を分析している。為替換算調整勘定が資本の部に表示される以前のサンプルを分析しているため、当該変数は資産の部と負債の部の数値を利用して算出している。	為替換算調整勘定は当期純利益情報を所与とした場合、追加的な情報内容を有しないことが分かった。
若林(2002)	1998年から1999年までの3月決算企業の東証1部上場企業。分析に必要なデータが入手可能な1,819観測値。	有価証券の評価損益の情報内容を分析している。その他有価証券評価差額金が資本の部に表示される以前のサンプルを注記情報から入手するため、当該変数は注記情報から入手している。	有価証券の評価損益の期中変化額は、当期純利益を所与とした場合、株式リターンに対して追加的な情報内容を有しないことが分かった。

第13章 債務契約におけるダーティー・サープラス項目の意義　269

	期間・サンプル	分析内容	結果
中村 (2003)	1992年から2001年までの期間で、米国SEC基準で情報を開示している東証1部上場企業。最終的なサンプルは181社。	(1)包括利益情報（売却可能有価証券の未実現損益、外貨換算調整勘定）の価値関連性について、SFAS130号適用以前と以後で変化が見られるか、(2)その他の包括利益が追加的な情報内容を有するかを検証している。	(1)利益の株価に対する説明力の大きさを決定係数の大きさで測った結果、包括利益の説明力は当期純利益よりも小さいことがわかった。(2)その他の包括利益の説明力は追加的な情報内容が確認されたが、外貨換算調整勘定には確認されない。
桜井 (2003)	1999年3月決算期から2002年3月決算期までの期間で、分析に必要なデータが入手可能な上場している銀行。最終的なサンプルは約300観測値。	自己資本情報を包括的に分析しているが、その中で土地再評価差額金とその他有価証券評価差額金の価値関連性を分析している。	(1)自己資本情報を所与として、土地再評価差額金の追加的な説明力はあるが、その他有価証券評価差額金の追加的な説明力はない。(2)ただし土地再評価差額金の追加的な説明力は、再評価が許容された初年度である1999年に限定的なものであり、2000年3月期には観察されない。
井手 (2004)	2001年から2002年までの期間で、連結財務諸表を公表している東証1部上場企業。最終的なサンプルは701観測値。	連結財務諸表上のダーティー・サープラス項目であるその他有価証券評価差額金と為替換算調整勘定を包括利益の構成要素とし、その株価説明力を純利益と比較検証している。	(1)包括利益と当期純利益の株価説明力に大きな差はない。(2)為替換算調整勘定には追加的な説明力がある。(3)包括利益と株価収益率の関係には産業の影響を受ける。
薄井 (2005b)	2000年から2003年までの期間で、分析に必要なデータが継続して入手可能な3月決算企業。最終的なサンプルは512社。	個別財務諸表上のダーティー・サープラス項目であるその他土地再評価差額金とその他有価証券評価差額金の価値関連性を検証している。具体的には、自己資本情報を所与とした場合の、両項目の増分情報内容を検証している。	(1)土地再評価差額金、再評価実施初年度については、株式リターンについてプラスの効果が認められるが、概して増分情報内容は観察されない。(2)その他有価証券評価差額金については、リターンとの関連性は見られない。2003年度よりダーティー・サープラス項目がリターンに及ぼす影響は限定的である、と結論付けている。

ダーティー・サープラス項目は，包括利益情報の有用性に関する研究にも利用されることが多い．多くの研究では，ダーティー・サープラス項目の期中変化額を利用して擬似的な包括利益を作成し，価値関連性の視点から当期純利益との比較検証が行われている．本研究は，これらの研究とは異なり，包括利益情報の有用性を検証するものではない．しかしリサーチ・デザインや調査結果のインプリケーションに関して本分析と共通する部分が多いため，その研究成果についても図表13-5に要約した．

3 実証会計理論（positive accounting theory）のフレーム・ワークにおいて，債務契約における会計情報の役割（契約支援機能）を分析する場合，多くの研究では，財務上の特約（財務制限条項）における会計情報の利用に注目して分析が行われている（Watts and Zimmerman, 1986；須田，2000）．これは契約締結後，すなわち意思決定後の財務会計の契約支援機能について注目しているといえる．これに対して負債コストに注目した本分析では，契約締結時における財務諸表数値に焦点をあてていることに注意してほしい．財務会計の契約支援機能を「契約締結時の活用」と「締結後の活用」に分けるとすれば，本分析は前者に関する分析として位置づけられ，財務上の特約に関する分析は後者に関する分析として位置づけられる．

4 各項目の詳細については，佐藤（2003），児島（2005）および桜井（2005）などを参照して欲しい．

5 「土地の再評価に関する法律」は，1998年3月決算期から2000年3月決算期までの間において，土地の時価評価を1回だけ行うことを認めていた．その後法改正が行われ，2002年3月決算まで再評価を行う期限が延長された．

6 個別財務諸表情報に関する調査結果は第5節の追加的検証で要約している．

7 $LAND$，SEC および FOC はダーティー・サープラス項目を考慮した自己資本比率の計算に利用されるため総資産額で割り算した値を利用している．ただしこの処理では，分母となる総資産額にもダーティー・サープラス項目が含まれてしまうという問題が生じる．そこで本分析では，時価総額や売上高といった変数で自己資本を割り算するという分析も行ったが，負債コストと自己資本情報の間には，有意な相関関係は観察されなかった．これは債務契約においては，総資産額との対比でみた自己資本比率情報が独自の意義と情報内容を有することを示唆する．よって本分析では，自己資本比率をベースとした分析結果を報告している．

8 Vuong（1989）によるモデル選択検定の会計研究の適用に関する議論は，太田・松尾（2004）が有用である．

9 また本分析では，追加的検証として，Vuong（1989）による nested 型のモデル選択の検定についても行う．Vuong（1989）のモデル選択の検定は，non-nested 型のモデル選択検定を用いて相対情報内容を検証するだけでなく，nested 型のモデル選択検定を用いて増分情報内容を検証することも可能である（太田・松尾，2004）．

10 以後のコントロール変数の選択および予測符号に関する議論は，Sengupta（1998）に依拠している．

11 負債コストを分析した多くの研究では，負債比率をコントロール変数として利用してい

る（Sengupta, 1998；須田・首藤, 2004）．しかし本分析では自己資本比率と負債コストの間に高い相関関係が確認されたため，多重共線性の問題を回避するためにコントロール変数から削除した．自己資本比率と負債比率の相関関係は－0.837であった．

12 通常このようなケースでは，最上格であるAAAの値を用いるのが一般的である（Sengupta, 1998, p.464）．しかし本研究では，算定に利用可能な発行銘柄の中で，AAA格を取得している銘柄が極端に少なかったため，月次での平均値を算定することができなかった．そこでサンプルの中で最も観測値数が多かったA格のスプレッドを利用して *RISKP* を算定している．

13 計上されていない項目については，Dhaliwal et al.(1999, p.49) と同様に分析上0を割り当てている．またDhaliwal et al.(1999, p.49)にしたがって，①ダーティー・サープラス項目の計上状況にかかわらず，社債発行企業をすべてサンプルとする，②すべてのダーティー・サープラス項目を計上している観測値のみをサンプルとする，という条件でも分析を行った．①の調査結果は，本文中の調査結果とほぼ一致していた．②に関しては，為替換算調整勘定の説明力が相対的に小さくなる，という点を除いて本文中の調査結果とほぼ一致していた．ただし②のサンプル数は大幅に減少するため，調査結果の信頼性については疑問が残る．

14 Vuong (1989) によるモデル選択の検定の結果も上記結果と一致していた．尤度比分散検定にもとづく(6)式と残りの式の比較を行った結果，(7)式および(9)式との比較においてはそれぞれ(6)式が選択されるが（$p-\text{value}=0.040$, $p-\text{value}=0.003$），(8)式との比較においては有意な差は確認されなかった（$p-\text{value}=0.887$）．これは為替換算調整勘定とその他有価証券評価差額金のみに増分情報内容があることを示唆している．

15 コントロール変数に関しては，次のような追加的検証も行っている．まず負債コストを従属変数として，コントロール変数のみを独立変数として回帰式を推定し，①予測符号どおりの係数の値が得られた変数，②予測符号でかつ有意な値が得られた変数を識別した．そしてその変数のみをコントロール変数として(6)式を推定した．その結果，①および②のいずれの変数を用いたケースにおいても，調査結果は図表13-4のものと大きな相違は見られなかった．

16 図表13-4と同様に，各ダーティー・サープラス項目を除外したモデルの推定も行ったが，調査結果にもとづく発見事項は図表13-4のものとほぼ同じであった．

17 たとえば，使用するモデルによっては自己資本比率に関する変数が有意でないケースや，決定係数が極端に小さくなるケースが見られた．

18 桜井（2003）および宮田・近（1999）の分析の概要は，図表13-5を参照して欲しい．

参考文献

Barth M., W.H. Beaver and W.R. Landsman (2001) "The Relevance of the Value Relevance Literature for Financial Accounting Standard Setting : Another View," *Journal of Accounting and Economics* 31, pp.77-104.

Biddle, G. C. and J. Choi (2002) "Is Comprehensive Income Useful?," *Journal of Contemporary Accounting and Economics* 2, pp. 1-23.

Biddle, G. C., G. S. Seow and A. F. Siegel (1995) "Relative versus incremental information contents," *Contemporary Accounting Research* 12, pp. 1-23.

Cahan, S., S. Courtenay, P. Gronewoller and D. Upton. (2000) "Value Relevance of Mandated Comprehensive Income Disclosure," *Journal of Business, Finance and Accounting* 27, pp.1273-1301.

Cheng, C.S.A., J.K. Cheung and V. Gopalakrishnan. (1993) "On the Usefulness of Operating Income, Net Income and Comprehensive Income in Explaining Security Return," *Accounting and Business Research* 23, pp.195-203.

Dechow, P.M. (1994) "Accounting Earnings and Cash Flows as Measures of Firm Performance: The Role of Accounting Accruals," *Journal of Accounting and Economics* 18, pp. 3-42.

Dhaliwal, D., K. Subramanayam and R. Trezevant (1999) "Is Comprehensive Income Superior to Net Income as a Measure of Firm Performance," *Journal of Accounting and Economics* 26, pp.43-67.

Hirst, D. and P. Hopkins (1998) "Comprehensive Income Reporting and Analysts' Valuation Judgments," *Journal of Accounting Research* 36 (Supplement), pp.47-74.

Hirst, D., P. Hopkins and J. Wahlen (2001) "Fair Value, Comprehensive Income Reporting and Bank Analysts' Risk and Valuation Judgments," *Working Paper*.

Holthausen R. and R. Watts (2001) "The Relevance of the Value Relevance Literature for Financial Accounting Setting," *Journal of Accounting and Economics* 31, pp.3-75.

Johnson, T., C. Reither and R. Swieringa (1995) "Toward Reporting Comprehensive Income," *Accounting Horizons* 9, pp.128-137.

Maines, L.A. and L.S. McDaniel (2000) "Effects of Comprehensive-income Characteristics on Nonprofessional Investors' Judgments: The Role of Financial Statement Presentation Format," *The Accounting Review* 75, pp.179-207.

O'Hanlon, J. and P. F. Pope (1999) "The Value-relevance of U.K. Dirty Surplus Accounting Flows," *British Accounting Review* 31, pp.459-482.

Sengupta, P. (1998) "Corporate Disclosure Quality and the Cost of Debt," *The Accounting Review* 73, pp.459-474.

Skinner, D. (1999) "How Well Does Net Income Measure Firm Performance? A Discussion of Two Studies," *Journal of Accounting and Economics* 26, pp.105-111.

Vuong, Q.H. (1989) "Likelihood Ratio for Model Selection and Non-nested Hypotheses," *Econometrica* 57, pp.307-333.

Watts, R.L. and J.L. Zimmerman (1986) *Positive accounting theory*, Englewood Cliffs, N.J. Prentice-Hall (須田一幸訳 (1991)『実証理論としての会計学』白桃書房).

White, H.(1980) "A Heteroscedasticity-consistent Covariance Matrix Estimator and a Direct Test for Heteroscedasticity," *Econometrica* 48, pp.817-838.
浅野信博（2002）「企業の業績尺度と営業サイクルとの関係」『原価計算研究』第26巻第1号, pp.46-58.
石川博行（2000）『連結会計情報と株価形成』千倉書房.
岩崎勇（2000）「財務業績の報告の展開」『産業経理』第60巻第1号, pp.21-27.
岩崎勇（2003）「包括利益の展開」『JICPAジャーナル』No.573, pp.66-71.
梅原秀継（2005）「会計理論からみた資本の部の変容―資本と利益の区別をめぐって」『企業会計』第57巻第9号, pp.34-41.
井手健二（2004）「包括利益情報の有用性に関する検討―わが国証券市場を対象として」『會計』第165巻第2号, pp.143-155.
薄井彰（2005a）「会計情報の価値関連性と信頼性について」『會計』第167巻第5号, pp.19-33.
薄井彰（2005b）「クリーンサープラス会計と株式評価」『ワーキングペーパー』（早稲田大学）.
太田浩司・松尾靖彦（2004）「Vuong（1989）検定の理論と応用―会計利益とキャッシュ・フローの情報内容」『武蔵大学論集』第52巻第1号, pp.39-75.
岡部孝好（1994）『会計報告の理論―日本の会計の探求』森山書店.
大日方隆（1994）『企業会計の資本と利益―名目資本維持と実現概念の研究』森山書店.
大日方隆（2002）「利益の概念と情報価値（2）」齋藤静樹編著『会計基準の基礎概念』中央経済社, pp.375-417.
川村義則（1998）「包括利益の概念とその報告をめぐる問題―米国の現状とわが国への適用について」『會計』第154巻第2号, pp.28-40.
児島幸治（2005）「負債および資本分析」平松一夫・山地範明・百合草裕康編著『連結会計情報と企業分析の基礎』東京経済出版.
久保田敬一・須田一幸・竹原均（2006）「株式収益率と経営者報酬における包括利益の情報内容」『経営財務研究』第26巻第1・2号, pp.53-69.
倉田幸路（1999）「包括利益をめぐる諸問題―実現と再分類調整の問題を中心として」『産業経理』第59巻第1号, pp.47-56.
桜井貴憲（2003）「銀行の自己資本と株価形成に関する実証研究―税効果会計・土地の再評価・その他有価証券の評価・公的資金注入の影響」『経理研究所紀要』（東北学院大学）, pp.23-42.
桜井久勝（2005）『財務会計講義』中央経済社.
佐藤信彦編著（2003）『業績報告と包括利益』白桃書房.
篠原繁（1999）「有価証券の評価差額と包括利益(1)(2)」『企業会計』第51巻3号, pp.126-128, 第51巻4号, pp.110-112.
須田一幸（2000）『財務会計の機能』白桃書房.
須田一幸（2001）「キャッシュ・フロー情報と利益情報の有用性（一）」『會計』第160巻第1

号，pp.73-90.
須田一幸・首藤昭信 (2004)「時価評価基準と負債コスト」須田一幸編著『会計制度改革の実証分析』同文舘出版，pp.105-120.
須田一幸・首藤昭信・太田浩司 (2004)「ディスクロージャーが負債コストに及ぼす影響」須田一幸編著『ディスクロージャーの戦略と効果』森山書店，pp.45-67.
辻川尚起 (2002)「会計規制の政策評価—90年代末の金融不安・貸し渋りの解消を目的とした会計基準の効果測定」山地秀俊編『マクロ会計政策の評価』神戸大学経済経営研究所，pp.1-42.
辻川尚起 (2001)「会計規制の政策過程分析—1998年土地再評価法を事例として」『會計』第159巻第3号，pp.137-147.
辻山栄子 (2002)「利益の概念と情報価値 (1)」齋藤静樹編著『会計基準の基礎概念』中央経済社，pp.349-374.
中久木雅之・宮田慶一 (2002)「公正価値評価の有用性に関する実証研究のサーベイ」IMES Discussion Paper (日本銀行金融研究所) No.2002-J-8.
中野誠 (2000)「企業年金会計における ABO 対 PBO の実証研究—Incremental Information Content と Relative Information Content の分析」『企業会計』第52巻第5号，pp.101-110.
中村美保 (2003)「わが国証券市場における包括利益の評価」『一橋論叢』第130巻第5号，pp.494-510.
野口晃弘 (2004)『条件付新株発行の会計』白桃書房.
藤井秀樹 (2003)「利益概念と情報価値」『企業会計』第55巻第1号，pp.101-108.
包括利益研究委員会報告 (1998)『包括利益をめぐる論点』企業財務制度研究会.
牧厚志・宮内環・浪花貞夫・縄田和満 (1997)『応用計量経済学 II (数量経済分析シリーズ第3巻)』多賀出版.
宮田慶一・近暁 (1999)「銀行の上場株式・土地に係る会計処理方法変更の株価への影響」IMES Discussion Paper (日本銀行金融研究所) No.1999-J-14.
八重倉孝 (2001)「連結決算と実証会計研究 (1)(2)」『企業会計』第53巻1号，pp.110-112, 第53巻2号，pp.94-96.
八重倉孝 (2003)「IASB『業績報告プロジェクト』の問題点」『JICPA ジャーナル』No.571, pp.33-36.
山田康裕 (2003)「業績報告の展開と利益のリサイクル」『彦根論叢』第340・341号，pp.127-160.
若林公美 (2001)「為替換算調整勘定と株価形成—包括利益の観点から」『研究季報』(奈良県立大学) 第12巻第1号，pp.47-66.
若林公美 (2002)「包括利益情報に対する株式市場の評価—有価証券の評価差額を手がかりとして」『會計』第162巻第1号，pp.81-94.

14 債務契約における留保利益比率の意義

1．本章の目的と構成

　本章の目的は，債務契約における留保利益情報の有用性を実証的に評価することによって，払込資本と留保利益を区別することの意義およびその必要性について検討を行うことである．具体的には，エイジェンシー理論にもとづいて，社債発行企業の負債コスト（利率スプレッド）と留保利益の関係を理論的に整理し，その実証的検討を行う．

　本分析の背景には，2001年6月の改正商法以来，株式会社における資本の役割が大きく変容しており，会計学上もその改正の影響が議論の対象となっていることがある（安藤，2002, 2003；野口，2008）．2001年の商法改正の影響により，配当可能利益を留保利益の範囲内に止めてきた従来の枠組みは崩れてしまい，払込資本の払戻しおよび配当財源化が可能となった．野口（2008）は，払込資本と留保利益を区別することの必要性について商法の配当規制を論拠とすることができないため，それ以外の論拠を明らかにしなければならないことを指摘している．本章はこの指摘に従い，債務契約の視点から留保利益（払込資本）の意義を実証的に分析するものである．

　留保利益や配当可能利益の情報内容を分析した多くの研究は，株式市場における株式価値評価の観点から行われている（Harris et al., 2001；Hanlon et al., 2003；井上，2002；Okuda et al., 2005）．たとえば日本企業を分析対象としたOkuda et al.（2005）は，配当可能利益に比して配当が少ない企業については，

配当可能利益情報が市場において過小評価されていることを示した．そしてこの調査結果の解釈として，適切な配当を行っていない企業については株主と経営者の間でエイジェンシー問題が発生し，その結果として配当可能利益が過小評価されていると述べている．また配当可能利益が独自の情報内容を有することに着目し，払込資本と留保利益の区別が株主にとって意義のある情報を提供してきたことを指摘したのは，本研究にとっても興味深いインプリケーションである．

また配当と留保利益の関係を分析した研究として，DeAngelo et al.(2005) がある．彼らは，留保利益比率（留保利益/自己資本）が配当の有無に対する有意な説明力を有することを示した．彼らはこの結果に関して，留保利益比率が企業のライフサイクルを示す代理変数として機能していると解釈している[1]．彼らの調査結果もまた，企業の配当政策を理解する上で，払込資本と留保利益を区別することが重要となることを示唆している．

先行研究に対する本研究の特徴は，留保利益比率の有用性を債務契約の視点から分析している点にある．資本と利益の区分に関する議論は，配当規制と絡めた債権者保護の観点から行われることが多いため（安藤，2002, 2003；野口，2008），留保利益比率の有用性を債務契約において確認することの意義は大きいと考える．

分析手順は以下のような形で進められる．第1に，DeAngelo et al.(2005) の分析方法を参考にして，日本企業のサンプルを用いて配当と留保利益比率の関連性を検証する．もし留保利益比率と配当が有意な関連性を持つことが確認されれば，留保利益の額に見合わないような多額の配当を行っている企業には，株主と債権者の間で深刻なエイジェンシー問題が発生すると考えられる．エイジェンシー理論にもとづけば，社債発行企業の経営者は利率の増加などの追加的な費用（エイジェンシー費用）を負担することが予想される．したがって負債のエイジェンシー費用が高くなるような行動を選択している企業では，債権者にとっての留保利益比率情報の意義はより大きくなることが予測される．

このような予測にもとづいて，第2に，負債コストと留保利益比率の関連性を分析する．分析のポイントは，留保利益の額に見合わないような多額の配当を行っている企業を負債のエイジェンシー費用が高い企業であると仮定し，そ

第14章 債務契約における留保利益比率の意義　277

のような企業の負債コストに対する留保利益比率の情報内容が増加しているか否かを検証することである．

　本研究が依拠するエイジェンシー理論の分析フレームワークについては第2節で詳しく説明する．第3節ではリサーチ・デザインについて述べる．第4節では，サンプルの選択基準を示し，変数の記述統計量と相関係数を報告する．第5節において調査結果を示し，続く第6節で追加的検証の調査結果を提示する．最後の第7節において調査結果の要約と解釈を行い，インプリケーションを議論する．

2．分析のフレームワーク

(1) 社債契約におけるエイジェンシー関係

　留保利益情報は企業のヒストリカルな利益の蓄積を表すため，社債発行企業の財務安全性および収益性を考慮する投資家にとっては，この値は大きいほうが望ましいと思われる．しかしながら留保利益と負債コストの関係について，その理論的背景が詳細に検討されたことはあまりない．そこでまず，債務契約に関するエイジェンシー理論に依拠して，留保利益比率と負債コストの関係について整理したい．

　エイジェンシー理論は，契約関係を本人(principal)と代理人(agent)の関係としてとらえ，代理人の行動が本人の利害と一致しない時に発生する問題の構造を明らかにし，その問題に対処する方法を考察するものである(須田，2000, p.18)．社債契約にこのエイジェンシー関係を当てはめた場合，本人は社債権者となり，代理人は社債発行企業の経営者となる．

　このエイジェンシー関係において，オーナー経営者を仮定した場合，経営者は社債権者の富を犠牲にして，株主の富を増加させる投資政策と財務政策を選択するインセンティブを有する(Watts and Zimmerman, 1986；須田，2000)．たとえば社債発行後に，①危険度の高い投資をする，②負債を増加させる，③現金配当を増やす，ということが考えられる(須田，2000, p.36)．本分析が注目するのは，債務契約後に③現金配当を増やす，という経営者の機会主義的行動である．経営者が社債発行時に予定していた正の投資プロジェクトを放棄

し，その全額を配当に充当したとすれば，これは社債権者から株主へ富が移転する典型的なモラル・ハザードである（Watts and Zimmerman, 1986；須田，2000）．

もちろん社債投資家はこのような経営者の行動を黙認することはしない．資本市場が効率的で合理的期待を形成するのならば，債権者はこのような経営者の動機を事前に織り込み，追加的なリスクに見合った額の高い利息を要求することになる．または投資額自体を減少させるかもしれない．その結果，社債発行企業の資本コストは増加することになる．このエイジェンシー問題に伴う機会費用は「負債のエイジェンシー費用」と呼ばれる（須田，2000）．またこのような効率的市場を前提とした債権者保護のメカニズムは，価格による保護（price protected）といわれている[2]．

(2) 留保利益，配当および負債コストの関連性

本分析の目的は，上記のメカニズムにおいて留保利益情報が果たす役割を考察することである．債権者は社債契約時に経営者の機会主義的な行動を考慮するため，過去の配当政策を勘案して負債コスト（社債の利率）を決定するかもしれない．しかし社債投資家にとって，経営者が債権者の富を犠牲にするような配当政策を行っているか否かを判断するのは困難である．そこで期待されるのが留保利益比率情報である．DeAngelo et al.(2005) は，自己資本における留保利益の割合が，収益性や成長性といった他の要因をコントロールしてもなお配当の有無に対する有意な説明力を有することを示した．すなわち経営者は，自己資本における留保利益の額が相対的に大きい場合は配当を行い，小さい場合には無配を選択する傾向にあることを示したのである．そこで本章では，債権者が配当政策を評価する際に，この留保利益比率情報を利用していると予測する．もし留保利益がわずかであるにもかかわらず，多額の配当を行っている場合には，債務契約時におけるエイジェンシー費用は増加し，企業が負担する負債コストは相対的に増加することが予測される．すなわち社債投資家は起債企業の留保利益比率情報に着目して配当政策を評価し，負債コストに反映していると仮定するのである．このような議論にもとづいた場合，留保利益比率情報の負債コストに対する情報内容は，経営者が負債のエイジェシー費用を増加

させるような行動をとった場合により大きくなることが予想される.

　以上の推論を実証的に検証するため，以下の2つの段階で分析を進める．まず第1に，DeAngelo et al.(2005)の分析モデルを参考にして,配当と留保利益比率の関連性を検証する．予備的検証として，わが国でも留保利益比率情報が配当の決定要因となっているか否かを確かめたい．第2に，留保利益の額に見合わないような多額の配当を行っている企業を負債のエイジェンシー費用が高い企業であると仮定し，そのような企業の負債コストに対する留保利益比率の情報内容が増加しているか否かを検討する[3].

　この推論が実証データに基づく経験的証拠によって支持されれば，伝統的なエイジェンシー理論にもとづく形で留保利益比率情報の意義を確認することができる．これは払込資本と留保利益を区別することの意義を確認する結果となろう．

3．リサーチ・デザインの設定

(1) 配当と留保利益比率の関連性

　配当金と留保利益比率の関係を分析するために，DeAngelo et al.(2005)のモデルを参考にして以下のような回帰式を設定する[4].

$$lnDIV = C + \beta_1 RE/TE + \beta_2 ROA + \beta_3 LagROA + \beta_4 GROWTH + \beta_4 lnASIZE + \beta_5 CASH + \beta_6 LagDIVZERO + YEAR + \varepsilon \tag{1}$$

ただし,

　　$lnDIV$ ＝配当金の自然対数値（対数変換にあたっては配当金額に1を加算した数値を利用している）

　　RE/TE ＝留保利益比率（留保利益/自己資本）

　　ROA ＝総資産利益率（当期利益/総資産額）

　　$LagROA$ ＝1期前の ROA

　　$GROWTH$；

　　　$SGROWTH$ ＝売上高成長率

　　　$AGROWTH$ ＝総資産額成長率

MB＝時価/簿価比率
　　lnASIZE＝総資産額の自然対数値
　　CASH＝現金預金/総資産額
　　LagDIVZERO＝1期前が有配であれば1，そうでなければ0を示すダ
　　　ミー変数
　　YEAR＝年度ダミー

　従属変数には，年間の総配当金の自然対数値（lnDIV）を利用する．使用する財務変数はすべて個別財務諸表上の数値であり，社債が発行された会計年度の前期末の値を使用している．本章の関心となる変数は，留保利益を自己資本で割り算した留保利益比率（RE/TE）である[5]．この変数の有用性に着目して，払込資本と留保利益を区分することの意義を判断する．留保利益比率が配当の大きさと予測どおりの関連を持つのであれば，RE/TE の係数は有意な正の値になることが期待される．

　さらに回帰式を設定するにあたり，配当に影響を与えるその他の要因を考慮する必要がある．そこで先行研究の分析モデルにもとづいてコントロール変数を識別する．まず Fama and French (2001) の発見事項にもとづいて，配当に影響を与えるその他要因として，収益性（ROA），成長性（GROWTH）そして規模（lnASIZE）をコントロールする．なお成長性に関しては3つの変数（SGROWTH，AGROWTH，MB）を設定しているため，合計で3つの回帰式を推定することになる．収益性の高い企業または規模の大きな成熟企業は相対的に多額の配当を行うことが予想される．反対に，成長性が高い企業は配当よりも内部留保を行う可能性が高いため，配当金額は小さくなることが予測される．したがって ROA と lnASIZE の予測符号は正，GROWTH の予測符号は負となる．

　また DeAngelo et al.(2005) の議論にもとづいて，キャッシュバランス（CASH）と ROA のラグ（LagROA）をコントロール変数として追加する．配当の変化は収益性の変化に関する情報を伝達することが考えられるため，LagROA の係数は負となることが予測される．さらに前期が有配であれば1，そうでなければ0を示すダミー変数（LagDIVZERO）も利用する．経営者

は，いったん配当を始めるとそれを継続する傾向があるため (Lintner, 1956)，過年度の配当の有無は当期の配当政策に影響を与える．したがって *LagDIVZERO* の予測符合は正となる[6]．この他にも年度ダミー (*YEAR*) を挿入している．各変数の詳細は図表14-1の脚注を参照してほしい．

(2) 負債コストと留保利益比率の関連性

負債コストと留保利益比率の関係を分析するにあたり，負債のエイジェンシー費用を代理する変数を識別する必要がある．そこで負債のエイジェンシー費用を把握する変数 (*COA*) として次の2つの変数を設定する．

$$COA\ 1 = 配当金/留保利益$$
$$COA\ 2 = (1)式を推定した残差$$

COA 1は留保利益に占める配当金額の割合である．この値が大きければ，留保利益の額に比して多額の配当を行ったことを意味する．そのため負債のエイジェンシー費用も大きくなると考えられる[7]．また *COA* 2は，配当金を説明するために前項で設定した(1)式の残差と定義される[8]．(1)式が適切に識別されていると仮定すれば，正の値の残差は期待外に配当金の実績値が大きいことを意味し，負の値の残差は期待外に配当金の実績値が小さいことを意味する．したがって *COA* 2についても，この値が大きければ負債のエイジェンシー費用が大きくなると仮定する．

そして *COA* が負債コストと留保利益比率の関係に与える影響を考察するため，以下のような回帰式を設定する．

$$\begin{aligned} SPREAD = & C + \beta_1 RE/TE + \beta_2 COAR\ 5 * RE/TE + \beta_3 COAR\ 4 * RE/TE \\ & + \beta_4 COAR\ 3 * RE/TE + \beta_5 COAR\ 2 * RE/TE + \beta_6 DER \\ & + \beta_7 MARGIN + \beta_8 INCR + \beta_9 \ln ASIZE + \beta_{10} MATURE \\ & + \beta_{11} BCFIRM + \beta_{12} RISKP + YEAR + \varepsilon \end{aligned} \quad (2)$$

ただし，
  SPREAD = 普通社債の利率に関するスプレッド (国債にもとづいて算定)
  RE/TE = 留保利益比率 (留保利益/自己資本)

COAR 5 ＝COA の値の大きい順番に全サンプルを 5 グループに分類し，最も高いグループに含まれる企業には 1，それ以外は 0 とするダミー変数．

COAR 4 ＝COA の値の大きい順番に全サンプルを 5 グループに分類し，2 番目に高いグループに含まれる企業には 1,それ以外は 0 とするダミー変数．

COAR 3 ＝COA の値の大きい順番に全サンプルを 5 グループに分類し，3 番目に高いグループに含まれる企業には 1,それ以外は 0 とするダミー変数．

COAR 2 ＝COA の値の大きい順番に全サンプルを 5 グループに分類し，4 番目に高いグループに含まれる企業には 1,それ以外は 0 とするダミー変数．

負債コストの代理変数として，国債にもとづいて算定した普通社債の利率に関するスプレッド（SPREAD）を利用する．前節では，エイジェンシー費用が高くなる行動をとっている企業の留保利益比率の情報内容は，相対的に大きくなることを予測した．この予測を検証するために，COA の大きさに応じてサンプルを 5 分割する．たとえば COAR 5 は，COA の値の大きい順番に全サンプルを 5 グループに分類し，最も高いグループに含まれる企業には 1，それ以外は 0 とするダミー変数である．COAR 4 から COAR 2 についても同様に定義している．これらの変数と RE/TE の交差項を設けることで，前節で設定した予測を検証する．予測が支持されるのであれば，COA の値が高いグループに含まれる観測値のほうが，RE/TE の説明力は大きくなることが予想される．係数の絶対値の大きさで予測するならば，$\beta_2 > \beta_3 > \beta_4 > \beta_5$ となる．

また Sengupta (1998) および須田・首藤（2004）にもとづいて，負債コストに影響を与えるコントロール変数を識別する．具体的には，起債会社の財務内容を示す変数として，負債比率（DER），売上高経常利益率（MARGIN），インタレスト・カバレッジ・レシオ（INCR）および総資産額（lnASIZE）を利用する．社債の発行条件を示す変数として，社債の発行総額（BSIZE），償還期限（MATURE）および社債管理会社の有無（BCFIRM）を設定する．最後に市場全

体の動きを示す変数として，A格の銘柄に関して発行月ごとに計算した SPREAD の平均値 (RISKP) を使用する．この他には年度ダミー (YEAR) を挿入している．これらの変数の予測符号に関する詳細は第13章の第2節を，各変数の詳細な定義は図表14－1の脚注を参照してほしい．

4．サンプルの選択と記述統計量

(1) サンプルの選択

本分析は，1996年3月決算期から2003年3月決算期までの個別財務諸表数値を分析対象とする．そのため，1997年4月から2004年3月の間に発行された普通社債のうち，以下の要件を満たす銘柄をサンプルとしている．

① 証券・銀行・保険業・その他金融業に属していない
② 3月決算企業である
③ 社債契約に関するデータおよび分析に必要な財務データが入手可能である．

社債契約に関するデータは㈱アイ・エヌ情報センターが発行している『債券・株式データベース』から入手し，財務データは『日経財務CD-ROM 一般事業会社版』から入手した．同一企業が，同一会計年度において複数回社債を発行している場合には，最初に発行された銘柄のみをサンプルとして利用している．各発行銘柄の直近の財務諸表数値が分析対象となる．以上の要件を満たすサンプルは655銘柄であった．

(2) 記述統計量と相関係数

図表14－1には変数の記述統計量を報告している．図表14－1は RE/TE の平均値（中央値）が約44.7%（46.4%）であることを示している．これは留保利益の自己資本に占める割合が平均値（中央値）ベースで約44.7%（46.4%）であることを意味する．

図表14－2には，各変数の相関係数が表示されている．Panel A には配当分析に関する変数の相関係数を，Panel B には負債コスト分析に関する変数の相関係数を要約している．Panel A を見ると，RE/TE と $lnDIV$ は予測どおり正

図表14-1　記述統計量

	Mean	Median	Maximum	Minimum	Std. Dev.	Skewness	Kurtosis	N
lnDIV	7.941	8.141	11.977	0.000	2.059	7.941	8.141	665
RE/TE	0.447	0.464	0.939	−0.128	0.184	0.447	0.464	665
ROA	1.071	1.080	14.290	−22.070	2.116	1.071	1.080	665
LagROA	1.235	1.080	14.470	−22.070	1.930	1.235	1.080	665
SGROWTH	0.918	0.930	60.440	−80.970	10.097	0.918	0.930	665
AGROWTH	0.019	0.008	1.421	−0.296	0.097	0.019	0.008	665
MB	1.937	1.620	25.012	0.361	1.591	1.937	1.620	665
lnASIZE	13.415	13.348	16.476	10.473	1.267	13.415	13.348	665
CASH	0.053	0.035	0.336	0.000	0.053	0.053	0.035	665
LagDIVZERO	0.964	1.000	1.000	0.000	0.187	0.964	1.000	665
SPREAD	0.607	0.510	2.250	−0.050	0.437	0.884	3.217	665
COA 1	0.059	0.043	0.630	0.000	0.055	3.272	23.046	665
COA 2 a	0.000	0.161	4.702	−8.798	1.367	−2.788	19.271	665
COA 2 b	0.000	0.153	4.663	−8.807	1.365	−2.807	19.492	665
COA 2 c	0.000	0.173	4.555	−8.731	1.364	−2.745	18.794	665
DER	281.034	206.410	1301.460	7.540	216.388	1.441	5.314	665
MARGIN	4.622	4.140	84.510	−7.250	5.053	7.369	101.901	665
INCR	8.422	3.020	506.250	−15.170	28.432	11.398	167.824	665
BSIZE	23.341	23.026	25.734	21.640	0.772	0.577	3.232	665
MATUR	7.426	7.000	20.000	3.000	3.854	1.759	6.404	665
BCFIRM	0.245	0.000	1.000	0.000	0.430	1.185	2.404	665
RISKP	0.706	0.560	1.318	0.175	0.348	0.367	1.595	665

（注）各変数の定義は以下のようになる。lnDIV＝配当金の自然対数値（対数変換にあたっては配当金額に1を加算した数値を利用している），RE/TE＝留保利益/自己資本，ROA＝総資産利益率（当期純利益/総資産額），LagROA＝1期前のROA，SGROWTH＝売上高成長率，AGROWTH＝総資産額成長率，MB＝時価/簿価比率，lnASIZE＝総資産額の自然対数値，CASH＝現金/総資産額，LagDIVZERO＝前期が有配ならば1,そうでなければ0を示すダミー変数，SPREAD＝無担保普通社債の利率に関するスプレッド（国債にもとづいて算定），COA 1＝配当金/留保利益，COA 2a＝モデル（1a）式の回帰式を推定した残差，COA 2b＝モデル（1b）式の回帰式を推定した残差，COA 2c＝モデル（1c）式の回帰式を推定した残差，DER＝負債比率（負債合計/資本合計×100），MARGIN＝売上高経常利益率（経常利益/売上高×100），INCR＝インタレスト・カバレッジ・レシオ（（営業利益＋受取利息・割引料・有価証券利息）/支払利息・割引料×100），BSIZE＝社債発行総額の自然対数値，MATUR＝社債の償還期限，BCFIRM＝社債管理会社を設置していれば1，設置していなければ0を示すダミー変数，RISKP＝格付けがA格の銘柄におけるSPREADの平均値（当該社債の発行月ごとに算定，格付けは格付け投資情報センター（R & I）が発行したものを利用）。なお留保利益の定義については，2003年3月決算期以降は「利益剰余金」の値を利用し，それ以前は「留保利益＝利益準備金＋任意積立金合計額＋当期未処分利益」と定義している。これは使用したデータベースにおいて利益剰余金の科目表示が2003年3月決算期から開始されていることによる。

図表14-2 相関係数

Panel A：配当分析に関する変数の相関係数

	lnDIV	RE/TE	ROA	LagROA	SGROWTH	AGROWTH	MB	lnASIZE	CASH	LagDIVZERO
lnDIV	1.000									
RE/TE	0.270	1.000								
ROA	0.295	0.293	1.000							
LagROA	0.071	0.238	0.397	1.000						
SGROWTH	0.025	0.033	0.298	0.093	1.000					
AGROWTH	0.005	−0.003	0.204	0.214	0.450	1.000				
MB	0.150	−0.172	0.162	0.165	0.153	0.141	1.000			
lnASIZE	0.490	−0.021	−0.167	−0.212	−0.171	−0.058	0.147	1.000		
CASH	−0.164	0.116	0.162	0.199	0.126	0.075	0.050	−0.292	1.000	
LagDIVZERO	0.424	0.250	0.161	0.258	0.035	0.064	0.035	−0.035	0.019	1.000

Panel B：負債コスト分析に関する変数の相関係数

	SPREAD	RE/TE	DER	MARGIN	INCR	lnASIZE	BSIZE	MATUR	BCFIRM	RISKP
SPREAD	1.000									
RE/TE	−0.207	1.000								
DER	−0.083	−0.184	1.000							
MARGIN	−0.166	0.023	−0.154	1.000						
INCR	−0.083	0.151	−0.219	0.328	1.000					
lnASIZE	−0.433	−0.021	0.488	−0.022	−0.095	1.000				
BSIZE	−0.403	0.064	0.142	0.138	0.075	0.706	1.000			
MATUR	−0.410	0.184	0.263	0.076	−0.084	0.440	0.346	1.000		
BCFIRM	−0.094	0.045	0.338	0.095	−0.004	0.215	0.221	0.109	1.000	
RISKP	0.520	−0.026	−0.007	−0.031	−0.037	−0.026	−0.011	−0.067	−0.164	1.000

(注) 各変数の定義については図表14−1の注を参照。

の相関関係 (0.270) を有している．これは留保利益比率が高い企業ほど多額の配当を行っていることを意味している．また Panel B では，RE/TE と $SPREAD$ は負の相関関係（−0.207）を有することが示されている．これは留保利益比率が高い企業ほど負債コストが低いことを示唆しており，直観的な予想と一致する結果である．前節で設定したコントロール変数のうち，後の重回帰分析において，多重共線性が懸念されるような高い相関係数を有する変数は観察されない．

5．調査結果

(1) 配当と留保利益比率の関係に関する調査結果

配当と留保利益比率の関連性を分析するために設定した(1)式の推定結果は，図表14−3に示されている．成長性を示す変数の定義に関わらず，すべての回帰式において RE/TE の係数は有意な正の値を示している．たとえば，(1 a)式における RE/TE の係数は1.3006であり，t 値は3.2718となっている（p-value＝0.0011）．またコントロール変数についても，成長性を除くすべての変数について，予測符号と一致する推定結果が得られている[9]．

したがって留保利益比率は，収益性，成長性および規模といった配当に影響を与える他の要因をコントロールしてもなお，配当金のバラツキを説明する要因となっていることが示された．これは留保利益比率が配当の決定要因となっていることを意味する．さらに以上の調査結果は，企業の配当政策を理解する上で，留保利益と払込資本を区別して開示することは有用な情報を提供することを示唆している．

(2) 負債コストと留保利益比率の関係に関する調査結果

続いて，負債コストと留保利益比率の関係を分析するために設定した(2)式の推定結果を検討したい．負債のエイジェンシー費用の代理変数として COA 1（配当金/留保利益）を利用した場合の推定結果を図表14−4に載せている．Panel A には係数の推定値を要約した．$COAR$ と RE/TE の交差項の係数はすべて有意な負の値となっており，かつ $COAR$ のランクが高い交差項から低い

図表14-3 配当の大きさと留保利益比率の関連性

	C	RE/TE	ROA	Lag ROA	SGR OWTH	AGR OWTH	MB	lnASIZE	CASH	LogDIVZERO	Adj.R^2
Model(1a)											
Coeff	−8.3545	1.3006	0.2964	−0.0595	0.0007				−2.8291	4.2188	0.5497
t-value	−8.8219	3.2718	4.7322	−1.2955	0.1184				−2.8021	5.5368	
p-value	0.0000	0.0011	0.0000	0.1956	0.9058				0.0052	0.0000	N=655
Model(1b)											
Coeff	−8.4041	1.2569	0.3033	−0.0516		−0.8405		0.8712	−2.7889	4.2340	0.5511
t-value	−8.7875	3.1549	4.8458	−1.0964		−1.3202		19.9936	−2.8209	5.5434	
p-value	0.0000	0.0017	0.0000	0.2733		0.1872		0.0000	0.0049	0.0000	N=655
Model(1c)											
Coeff	−8.1519	1.4630	0.2868	−0.0707			0.0677	0.8463	−2.9862	4.1937	0.5519
t-value	−8.3000	3.3663	4.6446	−1.6048			1.5905	16.8123	−2.9067	5.5297	
p-value	0.0000	0.0008	0.0000	0.1090			0.1122	0.0000	0.0038	0.0000	N=655

(注) 各変数の定義については図表14−1の注を参照。年度ダミー(YEAR)の係数は省略している。t値はWhiteの標準誤差にもとづいている。

図表14-4 留保利益比率の負債コストに対する情報内容：COA1を利用した場合

Panel A：回帰式の推定結果

	C	COAR5* RE/TE	COAR4* RE/TE	COAR3* RE/TE	COAR2* RE/TE	DER	MAR GIN	INCR	ln ASIZE	BSIZE	MATUR	BCFIRM	RISKP	Adj.R^2
		β_2	β_3	β_4	β_5	β_6	β_7	β_8	β_9	β_{10}	β_{11}	β_{12}	β_{13}	
Model(2)														
Coeff	2.9959	−0.6281	−0.3174	−0.1311	−0.1030	0.0002	−0.0084	−0.0007	−0.0957	−0.0483	−0.0203	0.1427	0.4945	0.5992
t-value	7.2732	−5.7974	−4.2869	−1.8494	−1.7546	2.4797	−2.7763	−3.1475	−6.1786	−2.1743	−6.1016	3.8485	8.1920	N=665
p-value	0.0000	0.0000	0.0000	0.0649	0.0798	0.0134	0.0057	0.0017	0.0000	0.0300	0.0000	0.0001	0.0000	

Panel B：係数の有意性検定

Null hypothesis	F-value	p-value
$\beta_2=\beta_3$	10.429	0.001
$\beta_3=\beta_4$	24.578	0.000
$\beta_4=\beta_5$	27.359	0.000

(注) COAR5＝COA1の値の大きい順番に全サンプルを5グループに分類し、最も高いグループに含まれる企業には1、それ以外は0とするダミー変数。COAR4＝COA1の値の大きい順番に全サンプルを5グループに分類し、2番目に高いグループに含まれる企業には1、それ以外は0とするダミー変数。COAR3＝COA1の値の大きい順番に全サンプルを5グループに分類し、3番目に高いグループに含まれる企業には1、それ以外は0とするダミー変数。COAR2＝COA1の値の大きい順番に全サンプルを5グループに分類し、4番目に高いグループに含まれる企業には1、それ以外は0とするダミー変数。その他の変数の定義については図表14−1の注を参照。年度ダミー（YEAR）の係数は省略している。t値はWhiteの標準誤差にもとづいている。

交差項にかけて，その係数の絶対値の大きさはほぼ単調に減少している．すなわち β_2 から β_5 にかけて，その値は0.6281，0.3174，0.1311および0.1030と小さくなっている．

Panel B には係数の大きさに関する有意性検定の結果を報告している．β_2 と β_3 が同じであるという帰無仮説に対する F 値は10.429であり，1％水準で帰無仮説は棄却されている．また β_2 と β_4 および β_2 と β_5 に関しても同様の検定を行った結果，帰無仮説に対する F 値はそれぞれ24.578と27.359となり，共に1％水準で棄却された．注目すべきは，COAR 5 の交差項の係数を他の交差項の係数と比較するにあたり，COAR のランクがより低い交差項の係数と比較した場合のほうが，F 値の値が段階的に大きくなっていることである．これは COAR のランクがより高い交差項のほうが，その係数の値が大きい，ということを支持する結果である．t 値の絶対値の大きさも同様の傾向を示しており，COAR のランクが高い交差項から低い交差項にかけて，その大きさは減少傾向を示している．またコントロール変数については，8つの変数のうち7つの変数で予測符号どおりの推定結果が得られた

負債のエイジェンシー費用を把握する変数として COA 2（(1)式の残差）を利用した場合の推定結果は図表14-5に要約した．(1)式は，成長性の変数の定義に応じて(1a)から(1c)式まで推定していたため，COA 2 についても COA 2 a から COA 2 c までが設定される．図表14-5の調査結果を見ると，COA 2 の定義にかかわらず，図表14-4の調査結果と大きな相違は見られない．COAR のランクが高い交差項から低い交差項にかけて，その係数の絶対値の大きさおよび有意性がほぼ単調に減少している．またパネルBでは，図表14-4と同じように，COAR のランクが高い交差項の係数ほどその値が大きい，という調査結果が確認される．

以上の調査結果は，企業が負債のエイジェンシー費用が高くなるような行動を選択した場合，RE/TE の負債コストに対する情報内容は大きくなることを示唆している．

図表14-5 留保利益比率の負債コストに対する情報内容：COA 2 を利用した場合

Panel A：回帰式の推定結果

	C	COAR5* RE/TE	COAR4* RE/TE	COAR3* RE/TE	COAR2* RE/TE	DER	MAR GIN	INCR	ln ASIZE	BSIZE	MAT UR	BCF IRM	RISKP	Adj.R²
		β_1	β_2	β_3	β_4	β_5	β_6	β_7	β_8	β_9	β_{10}	β_{11}	β_{12}	β_{13}	
COA2a の場合															
Model(2)															
Coeff	2.9976	−0.3328	−0.3917	−0.2132	−0.1877	−0.0150	0.0000	−0.0107	−0.0006	−0.0906	−0.0496	−0.0225	0.1153	0.4842	0.5926
t-value	7.2242	−4.5602	−4.1697	−2.8101	−2.8027	−0.2313	0.3016	−2.8549	−2.5449	−6.0171	−2.2217	−6.6010	3.1661	8.0633	
p-value	0.0000	0.0000	0.0000	0.0051	0.0052	0.8171	0.7631	0.0044	0.0112	0.0000	0.0266	0.0000	0.0016	0.0000	N=665
COA2b の場合															
Model(2)															
Coeff	2.9862	−0.3333	−0.3328	−0.2335	−0.1589	−0.0017	0.0000	−0.0104	−0.0006	−0.0918	−0.0488	−0.0226	0.1142	0.4810	0.5897
t-value	7.1487	−4.5838	−3.3870	−3.1798	−2.3050	−0.0258	0.4292	−2.8324	−2.6909	−6.0603	−2.1783	−6.6168	3.1421	7.9352	
p-value	0.0000	0.0000	0.0007	0.0015	0.0215	0.9794	0.6679	0.0048	0.0073	0.0000	0.0297	0.0000	0.0018	0.0000	N=665
COA2c の場合															
Model(2)															
Coeff	3.0099	−0.3318	−0.3819	−0.2081	−0.0962	−0.0340	0.0000	−0.0104	−0.0007	−0.0913	−0.0500	−0.0233	0.1183	0.4932	0.5907
t-value	7.1864	−4.5414	−4.1793	−2.7135	−1.3185	−0.5499	0.4222	−2.8164	−2.8193	−6.0344	−2.2382	−6.8337	3.2220	8.3099	
p-value	0.0000	0.0000	0.0000	0.0068	0.1878	0.5826	0.6730	0.0050	0.0050	0.0000	0.0255	0.0000	0.0013	0.0000	N=665

Panel B：係数の有意性検定

	Null hypothesis	F-value	p-value
Model(2a)	$\beta_2=\beta_3$	4.617	0.032
	$\beta_2=\beta_4$	6.121	0.013
	$\beta_2=\beta_5$	19.693	0.000
Model(2b)	$\beta_2=\beta_3$	1.425	0.233
	$\beta_2=\beta_4$	3.972	0.046
	$\beta_2=\beta_5$	13.671	0.000
Model(2c)	$\beta_2=\beta_3$	4.740	0.030
	$\beta_2=\beta_4$	11.086	0.001
	$\beta_2=\beta_5$	18.249	0.000

(注) COAR 5 =COA 2 の値の大きいサンプルに全て順番にサンプルを 5 グループに分類し、最も高いグループに含まれる企業には 1、それ以外は 0 とするダミー変数。COAR 4 =COA 2 の値の大きい順番に全サンプルを 5 グループに分類し、2 番目に高いグループに含まれる企業には 1、それ以外は 0 とするダミー変数。COAR 3 =COA 2 の値の大きい順番に全サンプルを 5 グループに分類し、3 番目に高いグループに含まれる企業には 1、それ以外は 0 とするダミー変数。COAR 2 =COA 2 の値の大きい順番に全サンプルを 5 グループに分類し、4 番目に高いグループに含まれる企業には 1、それ以外は 0 とするダミー変数。その他の変数の定義については表14−1の注を参照。年度ダミー (YEAR) の係数は省略している。t 値は White の標準誤差にもとづいている。

6．追加的検証

(1) 2001年改正商法の影響

2001年6月の商法改正により，利益準備金および資本準備金からを財源とする配当が可能となった．これにより，法定準備金からの実質的な配当が可能となり，従来の払込資本と留保利益の区分は崩れてしまったことが問題とされている（野口，2008）．ここではこの改正商法が，留保利益比率の有用性に与えた影響について検討したい．そこで，留保利益および払込資本の情報内容が低下したか否かを検証するために次のような回帰式を設定する．

$$lnDIV = C + \beta_1 RE/TE + \beta_2 Clchange*RE/TE + \beta_3 ROA \\ + \beta_4 LagROA + \beta_5 GROWTH + \beta_6 SIZE + \beta_7 CASH \quad (3) \\ + \beta_8 LagDIVZERO + YEAR + \varepsilon$$

$$SPREAD = C + \beta_1 RE/TE + \beta_2 Clchange*RE/TE + \beta_3 DER \\ + \beta_4 MARGIN + \beta_5 INCR + \beta_6 lnASIZE + \beta_7 MATURE \quad (4) \\ + \beta_8 BCFIRM + \beta_9 RISKP + YEAR + \varepsilon$$

ただし，

$Clchange$＝2001年以降であれば1，そうでなければ0を示すダミー変数

(3)式は配当と留保利益比率の関係を定式化したモデルであり，(4)式は負債コストと留保利益比率の関係を検証するモデルである．改正商法の影響を把握するために，2001年以降であれば1，そうでなければ0を示すダミー変数（$Clchange$）を設定する．もし改正商法により RE/TE の情報内容が低下したのであれば，$Clchange*RE/TE$ の係数にその影響が反映される．(3)式を推定した結果，$Clchange*RE/TE$ の係数は正であるが，有意な値とはならなかった（調査結果の表は省略）．したがって2001年以降は，留保利益比率の配当に対する情報内容は低下していることが示唆される．

また(4)式を推定したところ，$Clchange*RE/TE$ の係数は有意な負の値となった．これは改正商法以後において，留保利益比率の負債コストに対する情報内容が大きくなっていることを示唆する結果である．したがって配当と負債コ

ストの両分析において首尾一貫した結果は得られておらず，2001年の改正商法が留保利益比率の情報内容に与えた影響について明確な結論を下すことは難しい．したがって2001年6月の商法改正により RE/TE の情報内容が著しく低下したと結論付けることはできない．

ただし2000年前後は会計基準の変更などの影響で経済環境は大きく変容しているため，期間ダミーのみに依拠した本分析のリサーチ・デザインには限界がある．今後は，法定準備金から配当を行った企業を識別して分析するなどの詳細な検討が必要となる．

(2) 調査結果の頑健性テスト

本項では3つの頑健性テストの調査結果を報告する．第1に，配当と留保利益比率の関係を分析した(1)式の推定について，トービット・モデルを利用した調査結果を示したい．第5節では，(1)式の推定について通常の最小2乗法を利用した．しかし配当金はゼロを下回らない切断されたデータ（censored typed data）であるため，通常の最小2乗法推定を行うと推定結果にバイアスが生じる可能性がある．そこでトービット・モデルを利用して再推定を行った（調査結果の表は省略）[10]．その結果，RE/TE の係数はいずれのモデルでも有意な正の値となることがわかった．したがってトービット・モデルを利用した推定でも本研究の結論は変わらない．

第2に，(1)式の推定に RE/TA（留保利益／総資産額）という変数を追加した調査結果を報告する．その理由は，本研究では RE/TE（留保利益／自己資本）を払込資本と留保利益を区分することの影響を把握する変数として利用しているが，分母の自己資本が単純に規模を代理する基準化の変数として機能している可能性を否定できないためである．そこで，留保利益を総資産額で割り算した RE/TA を独立変数として(1)式に追加する．もし上記の問題が妥当するのであれば，RE/TA を追加することで RE/TE の係数の有意性は大きく減少することが予測される．推定を行った結果，RE/TA の係数は有意でない一方で，RE/TE の係数はいずれのモデルでも有意な正の値となることがわかった（調査結果の表は省略）．これは配当を説明するにあたり，「自己資本」における留保利益の割合が重要である，ということを示唆している[11,12]．

最後に，配当金の定義を年間の総配当金額ではなく，期末配当金とした場合の調査結果を示したい．期末配当金に関する分析を行った理由は次の2点である．第1点は，社債発行日により近い配当政策の影響を捉えたいためである．第2点は，中間配当については，商法上は前期末の留保利益をベースにして配当制限が課されるため，留保利益と配当金の対応関係を考慮した場合，年間の総配当金額では期末の留保利益とは完全に対応しない点を考慮したことである．もちろん社債投資家が期末と年間のいずれの配当金情報を留保利益情報と対応させて評価しているかは分からないため，ここでは期末の配当金総額を利用した分析も行うことにした．期末の配当金を利用して(1)式および(2)式を推定した結果，第5節の調査結果と首尾一貫した調査結果が得られた（調査結果の表は省略）．したがって本研究の調査結果は配当金の定義に関しても頑健であるといえる．

7．総括と展望

(1) 調査結果の要約とインプリケーション

本章では，債務契約における留保利益比率情報の有用性を実証的に評価することによって，払込資本と留保利益を区別することの意義について検討を行った．具体的には，エイジェンシー理論にもとづいて，社債発行企業の負債コストと留保利益の関連性を検討した．

本分析では最初に，DeAngelo et al.(2005)の分析モデルを参考にして，留保利益比率と配当金の関係を分析した．そして自己資本における留保利益の割合が，収益性や成長性といった他の要因をコントロールしてもなお配当に対する有意な説明力を有することを示した．この調査結果は，留保利益比率が配当金の決定要因となっていることを意味する．そして企業の配当政策を理解する上で，払込資本と留保利益を区別して開示することは有用な情報を提供することを示唆している．

さらに本分析ではこの発見事項にもとづいて，留保利益の額に見合わないような多額の配当を行っている企業を，負債のエイジェンシー費用が高い企業と仮定した．そして負債コストと留保利益比率の関連性は，経営者が負債のエイ

ジェンシー費用が高くなるような行動を行っている場合により強くなることを示した．この発見事項は，負債コストに対する留保利益比率の情報内容は負債のエイジェンシー費用の大きさに応じて増加することを意味しており，第2節で展開した予測と一致する．以上の調査結果は，社債契約の効率性を保つために，払込資本と留保利益の区分が重要な意義を有することを示唆している．

(2) 本研究の課題

　最後に本研究の課題について指摘したい．第1に，社債発行企業を分析対象としていることに起因するサンプル抽出バイアスが指摘される．起債企業のみをサンプルとすることは，相対的に規模の大きな企業や収益性の良好な企業がサンプルの多くを占めてしまう可能性がある．配当と留保利益比率の関連性については，サンプルの制限を受けない大規模サンプルで再検証することが望ましい．

　第2に，2001年の改正商法の影響を詳細に検討できるような分析デザインを設定することが考えられる．本分析では，留保利益比率の意義を確認するいくつかの調査結果が得られた．しかし2001年の改正商法が与えた影響については，年度ダミーに依拠した分析を行っただけで，明確な結論を下すことはできなかった．今後は，改正商法にもとづいて法定準備金から配当を行った企業を識別するなどの，詳細な検討を行うことが重要な課題となろう．

　最後に，使用した変数の精緻化が指摘される．本分析では負債のエイジェンシー費用を把握する変数として複数の代理変数を用いたが，これらの変数が負債のエイジェンシー費用を完全に反映しているとは言い難い．より実態を反映した変数の設定が今後は望まれる．

（首藤　昭信）

注

1　DeAngelo et al.(2005) は，収益性が高く有望な投資プロジェクトを持たないような成熟企業 (mature firms) は積極的に配当を行い，収益性は低いが豊富な投資機会を有する成長企業 (young firms) は配当よりも内部留保を選択するという「配当のライフサイクル仮説」を検証している．企業のライフサイクルを反映する変数として，自己資本に占める留保利益の割合（留保利益/自己資本）を利用した．

2　このような資本コストの増加を防ぐために，経営者は社債発行後に自らの行動を制約する契約を結ぶインセンティブを有することも知られている（Watts and Zimmerman, 1986；須田，2000）．財務制限条項（財務上の特約）がこれに該当する．債務契約における会計情報の役割（契約支援機能）を分析する場合，この財務制限条項（財務上の特約）を分析することも重要な検討課題となるが，これは契約締結後，すなわち意思決定後の財務会計の契約支援機能について注目しているといえる．これに対して負債コストに注目した本分析では，前章同様，契約締結時における財務諸表数値に焦点をあてていることに注意してほしい（詳細は，第13章脚注2参照）．

3　負債のエイジェンシー費用の代理変数については次節で詳しく説明する．

4　DeAngelo et al.(2005)は配当金の大きさではなく，配当の有無と留保利益比率（RE/TE）の関係を分析している点に注意してほしい．なお以下のモデルについて企業と年度を示す添え字は省略した．

5　留保利益の定義については，2003年3月決算期以降は「利益剰余金」の値を利用し，それ以前は「留保利益＝利益準備金＋任意積立金合計額＋当期未処分利益」と定義している．これは使用したデータベースにおいて利益剰余金の科目表示が2003年3月決算期から開始されていることによる．

6　DeAngelo et al.(2005)では，$CASH$ の予測符号については相反する予測が成立するため，明確な予測符号を設定していない．本分析もこれに従う．

7　Okuda et al.(2005)もほぼ同様の変数を利用しているが，彼らは株主と経営者のエイジェンシー問題をとらえるためにこの変数を利用している．本分析では，株主と債権者のエイジェンシー問題を把握するためにこの変数を設定している点に注意してほしい．

8　具体的には，(1)式を推定した定数項および係数を利用して，各起債企業の配当（$lnDIV$）の期待値を算定する．その期待値を実績値から控除したものが残差（$COA2$）となる．

9　成長性に関する変数については，$AGROWTH$ については予測と一致する符合が得られているが，$SGROWTH$ と MB については反対の符号が得られている．

10　従属変数がゼロを下回らない切断されたデータである場合，トービット・モデルによる推定が上記の問題を緩和することが知られている（Greene, 2003, pp.761-768）．

11　本分析が依拠した DeAngelo et al.(2005) においても RE/TA が RE/TE とともに独立変数として利用されている．彼らの調査結果では，RE/TE だけでなく，RE/TA についても情報内容を有することが報告されている（ただし彼らの分析は，配当のバラツキではなく，配当の有無を説明するモデルである）．

12　この他にも DeAngelo et al.(2005) は，RE/TE が負債比率を代理している可能性を指摘し，その影響を考慮した分析を行っている．そこで本分析でも，彼らの分析にしたがい，負債比率の逆数となる自己資本比率（自己資本/総資産）を独立変数として追加して分析を行った．しかし RE/TE が負債比率を代理しているという調査結果は得られず，第5節と首尾一貫した結果が得られた．

参考文献

DeAngelo, H. and L. DeAngelo (2006) "The Irrelevance of the MM Dividend Irrelevance Theorem," *Journal of Financial Economics* 79, pp.293-315.

DeAngelo, H., L. DeAngelo and D. Skinner (2004) "Are Dividends Disappearing? Dividend Concentration and the Consolidation of Earnings," *Journal of Financial Economics* 72, pp.425-456.

DeAngelo, H., L. DeAngelo and R. Stulz (2005) "Dividend Policy and the Earned/Contributed Capital Mix : A Test of the Lifecycle Theory," *Working Paper*.

Fama, E. and K. French (2001) "Disappearing Dividends : Changing Firm Characteristics or Lower Propensity to Pay?" *Journal of Financial Economics* 60, pp. 3 -43.

Greene, W.H. (2003) *Econometric Analysis* 5 th edition, Prentice Hall.

Grullon, G., R. Michaely and B. Swaminathan (2002) "Are Dividend Changes a Sign of Firm Maturity?" *Journal of Business* 75, pp.387-424.

Hanlon, M., J. Myers and T. Shevlin (2003) "Dividend Tax and Firm Valuation : A Re-examination," *Journal of Accounting and Economics* 35, pp.119-153.

Harris, T., G. Hubbard, and D. Kemsley (2001) "The Share Price Effects of Dividend Taxes and Tax Imputation Credits," *Journal of Public Economics* 79, pp.569-596.

Jensen, M. (1986) "Agency Cost of Free Cash Flow, Corporate Finance, and Takeover," *American Economic Review* 76, pp.323-329.

Jensen, M. and W. Meckling (1976) "Theory of the Firm : Managerial Behavior, Agency Cost, and Ownership Structure," *Journal of Financial Economics* 3, pp.305-360.

Lintner, J. (1956) "Distribution of Income of Corporations Among Dividends, Retained Earnings, and Taxes," *American Economic Review* 46, pp.97-113.

Okuda, S., M. Sakagami and A. Shiiba (2005) "Valuation of the Profit Available for Dividend," *Working Paper*.

Opler, T., L. Pinkowitz, R. Stulz and R. Williamson (1999) "The Determinants and Implication of Corporate Cash Holdings," *Journal of Financial Economics* 52, pp. 3 -46.

Sengupta, P. (1998) "Corporate Disclosure Quality and the Cost of Debt," *The Accounting Review* 73, pp.459-474.

Watts, R.L. and J.L. Zimmerman (1986) *Positive Accounting Theory*, Englewood Cliffs, N.J. Prentice-Hall (須田一幸訳 (1991)『実証理論としての会計学』白桃書房).

White, H. (1980) "A Heteroscedasticity-consistent Covariance Matrix Estimator and a Direct Test for Heteroscedasticity," *Econometrica* 48, pp.817-838.

赤塚尚之 (2005)「わが国における法定準備金制度の変遷と『払込資本と留保利益の区別』の意義」『早稲田商学』第404号, pp.85-127.

安藤英義 (2002)「商法における資本制度の揺らぎと『資本の部』の表示」『會計』第162巻第 2 号, pp. 1 -14.

安藤英義 (2003)「株式会社の資本制度崩壊の兆し」『會計』第164巻第 3 号, pp. 1 -14.

石川博行（2001）「利益の時系列特性と配当に対する市場の評価」『會計』第160巻第6号，pp.58-73.
石川博行（2004）「配当と株価の非線形関係と有配基準」『會計』第166巻第1号，pp.71-80.
石川博行（2005）「記念配当の実態と配当操作の可能性」『會計』第168巻第6号，pp.71-86.
井上達男（2002）「予測利益・純資産簿価の構成要素と企業価値評価─二〇〇〇年三月決算企業の実証分析」『會計』第161巻第1号，pp.56-67.
梅原秀継（2005）「会計理論からみた資本の部の変容─資本と利益の区別をめぐって」『企業会計』第57巻第9号，pp.34-41.
大日方隆（1994）『企業会計の資本と利益─名目資本維持と実現概念の研究』森山書店.
金本良嗣・藤田友敬（1998）「株主の有限責任と債権者保護」三輪芳朗・神田秀樹・柳川範之編著『会社法の経済学』東京大学出版会，pp.191-228.
斉藤静樹（1998）「会社法の経済学：総括コメント2」「株主の有限責任と債権者保護」三輪芳朗・神田秀樹・柳川範之編著『会社法の経済学』東京大学出版会，pp.493-497.
須田一幸（2000）『財務会計の機能』白桃書房.
須田一幸・首藤昭信（2004）「時価評価基準と負債コスト」須田一幸編著『会計制度改革の実証分析』同文舘出版，pp.105-120.
須田一幸・首藤昭信・太田浩司（2004）「ディスクロージャーが負債コストに及ぼす影響」須田一幸編著『ディスクロージャーの戦略と効果』森山書店，pp.45-67.
野口晃弘（2004）『条件付新株発行の会計』白桃書房.
野口晃弘（2008）「会計法計算規定と資本会計における諸問題」須田一幸編著『会計制度の設計』白桃書房，第2章.
深尾光洋（1998）「会社法における自己資本維持規定と資本コスト」三輪芳朗・神田秀樹・柳川範之編著『会社法の経済学』東京大学出版会，pp.229-251.
古市峰子（2006）「会社法制上の資制度の変容と企業会計上の資本概念について」IMES Discussion Paper（日本銀行金融研究所）No.2006-J-1.

15 特別法上の準備金の情報内容

1．本章の目的と構成

　特別法上の準備金（以下，準備金という）の繰入と取崩は政策的に，あるいは機械的に定められているため，企業の活動実態と必ずしも適合せず，それを利益に算入することによって企業業績の測定が歪められていると見る人々も多数いる。しかし，そうした常識の根拠ははなはだ疑わしい．その問題に解答が得られないうちに，事態は新たな展開を迎えた．貸借対照表上の負債に債務性をもとめる考え方が主流になりつつあるからである．その見解によれば，準備金はもちろん，債務性のない引当金や繰延収益も負債には計上できないことになる．

　この章の目的は，その未解決の問題を検討することである．準備金の繰入や取崩は利益の relevance にどのような影響をあたえているのか，すなわち，準備金の value relevance を検証することがこの研究の主題である．この研究の実証結果は，特別法上の準備金の繰入と取崩が，人工的（artificial）あるいは機械的（mechanical）に利益を平準化する傾向が強いときには，利益の value relevance を低下させることを示している．ただし，鉄道業の特定都市鉄道整備準備金は営業収益の期間配分手段として，保険業の責任準備金は営業費用の期間配分手段として機能し，純利益の relevance を高めている可能性もある．特別法上の準備金というだけで引当金に比べて差別的な扱いをすることはできず，むしろ，引当金も準備金も，貸借対照表の計上区分，損益計算書上の繰入額の

298

測定にかんして検討課題を残している．

この章の構成は次のとおりである．第2節では，モデルと分析手法を説明する．第3節では電力業の渇水準備金，第4節では鉄道業の特定都市鉄道整備準備金，第5節では，証券業の自己売買の損失にかかる準備金と顧客との取引事故にかかる準備金，第6節では保険業の責任準備金および支払備金と，価格変動準備金を取り上げる．第7節はまとめである．

2．モデルと分析手法

一般に，利益のvalue relevanceは時代ごとに移り変わる環境要因に規定される．したがって，期間によって利益のrelevanceは異なっている．この研究でも，サブ期間に分けて，準備金が利益のvalue relevanceにあたえる影響を検証する．

いま，検討対象とする準備金の繰入と取崩をX（繰入は負，取崩は正）とする．その準備金の繰入と取崩を含まない利益をEとする．いずれも，1株当たりの金額である．準備金と控除前利益との関係を分析する回帰モデルは，次のとおりである．

$$X_{it} = \gamma + \delta_1 E_{it} + \delta_2 D^* E_{it} + \varepsilon_{it} \tag{1}$$

このDは期間ダミーである．この係数δが負の大きな値であるほど，準備金の利益平準化効果が強い．利益平準化は，経営者が将来の見通しにもとづいてtransitoryな要素を除く場合，利益の情報価値を高めることもある．しかし，人工的，機械的になされる平準化は，transitoryな要素とpermanentな要素の区別を不鮮明にし，利益の情報価値を低めるかもしれない．

なお，この研究で対象とする利益は，営業利益または経常利益である．各サンプルの実効税率が不明であるため，純利益は分析対象にしない．この研究は，①各準備金の計算を営業利益や経常利益の計算に含めた場合に，それぞれの利益のvalue relevanceはどのような影響を受けるのか，②特別損益や税を考慮しない場合に，各準備金の計算は純利益のvalue relevanceにどのような影響をあたえているのかを分析することを主目的とする．

さて，ある項目が利益の value relevance にあたえている影響を検証するオーソドックスな方法は，多重回帰である．決算日時点の株価を P として，この研究では以下の回帰式を利用した．

Model 1 $$P_{it} = \alpha + \beta E_{it} + \sum \gamma_y D_y + u_{it} \quad (2)$$

Model 2 $$P_{it} = \alpha + \beta_1 E_{it} + \beta_2 X_{it} + \sum \gamma_y D_y + u_{it} \quad (3)$$

ここで i は企業，t は年度（または決算日）である．以下では業種ごとに分析をするが，サンプル数が少ないので期間別のプール回帰を行い，年度効果を固定した固定効果モデルを採用した．(2)式と(3)式の D_y は，年度ダミーである．Model 2 の係数 β_2 がゼロと有意に異なっていれば，さしあたり，準備金の計算を利益に含めることにも意味があるといえる．予想される β_2 の符号は，正である．この研究では，多重回帰分析とあわせて，以下の Model 3 の説明力と Model 1 の説明力を Vuong 検定によって比較する[1]．

Model 3 $$P_{it} = \alpha' + \beta'(E_{it} + X_{it}) + \sum \gamma'_y D_y + u'_{it} \quad (4)$$

以下の表では，一部を除いて，定数項と年度ダミーにかかる結果は，紙幅の都合上，掲載していない．なお，表中の t 値は，不均一分散と整合的な共分散で計算した Huber-White の t 値である．財務データは，原則として，2003年3月期までは『日経 NEEDS 企業財務データ』により，それ以降（または，入手できないデータ）は有価証券報告書から手作業で収集した．株価データは，すべて東洋経済新報社の株価 CD-ROM からダウンロードした．

3．電力業——渇水準備金

渇水準備金（渇水準備引当金）は，一般電気事業者にたいして電気事業法第36条で設定が義務付けられており，詳細は「渇水準備引当金に関する省令」で定められている．この準備金は，豊水期に準備金に繰り入れて利益を減少させ，渇水期にそれを取り崩して利益を増加させることを目的としている．水力は比較的低コストの電源であり，渇水期には割高な電源に代替されることか

図表15-1　電力業の記述統計量

Panel A：P	Mean	St.Dev.	Min	1 Q	Median	3 Q	Max
1979〜2004	2,047.6	966.0	800.0	1,278.8	1,990.0	2,565.0	8,250.0
1979〜1991	1,892.4	1,315.7	800.0	921.5	1,190.0	2,677.5	8,250.0
1992〜2004	2,180.6	459.2	1,261.0	1,825.3	2,195.0	2,537.5	3,840.0
Panel B：OP							
1979〜2004	392.665	94.332	56.004	336.578	391.051	451.597	721.991
1979〜1991	404.116	114.987	56.004	346.348	411.146	467.664	721.991
1992〜2004	382.849	70.598	202.239	333.565	377.907	423.598	568.433
Panel C：OI							
1979〜2004	174.779	161.606	−106.762	129.671	161.774	197.403	2,421.212
1979〜1991	173.973	87.281	−106.762	139.311	181.475	222.841	446.168
1992〜2004	175.469	204.869	77.671	125.517	153.033	185.104	2,421.212
Panel D：X							
1979〜2004	−0.643	10.846	−57.110	−4.676	0.000	2.486	44.033
1979〜1991	−1.346	14.099	−57.110	−6.082	0.000	2.900	44.033
1992〜2004	−0.041	6.878	−14.279	−3.689	0.000	2.319	29.948

ら，それによる渇水期のコスト増を準備金の取崩益によって吸収するのである．

　電力業を取り上げた先行研究の多くは，廃炉費用や核燃料再処理コストを対象とするものである．先行研究は，料金規制が電力会社の裁量行動にどのような影響をあたえるのか，それが市場でどのように評価されるのかに向けられている（大日方，2004a）．規制政策が企業会計にあたえる影響を分析した研究は，ほとんどない（大日方，2003）．ここで分析対象とする渇水準備金は，その繰入額に費用性がなく，また繰延収益（料金の前受）としての性格ももっていない．それは，まさに政策上の産物である．この渇水準備金が，水力による電力量を基準として，もっぱら人工的，機械的に利益を平準化するとしたら，利益の permanent な要素と transitory な要素との区分を不鮮明にするか，あるいは利益にノイズが持ち込まれるであろう．そこで，検証すべき仮説はつぎのようになる．

図表15-2 渇水準備金の利益平準化効果(1)

	1979～2004		1979～1991		1992～2004	
	OP	Adj.R^2	OP	Adj.R^2	OP	Adj.R^2
(1)	−0.0448	0.3687	−0.0568	0.3646	−0.0112	0.5190
	(−2.84)		(−2.75)		(−1.85)	
	[0.005]		[0.007]		[0.067]	
	OI	Adj.R^2	OI	Adj.R^2	OI	Adj.R^2
(2)	−0.0226	0.3598	−0.1367	0.4832	−0.0042	0.5250
	(−1.37)		(−4.19)		(−3.72)	
	[0.174]		[0.000]		[0.000]	

図表15-3 渇水準備金の利益平準化効果(2)

	Const.	D	OP	D*OP	Adj.R^2
(1)	0.0058	−0.0049	−0.0049	−0.0203	0.0811
	(3.18)	(−2.09)	(−0.92)	(−2.02)	
	[0.002]	[0.023]	[0.358]	[0.044]	
	Const.	D	OI	D*OI	Adj.R^2
(2)	0.0054	−0.0048	−0.0058	−0.0503	0.1549
	(3.24)	(−2.86)	(−6.67)	(−3.07)	
	[0.001]	[0.005]	[0.000]	[0.002]	

仮説 A

渇水準備金の利益平準化効果が強いとき，渇水準備金の繰入と取崩は利益の value relevance を低下させる．

ここでのサンプルは，電力9社（沖縄電力を除く）の1979年3月期から2004年3月期までの234社/年である．財務データは，電力9社が連結財務諸表を公表するのが1995年3月期からであるため，すべて個別財務諸表によることとした．図表15-1は，1株当たりの記述統計量である．P は株価，OP は営業利益，OI は経常利益，X は渇水準備金の繰入と取崩である．渇水準備金は，繰入額（負）と取崩額（正）が相殺されて，平均はきわめて小さな値であり，その分布はゼロを中心にほぼ上下対称になっている．

第15章　特別法上の準備金の情報内容　303

　渇水準備金の利益平準化効果を検証した結果は図表15-2および図表15-3であり，図表15-2は期間別の分析，図表15-3は期間ダミーをもちいた分析である．表中の各セルの3段の数値は，上段が偏回帰係数，中段の（　）内の数値はHuber-Whiteのt値，下段の［　］内の数値は有意確率を表わしている（以下同様）．ここでは，全26期間を，前半期の13期（1979年3月期から1991年3月期まで，117サンプル）と後半期の13期（1992年3月期から2004年3月

図表15-4　渇水準備金のvalue relevance(1)

Panel A：1979〜2004	OP	X	OP+X	Adj.R^2
Model 1	0.3892 (2.34) [0.020]			0.8542
Model 2	0.4324 (2.37) [0.019]	0.9641 (1.05) [0.295]		0.8543
Model 3			0.4259 (2.38) [0.018]	0.8548
Model 1 vs. Model 3		$z=0.7987$	$p=0.424$	
Panel B：1979〜1991	OP	X	OP+X	Adj.R^2
Model 1	0.3490 (1.62) [0.108]			0.8373
Model 2	0.4121 (1.71) [0.090]	1.1113 (1.11) [0.268]		0.8371
Model 3			0.4023 (1.70) [0.092]	0.8381
Model 1 vs. Model 3		$z=0.7985$	$p=0.430$	
Panel C：1992〜2004	OP	X	OP+X	Adj.R^2
Model 1	0.5021 (2.65) [0.009]			0.8783
Model 2	0.4561 (2.35) [0.021]	−4.1003 (−1.90) [0.060]		0.8803
Model 3			0.4888 (2.54) [0.013]	0.8774
Model 1 vs. Model 3		$z=-1.8759$	$p=0.061$	

図表15-5 渇水準備金の value relevance (2)

Panel A：1979〜2004	OI	X	OI＋X	Adj.R^2
Model 1	0.0668 (1.36) [0.176]			0.8502
Model 2	0.0792 (1.40) [0.164]	0.5483 (0.64) [0.520]		0.8498
Model 3			0.0735 (1.38) [0.168]	0.8503
	Model 1 vs. Model 3	$z=0.6074$	$p=0.544$	
Panel B：1979〜1991	OI	X	OI＋X	Adj.R^2
Model 1	0.1647 (0.66) [0.512]			0.8344
Model 2	0.3233 (1.04) [0.302]	1.1603 (1.06) [0.290]		0.8340
Model 3			0.2598 (0.88) [0.381]	0.8348
	Model 1 vs. Model 3	$z=0.5623$	$p=0.574$	
Panel C：1992〜2004	OI	X	OI＋X	Adj.R^2
Model 1	0.0510 (1.86) [0.066]			0.8674
Model 2	0.0300 (1.23) [0.221]	−5.0263 (−2.34) [0.021]		0.8710
Model 3			0.0492 (1.90) [0.061]	0.8673
	Model 1 vs. Model 3	$z=-1.4900$	$p=0.136$	

期，117サンプル）に分けた．図表15-2では明確ではないが，図表15-3によると，準備金の利益平準化効果は，後半期のほうがより強く現れている．

　営業利益のrelevanceを分析した結果は，図表15-4にまとめた．Panel Aは全期間，Bは前半期，Cは後半期の結果である．Panel Cによると，渇水準備金の利益平準化効果が強まった後半期において，利益にたいして統計的に有意な影響をもたらしている．Model 2によると，利益準備金の繰入と取崩にか

かる係数の符号は負であり，常識的には説明がつかない．それに対応して，Model 1 よりも Model 3 の説明力は10％水準で有意に劣っている．ここでは，前述の仮説 A が支持されている．

しかし，経常利益についての分析結果をまとめた図表15-5では，それほど明確ではない．図表15-4と同じく，図表15-5の Panel C でも，営業利益の場合と同様に，準備金にかかる係数は有意な負の値になっている．ただし，Vuong 検定の結果は有意ではなく，Model 1 と Model 3 とのあいだに説明力の有意な差はない．

ここでの結果は，後半期に利益平準化効果を強めた渇水準備金の繰入と取崩は，①営業利益の relevance を低めるものであり，営業費用に含めるのは適切ではないこと，②経常利益にもノイズをあたえている可能性があることを示している．これらのことは，準備金の計算が後半期の純利益の value relevance を低下させていることを示唆している．

4．鉄道業——特定都市鉄道整備準備金

特定都市鉄道整備準備金は，特定都市整備促進特別措置法第8条により，繰入と取崩が認められているものである．これは，都市圏の鉄道会社が，複々線化，高架化，駅舎整備などを行う場合，①事前（工事完了前）に料金値上げを実施して利用者から資金を徴収し，②工事期間にわたって，それを外部に積み立てて運用し（積立期間は原則10年），③工事完了後にそれを規則的に取り崩す（取崩の期間は原則10年）制度である．鉄道整備事業計画の認可，外部積み立て，規則的取崩などによって客観性を保つことを条件に，外部積み立ての拠出を税務上も損金とすることが認められている．

これは，いわゆる工事負担金の変形である．鉄道会社の財務制約を考慮して，鉄道利用者に設備投資資金の負担を料金徴収の形式で負わせる一方，設備稼働後の償却費の増加負担にたいしては，事前徴収分の料金を充当して，料金の再値上げを認めないものである．つまり，この特定都市鉄道準備金の繰入は収益の繰延であり，この節では，費用の年度間配分ではなく，収益の年度間配分に分析の焦点があてられることになる．

特定都市鉄道整備準備金は，既知の売上高の一部であり，請負業務の受注残高ではないから，その残高が将来の鉄道収益の先行指標になるというシナリオは考えにくい．Altamuro et al. (2005) は，SEC の Staff Accounting Bulletin (SAB) No.101によって，収益を早期に認識する実務が禁止されたことにより，早期認識していた企業の利益の value relevance は低下したと報告している．同様に，Kaznik (2001) は，ソフトウェアの販売収益が経営者の裁量で左右されていた時期を対象にして，relevance の検証をしている．それによると，裁量による収益のほうが，新会計基準によって訂正された保守的な収益よりも relevance が高いという．

他方，Zhang (2004) では，同じくソフトウェア産業を対象として，回収が不確実な状況での収益の早期認識は，収益の情報とリターンとの関係を高めるものの，将来キャッシュフローと収益との関連性を低下させ，将来収益の予測能力が低下するとしている．Zhang の結果は，いわゆるアフター・コストと収益との対応関係に乱れが生じると利益情報の価値のある側面が低下すると解釈することもでき，興味深い実証結果である．

この研究が対象とする特定都市鉄道整備における収益の繰延には，そのような裁量が入り込む余地はきわめて小さく，鉄道業が料金規制産業であるため，将来の収益の不確実性もそれほど大きくはない．ここで関心を向けるのは，利益の persistence である．鉄道整備の値上げが，将来運賃の前取りでしかないとすれば，それは persistent な要素ではなく，企業価値にたいして irrelevant なはずである．つまり，特定都市鉄道整備準備金への繰入と取崩は，利益の value relevance を高めるはずである[2]．それゆえ，検証すべき仮説はつぎのようになる．

仮説 B
特定都市鉄道整備準備金の繰入と取崩は，利益の value relevance を高める．

ここでのサンプルは，特定都市鉄道整備準備金の制度が開始された1989年3月期から2004年3月期までのあいだに，連結財務諸表を公表した鉄道会社390社/年である．同制度を利用した企業は当初少なく，途中から増加するため，

ここでも分析期間を2期間に分割した．前半期は1989年3月期から1996年3月期までの8期(181サンプル)であり，後半期は1997年3月期から2004年3月期までの8期(209サンプル)である．図表15-6は，1株当たりの記述統計量をまとめたものであり，Xは特定都市鉄道整備準備金の繰入と取崩である．繰入が先行し，取崩がいまだ完了していないため，Xはマイナ方向に歪んで分

図表15-6 鉄道業の記述統計量

Panel A：P	Mean	St.Dev.	Min	1 Q	Median	3 Q	Max
1989〜2004	35,175.1	138,267.3	125.0	406.5	598.5	1,197.5	926,000.0
1989〜1996	7,166.6	51,333.5	330.0	581.0	781.0	1,200.0	550,000.0
1997〜2004	59,431.2	179,233.4	125.0	329.0	431.0	955.0	926,000.0
Panel B：OP							
1989〜2004	5,756.063	24,413.070	−157.025	28.981	40.530	54.588	165,390.625
1989〜1996	1,186.607	10,504.982	−78.512	31.724	41.514	51.291	100,642.750
1997〜2004	9,713.342	31,350.222	−157.025	26.663	38.301	57.103	165,390.625
Panel C：OI							
1989〜2004	2,090.965	8,628.216	−553.924	7.966	17.320	28.524	58,494.196
1989〜1996	328.897	2,910.154	−266.677	8.653	16.124	23.042	28,670.250
1997〜2004	3,616.967	11,250.181	−553.924	7.825	18.421	34.568	58,494.196
Panel D：X							
1989〜2004	−0.591	2.415	−11.428	0.000	0.000	0.000	6.561
1989〜1996	−1.261	2.679	−11.428	0.000	0.000	0.000	0.000
1997〜2004	−0.010	1.985	−9.848	0.000	0.000	0.000	6.561

図表15-7 特定都市鉄道整備準備金の利益平準化効果(1)

	1989〜2004		1989〜1996		1997〜2004	
	OP	Adj.R^2	OP	Adj.R^2	OP	Adj.R^2
(1)	−0.0029	0.0899	−0.0020	−0.0122	−0.0030	0.0966
	(−1.46)		(−0.33)		(−1.45)	
	[0.144]		[0.745]		[0.150]	
	OI	Adj.R^2	OI	Adj.R^2	OI	Adj.R^2
(2)	−0.0031	0.0894	−0.0221	0.0218	−0.0009	0.0921
	(−1.22)		(−2.64)		(−0.38)	
	[0.223]		[0.009]		[0.701]	

図表15-8　特定都市鉄道整備準備金の利益平準化効果(2)

	Const.	D	OP	D*OP	Adj.R^2
(1)	−0.0008	0.0006	−0.0066	0.0081	0.0340
	(−2.97)	(1.81)	(−1.05)	(1.25)	
	[0.003]	[0.071]	[0.296]	[0.213]	
	Const.	D	OI	D*OI	Adj.R^2
(2)	−0.0008	0.0006	−0.0210	0.0243	0.0454
	(−0.06)	(2.75)	(−2.73)	(3.04)	
	[0.000]	[0.006]	[0.007]	[0.003]	

布している．

　特定都市鉄道整備準備金の利益平準化効果を分析した結果が，図表15-7（期間別分析）と図表15-8（期間ダミーによる分析）である．これによると，この準備金は，全期間を通じて，営業利益を平準化する効果を有していない．それにたいして，この準備金は，経常利益を平準化する効果を前半期において有していた．

　図表15-9は，営業利益のrelevanceを検証した結果である．後半期（Panel C）では，特定都市鉄道整備準備金の繰入と取崩にかかる係数は有意な正の値である．さらに，営業利益に準備金の計算を含めないModel 1とそれを含めたModel 3の説明力を比較すると，1％水準で後者のほうが優れている．この結果は，仮説Bを支持している．図表15-10は，経常利益についての結果であるが，図表15-9と同じ結果が得られている．つまり，後半期において，準備金にかかる係数は正であり，その計算を経常利益に含めたモデルのほうが，有意水準はやや低いが，株価にたいする説明力は高い．ここでも，前述の仮説Bが支持されている．ただし，ここでの準備金の増減が，都市部の鉄道会社と地方の鉄道会社とのあいだの地域格差の代理変数になっている可能性を必ずしも否定できない点には，注意が必要であろう．

　ここでの検証結果は，興味深い示唆をあたえている．それは，特定都市鉄道整備準備金の財務諸表上の位置付けである．現在，特別法上の準備金ということで，純利益の直前段階で加減算されているが，これは収益の調整項目であり，営業利益と経常利益のrelevanceを高めることから，売上高の直後に掲載

図表15-9 特定都市鉄道整備準備金の value relevance (1)

Panel A：1989〜2004	OP	X	OP+X	Adj.R^2
Model 1	0.9519			0.4858
	(4.50)			
	[0.000]			
Model 2	0.9640	4.1875		0.4863
	(4.49)	(1.08)		
	[0.000]	[0.279]		
Model 3			0.9632	0.4866
			(4.49)	
			[0.000]	
	Model 1 vs. Model 3	$z=0.9349$	$p=0.350$	
Panel B：1989〜1996	OP	X	OP+X	Adj.R^2
Model 1	1.5888			0.5470
	(2.48)			
	[0.014]			
Model 2	1.5759	−6.4325		0.5470
	(2.52)	(−1.40)		
	[0.013]	[0.164]		
Model 3			1.5209	0.5456
			(2.39)	
			[0.018]	
	Model 1 vs. Model 3	$z=-1.3163$	$p=0.188$	
Panel C：1997〜2004	OP	X	OP+X	Adj.R^2
Model 1	0.8612			0.3384
	(3.94)			
	[0.000]			
Model 2	0.8972	11.8878		0.3647
	(4.00)	(2.36)		
	[0.000]	[0.019]		
Model 3			0.8830	0.3426
			(3.96)	
			[0.000]	
	Model 1 vs. Model 3	$z=1.8681$	$p=0.062$	

する方法も一考に値する．また，負債の債務性の議論以前に，つまり，すべての引当金が負債であると認められているときであっても，繰延収益は位置づけが曖昧なままであったが，ここでの結果は，利益から除かれるべき項目であることを示しており，少なくとも，純利益に対応した資本（あるいは純資産）からは除かれるべきことを示している．

図表15-10 特定都市鉄道整備準備金の value relevance (2)

Panel A：1989〜2004	OI	X	OI+X	Adj.R^2
Model 1	0.8469 (3.25) [0.001]			0.4704
Model 2	0.8590 (3.22) [0.001]	3.8683 (1.00) [0.319]		0.4705
Model 3			0.8605 (3.21) [0.001]	0.4710
	Model 1 vs. Model 3	$z=0.8361$	$p=0.403$	
Panel B：1989〜1996	OI	X	OI+X	Adj.R^2
Model 1	1.4115 (2.21) [0.028]			0.5379
Model 2	1.3057 (1.97) [0.051]	−4.7792 (−0.96) [0.337]		0.5366
Model 3			1.3543 (2.05) [0.042]	0.5369
	Model 1 vs. Model 3	$z=-0.9860$	$p=0.324$	
Panel C：1997〜2004	OI	X	OI+X	Adj.R^2
Model 1	0.7796 (2.97) [0.003]			0.3035
Model 2	0.7889 (2.98) [0.003]	10.6245 (2.11) [0.036]		0.3237
Model 3			0.8035 (2.95) [0.004]	0.3069
	Model 1 vs. Model 3	$z=1.5331$	$p=0.120$	

5．証券業──損失準備金と証券取引責任準備金

　証券業に対しては，証券取引法，証券会社に関する省令，金融先物取引法，金融先物取引法施行規則などの金融規制の諸法令によって，多様な準備金の設定が義務付けられている．自己売買による損失に備えるものとして，株式取引損失準備金，債券取引損失準備金，取引事故に備えるものとして金融先物取引

責任準備金，証券取引責任準備金がある．この研究では，株式取引損失準備金と債券取引損失準備金とを合わせて，便宜上，これを損失準備金と呼ぶ．また，金融先物取引責任準備金と証券取引責任準備金とを合わせて，便宜上，取引責任準備金と呼ぶ．これは，「証券会社に関する内閣府令」により，原則として取次業務の取引量に応じて繰り入れられている．

　自己売買の損失に備えた損失準備金の繰入額には，理論的に見て，費用性を認めることはできない．これは，あきらかに利益留保のための内部積み立てにほかならない．それは，いうまでもなく政策的産物であるが，証券会社の経営の近代化が進み，保護（経営体質の強化）政策を（税制上も）続ける必要が薄れたため，この損失準備金の役割は失われた．1998年に証券取引法が改正され，1999年3月期の取崩をもって，損失準備金の制度は終了した．他方，取引上の事故損失は営業費用であり，それが合理的に見積られているならば，いわゆる引当金の設定要件を充足する場合もありえよう．このように，損失準備金と取引責任準備金とは本質が異なるため，以下では2組に分けて検討する．

　引当金にかんしては，従来から，環境負債がしばしば分析対象とされ，その計算に企業の裁量が働く場合，内部情報が反映されて，その負債額にも情報価値が生じると指摘されている（たとえば，Campbell and Sefcik, 2003）．その一方で，見積りを利用した会計測定が，会計情報に測定誤差などのノイズを生じさせ，会計情報の有用性を低下させるという有力な見解もある（Lev et al., 2005）．一般に，見積りを利用した測定は，企業（経営者）と投資家とのあいだで，測定にかんする情報格差（情報の非対称性）を拡大するから，見積りによる測定が情報価値を高めるか否かは，一概にはなにもいえない．

　他方，ここで対象とする準備金の計算は，①企業の任意ではなく法規制によって強制されていること，②計算方法の詳細が法定され，企業の裁量が働く余地はけっして大きくはないことが重要な特徴となっている．これらの準備金は，経常費用たる性格をもたないから，利益にとってはtransitoryなノイズであると予想される．そこで，つぎの仮説を検証する．

仮説 C

損失準備金も，取引責任準備金も，その繰入と取崩は利益の value relevance を低下させる．

サンプルは，1990年3月期から2004年3月期まで，個別財務諸表を公開している3月決算の証券会社344社/年である．データを長期間にわたって収集するため，個別財務諸表によっている．財務データは1999年3月期までは『日経 NEEDS 企業財務データ』より入手し，それ以降は，有価証券報告書より手作業で入手した．図表15-11は1株あたりの記述統計量であり，X_1は損失準備金，X_2は取引責任準備金である．ここでは，近年，証券会社の数が減少していることを考慮して，サンプル数に大きな差が生じないように，1990年3月期から1996年3月期までの7期（175サンプル）を前半期とし，1997年3月期から2004年3月期までの8期（169サンプル）を後半期としている．

図表15-11 証券業の記述統計量

Panel A：P	Mean	St.Dev.	Min	1 Q	Median	3 Q	Max
1990〜2004	1,057.7	4,421.8	61.0	315.5	567.5	945.3	76,000.0
1990〜1996	937.4	548.5	358.0	540.5	700.0	1,225.0	2,800.0
1997〜2004	1,182.3	6,281.4	61.0	223.0	306.0	609.0	76,000.0
Panel B：OP							
1990〜2004	6.770	139.870	−1,145.075	−34.402	−0.395	30.314	1,655.854
1990〜1996	−0.635	92.429	−198.282	−68.158	−10.757	28.214	342.226
1997〜2004	7.162	140.189	−1,145.075	−34.646	−0.541	30.442	1,655.854
Panel C：OI							
1990〜2004	8.035	138.666	−1,141.182	−32.096	1.399	32.194	1,660.052
1990〜1996	1.001	90.400	−196.865	−62.927	−9.474	28.600	337.756
1997〜2004	8.412	138.960	−1,141.182	−32.118	1.394	32.436	1,660.052
Panel D：X_1							
1990〜1996	2.876	9.686	−32.964	−2.041	0.562	6.583	41.100
Panel E：X_2							
1990〜2004	−0.279	6.066	−97.608	−0.160	0.000	0.339	6.168
1990〜1996	0.548	1.086	−1.271	−0.066	0.101	1.006	6.168
1997〜2004	−0.252	6.017	−97.608	−0.156	0.000	0.346	6.168

図表15-12　損失準備金の利益平準化効果

	OP	Adj.R^2		OI	Adj.R^2
(1)	−0.0386 (−2.75) [0.007]	0.1536	(2)	−0.0420 (−2.85) [0.005]	0.1610

　最初に，損失準備金を検討する．この準備金は，後半期には消滅するため，前半期についてのみ分析する．図表15-12によると，損失準備金の繰入と取崩は，前半期において利益平準化効果を有していた．図表15-13は，営業利益のvalue relevanceについて分析したものである．Model 2では，損失準備金にかかる係数が有意な負の値になっており，常識では説明がつかない．Model 1とModel 3を比較すると，損失準備金の繰入と取崩を営業利益に含めないほう

図表15-13　損失準備金のvalue relevance(1)

1990〜1996	OP	X_1	$OP+X_1$	Adj.R^2
Model 1	1.1110 (3.80) [0.000]			0.8205
Model 2	0.9933 (3.59) [0.000]	−3.0523 (−3.57) [0.000]		0.8273
Model 3			1.0370 (3.49) [0.001]	0.8139
	Model 1 vs. Model 3	$z=-2.7356$	$p=0.006$	

図表15-14　損失準備金のvalue relevance(2)

1990〜1996	OI	X_1	$OI+X_1$	Adj.R^2
Model 1	1.1433 (3.77) [0.000]			0.8218
Model 2	1.0203 (3.53) [0.001]	−2.9275 (−3.37) [0.001]		0.8279
Model 3			1.0747 (3.47) [0.001]	0.8152
	Model 1 vs. Model 3	$z=-2.7112$	$p=0.007$	

が，株価に対する説明力は有意に高い（1％水準）．経常利益の value relevance を検証した図表15-14においても，営業利益の場合と同じことを確認できる．要するに，損失準備金は利益平準化効果を有しており，その準備金の計算を利益に含めると利益の relevance は低下する．この結果は，仮説Ｃを支持している．

つぎに，取引責任準備金を検討しよう．取引責任準備金の利益平準化効果を分析した結果は，図表15-15と図表15-16にまとめた．期間ダミーをもちいた図表15-16分析では，前半期と後半期の差は明確ではないが，期間別分析の結果である図表15-15を見ると，利益平準化効果は後半期のほうが強いようである．図表15-17と図表11-18によると，取引責任準備金の繰入と取崩は後半期において利益の relevance を低下させている（1％水準）．ここでも，準備金の

図表15-15　取引責任準備金の利益平準化効果(1)

	1990〜2004		1990〜1996		1997〜2004	
	OP	Adj.R^2	OP	Adj.R^2	OP	Adj.R^2
(1)	−0.0048	0.2930	−0.0025	0.2025	−0.0053	0.2478
	(−3.69)		(−1.97)		(−3.39)	
	[0.000]		[0.050]		[0.001]	
	OI	Adj.R^2	OI	Adj.R^2	OI	Adj.R^2
(2)	−0.0053	0.3036	−0.0026	0.2042	−0.0059	0.2625
	(−4.12)		(−2.10)		(−3.82)	
	[0.000]		[0.038]		[0.000]	

図表15-16　取引責任準備金の利益平準化効果(2)

	Const.	D	OP	D*OP	Adj.R^2
(1)	0.0004	−0.0007	−0.0041	−0.0006	0.1750
	(6.26)	(−4.12)	(−4.08)	(−0.35)	
	[0.000]	[0.000]	[0.000]	[0.730]	
	Const.	D	OI	D*OI	Adj.R^2
(2)	0.0004	−0.0007	−0.0042	−0.0006	0.1814
	(6.31)	(−4.08)	(−4.03)	(−0.39)	
	[0.000]	[0.000]	[0.000]	[0.700]	

利益平準化効果が強い場合，その計算を利益に含めると利益のrelevanceは低下するという仮説Cが支持されている．やはり，人工的，機械的な利益平準化によっては，内部情報は投資家に伝達されず，逆にノイズが付加されるのであろう．

図表15-17　取引責任準備金のvalue relevance(1)

Panel A：1990～2004	OP	X_2	$OP+X_2$	Adj.R^2
Model 1	1.4638 (3.26) [0.001]			0.7593
Model 2	1.1626 (2.40) [0.017]	−63.1921 (−1.99) [0.047]		0.7757
Model 3			1.4493 (3.19) [0.002]	0.7585
	Model 1 vs. Model 3	$z=-2.8423$	$p=0.004$	
Panel B：1990～1996	OP	X_2	$OP+X_2$	Adj.R^2
Model 1	1.1110 (3.80) [0.000]			0.8205
Model 2	1.0884 (3.75) [0.000]	−9.1887 (−1.03) [0.306]		0.8203
Model 3			1.1102 (3.79) [0.000]	0.8203
	Model 1 vs. Model 3	$z=-0.8980$	$p=0.369$	
Panel C：1997～2004	OP	X_2	$OP+X_2$	Adj.R^2
Model 1	1.5471 (2.82) [0.005]			0.7409
Model 2	1.1432 (−1.89) [0.061]	−76.0327 (−1.89) [0.060]		0.7620
Model 3			1.5297 (2.75) [0.007]	0.7400
	Model 1 vs. Model 3	$z=-2.6338$	$p=0.008$	

図表15-18　取引責任準備金の value relevance(2)

Panel A：1990〜2004	OI	X_2	$OI+X_2$	Adj.R^2
Model 1	1.5429 (3.46) [0.001]			0.7620
Model 2	1.2206 (2.47) [0.014]	−60.8346 (−1.91) [0.057]		0.7769
Model 3			1.5303 (3.39) [0.001]	0.7612
	Model 1 vs. Model 3	$z=-2.7714$	$p=0.006$	
Panel B：1990〜1996	OI	X_2	$OI+X_2$	Adj.R^2
Model 1	1.1433 (3.77) [0.000]			0.8218
Model 2	1.1206 (3.71) [0.000]	−8.6068 (−0.97) [0.335]		0.8215
Model 3			1.1429 (3.76) [0.000]	0.8216
	Model 1 vs. Model 3	$z=-0.8683$	$p=0.385$	
Panel C：1997〜2004	OI	X_2	$OI+X_2$	Adj.R^2
Model 1	1.6360 (3.02) [0.003]			0.7439
Model 2	1.2020 (1.93) [0.055]	−73.3334 (−1.81) [0.072]		0.7631
Model 3			1.6212 (2.95) [0.004]	0.7430
	Model 1 vs. Model 3	$z=-2.5964$	$p=0.009$	

6．保険業——責任準備金，支払備金と価格変動準備金

　保険業の代表的な準備金は責任準備金（保険業法第116条）と支払備金（保険業法第117条）である．前者の責任準備金は，保険契約にもとづいて将来履行が見積られる保険金の支払にたいして引き当てられるものであり，支払備金は，期中に支払義務が生じたものの，決算日時点で未払いの保険金にたいして

設定されるものである[3]．保険業において，支払保険金は営業費用の中核をなすから，責任準備金は条件付債務の性格としての引当金，支払備金は未払金とみなすことができる．前節までの準備金とは異なり，その繰入が経常費用の性格をもつことから，責任準備金と支払備金の計算は，経常損益区分で行われている．なお，保険業においては，営業利益に該当するものは存在せず，経常利益（旧経理基準では事業利益）と当期純利益が計算，開示されている．

そのような特殊性を背景として，ここでは，税引前利益を分析対象にして，準備金の繰入と取崩を含んだ報告ベースの値と，それを除いた仮説的（hypothetical）値とのrelevanceを比較する．ここで経常利益ではなく，税引前利益を対象とするのは，経常利益は，データを入手した分析期間全体にわたって，そもそもrelevantではなく，意味のある分析はできなかったからである[4]．それにたいして，純利益は，一貫してvalue relevantであった．これは，経常費用と特別損益とのあいだに切り離しがたい関係が存在しているためであろう．しかし，すでに述べたように，税効果の調整計算ができないため，ここでは，税引前利益を対象に分析する．

保険業の責任準備金は，長期のaccrualsであることから，経営者がその繰入額を裁量的に決定しているといわれている（Nelson, 1997；Beaver et al., 2003）．アメリカでは，過去の繰入（引当）の過不足について時系列データの詳細が開示されており，そこに市場規律が働くことを想定すれば，保険会社の経営者が準備金を利益操作手段として安易に利用するとは考えにくい．実際，Anthony and Petroni（1997）は，過去の設定額の過不足修正の大きな企業ほど，リターンを利益に回帰した係数（ERC）は小さくなるとしている．その結果は，意図的な操作によって，利益のvalue relevanceが低下することを示唆している．

この章では，責任準備金と支払備金の繰入額が経常費用であることに着目する．前節の証券業の準備金とは異なり，その測定に曖昧さがあるにせよ，費用性はあきらかであるから，それを利益の計算から除くことは，営業収益と費用との対応を乱すことになる．つまり，責任準備金と支払備金の計算は，営業収益に費用を対応させる上で不可欠の存在である．それゆえ，つぎの仮説を検証する．

仮説 D

責任準備金と支払備金の繰入と取崩は，利益の value relevance を高めている．

サンプルは，1983年3月期から2004年3月期まで，個別財務諸表を開示した3月決算企業285社/年である．ここでは，1983年3月期から1995年3月期までの13期（177サンプル）を前半期とし，1996年3月期から2004年3月期までの9期（108サンプル）を後半期としている．これは，1996年3月期から，保険業の経理基準が大幅に改訂されたからである．図表15-19は，1株当たりの記述統計量をまとめたものである．EBT は税引前利益，X は責任準備金の繰入と取崩，X' は責任準備金と支払備金を合わせた繰入と取崩を表わしている．

これまでと同様に，図表15-20と図表15-21は，準備金の繰入および取崩とそれを除いた利益との相関を分析したものであるが，責任準備金の繰入（と取崩）は，保険業務に必須の経常費用であるため，両者の相関はきわめて高い．

図表15-19 保険業の記述統計量

Panel A：P	Mean	St.Dev.	Min	1 Q	Median	3 Q	Max
1983〜2004	733.8	493.1	195.0	447.0	650.0	881.0	4,450.0
1983〜1995	839.9	563.3	213.0	542.0	727.0	985.0	4,450.0
1996〜2004	560.0	270.2	195.0	373.3	517.5	681.3	1,490.0
Panel B：EBT							
1983〜2004	40.321	30.216	−246.196	32.718	44.028	54.812	89.438
1983〜1995	48.362	12.097	20.469	39.109	47.844	56.525	83.161
1996〜2004	27.141	43.472	−246.196	23.632	32.675	46.702	89.438
Panel C：X							
1983〜2004	−98.799	173.652	−656.580	−209.648	−80.852	30.926	360.170
1983〜1995	−187.242	152.131	−656.580	−294.240	−157.407	−82.718	219.685
1996〜2004	46.149	88.407	−161.581	−2.118	41.474	99.115	360.170
Panel D：X'							
1983〜2004	−109.065	173.780	−664.927	−223.830	−95.015	22.333	254.531
1983〜1995	−197.503	153.345	−664.927	−309.993	−168.278	−95.015	226.545
1996〜2004	35.875	85.611	−176.793	−6.773	37.726	89.293	254.531
Panel E：K	−0.314	4.733	−14.326	−2.067	−1.630	0.058	19.845

図表15-20　責任準備金と支払備金の利益平準化効果(1)

	1983〜2004		1983〜1995		1996〜2004	
	EBT-X	Adj.R^2	EBT-X	Adj.R^2	EBT-X	Adj.R^2
(1)	−0.8738	0.9823	−0.8991	0.9916	−0.8408	0.9357
	(−29.63)		(−61.04)		(−13.31)	
	[0.000]		[0.000]		[0.000]	
	EBT-X'	Adj.R^2	EBT-X'	Adj.R^2	EBT-X'	Adj.R^2
(2)	−0.9110	0.9799	−0.9009	0.9925	−0.9276	0.9186
	(−43.81)		(−62.66)		(−18.95)	
	[0.000]		[0.000]		[0.000]	

図表15-21　責任準備金と支払備金の利益平準化効果(2)

	Const.	D	EBT-X	$D^*(EBT$-$X)$	Adj.R^2
(1)	0.0356	0.0331	−0.8754	0.0811	0.9650
	(6.87)	(4.42)	(−59.82)	(1.14)	
	[0.000]	[0.000]	[0.000]	[0.257]	
	Const.	D	EBT-X'	$D^*(EBT$-$X')$	Adj.R^2
(2)	0.0337	0.0271	−0.8766	0.0306	0.9594
	(4.11)	(2.56)	(−52.21)	(1.05)	
	[0.000]	[0.011]	[0.000]	[0.297]	

　責任準備金と支払備金は利益平準化効果を強くもっているが，それは，両者が経常収益に対応している以上，当然のことである．この研究では，裁量による操作によって利益平準化をしているか否かは，もともと問題にしていないが，保険業の責任準備金と支払備金について裁量的に操作された額を区分把握するのは，簡単にはできないであろう．

　それよりも，ここで重要な問題は，準備金の繰入および取崩とそれを除いた利益とに高い相関関係があるために，Model 2による単純な多重回帰分析はできないという点である．そこで，まず，Model 1とModel 3による説明力の比較作業を行った．ここでModel 3の説明変数は，準備金の計算を除いた場合の仮説的な利益の額である．分析の結果は，図表15-22に掲載した．

　図表15-22によると，税引前利益は，期間全体を通せばvalue relevantであ

図表15-22　責任準備金と支払備金の value relevance

	Model 1		Model 3 A		Model 3 B	
	EBT	Adj.R^2	EBT-X	Adj.R^2	EBT-X′	Adj.R^2
1983〜2004	1.4744	0.2246	0.2702	0.2147	0.2867	0.2158
	(2.28)		(1.95)		(1.55)	
	[0.024]		[0.052]		[0.123]	
			$z=-0.8492$	$p=0.396$	$z=-0.6696$	$p=0.503$
	EBT	Adj.R^2	EBT-X	Adj.R^2	EBT-X′	Adj.R^2
1983〜1995	4.1746	0.1256	0.4533	0.0994	0.5300	0.1099
	(1.77)		(2.19)		(1.96)	
	[0.078]		[0.030]		[0.052]	
			$z=-1.4579$	$p=0.145$	$z=-1.0875$	$p=0.277$
	EBT	Adj.R^2	EBT-X	Adj.R^2	EBT-X′	Adj.R^2
1996〜2004	0.7037	0.5956	0.0309	0.5811	−0.1128	0.5837
	(1.63)		(0.18)		(−0.58)	
	[0.106]		[0.859]		[0.564]	
			$z=-1.0845$	$p=0.278$	$z=-0.8301$	$p=0.407$

るものの，後半期だけを切り離した場合には，10％水準であっても，value relevant ではない．責任準備金や支払備金の計算を利益から除いた場合，Vuong の z 値が負になっているように，説明力は低下する．しかし，その低下は統計的に有意ではない．裏返せば，準備金等の計算は，利益の relevance を高めてはいるものの，それがない場合に比べて，relevance の有意な向上をもたらすとまではいえない．この結果は，仮説 D を棄却している．ただ，ここでは，消極的ではあるが，責任準備金や支払備金の計算が利益の情報価値を低下させていない点を確認しておきたい．

つぎに，責任準備金と支払備金の繰入および取崩額に，「それらを除いた利益（控除前利益）」の情報には含まれない固有の情報があるのか否かを検討した．第 1 ステップとして，準備金等の繰入および取崩額を，それを除いた利益で説明される部分と，それ以外の残差とに直交分割する．そのための回帰式は次のとおりである．

$$X_{it} = \alpha + \beta(EBT_{it} + X_{it}) + U\_X_{it} \tag{4}$$

(4)式の U_X は，回帰残差である．この U_X が準備金等の計算に固有の追加的情報を表わしていると考える．

第2ステップでは，この回帰残差を株価の説明変数とする．そのため，第1ステップの(4)式においても，EBT と X は1株あたりの値を前期末株数でデフレートした．第2ステップの回帰式は次のとおりである．

$$X_{it} = \gamma + \delta_1(EBT_{it} + U\_X_{it}) + \delta_2 U\_X_{it} + \varepsilon_{it} \quad (5)$$

ここで注目するのは(5)式の係数 δ_2 である．その推定結果は，図表15-23にまとめた．期間全体を通して見ると，準備金等の計算にも固有の追加的情報価値が存在していることがわかる．とくに，責任準備金と支払備金を合計した場合，それに固有の情報は relevant ではあるものの，それ以外の税引前利益の要素は relevant ではない．ただし，前半期と後半期に分けると，両者の合計額の後半期についてだけ，追加的情報価値が観察されている．期間全体と分割した場合とで結果が異なるのは，サンプル数が少ないことによるのかもしれない．いずれにしても，ここでは，責任準備金と支払備金の計算にも情報価値が存在する可能性があり，その結果，それらの計算は利益の value relevance を低下させていないことを確認しておきたい．

最後に，価格変動準備金について検討する．保険業では，1996年3月期以降，価格変動準備金（保険業法第115条）が設定されるようになった．保険業法施行規則の第66条により，資産の帳簿価額にたいして一定率を乗じた額が繰り

図表15-23　責任準備金と支払備金の追加的情報価値

	(1)			(2)		
	$EBT-U\_X$	U_X	Adj.R^2	$EBT-U\_X'$	U_X'	Adj.R^2
1983〜2004	2.1556	1.2600	0.2230	2.8514	1.2388	0.2255
	(1.89)	(1.76)		(1.63)	(2.10)	
	[0.060]	[0.079]		[0.105]	[0.036]	
1983〜1995	4.3912	3.9662	0.1203	4.9551	3.3511	0.1229
	(2.07)	(1.40)		(1.91)	(1.47)	
	[0.040]	[0.163]		[0.058]	[0.145]	
1996〜2004	0.3408	0.8440	0.5936	−0.3123	0.7937	0.5976
	(0.45)	(1.24)		(−0.26)	(1.67)	
	[0.651]	[0.218]		[0.796]	[0.097]	

入れられる．たとえば，国内株式にたいしては，1,000分の1.5が積立基準（下限）であり，積立限度は1,000分の50に定められている．これは，保有株式の価格変動による損失に備えるためのものであり，理論的には費用性は認め難く，もっぱら利益留保の性格をもっている[5]．それゆえ，この準備金の計算は，経常利益からは除かれて，純利益の直前で加減算されている．この準備金も，証券業の場合と同様に，利益の構成要素とは認めがたい．それゆえ，ここで検証する仮説は，つぎのようになる．

仮説 E

価格変動準備金の繰入と取崩は，利益の value relevance を低下させる．

価格変動準備金の1株当たりの記述統計量は，Panel E に変数 K として記載してある．この価格変動準備金についても，前節までと同じ分析を試みた．説明力の比較分析を Vuong 検定で行ったところ，価格変動準備金の計算は経常利益および税引前利益の value relevance にたいしては有意な影響をあたえていなかった（結果は表にしていない）．したがって，仮説 E は支持されない．前節の証券業の損失準備金にかんする分析結果と比較して，ここでの結果は対照的であり，予想に反するものである．

この分析過程において，価格変動準備金の追加的情報価値について，きわめて興味深い結果が得られた．その分析結果は，図表15-24に記載した．まず，税引前利益を，価格変動準備金の繰入および取崩とそれ以外の要素とに分けて多重回帰をした．両者の相関係数は0.492であり，多重共線性が懸念される水準ではなかった．図表15-22に比べて，図表15-24の(1)では，株価にたいする説明力は飛躍的に向上する．しかし，前述のように，税引前利益と価格変動準備金を除いた税引前利益とのあいだには，説明力に有意な差異はない．これは，価格変動準備金の繰入と取崩の情報が説明力の向上に寄与していることを示唆している．

そこで，つぎに，価格変動準備金の繰入と取崩に固有の情報内容を，前記のように回帰による直交分割で推定して，多重回帰分析を行った．その結果が，図表15-24の(2)である．さらに，他の利益の要素を除いて，価格変動準備金の繰入と取崩に固有の情報 U_K（と年度ダミー）だけで回帰分析をした結果が

図表15-24　価格変動準備金の追加的情報価値

(1)			(2)			(3)	
$EBT-K$	K	Adj.R^2	$EBT-U\_K$	U_K	Adj.R^2	U_K	Adj.R^2
0.9001	14.1387	0.7380	0.0605	14.1387	0.7380	14.1818	0.7405
(2.27)	(2.35)		(0.18)	(2.35)		(2.40)	
[0.025]	[0.021]		[0.859]	[0.021]		[0.018]	

(3)である．これらは，価格変動準備金の計算だけが value relevant であるという，特筆すべき結果を示している．これは，保険業に特殊な現象かもしれない[6]．ただし，サンプル数が少ないので，正確な分析は今後の課題である．ここでは，①費用性が疑わしい価格変動準備金でも，value relevant になりうること，②費用性の有無と情報価値の有無とは別の問題であり，relevant であるからといって，その費用性が確認されたわけではないことを確認しておこう．

7．総括と展望

　この章では，特別法上の準備金の繰入と取崩は，人工的あるいは機械的に利益平準化をする傾向が強いとき，利益の value relevance を低下させることをあきらかにした．しかし，準備金の計算が利益の relevance にあたえる影響は，時期により，また，準備金の種類ないし産業により，おおきく異なっている．たんに特別法上の準備金というだけで，つねに利益の情報価値を損なうわけではない．むしろ，鉄道業の特定都市鉄道整備準備金は繰延収益として，保険業の責任準備金は条件付債務の性格をもった引当金として，利益測定において重要な機能を果たしていた．

　この研究は，会計制度にたいして，2つの検討課題を提供している．1つは，貸借対照表の貸方の区分と分類である．もしも負債に債務性が要求されるなら，債務性のない引当金と特別法上の準備金はどこに記載されるのかが問題になろう．その問題は，たんに負債と資本，あるいは負債と純資産という表示上の境界線にとどまらず，純利益や包括利益の情報内容にも影響をあたえる可能性がある．ある項目が負債から排除された結果，その項目の増減が包括利益や純利益の計算から排除されないともかぎらないからである．特別法上の準備

金という名称にとらわれることなく，その中身に立ち入った検討が必要であろう．

　もう1つは，純利益あるいは包括利益の情報価値にたいして，引当金や準備金の繰入および増減がどのような影響をあたえているのかである．この論文の分析結果は，「特別法上の準備金＝利益留保機能＝利益情報にとって害悪」という短絡的図式が誤っていることを示している．そもそも，非現金支出費用にはすべて利益留保機能が備わっているのであり，それは特別法上の準備金だけの問題ではない．また，条件付債務である引当金であっても，合理的な見積額を超えて繰り入れたなら，それはたんなる利益留保と違いはない．その点では，条件付債務の引当金と特別法上の準備金とに大差はない．①費用性，あるいは合理的な見積額とはなにをいうのか，②それと実際の繰入額とが異なっていた場合に，利益の情報価値はいかなる影響を受けるのかなど，残されている理論的課題と実証的課題は多い．　　　　　　　　　　　　　　　（大日方　隆）

注

1　(1)式と(3)式では，年度ダミーがともに含まれているため，厳密には non-nested の関係とはいえない．そこで，この研究では，年度ダミーを入れないモデルについても，説明力の比較を行った．結果は，この論文の議論の本質を変えるものではなかった．なお，長期間をプールして回帰しているので，表には，年度ダミーを含めたモデルの分析結果を記載している．

2　鉄道会社の利益の value relevance については，大日方（2004b, 2005）を参照されたい．

3　責任準備金を含む保険会社の負債を，どのように測定あるいは評価すべきかは，理論的に重要な問題であるが，この論文ではその点には立ち入らない．

4　損失サンプルにダミーをつけて，損失に含まれるノイズをコントロールすると，経常利益は value relevant であった．しかし，損失サンプルにダミーを付けたモデルでは，本文の Model 1 と Model 3 のように，比較可能な対応しているモデルを設定できないため，経常利益は分析対象としていない．

5　市場性のある株式であれば，時価評価すれば十分である．現在の価格には，将来の期待が完全に織り込まれているからである．

6　この価格変動準備金が，①保険会社が保有する株式ポートフォリオの価値の代理変数になっている，②含み損益の指標，さらにはソルベンシー・マージンの代理変数になっている，③価格変動準備金の設定方針が企業属性を表わし，その増減が企業間格差の代理変数になっているなど，いくつかの仮説を考えることができる．その検証は，将来の課題である．

参考文献

Altamuro, J., A. L. Beatty and J.Weber (2005) "The Effects of Accelerated Revenue Recognition on Earnings Management and Earnings Informativeness : Evidence from SEC Staff Accounting Bulletin No.101," *Accounting Review* 80, pp.373-401.

Anthony, J. H. and K. R. Petroni (1997) "Accounting Estimation Disclosures and Firm Valuation in the Property-Casualty Insurance Industry,"*Journal of Accounting, Auditing and Finance* 12, pp.257-281.

Beaver, W. H., M. F. McNichols and K. K. Nelson (2003) "Management of the Loss Reserve Accrual and the Distribution of Earnings in the Property-casualty Insurance Industry," *Journal of Accounting and Economics* 35, pp.347-376.

Campbell, K. and S. E. Sefcik (2003) "Disclosure of Private Information and Reduction of Uncertainty : Environmental Liabilities in the Chemical Industry," *Review of Quantitative Finance and Accounting* 21, pp.349-378.

Kaznik, R.(2001) "The Effects of Limiting Accounting Discretion on the Informative-ness of Financial Statements : Evidence from Software Revenue Recognition," *Working Paper*, Stanford University.

Lev, B., S. Li and T. Sougiannis (2005) "Do Estimates Improve the Usefulness of Financial Information ?" *Working Paper*, New York University.

Nelson, K.(1997) "The Discretionary Use of Present Value-Based Measurements by Property-Casualty Insurers," *Working Paper*, Rice University.

Zhang, Y. (2005) "Revenue Recognition Timing and Attributes of Reported Revenue : The Case of Software Industry's Adoption of SOP91-1," *Journal of Accounting and Economics* 39, pp.535-561.

大日方隆 (2003)「エネルギー産業の利益の Value Relevance」東京大学日本経済国際共同研究センター Discussion Paper, CIRJE-J-101.

大日方隆 (2004a)「原発費用の裁量的決定と Value Relevance」『経済学論集』第70巻第3号, pp.29-59.

大日方隆 (2004b)「交通産業の利益の Value Relevance」東京大学日本経済国際共同研究センター Discussion Paper, CIRJE-J-108.

大日方隆 (2005)「セグメント情報の Value Relevance―鉄道業のケース」『経済学論集』第71巻第5号, pp. 1 -57.

第5部

会計選択に関する実証研究

16 退職給付会計における経営者の会計選択

1．本章の目的と構成

　財務諸表に対する国際的な不信感を払拭するために，わが国の企業会計基準は大幅に新設・改訂されている．2000年（平成12年）3月期以降，税効果会計，退職給付会計，金融商品会計，減損会計が順次導入されている．本章での筆者に与えられた課題は，2001年3月期に導入された退職給付会計基準を取り上げ，強制的会計変更（mandated accounting changes）にともなう基準設定主体の政策的配慮が企業の会計選択にどのような影響を及ぼしたかを明らかにすることである．

　強制的会計変更とは，会計制度改革によって必要とされる会計処理方法の変更のことである[1]．従来のわが国の退職給与会計基準では，退職一時金と企業年金とで別々の会計処理が行なわれていた．退職一時金の場合，退職給与引当金の算定方法が多様であるが，ほとんどの企業は期末要支給額の40％の退職給与引当金を積み立てる会計処理（税法基準）を採用してきた（新日本監査法人，2003，p.27参照）．一方，企業年金の場合，社外の厚生年金基金や適格退職年金に拠出した掛金を当期の費用とするという会計処理が利用されていた．

　ところが，新しい会計基準（退職給付会計基準）の導入によって，会計処理の一体化が図られ，退職一時金の支給も年金掛金の拠出も従業員の労働の対価として認識されるようになった．それゆえに，企業が将来負担すべき退職一時金と企業年金の支払見込額のうち，期末までに発生している部分を退職給付に

関する債務として貸借対照表に計上することになった．このことは，いわゆる「隠れ債務」を顕在化させることにつながった．

ただし，多くの企業が企業年金の積立不足の問題（金利水準の下落による運用環境の悪化等）を抱えていた状況では，新基準導入に伴い巨額の積立不足（つまり，会計基準変更時差異）が発生するため，この変更時差異をどう処理するかに注目が集まった[2]．一時に償却するならば，当該年度の費用負担は膨らみ，それとともに積立不足の全額が退職給付引当金として負債に計上される．新基準移行時の積立不足の会計処理は，わが国の企業経営に多大なインパクトを与えることが予想された（岡部，2002）．

この点に関して，企業会計審議会は，1998年（平成10年）6月に公表した「退職給付に係わる会計基準」（「退職給付に係わる会計基準の設定に関する意見書」）において，以下の通り，即時費用化だけではなく，期間損益の歪み（distortion）を抑えるために，最長15年とする按分費用処理が適当であると述べている[3]．

> 会計基準の変更により，従来の処理と継続した処理を行うことができず会計数値の連続性が保てない場合がある．特に，新たな基準の採用により，従来合理的とされた処理により長期間にわたり累積された影響が一時点に発現することが予想される．したがって，<u>この影響をすべて一時に処理することは，企業の経営成績に関する期間比較を損ない期間損益を歪めるおそれがある</u>．そこで，新たな基準の採用により生じる影響額は，通常の会計処理とは区分して，<u>15年以内の一定の年数の按分額を当該年数にわたって費用として処理することができるよう経過的な措置を置くことが適当である</u>．

（注）下線は筆者による．

15年以内の償却年数の容認は基準設定主体の政策的配慮によるものであり，期間損益の急激な変化を抑えるための必要な経過処置であったといえる[4]．日本公認会計士協会会計制度委員会報告第13号「退職給付会計に関する実務指針（中間報告）」（1999年9月）の43項では，より詳しく，会計基準変更時差異の

償却年数の容認に関する理由を次のように言及している．

> 会計基準変更時差異は，<u>15年以内の一定の年数にわたり定額法により費用処理する</u>．<u>これは会計基準変更時差異を一時に費用処理する企業の経営成績に大きな影響を与えかねないための配慮である</u>．なお，一定の年数にわたる費用処理には，適用初年度に一括費用処理する方法も含まれる．

(注) 下線は筆者による．

　会計基準変更時差異は適用初年度の期首において発生するのみで，以後は発生することがない．だが，資本直入は認められていないので，一括費用処理だけを認めると経営成績に甚大な影響を受ける企業がでてくることが予見された．そのために，旧基準から新基準への移行は上場企業に対する強制的会計変更であるにもかかわらず，償却年数の決定は経営者の自主判断に任されたのである．基準設定主体の政策的配慮によって，経営者は自社の経営状況を把握しながら償却年数を選択することができた．

　もちろん，会計選択の幅を認めることは経営者の裁量行動を招くインセンティブを高めそうである．だが，本章では，経営者の裁量行動インセンティブの問題に立ち入る前に，そもそも基準設定主体の思惑の通り，業績の悪い企業は償却年数を長く設定し，業績の良好な企業は償却年数を短く設定するという決定がなされていたのかを実証的に確認したい．

　本章の実証分析の結果を示しておくと，業績の優劣と会計基準変更時差異の償却年数の間には強いマイナスの関係が観察された．つまり，業績の悪い企業ほど変更時差異の償却年数が長く，業績の好調な企業ほど償却年数が短くなっていた．このことは，基準設定主体が想定していた会計処理を企業が行っていたことを示唆する．ただし例外もあり，赤字企業にもかかわらず，変更時差異の費用処理額の負担を一層増やす行動をとる企業もみられた．

　本章の構成は以下のとおりである．第2節では，会計基準変更時差異の償却に関する先行研究を取り上げる．第3節で仮説の提示を行い，第4節でリサーチ・モデルと変数の定義を示す．第5節で実証分析の結果を検討し，最後の第6節でまとめを行う．

2．会計基準変更時差異の償却年数に関する先行研究

　会計基準変更時差異の償却年数に関して，償却年数決定における経営者の会計的裁量行動（accounting discretion）に焦点を合わせる研究に力点が置かれている[5]．退職給付会計基準の適用初年度において，経営者がどのような会計選択行動をとったかを調査したものに挽（2003）がある．挽（2003）の調査結果を図表16-1にまとめてみた．それによると，サンプル企業（936社）の半数以上（491社，52.5％）が，経営成績への影響を分散させるために按分費用処理を選択し，残りの半数近くの企業（445社，47.5％）が一括費用処理を行っていた．

　そして，按分費用処理を行っていた企業が一括費用処理を採択していたと仮定した場合に，純利益がどのように変化し，一括費用処理を行っていた企業が按分費用処理を採択していたと仮定した場合に，純利益がどのように変化するかを再計算している．仮に按分処理から一括費用処理に変更した場合，按分処理を行っていた黒字企業356社のうち109社は黒字の縮小になる．残りの247社の黒字企業は赤字（当期純損失）に転落していたことになる．また，赤字企業の135社が按分費用処理から一括費用処理に変更すれば，さらに赤字が拡大することになっていた．これらのことは，企業業績が良好でない企業は新基準適用による経営成績への悪影響を分散させるために会計基準変更時差異の償却年数を長く選択していたことを意味する．

　一方，仮に一括費用処理を行っていた企業が按分費用処理を行ったとすれば，黒字企業の328社はさらに黒字が拡大していたことになる．純利益の幅を

図表16-1　先行研究の調査結果

処理方法	社数	仮に採択した会計処理を行わなかったならば		
按分費用処理 （→一括費用処理）	491	黒字→黒字（縮小） 109	黒字→赤字 247	赤字→赤字（拡大） 135
一括費用処理 （→按分処理）	445	黒字→黒字（拡大） 328	赤字→黒字 92	赤字→赤字（縮小） 25
計	936	437	339	160

（注）新株式払込金・新株式申込証拠金については省略した．
（出所）挽（2003）p.44の図表２にもとづいて筆者作成．

縮小させるために一括費用処理を利用していたという点で言えば，この黒字企業の会計選択は利益平準化 (income smoothing) 行動であると考えられる．赤字企業117社のうち，もし按分費用処理を行っていると黒字になっていた企業は92社あった．残りの25社は会計処理を変更しても赤字のままであった．中野 (2004) も指摘するように，赤字の拡大を覚悟した一括費用処理は将来的な費用負担を減少させるためのビッグ・バス (big bath) 行動であるといえる[6]．

次に，岡部 (2002) は，新基準適用初年度の損失を回避するために，経営者が事前に対処する行動をとっていた可能性を明示している．償却年数の選択に直面する以前に経営者の対応策が存在したのである．新会計基準（「意見書」）は1998年6月に公表されており，新基準が適用される会計年度 (2000年4月1日以降) まで基準対応のための時間的余裕があった[7]．つまり，退職給付会計基準の適用初年度以前において，会計基準変更時差異をできるだけ縮減させるための先取り行動の道が残されていたのである．

岡部 (2002) は，適用初年度以前の準備期間を利用して，企業がいかに会計基準変更時差異の金額を削減しようとしていたかに関する重要な仮説を提示している．会計基準変更時差異の縮小は，退職給付債務を引き下げるか，年金資産を膨らませるか，退職給与引当金を積み増しするかによって実現される．ただ，退職給付債務そのものの引き下げは，全社的な取り組みが必要で，短期間に現実化するものではない．

そこで，経営者の事前の裁量行動は，年金資産の引き上げか，退職給与引当金の引き上げに絞られる．前者に対して，年金の掛金の処理基準を変更（拠出時から支払義務の確定時へ）する処置がとられたりした[8]．後者に対して，自己都合退職の仮定による期末要支給額の40％から100％への引き上げによって，旧基準の退職給与引当金を増額させる方法がとられた．また，期末要支給計上方式から将来支給予測や現価方式へ切り替える例もあった．上述の会計処理の変更は継続性の原則に抵触し，監査意見が付されることになるが，多くの企業が取り組んだ新基準への対応策である．

事前の裁量行動を選択できない企業にも，事前の裁量行動で変更時差異を縮減できなかった企業にも，業績の芳しくない企業にも，まだ会計基準変更時差異の負担を減少させる方策があった．それが遅延認識である．会計基準変更時

差異を即時に認識するのではなく，将来期間へ徐々に費用化させていく方法がとられる．

アンケート調査（1998年6月）を通じて，退職給付会計基準への企業の対応を分析しているものに徳賀（1999）がある．「意見書」公表前に，予測給付債務（PBO）の算定に関して概算も試算も行ったことがない企業が185社存在し，69社（SEC準拠企業8社は除いている）が何らかの形でPBOの算定を経験していることがわかった．この両グループの企業特性を調査したところ，従業員の平均年齢には有意な差がなかったけれども，企業規模がPBOの概算・試算の積極的性につながっていた．

最後に，吉田・吉田（2004）は，会計基準変更時差異の償却年数の選択と社債契約との関係を実証的に分析している．1つの証拠として，負債比率が高いほど長い償却年数が選択されていることがわかった．

3．仮説の展開

(1) 企業業績との関連

もし基準設定主体が配慮した通り，企業業績に応じて会計基準変更時差異の償却年数が選択されているならば，業績が良好な企業は一括費用処理を行う余裕があり，費用の先送りを決定しないであろう．それに対して，業績が良好でない企業は償却年数を長くして適用初年度の利益への負担を減らそうとするはずである．第1の仮説は次のように設定される．

仮説1

企業業績に応じて，企業は会計基準変更時差異の償却年数を選択している．

上記の仮説に関連するが，岡部（2002）が指摘するように，退職給付会計基準の導入に備えて会計基準変更時差異を事前に縮減させようとする企業が存在した．そのような「事前対応企業」は，「事前未対応企業」（事前対応企業以外を指すが，実際に未対応であったかどうかはわからない）と同様に，変更時差異の償却年数の決定を企業業績と関連づけているかどうかを調べる．事前対応企業ほど経営体力が強く，業績が順調である可能性が高いので，償却年数を短

くする傾向がでると思われる[9]．もし前倒しの処理を行っても多額の変更時差異が残ったならば，その企業は遅延認識による繰延処理を選択することもありえる．事前対応企業についても企業業績との関係があると期待されるので，第2の仮説は次のように設定される．

仮説2
事前対応企業においても企業業績に応じて会計基準変更時差異の償却年数は選択される．

続いて，業績悪化の厳しい赤字企業に限定して考察を加えてみる．赤字に転落する企業は，基準設定主体の政策的配慮を利用して，償却年数を長く設定している可能性がある．挽（2003）や中野（2004）が指摘するように，ビッグ・バスが起こるおそれも否定できないが，第3の仮説は次のように提示される．

仮説3
赤字に転落する企業は会計基準変更時差異の償却年数を長く選択する．

さらに，赤字企業を事前対応企業と事前未対応企業に分けて分析してみる．どちらのタイプの企業であっても，業績の落ち込みを抑えるために，償却年数は長く選択されると予測される．第4と第5の仮説を次のように設定する．

仮説4
赤字に転落する事前対応企業は会計基準変更時差異の償却年数を長く選択する．

仮説5
赤字に転落する事前未対応企業は会計基準変更時差異の償却年数を長く選択する．

(2) 企業規模との関連

徳賀（1999）の調査によると，従業員の平均年齢とは独立して，規模の大きい企業は退職給付会計基準への対応が早いことが示されている．規模の大きい

企業ほど償却年数を短くする余裕があると考えられるので，第6の仮説は以下のようになる．

　　仮説6
　　規模の大きい企業ほど会計基準変更時差異の償却年数を短く選択する．

(3) 負債比率との関連

　吉田・吉田（2004）は，会計基準変更時差異の償却年数と負債比率との間に負の関係があることを明らかにしている．Watts and Zimmerman（1986）などによると，財務上の特約に抵触するか否かは負債比率の高低に影響を受けるといわれている．新基準の適用は利益水準を大幅に抑えるだけではなく，負債を急増させることになる．したがって，負債比率の高い企業はデフォルトを避けるために，会計基準変更時差異の償却年数を長く選択するであろう．第7の仮説を次のように示す．

　　仮説7
　　負債比率の高い企業ほど会計基準変更時差異の償却年数を長く選択する．

4．サンプル選択とリサーチ・モデル

(1) サンプル選択

　本章のためのサンプルを選択する．以下の6つの基準を満たす企業から構成される．調査対象は2001年3月末決算の企業である．
　① わが国上場企業の3月末決算（銀行・証券・保険業・その他金融機関を除く）で，決算期の変更がないこと
　② 連結決算数値を開示していること
　③ 2001年3月期に退職給付会計基準を適用していること
　④ SEC準拠企業ではないこと
　⑤ 会計基準変更時差異の費用処理額がマイナス（もしくはゼロ）あるいは非表示ではないこと

⑥　以下で定義されるデータがすべて揃うこと

　サンプルは，日本基準によって連結財務諸表を作成している企業としている．SEC準拠企業はすでにFASB基準書第87号および第132号の規定する方法により引当計上を行っているからである．また，会計基準変更時差異がマイナス（もしくはゼロ）あるいは非表示の企業は取り除いている．会計基準変更時差異の費用処理額がマイナスである場合は，費用の減額処理が行われるからである．最終的に，上記の6つの基準を満たす1,156社がサンプルとして使用される．

　本章のサンプルにおいて，退職給付会計基準導入前に前倒し行動をとった企業を選別する必要がある．週刊『経営財務』編集部編（2001）『会計ビッグバンによる「会計処理の変更」実例集』には，2000年3月期（基準導入前年度）に会計処理方法の変更を行った企業の監査報告書が掲載されている[10]．ここの退職給付の欄に掲載されている企業を事前対応企業と呼ぶことにする．

　会計変更の多くは，退職給与引当金の積み増しであったり，企業年金の掛金の処理方法の変更であったりする．実際には，新会計基準によって表面化する隠れ債務の解消を図った変更と考えられるが，いずれも期間損益計算をより適正化するとともに財務内容をより健全化するものと判断され，正当な理由に基づく変更と認められている．2000年3月期に会計処理変更を行った企業は，総サンプル1,156社のなかに230社存在した．

　事前対応企業と事前未対応企業における償却年数選択の状況を図表16-2に要約している．事前対応企業でも事前未対応でも1年償却，つまり一括費用処理を行った企業が最も多い．だが，事前未対応企業では926社中432社で半数を割っているけれども，事前対応企業では230社中144社存在し，約6割を占めている．事前対応企業で2番目に多いのは5年償却（38社，16.6％）で，3番目が15年償却（25社，10.8％）である．事前未対応企業で2番目に多いのは15年償却（188社，20.3％）で，3番目に多いのは5年償却（159社，17.2％）である．全般的に，事前対応企業のほうが将来への費用負担を減らそうとする選択が目立ち，償却年数の短い企業の割合が多い．

　次に，図表16-3に，図表16-1と同様に，按分費用処理と一括費用処理を行う企業がそれぞれ別の処理方法を使った場合の税金等調整前当期純利益の変

図表16-2　会計基準変更時差異の償却年数　（単位：社）

償却年数	事前対応企業		事前未対応企業	
1年	144	62.6%	432	46.7%
2～4年	11	4.8%	54	5.8%
5年	38	16.6%	159	17.2%
6～9年	2	0.9%	16	1.7%
10年	9	3.9%	66	7.1%
11～14年	1	0.4%	11	1.2%
15年	25	10.8%	188	20.3%
計	230	100.0%	926	100.0%

(注)『日経NEEDS企業財務データ』より入手（日経メディアマーケティング株式会社）．
　　 償却年数1年は一括費用処理を表す．

化を集計している[11]．図表16-3の集計結果によると，按分費用処理をしている企業が580社で，一括費用処理をしている企業が576社である．仮に一括費用処理しか認めらなかった場合，按分処理企業の230社は赤字に転落することになり，139社は赤字が拡大することになる．これらの企業は按分費用処理の選択が認められていたために，黒字の維持や赤字の縮小が果たされたことになる．

　一括費用処理企業のうち，419社は黒字が縮小するにもかかわらず按分費用処理を選択していない．これらの企業は利益平準化行動を実施している可能性が高い．逆に，赤字が拡大するにもかかわらず一括費用処理を選択した企業が49社あった．この企業は将来に負担すべき費用を早期に計上し，将来の利益を

図表16-3　按分費用処理と一括費用処理の分類　（単位：社）

処理方法	社数	仮に採択した会計処理を行わなかったならば		
按分費用処理 (→一括費用処理)	580	黒字→黒字（縮小） 211	黒字→赤字 230	赤字→赤字（拡大） 139
一括費用処理 (→按分処理)	576	黒字→黒字（拡大） 419	赤字→黒字 108	赤字→赤字（縮小） 49
計	1,156	630	338	188

(注) 利益額として税金等調整前当期純利益（損失）を利用．

浮上させようとしているといえる.

(2) リサーチ・モデルと変数の定義

上記の仮説を検証するために,以下の6つの推定式をクロスセクションで分析することにする.

$$YR_i = \alpha_1 + \beta_1 PF1_i + \beta_2 PF2_i + \varepsilon_i \tag{1}$$

$$YR_i = \alpha_1 + \beta_1 PF1_i + \beta_2 PF2_i + \beta_3 SIZE_i + \varepsilon_i \tag{2}$$

$$YR_i = \alpha_1 + \beta_1 PF1_i + \beta_2 PF2_i + \beta_3 SIZE_i + \beta_4 LEV_i + \varepsilon_i \tag{3}$$

$$YR_i = \alpha_1 + \alpha_2 DUM1_i + \beta_1 PF1_i + \beta_2 DUM1_i \times PF1_{1i} + \beta_3 PF2_i + \varepsilon_i \tag{4}$$

$$YR_i = \alpha_1 + \alpha_2 DUM2_i + \beta_1 PF1_i + \beta_2 DUM2_i \times PF1_i + \beta_3 PF2_{2i} + \varepsilon_i \tag{5}$$

$$YR_i = \alpha_1 + \alpha_2 DUM3_i + \alpha_3 DUM4_i + \beta_1 PF1_i + \beta_2 DUM3_i \times PF1_i \\ + \beta_3 DUM4_i \times PF1_i + \beta_4 PF2_i + \varepsilon_i \tag{6}$$

それぞれの推定式は通常の最小二乗法による回帰分析(OLS)で推定される[12]. 従属変数(YR)には会計基準変更時差異の償却年数が入る. i は企業を表す.

企業業績にどの変数を代理させるかは難しい問題であるけれども,第1節で明らかなように,基準設定主体は企業の経営成績の悪化を懸念している. 基準設定主体の意向を反映する変数として $PF1$ に連結損益計算書の税金等調整前当期純利益を用いることにする. 分析上は,以下のように会計基準変更時差異の費用処理額を足し戻している.

$$PF1 = \frac{\text{税金等調整前当期純利益} + \text{会計基準変更時差異の費用処理額}}{\text{期中平均総資産}}$$

規模の影響を除去するために,期中総資産(期首と期末の総資産の平均)で

除している．会計利益が低下している企業では償却年数が長く選択されるであろう．したがって，PF1の係数は負であると期待される．

さらに，過去からの利益の蓄積に差があるかどうかをみてみる．3期〜5期程度のPF1の平均を使用する方法もあるが，ここでは連結貸借対照表で公表されている連結剰余金を利用する[13]．PF2を次のように定義する．

$$PF2 = \frac{連結剰余金 - 税金等調整前当期純利益}{期中平均総資産}$$

退職給付会計基準の導入前後は長引く景気の低迷のために経営環境が厳しく，不良債権の多額の処理，リストラの実施などに伴い過去に積み上げていた利益蓄積を吐き出さなければならない企業があった．なかには欠損金を計上する企業もあり，不況で経営体力が急激に低下している企業にとっては，連結剰余金が確保されている企業よりも，会計基準変更時差異の償却費負担を減らすことに強い関心があるはずである．連結剰余金が小さいほど，企業業績が不安定であり，償却年数は長くなると予測される．

(2)式と(3)式にはコントロール変数を組み入れている．規模（SIZE）と負債比率（LEV）は次のように定義される．

$$SIZE = 総資産の対数値$$

$$LEV = \frac{負債 - 会計基準変更時差異の費用処理額}{期中平均総資産}$$

規模（SIZE）が大きいほど，償却年数が短くなり，負債比率（LEV）が高いほど，償却年数が長くなると予想される．

企業業績と償却年数の間の関係をより詳細に分析するために，(4)式から(6)式においてダミー変数（DUM1からDUM4）を活用する．それぞれのダミー変数は，PF1との交差項としても使用され，係数の傾きに相違が発生するかどうかを調査する．各ダミー変数は以下のように設定される．

DUM 1：事前対応企業ならば 1，それ以外（事前未対応企業）ならば 0
DUM 2：*PF* 1 < 0 であれば 1，それ以外は 0
DUM 3：事前対応企業でかつ *PF* 1 < 0 ならば 1，それ以外は 0
DUM 4：事前未対応企業でかつ *PF* 1 < 0 ならば 1，それ以外は 0

DUM 1 は事前対応企業であるかどうかでサンプルが分割される．事前対応企業と事前未対応企業の間で企業業績と償却年数の選択の間に差があるかどうかが分析される．*DUM* 2 は *PF* 1 がマイナスであるかどうかによってサンプルが分割される．*DUM* 2 を用いることによって，赤字企業である場合の企業業績と償却年数の関係が明らかにされる．

DUM 3 と *DUM* 4 は，*DUM* 2 をそれぞれ事前対応企業と事前未対応企業に分けたものである．つまり，*DUM* 3 には赤字の事前対応企業が，*DUM* 4 には赤字の事前未対応企業がグルーピングされる．どちらのグループの企業であっても，償却年数が長く選択されると予測される．

以上で定義された変数の記述統計量を図表16-4に示している．財務データならびに退職給付に関連するデータは日経メディアマーケティング株式会社の『日経 NEEDS 企業財務データ』からダウンロードしている．

償却年数（*YR*）の最大は15年で，最小は1年であり，平均（Median）は5.1678年（2年）であった．*PF* 1 の平均（Median）は0.0430（0.0366）であった．*PF* 2

図表16-4　記述統計

変数	平均	標準偏差	最小値	1 Q	Median	3 Q	最大値
YR	5.1678	5.3785	1.0000	1.0000	2.0000	10.0000	15.0000
PF 1	0.0430	0.0605	−0.2743	0.0152	0.0366	0.0692	0.6992
PF 2	0.1584	0.1676	−1.1905	0.0558	0.1398	0.2533	0.7263
SIZE	11.3583	1.4203	6.7901	10.3323	11.1723	12.1631	16.8702
LEV	0.6031	0.2063	0.0532	0.4614	0.6087	0.7680	1.3210
DUM 1	0.1990	0.3994	0.0000	0.0000	0.0000	0.0000	1.0000
DUM 2	0.1298	0.3362	0.0000	0.0000	0.0000	0.0000	1.0000
DUM 3	0.0164	0.1272	0.0000	0.0000	0.0000	0.0000	1.0000
DUM 4	0.1133	0.3171	0.0000	0.0000	0.0000	0.0000	1.0000

図表16-5　相関係数

	YR	PF 1	PF 2	SZW	LEV	DUM 1	DUM 2	DUM 3	DUM 4
YR	1.000								
PF 1	−0.259	1.000							
PF 2	−0.392	0.250	1.000						
SZE	−0.065	0.056	−0.024	1.000					
LEV	0.388	−0.358	−0.692	0.194	1.000				
DUM 1	−0.134	0.011	0.014	0.191	0.013	1.000			
DUM 2	0.210	−0.551	−0.227	−0.114	0.190	−0.070	1.000		
DUM 3	−0.032	−0.162	−0.044	0.025	0.082	0.259	0.335	1.000	
DUM 4	0.235	−0.519	−0.223	−0.131	0.168	−0.178	0.926	−0.046	1.000

の平均（Median）は0.1584（0.1398）で，$PF\ 2$ がマイナス（欠損金）になっている企業は140社あった．$DUM\ 1$ は230社，$DUM\ 2$ は150社，$DUM\ 3$ は19社，$DUM\ 4$ は131社存在している．

各変数間の相関係数は図表16-5にまとめられている．YR と $PF\ 1$ は−0.259とマイナスに相関している．$PF\ 2$ とは−0.392とさらに強くマイナスに関係している．$PF\ 1$ と $PF\ 2$ の相関係数は0.250であった．LEV も YR とマイナスの関係が強い．LEV と $PF\ 2$ は−0.692でかなり高い相関関係を示している．(3)式の推定には多重共線性の問題が発生する可能性があるので，結果の解釈には注意を要する．

5．実証分析の結果

通常の最小二乗法による回帰分析の結果は図表16-6に示されている．図表16-6のPanel Aには，企業業績とコントロール変数が含まれた結果が表示されている（(1)式から(3)式）．Panel Bには，ダミー変数によってサンプルをグループ分けした結果が表示されている（(4)式から(6)式）．

Panel Aの(1)式において，フローデータ（$PF\ 1$）と会計基準変更時差異の償却年数の間の関係が示されているが，$β_1$ は統計的に有意にマイナスである[14]．t 値も−5.51と非常に大きい．会計利益が低下している企業ほど変更時差

図表16-4 回帰分析の実証結果

Panel A：企業業績とコントロール変数

$$YR_i = \alpha_1 + \beta_1 PF1 + \beta_2 PF2 + \varepsilon_i \tag{1}$$

α_1	β_1	β_2	Adj.R^2
7.5973	−15.2506	−11.1984	0.1796
(24.24)	(−5.51)	(−9.35)	
[0.000]	[0.000]	[0.000]	

$$YR_i = \alpha_1 + \beta_1 PF1 + \beta_2 PF2 + \beta_3 SIZE2 + \varepsilon_i \tag{2}$$

α_1	β_1	β_2	β_3	Adj.R^2
10.3380	−14.8747	−11.2817	−0.2116	0.1830
(7.38)	(−5.39)	(−9.03)	(−2.17)	
[0.000]	[0.000]	[0.000]	[0.030]	

$$YR_i = \alpha_1 + \beta_1 PF1 + \beta_2 PF2 + \beta_3 SIZE + \beta_4 LEV + \varepsilon_i \tag{3}$$

α_1	β_1	β_2	β_3	β_4	Adj.R^2
7.8246	−10.8022	−6.8500	−0.3986	−5.6708	0.2035
(5.04)	(−3.77)	(−3.95)	(−3.77)	(4.17)	
[0.000]	[0.000]	[0.000]	[0.000]	[0.000]	

Panel B：ダミー変数の使用

$$YR_i = \alpha_1 + \alpha_2 DUM1 + \beta_1 PF1 + \beta_2 DUM1 \times PF1 + \beta_3 PF2 + \varepsilon_i \tag{4}$$

α_1	α_2	β_1	β_2	β_3	Adj.R^2
7.9219	−1.6684	−15.0350	−1.1076	−11.1491	0.1945
(23.55)	(−3.37)	(−4.87)	(−0.18)	(−9.27)	
[0.000]	[0.001]	[0.000]	[0.853]	[0.000]	

$$YR_i = \alpha_1 + \alpha_2 DUM2 + \beta_1 PF1 + \beta_2 DUM2 \times PF1 + \beta_3 PF2 + \varepsilon_i \tag{5}$$

α_1	α_2	β_1	β_2	β_3	Adj.R^2
7.8126	2.3266	−18.9210	50.2308	−11.6894	0.2046
(26.28)	(3.39)	(−6.30)	(4.09)	(−11.59)	
[0.000]	[0.000]	[0.000]	[0.000]	[0.000]	

$$YR_i = \alpha_1 + \alpha_2 DUM3 + \alpha_3 DUM4 + \beta_1 PF1 + \beta_2 DUM3 \times PF1 + \beta_3 DUM4 \times PF1 + \beta_4 PF2 + \varepsilon_i \tag{6}$$

α_1	α_2	α_3	β_1	β_2	β_3	β_4	Adj.R^2
7.8034	−4.6566	3.2733	−18.9415	−38.5815	58.0432	−11.6295	0.2198
(26.35)	(−3.17)	(4.69)	(−6.30)	(−0.73)	(3.94)	(−11.71)	
[0.000]	[0.000]	[0.000]	[0.000]	[0.464]	[0.000]	[0.000]	

(注) 中段のカッコ内の数値は t 値, 下段のカッコ内の数値は p 値を示している. t 値はWhite (1980) の標準誤差にもとづく.

異の償却年数は長く，そうでない企業ほど変更時差異の償却年数が短くなるという関係が鮮明になった．同様に，ストックデータ（$PF2$）と償却年数の間の関係もマイナスに有意であった．過去の内部留保の蓄積が豊富な企業ほど償却年数が短く，そうでない企業ほど償却年数が長くなるという証拠が得られた．両者の結果は仮説1が支持されることを示す．

　上記の分析結果は基準設定主体の思惑とも首尾一貫すると思われる．企業の業績が芳しくない企業では，長い償却年数を採択することによって，選択した償却年数にわたり費用を平準化し，積立不足を少しずつ負債に計上することが可能であった．逆に，業績の良好な企業では，一括費用処理を選択することによって，将来の費用負担を減らす選択を行うことができたと推測される．

　次に，コントロール変数を組み込んだ(2)式と(3)式に目を向けてみる．(2)式のβ_3は企業規模の変数に関する係数であるが，統計的に有意にマイナスになっている．規模が大きい企業ほど短期の償却年数が選択されていることが裏づけられた．規模の大きい企業ほど会計基準変更時差異の負担を支える余力が強いと考えられる．(1)式と同様に，β_1とβ_2の企業業績変数の係数は相変わらずマイナスに有意であった．仮説6が経験的に支持された．

　さらに，(3)式には負債比率が含まれている．図表16-5で示したように，LEVと$PF2$の相関が強く多重共線性の問題が発生する確率がある．ところが，β_1とβ_2の係数は(2)式よりも低下するけれども，期待されている通り統計的に有意に負である．LEVの係数も予想される符号と一致し，統計的に有意になっている．$SIZE$の係数も(2)式と同じく有意に負である．どの回帰係数の推定値の期待符号も逆転しておらず，仮説7を支持する結果が得られた．

　以上から，コントロール変数を加えても，償却年数と企業業績との関係は頑健であった．次に見るPanel Bの(4)式から(6)式では，便宜上，コントロール変数を含めていないが，コントロール変数を含めても結果の差はない．

　Panel Bの(4)式では，事前対応企業であるか否かを示す$DUM1$が入れられている．図表16-2からも理解されるように，事前対応企業では一括費用処理を選択した企業の割合が高い．回帰分析の結果でも，α_2は1％水準で統計的に有意に負になっている．$DUM1$と$PF1$の交差項の係数β_2はマイナスであるが，統計的に有意ではない．傾きについては事前未対応企業との間に大きな差

は見いだされなかったが，事前対応企業でも企業業績と償却年数の選択の間に強い関係があることが示された．この実証結果は仮説2と整合的である．

　パネルBの(5)式には DUM 2 が組み込まれている．新基準適用初年度に赤字に陥る企業の償却年数選択の傾向を探ってみる．α_2 の係数はプラスに有意であり，赤字企業ほど償却年数が平均的に長くなっていることが示唆された．ところが，DUM 2 と PF 1 の交差項の係数 β_2 は50.2308と非常に高く，t 値も4.09で有意であった．赤字企業については，傾きが31.3098（＝50.2308－18.9210）とプラスに逆転する．赤字企業のなかでは，赤字幅が大きい企業ほど会計基準変更時差異の償却年数を短く選択し，当期の費用負担を増やしていることが証拠づけられた．この実証的証拠は仮説3と一致しない．

　DUM 2 のサンプルを DUM 3 と DUM 4 に分割したものが Panel B の(6)式である．DUM 3 は，事前対応企業における赤字企業である．α_2 はマイナスであり1％水準で統計的に有意である．事前対応企業における赤字企業は平均的に償却年数が短くなっていることがわかる．事前対応企業ほど経営体力が優れていると考えられるので，できるだけ将来の費用負担を持ち越さないような行動を選択するのであろう．β_2 は－38.5815とマイナスであるが，統計的に有意ではなく，黒字企業との傾きの差は決して大きくない．

　DUM 4 は，事前未対応企業における赤字企業である．(5)式と同じく，α_3 はプラスに有意である．さらに，β_3 は58.0432と高く，1％水準で統計的に有意になっている．事前未対応企業における赤字企業においては，企業業績と償却年数の関係は Panel A の(1)式と逆になっているという証拠が得られた．大幅な赤字が発生する企業ほど将来にわたる会計基準変更時差異の負担を減少させようとしている．これはビッグバス行動の典型であり，仮説5の仮説とは首尾一貫しない．基準設定主体の政策的配慮とは別に，独自の行動パターンをみせる企業が存在した[15]．

6．総括と展望

　国際会計基準に近づける形で，わが国の会計基準は現在も大幅に新設・改訂されている．その中で，2001年3月期に導入された退職給付会計基準は導入初

年度に企業経営に大きなインパクトを与えるといわれてきた．新基準による未積立退職給付債務の金額と旧基準により計上された退職給与引当金等の金額との差額が巨額で，この差額（会計基準変更時差異）を一括して処理すると膨大な特別損失が計上されることになったからである．

　会計利益への圧迫を抑制するために，基準設定主体は経過措置として一括費用処理だけではなく，15年以内の一定年数にわたって按分費用処理する方法も認めた．本章では，基準設定主体によるこの政策的配慮が企業によってうまく活かされているかどうかを調べた．つまり，企業業績と償却年数の間に強いマイナスの関係があるかどうかという検証を試みた．もしマイナスの有意な関係がなければ，基準設定主体の思惑とは別の企業の裁量行動が働いていたことになろう．

　実証分析の結果，企業業績の比較的良好である企業では，次期以降の費用負担を少なくするような償却年数が選択されていた．また，過去からの利益蓄積を示す連結剰余金が豊富な企業ほど償却年数を短く選択していることが判明した．逆に，業績の悪化している企業や過去の利益蓄積の小さい企業は償却年数を長く選択していた．企業サイドに立てば，基準設定主体による緩やかな基準適用幅は会計利益の即時の下落を救済するために貢献したといえる．

　ダミー変数を用いてサンプルをグルーピングする分析も行った．退職給付会計基準の導入初年度の影響を緩和するために，事前に新基準に対処する行動をとった企業があった．この前倒し行動については基準設定主体も想定していなかったであろうが，事前対応企業では一括費用処理を選択する割合が高かった．ただし，事前対応によって会計基準変更時差異がどの程度縮減されたかは推定されていない．

　また，赤字企業の場合にビッグ・バスの可能性が推測された．つまり，業績が極度に悪化しているにもかかわらず会計基準変更時差異の早期償却を実施した企業があった．この傾向は，特に，新基準の対応を事前に行っていない企業に強く表れた．基準設定主体の思惑に反する行動パターンをとる企業が存在したが，そのような企業が基準導入以後にどのような業績回復を果たしたのかは今後明らかにする必要があろう．

　最後に，将来への展望について述べておく．本章では，会計基準変更時差異

の償却年数の選択に関して,経営者のインセンティブ問題にほとんど触れていない.経営者は減益あるいは赤字を回避するという業績要因だけではなく,財務制限条項や上場維持基準への抵触を避けるために,自己のボーナスを増加させるために,あるいは無配転落を避けるために会計選択を行う動機をもつ.このような経済的要因が会計基準変更時差異の償却年数の選択にいかなる影響を与えているかは今後の検証課題として残る. (乙政 正太)

注

1 これは,経営者の自主的な判断による会計処理の変更である自発的会計変更(voluntary accounting changes)と区別される(善積,2002).

2 会計基準変更時差異は,新会計基準の適用初年度期首における未積立退職給付債務(退職給付引当金)と従来の会計基準により期首までに引き当てられてきた退職給与引当金との差額である.

3 徳賀(2001)は,退職給付会計基準が資産負債中心観と収益費用中心観に基づく会計処理を要請していると論じている.按分認識の場合,収益費用中心観の性格を有した利益測定プロセスが容認されていることになる.

　会計基準変更時差異の償却年数に関して,米国会計基準(SFAS 87)は従業員の平均残存勤務期間(例外として,15年未満の場合は15年を選択できる)を採用し,国際会計基準(IAS 19)は最長償却期間として5年を採用している.日本基準は米国基準に似ているように見えるが,米国基準ではあくまでも15年の選択を例外として許可しているだけであることに注意を要する.

　なお,退職給付会計基準適用時に採用した費用処理年数は,原則として変更することができない(日本公認会計士協会会計制度委員会「退職給付会計に関するQ&A」Q19).

4 このように,政策的配慮とは,会計基準を円滑に運用させるために企業に会計的裁量性を与えることを意味する.会計選択の柔軟性を与えることは企業の基準実施コストを最小化させることに役立つであろう.

5 D'Souza et al.(2000)は,「雇用者の年金以外の退職後給付の会計」(SFAS No.106)の適用初年度の移行時差異に関して,経営者が労働組合に対する交渉力を強くするために即時費用化を選択していることを示している.

6 ビッグ・バス以外に,会計基準変更時差異の償却年数の選択は,横並び行動と財務的シグナルからも説明される.これらの点については中野(2004)を参照されたい.

7 退職給付会計基準に基づく会計処理を適用することが困難な会社は1年遅れの適用猶予の余地が残されていた.減損会計のように2年間の繰上げ適用が認められている基準もあるが,退職給付会計基準には早期適用は認められていない.

　早期適用に関しては,段階的導入期間(phase-in-period)のどの時点で当該基準を採択するかも強制的会計変更のなかで許される経営者の裁量である.早期適用における経営者

の裁量行動に関する実証研究については，Ayres（1986），Ali and Kumar（1994），Balsam et al.（1995），El-Gazzar and Jaggi（1997）などを参照されたい．

8　持合株式等を年金資産として拠出するという退職給付信託の設定によって，会計基準変更時差異の金額を速やかに費用処理することが可能となっている（日本公認会計士協会会計制度委員会（1999）「退職給付会計に関する実務指針（中間報告）」47項）．挽（2003）は，退職給付信託の設定により早期償却が達成されたことを明らかにしている．

9　中條（2001）は，会計ビッグバンに対応するために企業が費用の前倒し計上をし，将来の費用負担を軽減させようとしていることを明らかにする．

10　前々年度に前倒しの変更を行っている企業もある．『資料版／商事法務』No.188（1999）の「会計方針の変更の内容と実態分析」で確認されたものは総サンプルから除外している．

11　按分費用処理から一括費用処理への変更企業の利益は，税金等調整前当期純利益－会計基準変更時差異の未処理額として，一括費用処理から按分費用処理への変更企業の利益は，税金等調整前当期純利益＋会計基準変更時差異の費用処理額として計算している．

12　ロジット回帰分析（従属変数は，按分費用処理が行われたならば1，一括費用処理が行われたならば0）の推定も行ったが，両者の実証結果は非常に似通っており，解釈の違いはほとんど生じていない．

13　2002年4月1日までに開始する連結決算会計年度に関して，資本の部は，資本金，資本準備金及び連結剰余金に分類されていた．

14　念のために，$PF1$の上下各1％を削除して回帰分析を行ってみたが，いずれの推定式でも符号の逆転や有意水準の低下はなかった．

15　事前未対応企業では過去の会計処理の不備が表面化したとの見方もできるが，ここでは詳細な分析を行ってない．

参考文献

Ali, A. and K.R. Kumar（1994）"The Magnitudes of Financial Statement Effects and Accounting Choice : The Case of the Adoption of SFAS 87," *Journal of Accouning and Economics* 18, pp.89-114.

Ayres, F. L.（1986）"Characteristics of Firms Electing Early Adoption of SFAS 52," *Journal of Accounting and Economics* 8, pp.143-158.

Balsam, S., I. Haw and S. B. Lilien（1995）"Mandated Accounting Changes and Managerial Discretion," *Journal of Accounting and Economics* 20, pp. 3-29.

D'Souza, J., J. Jacob, and K. Ramesh（2000）"The Use of Accounting Flexibility to Reduce Labor Renegotiation Costs and Manage Earnings," *Journal of Accounting and Economics* 30, pp.187-208.

El-Gazzar, S. M. and B. L. Jaggi（1997）"Transition Period of Mandated Accounting Changes-timing of Adoption and Economic Consequences : The Case of SFAS No.13," *Journal of*

Business Finance & Accounting 24, pp.293-307.

Fields T. D., T. Z. Lys and L. Vincent (2001) "Empirical Research on Accounting Choice," *Journal of Accounting and Economics* 31, pp.255-307.

Watts, R. L. and J. L. Zimmerman (1986) *Positive Accounting Theory*, Prentice-Hall. (須田一幸訳 (1991)『実証理論としての会計学』白桃書房).

White, H. (1980) "A Heteroskedasticity-consistent Covariance Matrix Estimator and a Direct Test for Hetreskedasticity," *Econometrica* 48, pp.817-838.

岡部孝好 (2002)「退職給付会計基準の適用における裁量行動の類型」『国民経済雑誌』第185巻第4号, pp.51-66.

乙政正太・音川和久 (2004)「退職給付会計基準と研究開発投資」須田一幸編著『会計制度改革の実証分析』同文舘出版, pp.52-65.

週刊『経営財務』編集部編 (2001)『会計ビッグバンによる「会計処理の変更」実例集』税務研究会出版局.

新日本監査法人編 (2003)『退職給付会計の実務 第2版』中央経済社.

徳賀芳弘 (1999)「退職給付会計―日本企業の対応と会計データへの影響」松尾信正・柴健次編著『日本企業の会計実態―会計基準の国際化に向けて』白桃書房, pp.73-92.

徳賀芳弘 (2001)「退職給付会計と利益概念」『會計』第159巻第3号, pp.14-23.

中條祐介 (2001)「会計ビッグバンとミクロ会計政策」『會計』第160巻第5号, pp.111-122.

中野誠 (2004)「財務諸表分析と企業年金」伊藤邦雄・徳賀芳弘・中野誠『年金会計とストック・オプション』中央経済社, pp.141-154.

挽直治 (2003)「退職給付会計と企業行動―会計基準変更時差異償却期間の選択を中心として」『名古屋大学経済科学』第51巻第1号, pp.39-51.

善積康夫 (2002)「経営者の財務会計行動の分析視点―会計制度改革との関連を中心に」『産業経理』第61巻第4号, pp.67-77.

吉田和生・吉田靖 (2004)「新年金会計基準の導入と経営者行動―積立不足の償却要因」『経営財務研究』第23巻第1号, pp.43-55.

17 退職給付会計における損益計算書の区分表示

1. 本章の目的と構成

　退職給付会計基準の導入は企業の報告利益に大きなインパクトを与えたといわれている（岡部, 2002）．導入時において，従来の会計処理方法と比較して巨額の差額が生ずる場合があり，この差額（会計基準変更時差異）を一括して費用処理すると膨大な損失が発生する可能性が存在したのである．この事態に対して，基準設定主体は，予期される損失に対する経過的措置として，一括費用処理のほかに15年以内の一定年数にわたって按分費用処理する方法を認めた．

　前章では，基準設定主体の経過的措置に対して，企業がどのような償却年数を選択したかを調査した．回帰分析の結果によると，業績の優劣と会計基準変更時差異の償却年数の間には強いマイナスの関係が観察された．つまり，業績の悪い企業ほど会計基準変更時差異の償却年数が長く，業績の好調な企業ほど償却年数が短くなっていた．このことは，基準設定主体が想定していた会計処理を企業が採択していたことを意味する．

　本章では，償却年数の選択に付随するが，退職給付会計の導入に関するもう1つの重要な論点に注目したい．すなわち，会計基準変更時差異の償却額を損益計算書のどの区分に表示させるかという論点である．次節で考察するように，会計基準変更時差異の償却額は，償却する年数によって特別損益項目に計上するか，営業（もしくは営業外）損益項目に計上するかに分類される．償却

額を損益計算書のどの区分に記載するかという判断に迫られる経営者が，どのような要因によって区分表示の決定を行うのかを経験的に検討してみる．

償却年数の選択のような期間帰属に影響を及ぼす会計手続選択とは異なり，表示場所の移動による期間内の会計手続選択（intraperiod accounting choice）はこれまでわが国の実証研究でほとんど取り上げられてこなかった[1]．他の条件を一定とすれば，期間内の会計手続選択によってボトムライン（純利益）が変化することはないけれども，そこに至るまでの計算過程の要素区分に経営者の操作が加えられるのである．

すでに吉田・吉田（2004）は，社債契約の観点から，会計基準変更時差異の償却額に関する区分表示の問題に取り組んでいる．社債契約で取り決められる財務上の特約の内容を調査したところ，利益維持条項あるいは配当制限条項が課されている企業では経常利益を基準として特約が決められていることがわかった．吉田・吉田（2004）は，この実務を支持する実証結果を得ており，利益維持条項あるいは配当制限条項が課されている企業では，会計基準変更時差異の償却額を特別損益項目に表示する会計処理が選択されていることを示した．

本章では，吉田・吉田（2004）と別の視点として，会計基準変更時差異の償却額に関する損益計算書の区分表示について，まず株価と損益区分情報の関係から考察する[2]．区分損益情報が投資家から見て利用価値があるとわかれば，経営者は損益項目の区分表示の選択に繊細になるはずである．経常損益段階の利益が市場で高く資本化される企業では，新会計基準の導入にともなって認識される費用を特別損益項目に振り分けようとする動機が強くなるであろう．本章の実証分析によってこの考えを支持する証拠が部分的にではあるが得られている．

また，社債契約ではなく経営者報酬契約の観点から，報酬決定と損益区分表示の関係について検討を加える．わが国の経営者報酬の決定において，会計利益の多寡は重要な意味をもつ（乙政，2004）．一時的な費用を含まない経常損益段階の利益が経営者報酬と密接に関連するのであれば，そのような企業の経営者は償却額の区分表示に敏感になり，償却額を特別損益項目へシフトさせることを選好するであろう．残念ながら，この考えを全面的に支持する証拠は得られていない．

以下の構成を示そう．次節では，会計基準変更時差異の償却額をどこに表示させるかについて簡潔に考察する．第3節では，区分表示の問題に関連する先行研究をレビューする．第4節では，サンプル選択を行ってから，リサーチ・モデルを示す．第5節では，実証分析の結果ならびに追加的検証の結果を示し，最後に，本章のまとめを行う．

2．会計基準変更時差異の償却額の表示

前章で示したように，会計基準変更時差異は，一括費用処理する方法を含めて15年以内の一定の年数にわたり定額法で費用処理される[3]．この償却年数の選択に応じて償却額の表示場所は変わってくる．会計基準変更時差異の償却額の表示場所に関して，リサーチ・センター審理情報〔No.13〕により「退職給付会計に係わる会計基準変更時差異の取り扱い」（2000年3月22日）という指針が公表されている．記載内容を下記に示しておこう．

> 新たな退職給付会計基準の適用初年度において発生する会計基準変更時差異については，我が国において退職給付に係わる新たな会計基準が設定されたことによって生じたものであり，企業会計原則注解注12にいう過年度における引当金の過不足修正額として前期損益修正の性格もあると判断されるため，その費用処理額に金額の重要性が認められるときには，特別損益項目に属するものと捉えて特別損益に計上することができると考えられる．
>
> 一方，退職給付に係わる企業会計審議会意見書及びこれを受けて公表された会計制度委員会報告第13号「退職給付会計に関する実務指針」（中間報告）によれば，会計基準変更時差異は15年以内の一定の年数にわたり定額法により費用処理することとされている．しかしながら，会計基準変更時差異の費用処理額が長期間にわたり継続して特別損益項目として計上されることは，本来の特別損益項目としての性格を考慮すると適当ではない．このため，<u>会計基準変更時差異の費用処理期間が短期間（原則として5年以内）</u>であり，かつ，<u>当該費用処理額に金額的重要性がある場合に限</u>

り，特別損益項目として計上することができるものとする．この場合，当該費用処理額の金額的重要性の判断は，個々の企業の状況により判断されることとなる．

(注) 下線は筆者による．

　上述の指針の公表によって，会計基準変更時差異の償却年数が原則として5年以内で，かつ金額的重要性が認められる場合に，企業は償却額を損益計算書上の特別損益項目として表示することができる．一方，償却年数が5年を超える場合には，償却額は営業（もしくは営業外）損益項目に属し，償却年数にわたって営業（もしくは営業外）損益項目に表示され続けることになる．

　退職給付会計導入時において，他の条件が一定とすれば，償却額をどちらの区分に表示させるかによって経常利益段階の金額が異なることになる．企業外(内)部者による経常利益の役割が重要であるほど，経営者の会計選択に多大な影響を及ぼすであろう．それゆえに，経営者による区分表示については合理的な選択がなされそうである．

　次節では，先行研究のレビューを中心にしながら，損益計算書の区分表示の違いによって経営者がどのような行動をとり得るかを検討してみよう．

3．関連する先行研究

　Fields et al.(2001)は経営者の会計選択に関する詳細なサーベイを行い，経営者の選択動機の1つとして資産評価の効果（asset pricing effect）があると説明している．資産評価を意図した会計選択の研究は1990年代に入って盛んになってきたといえるが，Perry and Williams (1994)とErickson and Wang (1999)が代表的である．

　Perry and Williams(1994)では，マネジメント・バイアウト(management buyout)において，株式の購入を有利に進めるために，経営者が利益減少型の調整をしていることが明らかにされた．また，Erickson and Wang (1999)は，株式交換による企業買収（stock for stock mergers）を行う前に，経営者が利益増加型の調整を行うインセンティブをもっていることを裏づけている．上述の実

証結果は，経営者によって株価誘導を意識した会計選択が行われることを示唆する[4]．

　財務会計基準審議会（Financial Accounting Standards Board；FASB）の基準書第142号「のれんおよびその他の無形資産（Goodwill and Other Intangible Assets）」に関連するけれども，Beatty and Weber（2006）は，損益計算書における減損損失の区分表示と経営者の株価形成を意識した会計選択の関係を検討している．

　FASB基準書第142号によると，のれんは資産として計上されるが，従来の基準のように償却の対象とはならず，公正価値に基づく減損会計の対象となっている．この基準では企業に会計原則審議会（Accounting Principles Board；APB）意見書第20号に従うように要求していたために，基準採用時の会計年度における減損損失は会計原則の変更の影響として認識されることになった[5]．要するに，会計変更による影響額は，損益計算書上，純利益の直前に表示されることになる．これに対して，基準採用後の減損認識は営業活動による損失項目で記録される．

　FASB基準書第142号が導入される時に，経営者は報告利益に対して次のような潜在的な影響力をもっていたと推察される．もし経営者が保守的に減損損失を計上したとすれば，below-the-line（営業活動による利益より下の区分表示）で損失処理が行われることになる．ところが，当期の減損損失の計上を避ける行動をとれば，将来発生するかもしれない減損損失はabove-the-line（営業活動による利益より上の区分表示）として計上される．このことは損益計算書上の減損損失の区分表示に関する裁量を経営者に与えることになる[6]．

　確実な当期の減損損失をbelow-the-lineに計上するか，あるいは，不確実な将来の減損損失をabove-the-lineに計上するかに関して，Beatty and Weber（2006）は資産評価に関する経営者の動機づけの観点から実証的な分析を行っている．実証結果によれば，株価が営業活動の結果に敏感であるほど，（特にリスクの高い企業で）FASB基準書第142号の採用時に減損損失を認識する傾向が強いことが示された．この証拠はわが国における会計基準変更時差異の区分表示についても妥当するかもしれない．

　資産評価の効果だけではなく，損益計算書の構成要素に影響を及ぼす要因と

して経営者のパフォーマンス評価があげられる (D'Souza et al., 2000). 経営者報酬契約に関して, 報酬決定が損益計算書上のどの区分の利益数値に基づいているかは重要である. Gaver and Gaver (1998) では, ボトムライン (純利益) に異常項目および非継続事業に係わる損失項目を含めないことによって, 経営者のパフォーマンス評価が行われていることが見出された. 異常項目および非継続事業に係わる損失を含まない本業による利益が経営者への現金報酬と強くプラスに関係していたのである. 経営者報酬の取り決めの際に, 非反復的な取引による会計利益への負の要因は取り除かれることがある[7].

Beatty and Weber (2006) は, 上記ののれんの会計処理とボーナス・プランの関係も調べている. 企業が利益ベースのボーナス・プランを設定しており, かつ特別項目を経営者のパフォーマンス評価に含める場合に, FASB基準書第142号の採用時にのれんの減損損失が遅延認識されるかどうかを検証した. 分析結果によると, 経営者は早期に減損損失を認識するインセンティブをもっていなかった. 報酬決定の際に減損損失を経営者のペナルティーとして加える場合に, 早期に減損損失が計上されることは少なくなる.

わが国では, 乙政 (2004) の実証結果によって, 経営者報酬が当期純利益よりも経常利益と強く関係していることが示されている[8]. 特別損益項目と経営者報酬の関連性に直接言及しているわけではないが, 経営者報酬の決定において, above-the-line の項目は反映されるが, below-the-line の項目は反映されにくいことが示唆されている. この点も会計基準変更時差異の区分表示に影響しているのかを調べてみる.

4. サンプル選択とリサーチ・モデル

(1) サンプル選択

本章のためのサンプルを選択する. 前章と同様に, 以下の6つの基準を満たす企業から構成される. 調査対象は2001年3月末決算の企業である.

① わが国上場企業 (金融機関を除く) で, 決算期の変更がないこと
② 連結決算数値を公表していること
③ 2001年3月期に退職給付会計基準を適用していること

④ SEC 準拠企業ではないこと
⑤ 会計基準変更時差異の費用処理額がマイナス（もしくはゼロ）あるいは非表示ではないこと
⑥ 以下で定義されるデータがすべて揃うこと

以下で時系列のデータを要するために，⑥の要件を満たす企業が前章よりも少なくなっている．生存バイアス (survivorship bias) の発生も予期されるが，最終的に743社がサンプルとして残ることになった．なお，財務データは日経メディアマーケティング株式会社の『日経NEEDS企業財務データ』からダウンロードし，株価データは東洋経済新報社の『株価 CD-ROM』から抽出している．

さて，会計基準変更時差異の償却が特別損益項目に含まれる条件は，償却年数が5年以下であるか，金額的重要性がある場合である．念のために，5年の按分費用処理を行う企業を抽出し，実際に特別損益項目への記載を行っているかどうかを調べてみた．そうしたところ，会計基準変更時差異が独立して表示されていない企業では，特別損益項目への記載を行っているのか，営業（営業外）損益項目への記載を行っているのか明確でないケースが存在した．

また，償却年数が5年超のケースにおいて，償却額を特別損失に計上している企業が複数存在した．これは退職給付信託の設定による影響である．本来，会計基準変更時差異の費用処理とは別個の取引事実であるが，会計基準変更時差異の早期費用処理による支払準備を手当てするために退職給付信託が設定されることがあった．

退職給付信託の設定によって，適用初年度のみなし拠出取引に限り，期首に信託へみなし拠出された信託資産の時価による拠出額と同額を，会計基準変更時差異の適用初年度の期首において一時に費用処理することが認められていた（退職給付会計に関する実務指針（中間報告58））．そのために，会計基準変更時差異の費用処理年数が5年超のサンプルにおいても，単年度の影響であるが，退職給付会計適用初年度に信託財産の時価分が一括費用処理され，特別損失に計上されるケースがあった．

区部表示の厳密な分類が行われないケースがあるが，分析を単純化させるために，ここでは損益計算書の区分表示は償却年数を基準に分類されるものと仮定している．サンプルにおける償却年数の分布は図表17-1に示しているが，

図表17-1 償却年数の分布

償却年数	社数
1年	335
2～4年	40
5年	131
6～9年	16
10年	51
11～14年	11
15年	159
計	743

償却年数が5年以内の早期償却企業は506社あり，5年超の遅延認識企業は237社ある．前者は償却額を特別損益項目に表示する企業で，後者は償却額を営業（営業外）損益項目に計上する企業であるとみなしている．

(2) リサーチ・モデル

退職給付会計導入時における損益計算書の区分表示に関して，最初に以下の推定式をクロスセクションで分析することにする．

$$YR_i = \alpha_1 + \beta_1 ERC_i + \beta_2 CERC_i + \varepsilon_i \tag{1}$$

推定式は通常の最小二乗法による回帰分析（OLS）で求められる．従属変数（YR）に会計基準変更時差異の償却年数が入る[9]．i は企業を表す．

(1)式の説明変数である ERC は利益反応係数のことであり，利益に対する株価の反応を示す．一般に，利益反応係数が高いほど，利益の持続性が高くなり，利益に含まれるノイズが小さいと考えられている（Brown, 1994；Scott, 2003）．Ramakrishnan and Thomas (1998) によれば，利益は永続的（permanent），一時的（transitory），および価値無関連的（value irrelevant）に分かれる．理想的な条件（当期の利益が将来も持続する）のもとでは，永続的利益の場合の ERC は $1 + 1/r$ に等しくなる．r は投資家が要求する資本コストであり，ERC が高いほど，資本コストが低いことがわかる．

ERC が高い企業の経営者ほど，永続的利益の質を低下させないために，会

計基準変更時差異の償却額を一時的費用として処理するインセンティブをもつであろう[10]．資産評価の効果を考慮すれば，(1)式の β_1 の期待符号はマイナスである．

本章では，ERC を測定するために，Beatty and Weber (2006) と同様に，(2)式の回帰式が企業ごとに推定される[11]．

$$P_t = a_0 + a_1 OI_t + e_t \tag{2}$$

退職給付会計導入直近の10期のうち最低7期以上のデータが揃う企業について，それぞれ回帰分析が行われる．(2)式における P_t は t 期末の株価である．OI_t は t 期の経常利益で，永続的利益の代理変数とする．OI_t は t 期末の発行済株式数で除した1株当たり利益に変換されている．ERC は a_1 によって表される．これはプラス符号であることが期待されているので，推定係数がマイナスになる場合はゼロに置き換えている．

(1)式の CERC は報酬利益反応係数 (compensation earnings response coefficient) のことであり，会計利益に対して経営者報酬がどの程度反応するかを示す (Bushman et al., 1998)．CERC は次式によって推定される．

$$COMP_t = b_0 + b_1 OI_t + \tau_t \tag{3}$$

上記の(2)式と同様に，退職給付会計導入の直近10期のうち最低7期以上のデータが揃う企業について，それぞれ回帰分析が行われる．(3)式における $COMP_t$ は t 期の役員報酬と役員賞与の合計額を表す．OI_t は t 期の経常利益である．$COMP_t$ も OI_t も t 期末の発行済株式数で除した1株当たり単位に変換されている．CERC は b_1 によって表されるが，この係数もプラスであることが期待されている．そのために，推定係数がマイナスになるケースはゼロに置き換えている．

経常利益と経営者報酬の連動性が高いほど，CERC は高くなる．CERC の高い企業の経営者は，発生する損失を営業(営業外)損益項目よりも特別損益項目にシフトさせるインセンティブをもつであろう．それゆえに，(1)式の β_2 はマイナスになると予測される．

ここで確認しておかなければならないポイントは，経常利益と株価の連動性

が純利益と株価の連動性より強く，同様に，経常利益と経営者報酬の連動性が純利益と経営者報酬の連動性よりも強いかどうかである．株価や経営者報酬が一時的な損益項目を含む利益よりも営業活動による利益に対して強く反応する場合に，償却額の区分表示が経営者にとってより重大な選択事項になるはずである．

そこで，(2)式と(3)式について，それぞれ経常利益 (OI) を純利益 (NI) に置き換えて推定し直す．そして，OI を用いた式の係数（ここでは $ERC\,(OI)$ と $CERC\,(OI)$ と示す）と NI を用いた式の係数（ここでは $ERC\,(NI)$ と $CERC\,(NI)$ と示す）を比較する．そして，分析のために以下のようなダミー変数を用いる[12]．

$$DERC \begin{cases} 1 : ERC\,(OI) > ERC\,(NI) \\ 0 : 上記以外 \end{cases}$$

$$DCERC \begin{cases} 1 : CERC\,(OI) > CERC\,(NI) \\ 0 : 上記以外 \end{cases}$$

$DERC$ と $DCERC$ のダミー変数が(1)式に組み込まれ，以下の(4)式のようになる．

$$YR_i = \alpha_1 + \beta_1 ERC_i + \beta_2 CERC_i + \beta_3 DERC_i + \beta_4 DCERC_i + \varepsilon_i \qquad (4)$$

経常利益と株価の連動性が純利益と株価の連動性よりも強い企業ほど，会計基準変更時差異の償却額を特別損益項目に振り向ける経営者の動機が強くなると予測される．β_3 の期待符号は負になるはずである．同様に，β_4 の期待符号も負になるであろう．

会計基準変更時差異の償却額の区分表示を決定する場合に，利益反応係数と報酬利益反応係数以外の要因も存在すると考えられる．前章では会計基準変更時差異の償却年数に関する分析を行った際に，会計基準導入時の企業業績が経営者の意思決定と密接に関連していることを明らかにしている．コントロール変数として企業業績の変数を(4)式に加えることにしよう．

$$YR_i = \alpha_1 + \beta_1 ERC_i + \beta_2 CERC_i + \beta_3 DERC_i + \beta_4 DCERC_i + \beta_5 ROA_i + \varepsilon_i \quad (5)$$

ROA は，税金等調整前当期純利益に会計基準変更時差異の費用処理額を足し戻して，期中平均総資産で除して求められる．企業業績が好調な企業ほど償却年数が短く選択されると考えられるので，マイナスの係数が予想される．

(3) 記述統計

図表17-2は，実証分析に用いられる各変数の記述統計量である．YR は会計基準変更時差異の償却年数で，平均(Median)は5.722年(4年)である．詳しい償却年数の分布はすでに図表17-1に表示しているけれども，一括費用処理の企業が335社で最も多い．続いて15年の按分費用処理を行う企業が159社，5年の按分費用処理の企業が131社，10年の按分費用処理を行う企業が51社となっている．

ERC と $CERC$ は負値の分をゼロと置き換えているので，最小値がゼロになっている[13]．ERC の平均(Median)は7.278(5.109)となっている．$CERC$ の平均(Median)は0.017(0.007)である．$DERC$ の平均は0.370となっている．これは $ERC(OI)$ が $ERC(NI)$ を超える割合が全サンプルの4割弱であることを表している．$DCERC$ の平均は0.428であり，$CERC(OI)$ が $CERC(NI)$ を超える割合は全サンプルの4割を上回っている[14]．

補足として，図表17-3には負値に修正する前の ERC ((2)式の a_1)と $CERC$ ((3)式の b_1)，ERC と $CERC$ に関する t 値，ならびに(2)式と(3)式の決定係数の記述統計量を示しておいた．ERC と $CERC$ の負値は131観測値数と114観

図表17-2 記述統計

変数	平均	標準偏差	最小値	1Q	Median	3Q	最大値
YR	5.722	5.566	1.000	1.000	4.000	10.000	15.000
ERC	7.278	8.680	0.000	1.381	5.109	10.030	76.092
$CERC$	0.017	0.042	0.000	0.000	0.007	0.020	0.936
$DERC$	0.370	0.483	0.000	0.000	0.000	1.000	1.000
$DCERC$	0.428	0.495	0.000	0.000	0.000	1.000	1.000
ROA	0.039	0.058	−0.274	0.014	−0.033	0.064	0.526

360　第5部　会計選択に関する実証研究

図表17-3　*ERC* と *CERC* の記述統計

Panel A：株価と経常利益の関係

変数	平均	標準偏差	最小値	1 Q	Median	3 Q	最大値
a_1	6.324	10.226	−50.644	1.393	5.109	10.028	76.092
t 値	1.774	2.185	−6.941	0.356	1.533	2.932	12.289
決定係数	0.324	0.266	0.000	0.073	0.266	0.537	0.958

Panel B：経営者報酬と経常利益の関係

変数	平均	標準偏差	最小値	1 Q	Median	3 Q	最大値
b_1	0.014	0.044	−0.138	0.000	0.007	0.020	0.936
t 値	1.544	4.150	−7.437	−0.035	1.086	2.413	56.915
決定係数	0.274	0.256	0.000	0.056	0.182	0.446	0.998

図表17-4　変数間の相関関係

変数	YR	ERC	CERC	DERC	DCERC	ROA
YR	1.000					
ERC	−0.092	1.000				
CERC	−0.006	0.031	1.000			
DERC	0.116	0.078	0.015	1.000		
DCERC	0.057	0.017	0.011	0.216	1.000	
ROA	−0.256	−0.027	−0.065	−0.127	−0.041	1.000

測値数であった．*ERC* の係数の t 値と決定係数の平均は1.774と0.324で，*CERC* の係数の t 値と決定係数の平均は1.554と0.274であった．

　図表17-4に変数相互間の相関係数が示されている．*YR* と *ERC* の相関係数は−0.092で，*YR* と *CERC* の相関係数は−0.006である．高い値いとは言えないけれども，どちらも予想通りマイナスである．*DERC* と *DCERC* は *YR* とプラスに相関しており期待符号と反する．なお，説明変数間では特筆すべき高い相関関係はなかったので，回帰分析を行う際に多重共線性が起こる確率は低いであろう．

5．実証分析の結果

(1) 実証結果

　通常の最小二乗法による回帰分析の結果は図表17-5に要約されている．図表17-5の①の結果は(1)式の推定結果を表示している．ERC の係数（β_1）は－0.059で，期待通りマイナスの符号を示している．t 値は－2.50と高く，5％水準で統計的に有意である．この実証的証拠は，経常利益の持続性が高い企業ほど，会計基準変更時差異の償却額を特別損益項目へシフトさせるために経営者が早期償却を選択していることを示唆する．

　CERC の係数（β_2）は－0.369で期待符号と整合的ではあるものの，統計的に有意ではない．経常利益と経営者報酬の連動性が強い企業が早期償却によって特別損益項目への表示を選好しているとはいえない．これらの結果は吉田・吉田（2004）や Gaver and Gaver（1998）と一致せず，報酬契約の観点からみると，経営者が損益計算書の区分表示を意識することは少ないと思われる[15]．

　次に，図表17-5の②では(4)式の推定結果が示されている．推定された β_1 は相変わらずマイナスのままであり，1％水準で統計的に有意である．β_2 は期待符号通りマイナスであるものの統計的に有意ではない．

　β_3 は ERC（OI）が ERC（NI）を超えるかどうかのダミー変数に関する係数である．この係数は1％水準で統計的に有意であるものの，期待符号に反して係数がプラスになっている．ERC（OI）が ERC（NI）を超える企業ほど償却年数が長く選択されており，区分表示に対する経営者の会計選択は想定された通りになっていない．ERC の係数（β_1）から経常利益と株価の反応が強い企業ほど早期償却を目指すという証拠が支持されるが，このよう傾向は経常利益と株価の反応が純利益と株価の反応よりも強いということに直結しているわけではない．

　CERC（OI）が CERC（NI）を超えるかどうかに関して，DCERC の係数（β_4）は統計的に有意な水準になっていないものの期待符号と逆のプラスを示している．経常利益と経営者報酬の反応が純利益と経営者報酬の反応よりも強いとしても，遅延認識による償却額の営業（もしくは営業外）損益項目への表示の傾向がみられる．

図表17-5　実証分析の結果

① $Y_i = \alpha_1 + \beta_1 ERC_i + \beta_2 CERC_i + \varepsilon_i$

α_1	β_1	β_2	Adj.R^2
6.156	−0.059	−0.369	0.008
(22.26)	(−2.50)	(−0.08)	
[0.000]	[0.012]	[0.940]	

② $Y_i = \alpha_1 + \beta_1 ERC_i + \beta_2 CERC_i + \beta_3 DERC_i + \beta_4 DCERC_i + \varepsilon_i$

α_1	β_1	β_2	β_3	β_4	Adj.R^2
5.547	−0.065	−0.618	1.342	0.377	0.025
(16.27)	(−2.78)	(−0.13)	(3.12)	(0.90)	
[0.000]	[0.006]	[0.898]	[0.002]	[0.367]	

③ $Y_i = \alpha_1 + \beta_1 ERC_i + \beta_2 CERC_i + \beta_3 DERC_i + \beta_4 DCERC_i + \beta_5 ROA_i + \varepsilon_i$

α_1	β_1	β_2	β_3	β_4	β_5	Adj.R^2
6.652	−0.067	−2.656	0.993	0.340	−23.555	0.085
(18.14)	(−2.97)	(−0.57)	(2.36)	(0.84)	(−6.95)	
[0.000]	[0.003]	[0.571]	[0.018]	[0.403]	[0.000]	

(注) サンプル数743. 中段のカッコ内の数値は t 値, 下段のカッコ内の数値は p 値. t 値は White (1980) の標準誤差にもとづく.

　図表17-5の③には企業業績を表すコントロール変数 (ROA) が組み込まれている. β_5は−23.555で統計的に有意にマイナスであり, 前章の結果と整合的である. 会計基準導入時の企業業績が悪化している企業ほど償却年数が長くなることが提示された. 企業業績に関するコントロール変数が追加されても, β_1は有意にマイナスのままである. β_2からβ_4の符号と有意性も図表17-5の②の結果と首尾一貫している.

　全般的にみてみると, ERC の係数は統計的に有意であり, 期待符号と一致して負である. 経常利益に対する株価の反応が強い企業は早期償却によって償却額を特別損益項目に表示させる経営者インセンティブが強いといえる. 株価が本業の活動の成果に敏感である場合に, そのような企業の経営者は, 将来への費用負担を減らすために早期償却を目指すだけではなく, 資産評価の効果も考慮に入れている可能性がある. だが, この関係は純利益に対する株価の反応よりも強い企業で起こっているとはいえず, 経営者の資産評価の効果に関するインセンティブを全面的に支持する結果となっていない.

経常利益に対する経営者報酬の反応に関して思惑通りの実証結果は得られていない．継続的な活動から得られる利益と経営者報酬との関係が強いとしても，そのことが会計基準変更時差異の償却額の区分表示を決定づける要因となっているとはいえない．報酬契約の点からは経営者の区分表示の選択動機は明らかにならなかった．

(2) 追加的検証

退職給付会計が導入された2001年3月期以前において，わが国の企業の多くは長引く景気低迷のために厳しい経営環境にさらされていた．なかには過去に積み上げていた利益蓄積を吐き出し，欠損金を計上している企業もある．

長期的に企業業績が低迷している企業が長い償却年数を選択することは前章でも裏づけられており，業績低迷企業では，償却額の区分表示の選択動機は弱く，償却年数の選択にのみ注意が向いていた公算が大きい．それゆえに，たとえ経常利益に関する利益反応係数や報酬利益反応係数が高いとしても，業績の低迷している企業は償却年数を長く選択せざるを得ない状況にあったと推測することができよう．

ここでは，不況期に比較的経営体力が安定している企業にサンプルを限定した場合にも，やはり経営者が償却額の区分表示に対する関心をもっていないのかどうかを調査したい．追加的な考察を行い，前述の実証結果の頑健性を探ることにする．

まず企業業績が安定している企業の選出であるが，ここでは黒字計上の頻度という基準を利用することにする．黒字計上の頻度としては，(2)式と(3)式の推定において利用した時系列データをもとに，過去10期（7～9期の場合もある）のうち多くとも1期しか赤字（純損失）を計上していない企業を抽出する[16]．$ERC(OI) > ERC(NI)$ ［$CERC(OI) > CERC(NI)$］で，かつ赤字転落が少ない企業において，経営者が損益計算書の区分表示に関してどのような選択行動をとるかを検討する[17]．分析を実施するために，次のような新たなダミー変数をつくる．

$$DERC\_LOSS \begin{cases} 1: ERC\ (OI) > ERC\ (NI)，かつ過去10期（7～9期の場合もある）のうち少なくとも9期（6～8期）に黒字を計上している企業 \\ 0: 上記以外 \end{cases}$$

$$DCERC\_LOSS \begin{cases} 1: CERC\ (OI) > CERC\ (NI)，かつ過去10期（7～9期の場合もある）のうち少なくとも9期（6～8期）に黒字を計上している企業 \\ 0: 上記以外 \end{cases}$$

上記のダミー変数を活用して，次のような推定式を設定する．

$$YR_i = \alpha_1 + \beta_1 ERC_i + \beta_2 CERC_i + \beta_3 DERC_i + \beta_4 DCERC + \beta_5 ROA_i \\ + \beta_6 DERC\_LOSS_i + \beta_7 DCERC\_LOSS_i + \varepsilon_i \tag{5}$$

黒字頻度が高い企業ほど，$ERC\ (OI)[CERC\ (OI)]$ が $ERC\ (NI)[CERC\ (NI)]$ を上回った場合に，会計基準変更時差異の償却額の表示箇所を below-the-line にする傾向が強くなると仮説化する．早期償却が期待されるので，β_6 と β_7 はともにマイナスになるであろう．

新たなダミー変数を加えた推定結果は図表17-6に要約されている．回帰分析の結果によると，β_1 から β_5 までの符号と有意性は図表17-5の結果と整合的である．ERC_LOSS と CERC_LOSS のダミー変数が新たにモデルに組み入れられているので，両者の係数である β_6 と β_7 の推定結果をみていこう．

β_6 は−2.124とマイナス符号であり，5％水準で統計的に有意である．β_3 が1.752で，β_3 と β_6 を比較するとマイナス側に強く向かっていることがわかる．

図表17-6　追加的実証分析の結果

④　$YR_i = \alpha_1 + \beta_1 ERC_i + \beta_2 CERC_i + \beta_3 DERC_i + \beta_4 DCERC_i + \beta_5 ROA_i + \beta_6 DERC\_LOSS_i + \beta_7 DCERC\_LOSS_i + \varepsilon_i$

α_1	β_1	β_2	β_3	β_4	β_5	β_6	β_7	R^2
6.486	−0.059	−1.724	1.752	1.074	−18.582	−2.124	−2.099	0.123
(17.98)	(−2.63)	(−0.37)	(3.11)	(2.03)	(−5.38)	(−2.76)	(−2.98)	
[0.000]	[0.009]	[0.708]	[0.002]	[0.043]	[0.000]	[0.006]	[0.003]	

(注) サンプル数は743．中段のカッコ内の数値は t 値，下段のカッコ内の数値は p 値．t 値は White (1980) の標準誤差にもとづく．

経常利益に対する株価の反応が純利益に対する株価の反応より強く，かつ黒字計上の頻度が高い企業では，償却額を特別損益項目に表示させる傾向が表面化する．赤字転落の頻度が多い業績低迷企業において償却年数が長期に選択される可能性が高まる．

また，β_7は-2.099で1％水準で有意にマイナスであり，β_4の1.074と比べてもマイナス側に強い．経常利益に対する経営者報酬の反応が純利益に対する経営者報酬の反応より強く，かつ黒字頻度の高い企業では，償却額を特別損益項目に表示させる可能性が高まる．

図表17-6の追加的検証の結果から，過去の業績が低迷している企業において，経営者は会計基準導入時の企業業績への負担を回避するために償却額を長期に選択する動機をもっていたと考えられる．そのために，$ERC(OI) > ERC(NI)$と$CERC(OI) > CERC(NI)$のケースでさえも，早期償却の方法を選択しようとしなかったと推測される．逆に，黒字頻度の高い企業において，$ERC(OI) > ERC(NI)$と$CERC(OI) > CERC(NI)$のケースに早期償却によって償却額を特別損益項目に区分する傾向が強いことが判明した．

6．総括と展望

経営者は自己に不利な評価を蒙らないように報告利益を形成しようと強く動機づけられている．それゆえに，彼らが自らの期待効用を最大化させるために会計方法を意図的に選択することは合理的であるといえる．

退職給付会計導入において，経営者が報告利益に影響を与える会計方法が2種類存在した．第1に，会計基準変更時差異の償却年数の選択であり，第2に，会計基準変更時差異の償却額の表示レベルの選択である．本章では後者に焦点を合わせて，損益計算書の区分表示について経営者の恣意性が存在するか否かを跡づけてみた．償却年数の選択にも関連するが，経営者は償却額を損益計算書の特別損益項目に表示するか，あるいは営業（もしくは営業外）損益項目に表示するかのオプションを有していたのである．

本章では，費用項目の表示位置に関して，株価が経常利益とどの程度関連しているのか，経営者報酬が経常利益とどの程度関連しているのかによって変わ

ってくると仮説を立てた．実証分析の結果，経常利益に対する株価の反応が強い企業ほど，償却額を特別損益項目に移すインセンティブが強いことがわかった．ただし，経常利益に対する株価の反応と純利益に対する株価の反応とを比較した場合に，経営者がかならずしも早期償却による特別損益項目への表示を目指すという証拠は得られなかった．

　経営者報酬と報告利益との関係から検討した場合に，早期償却による特別損益項目への表示を意識する経営者の行動は見出されなかった．経常利益に対する経営者報酬の反応と純利益に対する経営者報酬の反応と比較した場合では期待される符号と反対の結果がみられ，経営者は遅延認識を選好していた．

　追加的検証として，業績が比較的安定している企業に絞り込んで分析を試みた．黒字の頻度が多い企業では，経常利益に対する株価の反応が純利益に対する株価の反応よりも大きい場合に，早期償却によって特別損益項目への表示を図る会計選択が行われていた．また，経常利益のほうが純利益よりも経営者報酬に対して反応が強ければ，償却年数を短く選択し，償却額を特別損益項目に振り向けることが判明した．

　業績が低迷している企業では，退職給付会計導入時における費用負担を軽減することに多くの関心が向いていた可能性がある．したがって，会計基準変更時差異の償却額を above-the-line に表示するか，below-the-line に表示するかに関して，経営者は格別の選択動機をもっていなかったと考えられる．会計基準変更時差異の償却の場合，償却年数によって償却額が変わってくる．期間帰属に影響を及ぼす会計手続選択と期間内の会計手続選択が入り交じることになるので，そのことは両者を明確に区別した分析を難しくする．

　前章と本章で検討したように，会計制度改革において1つの会計事実について，会計基準設定主体の救済措置を含めて画一的な会計処理が義務づけられないケースがある．複数の会計処理方法のうちどれを選択するかは経営者の自主的な判断に委ねられるので，会計制度改革のような強制的な会計変更においても経営者の恣意性が完全に排除されるわけではない．本章の分析結果はそのような可能性の一面を示している．ただし，表示区分間の移し替えの選択はこれまでわが国でほとんど取り上げられてこなかった実証的課題である．今後もその実状を詳しく検討し，経営者の裁量行動が起こる原因を明らかにしてく作業

が不可欠であろう． 　　　　　　　　　　　　　　　　　　　　　　　　（乙政　正太）

注

1　期間内の会計手続選択に関する海外の研究としては Wong (1988) と Taylor et al.(1990) を参照されたい．なお，期間内の会計手続選択は分類的操作 (classification shifting) と呼ばれることもあり，利益マネジメントの新しい手法であると指摘されることがある (McVay, 2006)．

2　大日方 (2007) は，区分損益情報が少なくとも企業価値評価と無関係ではないことを指摘している．

3　一度採用した償却年数は原則として変更することができない．ところが，退職給付会計基準導入後に，一定年数での按分処理から一括処理へ変更した企業が見あたる．週刊「経営財務」編集部編『会計処理の変更実例集』(税務研究会) を調べてみたところ，2002年3月決算会社には7社，2003年3月期決算会社には4社，2004年3月期決算会社には6社，2005年3月期決算会社には3社存在する．

　　Francis (2001) が指摘するように，経営者による会計選択の影響を事後的に調査することも実証的課題として重要であろう．

4　Graham et al.(2005) による経営者へのアンケート調査でも経営者の株価誘導動機 (stock price motivation) の強さがわかる．ほとんどの経営者は利益ベンチマークを達成することで，資本市場での信頼性が構築される，もしくは株価の維持あるいは上昇につながると回答している．

5　米国の場合，新たな会計基準を過去より適用していたと仮定した場合の期首利益剰余金に影響を及ぼす累積的影響額が開示される．ただし，新設された会計基準によっては，過年度財務諸表を遡及的に修正することを要求する場合もある (Balsam, 1995)．

6　のれんの場合，減損の可能性や減損認識のタイミングの操作性も考慮しなければならない．

7　Dechow et al.(1994) は，経営者の現金報酬の決定要因としてリストラ費用のような一時費用が含まれないことを跡付けしている．また，Duru et al. (2002) は，研究開発投資や宣伝広告投資のような反復的な取引でさえ，経営者報酬の決定要因から除去されることを明らかにしている．研究開発や宣伝広告の費用計上を渋れば，将来の企業の収益力が低下する原因ともなりかねないからである．

8　乙政 (2004) は個別データを用いた分析である．連結データを用いた経営者報酬と報告利益の関係については首藤 (2003) や乙政 (2005) を参照されたい．

9　従属変数に，会計基準変更時差異の償却年数が5年超ならば1，それ以下ならば0という質的変数を割り当てるロジット回帰分析を行っても，実証結果の解釈に大きな差異はない．

10　投資家が十分に洗練されていると経営者が信じるならば，経営者は費用の区分表示について中立的であろう．本章では，利益の持続性を守ることが自己に有利な株価形成につな

がると経営者が信じているということを前提にしている。ただし，そのような経営者の意識が実在するか否かについてわが国の調査が進んでいるとはいえない。
11　Beatty and Weber (2006) は四半期データを用いているが，この分析では年次データを用いている。なお，利益の持続性に関して，音川 (2007) のように，当期利益を前期利益に回帰する方法もある。
12　その他に，次の3つの比較方法を試みている。第1に，Beatty and Weber (2006) が用いた係数の比較，第2に，係数の順位付けによる順位の比較，第3に，決定係数の比較である。係数の比較を行うために，各変数を標準化してから回帰分析を行う方法も使用しているが (Gujarati, 2003, pp.173-175)，どの手続きを用いても実証結果に大差は生じていない。
13　負値の数値をそのまま用いても分析結果にあまり影響はなかった。
14　注12で示したが，変数を標準化して回帰分析を行った場合，DERC と DCERC の平均は 0.5 を少し上回る。
15　ただし，特別損益項目の扱いについては報酬委員会等を通じた独自の基準が存在するかもしれない。
16　赤字企業と黒字企業とでは利益と株価との関連性が異なるといわれている（たとえば，Hayn, 1995；薄井，1999）。
17　過去に1度も赤字を計上したことがないかどうかで企業を分類しても結果はほとんど変わらなかった。なお，赤字が過去10期（7〜9期の場合もある）のうち2期を超える企業は368社存在する。サンプル中には10期中9期が赤字であるケースもあった。

参考文献

Balsam, S., I. Haw and S. B. Lilien (1995) "Mandated Accounting Changes and Managerial Discretion," *Journal of Accounting and Economics* 20, pp. 3 -29.

Beatty, A. and J. Weber (2006) "Accounting Discretion in Fair Value Estimates : An Examination of SFAS 142 Goodwill Impairments," *Journal of Accounting Research* 44, pp.257-288.

Brown, P.(1994) *Capital Markets-Based Research in Accounting : An Introduction*. Coopers & Lybrand (山地秀俊・音川和久訳 (1999)『資本市場理論に基づく会計学入門』勁草書房).

Bushman, R. M., E. Engel, J. Milliron and A. J. Smith (1998) "An Empirical Investigation of Trends in Absolute and Relative Use of Earnings in Determining CEO Cash Compensation," *Working Paper*, University of Chicago.

Dechow, P., M. R. Huson and R. G. Sloan (1994) "The Effect of Restructuring Charges on Executives' Cash Compensation," *The Accounting Review* 69, pp.138-156.

D'Souza, J., J. Jacob and K. Ramesh (2000) "The Use of Accounting Flexibility to Reduce Labor Renegotiation Costs and Manage Earnings," *Journal of Accounting and Economics* 30, pp.187-208.

Duru, A., R. J. Iyengar and A. Thevaranjan (2002) "The Shilding of CEO Compensation from the Effects of Strategic Expenditures," *Contemporary Accounitng Research* 19, pp.175–193.

Erickson, M. and S. Wang (1999) "Earnings Management by Acquiring Firms in Stock for Stock Mergers," *Journal of Accounting and Economics* 27, pp.149–176.

Fields, T. D., T. Z. Lys, L. Vincent (2001) "Empirical Research on Accounting Choice," *Journal of Accounting and Economics* 31, pp.255–307.

Francis, J.(2001) "Discussion of Empirical Research on Accounting Choice," *Journal of Accounting and Economics* 31, pp.309–319.

Gaver, J. J. and K. M. Gaver (1998) "The Relation between Nonrecurring Accounting Transactions and CEO Cash Compensation," *The Accounting Review* 73, pp.235–253.

Graham, J. R., C. R. Harvey, and S. Rajgopal (2005) "The Economic Implications of Corporate Financial Reporting," *Journal of Accounting and Economics* 40, pp. 3–73.

Gujarati, D. N.(2003) *Basic Econometrics* (4th ed.), McGraw Hill.

Hayn, C.(1995) "The Information Content of Losses," *Journal of Accounting and Economics* 20, pp.125–154.

McVay, S. E.(2006) "Earnings Management Using Classification Shifting : An Examination of Core Earnings and Special Items," *The Accounting Review* 81, pp.501–532.

Perry, S. E. and T. H. Williams (1994) "Earnings Management Preceding Management Buyout Offers," *Journal of Accounting and Economics* 18, pp.157–179.

Ramakrishnan, R. T. S. and J. K. Thomas (1998) "Valuation of Permanent, Transitory, and Price-irrelevant Components of Reported Earnings," *Journal of Accounting, Auditing and Finance* 13, pp.301–336.

Scott, W. R.(2003) *Financial Accounting Theory* (3rd ed.), Prentice Hall.

Taylor, S. L., R. B. Tress and L. W. Johnson (1990) "Explaining Intraperiod Accounting Choices : The Reporting of Currency Translation Gains and Losses," *Accounting and Finance* 30, pp. 1–20.

Wong, J.(1988) "Political Costs and an Intraperiod Accounting Choice for Export Tax Credits," *Journal of accounting and Economics* 10, pp.37–51.

White, H.(1980) "A Heteroskedasticity-consistent Covariance Matrix Estimator and a Direct Test for Hetreskedasticity," *Econometrica* 48, pp.817–838.

薄井彰 (1999)「クリーンサープラス会計と企業の市場評価モデル」『會計』第155巻第3号, pp.394–409.

岡部孝好 (2002)「退職給付会計基準の適用における裁量行動の類型」『国民経済雑誌』第185巻第4号, pp.51–66.

音川和久 (2008)「損益計算要素の持続性」須田一幸編著『会計制度の設計』白桃書房, 第10章.

乙政正太 (2004)『利害調整メカニズムと会計情報』森山書店.

乙政正太(2005)「経営者報酬と会計利益の連動性に関するトレンド分析」『阪南論集　社会科学編』第40巻第2号，pp. 1-16.

大日方隆(2008)「損益計算書区分表示の意義」須田一幸編著『会計制度の設計』白桃書房，第9章.

首藤昭信(2003)「連結会計情報が経営者報酬制度に与えた影響に関する実証分析」『専修大学会計学研究所報』No.9, pp. 1-21.

挽直治(2003)「退職給付会計と企業行動―会計基準変更時差異償却期間の選択を中心として」『名古屋大学経済科学』第51巻第1号，pp.39-51.

吉田和生・吉田靖(2004)「新年金会計基準の導入と経営者行動―積立不足の償却要因」『経営財務研究』第23巻第1号，pp.43-55.

18 長期請負工事収益の会計選択

1．本章の目的と構成

　会計基準の国際的な統一化作業において，工事収益の計上方法を工事進行基準へ一元化することが検討課題とされている．その統一化作業では，代替的な方法を削減することにより，企業の選択（裁量）の余地を狭めることが優先課題とされている．その問題意識からすれば，工事完成基準と工事進行基準の任意選択および併用を容認しているわが国の会計基準は，国際的な標準から遅れていることになる．しかし，たんに単一の方法に統一することが目的であるのなら，工事完成基準に統一してもよいはずであり，前述の動向は，工事完成基準よりも工事進行基準のほうが優れていることが，暗黙のうちに前提とされている．工事進行基準は，工事完成基準に比べて，年々の利益を平準化し，企業活動をよりタイムリーに利益に反映させると理解され，その直感にもとづいて，工事進行基準による利益は，工事完成基準による利益よりも，value relevance（価値関連性）が高いと信じられているのであろう．はたして，工事進行基準は優れた方法であるのか，それを確かめるのがこの研究の目的である．

　現在，個別の会計基準の次元では国際的な差異が存在しているが，概念フレームワークの次元では，財務報告の目的は投資家に有用な情報を提供することであるという国際的な合意が成立している．そうすると，検討すべき課題は，工事完成基準と工事進行基準のいずれが有用な情報を提供するか，ということになる．その問題を検討するこの研究は，2つの前提（制約）あるいは特

徴をもっている．第1は，会計情報の有用性の尺度である．会計情報の有用性については，多様な尺度が存在しているが，この研究では，利益資本化モデルにおける資本化係数の大きさに注目する．従来から，その係数が大きいほど，会計情報（利益）は有用であると解されている．そこで，工事進行基準によった場合の資本化係数は工事完成基準よりも大きいかを仮説として，その検証を試みる．

第2は，会計方法の選択とその運用（適用）の合成結果として，企業の会計方針を捉える点である．工事収益の計上にかんする会計方法は，周知のように，工事完成基準と工事進行基準である．企業が工事進行基準を採用している場合，さらに，それを適用する工事物件の条件（適格要件）を裁量的に決めることによっても，利益などの会計数値を操作することができる．一般に，会計情報の value relevance（価値関連性）には，会計基準，企業の選択，経済環境の3要因が同時に影響をあたえており，その relevance の有無や高低をすべて会計基準（の質）に帰着させて議論するのは誤りである．この論文では，会計方法の選択だけではなく，工事進行基準の適用条件をともに分析することにより，企業の会計方針選択にも一定の検討を加える．

実証研究の結果，企業属性をコントロールしてもなお，工事進行基準を採用する企業の資本化係数は，工事完成基準のそれよりも大きくはないことがあきらかとなった．むしろ，その適用割合が低い企業グループの資本化係数は，他の企業グループ（工事完成基準の企業グループおよび工事進行基準の適用割合が高い企業グループ）の資本化係数よりも有意に小さかった．これらの結果は，工事進行基準の採用が利益情報の有用性を高めるという通念にたいして否定的である．会計基準の国際的統一の過程において，工事進行基準への一元化が話題になっているが，この論文の結果は，その根拠を再検討する必要があることを示唆している．さらに，工事進行基準を強制するにしても，その適用条件（適格要件）を統一すべきか否か，どのような注記を義務づけるかについても，いまだ検討の余地が残されている．

この章の構成は次のとおりである[1]．第2節は，先行研究の簡単なレビューである．第3節では，サンプルとデータを説明する．第4節は，工事収益の計上方針と利益の価値関連性との関係を検討し，第5節では，追加テストによっ

て，実証結果の頑強性を確かめる．第6節では，実証結果にもとづいて経験的な示唆をまとめる．

2．先行研究と関連問題

売上高の value relevance にかんして，これまで，インターネット産業やソフトウェア産業などの新興産業を対象に分析されているが，伝統的産業である建設業を対象とした分析はいまだなされていない．建設業の長期請負工事の収益計上方法をめぐっては，工事進行基準のほうが工事完成基準よりも活動実態をより適時に報告すると信じられており，一般に，適時報告は会計情報の有用性を向上させると考えられている．この論文と関連している研究課題は，適時性と利益の relevance との関係である．Jennings et al.(2004) は，国際会計基準が財務諸表情報の適時性と value relevance を向上させるか否かを検証した．彼らは，リバース回帰によって適時性を測定したうえで，税法とディスクロージャー制度との結びつきが強い国で IAS (現 IFRS) が採用されると，適時性と relevance は向上すると報告している．

また，複数の代替的方法が会計基準で認められている場合には，従来から，企業はどのようなインセンティブによってそれらを戦略的に使い分けるのかという問題も，検討されてきた．収益認識を利用した利益管理(earnings management)については，須田 (2000,第9章) が，工事進行基準と工事完成基準の採用状況を検討して，規模仮説と負債比率仮説が日本の建設業について妥当し，それは政治コストと契約コストの削減を目的にしていると報告している．同様に，Marquardt and Wiedman (2004) は，新株発行を予定している企業は，業績をよく見せるため，収益をより早期に計上することを発見した．他方, Zhang (2006) は，会計方針を変更した場合の再表示 (restatement) に着目して，成長期待が高いほど，売上高総利益率が高いほど，売上予想を行うアナリストが多いほど，また，収益認識の方法に弾力性があるほど，利益の他の項目よりも売上高を操作する可能性が高いことを発見した．ただし，その収益の操作可能性は利益の value relevance には有意な影響をあたえないと報告している．

かりに，業績報告の適時性の点で工事進行基準が優れているとすれば，それ

は relevance の向上にとってプラスの材料である．一方，工事進行基準の適用条件の変更が利益管理に利用されているとすれば，利益情報に irrelevant なノイズが持ち込まれる可能性もあり，それはマイナスの材料になりかねない．利益管理の論点も興味深いが，この研究ではそれには深く立ち入らずに，適時報告に優れた工事進行基準は利益の relevance を向上させるのか否かに焦点を当てる．

適時性と relevance との関係については，これまで，会計の保守性が注目されてきた（この問題のレビューについては，Watts, 2003a, 2003b を参照）．一部の研究者には，保守的であるほど，損失が適時に報告されるので，それだけ利益情報の relevance が向上すると信じられている．その信念にもとづいた国際比較研究も数多い．しかし，保守主義はバイアスのある測定方法であり，たとえば R&D の即時費用処理をめぐっては，むしろ利益の relevance を低下させているという指摘もある（Lev et al., 2005）．また，収益と費用の対応（matching）を崩すと，利益の volatility が上昇し，利益の予測可能性が低下する（Dichev and Tang, 2004）から，保守主義が無条件で利益の relevance を向上させるとはいえない．さらに，最近では，保守主義の役割は，relevance の観点ではなく，負債契約の観点から分析すべきであるという指摘もなされている（Ball et al., 2006）．

この研究では，営業利益および経常利益を対象として，工事収益の適時性と利益の relevance との関係を分析する．工事進行基準でも工事完成基準でも，工事収益と工事原価との対応関係は同じであり（両者の対応関係が保たれたまま同一の期間に帰属される），この研究の主題は，収益と費用のミスマッチが利益の relevance に影響をあたえるという問題からは中立である．損失のみを早期計上するという非対称的な適時性が問題にされるわけではない．それゆえ，適時性と relevance との関係を分析するうえでは，この工事収益の計上方法は，保守的な会計処理よりも優れた題材である．

もう1つの関連する研究領域は，利益平準化と利益の relevance との関係である．一般に，利益平準化によって，①一時的 (transitory) な損益要素が年度利益から除かれて長期的には相殺されることにより，報告利益の持続性 (persistence) が高まる場合や，②経営者の裁量的な平準化操作から，収益の将来見

通しなどの内部情報が投資家に知られる場合には，その平準化によって利益の relevance あるいは質（quality）が高まると解されている（Dechow and Dichev, 2004；Bao and Bao, 2004；Francis et al., 2004；大日方, 2004）．

ただ，一般に平準化の手段として注目されているのは，収益ではなく，費用であり，多くの研究者は，裁量的な発生費用に関心を向けている．それにたいして，この研究は収益に着目する点が特徴的である．Ertimur et al.(2003), Ghosh et al.(2005), Jegadeesh and Livnat (2006) らは，収益の持続性（変動）をともなう利益の持続性（変動）は，それをともなわない場合に比べて，投資家にとってより説得的であり，リターンと利益変化はより強い関係を有していると報告している．つまり，利益の持続性あるいは安定性を投資家が評価するうえで，収益の持続性が重要なシグナルになると指摘している．

工事進行基準によると，工事完成基準よりも利益は平準化されると理解され，工事進行基準を義務付ける場合に，その平準化効果は，企業を説得する材料になると考えている人々もいる．はたして，工事進行基準には，利益を平準化する効果があるのか，その平準化は利益の relevance を高める平準化であるのかは，実証的に分析すべき課題である．この章は，さしあたり利益の時系列特性（time-series properties）には立ち入らずに，もっぱら利益の value relevance の観点から，工事進行基準と工事完成基準を比較する．

3．サンプルとデータ

この研究では，『日経 NEEDS 企業財務データ』において建設業に分類されている企業を対象サンプルとした．財務データは，連結ではなく，親会社個別（単独）の財務諸表から収集した．これは，工事収益の計上方針と利益の価値関連性との関連を分析するにあたり，経営多角化の影響をできるだけ除いて，建設業のみの収益（利益）と株価との関係を考察するためである．サンプルは，①3月決算企業であること，②1年決算（会計年度が12カ月間）であること，③前年度末の株価データが入手できること，の3つの条件に選択した．

親会社個別のデータを対象とするため，分析期間は1999年3月期までとした．2000年3月期以降は，連結財務諸表が主たる財務諸表とされているため，

図表18-1 サンプルの分布

Year	N	工事進行基準採用企業 $n1$	$n1/N$	進行基準適用売上高 記載なし	ゼロ	有 ($n2$)	$n2/N$
1983/3	61	29	0.4754	4	2	23	0.3770
1984/3	62	29	0.4677	3	2	24	0.3871
1985/3	65	32	0.4923	3	2	27	0.4154
1986/3	65	34	0.5231	2	2	30	0.4615
1987/3	66	35	0.5303	2	3	30	0.4545
1988/3	70	36	0.5143	2	5	29	0.4143
1989/3	74	37	0.5000	1	5	31	0.4189
1990/3	91	45	0.4945	2	7	36	0.3956
1991/3	113	56	0.4956	2	5	49	0.4336
1992/3	124	63	0.5081	3	5	55	0.4435
1993/3	126	65	0.5159	2	4	59	0.4683
1994/3	131	69	0.5267	2	4	63	0.4809
1995/3	133	70	0.5263	1	4	65	0.4887
1996/3	139	74	0.5324	2	4	68	0.4892
1997/3	146	78	0.5342	2	8	68	0.4658
1998/3	148	80	0.5405	2	8	70	0.4730
1999/3	153	89	0.5817	2	8	79	0.5163
Total	1,767	921	0.5212	37	78	806	0.4561

「親会社単独の利益と株価の関係」と「連結利益と株価との関係」は，いずれも，1999年以前と2000年以降とでは異なっているという見解がある．この研究は，制度変更によるノイズを除くため，2000年以降は分析から除いた．他方，分析の開始は，工事収益の計上方針が注記で開示されるようになった1983年3月期からである．総サンプルは，1,767企業/年であり，決算期ごとのサンプルの分布は図表18-1のとおりである．財務諸表のデータは，『日経 NEEDS 企業財務データ』から収集し，株価は，東洋経済新報社の株価 CD-ROM からダウンロードした．

会計方針にかんする財務諸表の注記において，工事進行基準を採用していると記載している企業数が，図表18-1の $n1$ として記載されている．各期のサンプルに占める工事進行基準採用企業の比率は，ほぼ単調に年々微増を続けて

いる．その割合は，最後の1999年3月期においても6割弱であり，必ずしも工事進行基準の採用が支配的であるとはいえない．

　わが国では，工事進行基準は長期の大型工事にのみ適用され，「工期△年以上，請負額〇億円以上」などの条件を企業がそれぞれ独自に設定し，その条件を満たした工事物件についてのみ，工事進行基準を適用している．工事進行基準が採用されていても，工事売上高のすべてが工事進行基準で計算されるのではないため，注記では，工事進行基準によって計上された売上高が記載されることが多い．その売上高を，本章では便宜的に，「進行基準適用売上」と呼ぶ．サンプル企業の中には，a) 進行基準適用売上についての記述がないものや，b) それがゼロであると記載されている企業も存在した．これらの変則的なサンプルの存在は，重要な示唆をあたえている．すなわち，工事進行基準の適用条件を統一するか否か，その注記方法をどのように整備するのかが，制度設計において重要な検討課題となるであろう．

　この研究では，上記のa) とb) の企業グループは工事進行基準を採用していない（工事完成基準のみを採用している）とみなした．なお，それらを工事進行基準採用企業に分類しても，分析の結果に本質的な差異はなかったため，以下では，進行基準適用売上がゼロまたは不明な企業は工事完成基準採用企業として扱う．

　図表18-1では，進行基準適用売上が正の企業数を$n2$として記載している．それらは，この研究で工事進行基準採用企業とみなすサンプルであり，全サンプルに占めるその比率は，5割に満たない．表面的，名目的にはその比率は5割を超えているものの，実質的には5割にも達していないわけである．

　図表18-2は，工事進行基準採用企業について，売上高に占める工事進行基準適用売上の割合の記述統計量をまとめたものである．工事進行基準の適用条件が一定であっても，請負工事の工期や請負額が変動することにより，この割合は変動する．また，適用条件を変更することによっても，この割合を変化させることができる．たとえば，前述の適用条件の△や〇の数値を大きく（小さく）すると，この割合は低下（上昇）する．図表18-2によると，平均とメディアンは，いずれも2割前後である．工事進行基準を採用しているといっても，それが適用された売上の割合は，けっして高いとはいえない．この割合が7割

図表18-2 工事進行基準適用売上の割合

Year	$n2$	Mean	St.Dev.	Min	1 Q	Median	3 Q	Max
1983/3	23	0.1521	0.1506	0.0285	0.0622	0.1243	0.1715	0.7598
1984/3	24	0.1772	0.1517	0.0248	0.0990	0.1432	0.2032	0.7594
1985/3	27	0.1615	0.1534	0.0186	0.0656	0.1494	0.1992	0.8174
1986/3	30	0.1585	0.1390	0.0055	0.0568	0.1524	0.2141	0.6958
1987/3	30	0.1462	0.1269	0.0103	0.0416	0.1413	0.2140	0.5964
1988/3	29	0.1453	0.1127	0.0157	0.0671	0.1417	0.1883	0.5525
1989/3	31	0.1496	0.1135	0.0132	0.0570	0.1476	0.2097	0.5090
1990/3	36	0.1810	0.1358	0.0055	0.0693	0.1652	0.2409	0.5536
1991/3	49	0.1996	0.1392	0.0033	0.0745	0.2029	0.2750	0.5219
1992/3	55	0.2251	0.1526	0.0111	0.1062	0.2278	0.3380	0.7503
1993/3	59	0.2186	0.1549	0.0042	0.0938	0.1944	0.3294	0.7748
1994/3	63	0.2228	0.1501	0.0039	0.0928	0.2027	0.3304	0.6647
1995/3	65	0.2138	0.1551	0.0068	0.0760	0.2069	0.3038	0.7905
1996/3	68	0.2007	0.1423	0.0002	0.0822	0.2101	0.2958	0.6580
1997/3	68	0.1980	0.1283	0.0006	0.0900	0.1908	0.2727	0.6568
1998/3	70	0.1980	0.1412	0.0053	0.0710	0.1891	0.2745	0.6996
1999/3	79	0.1947	0.1518	0.0016	0.0684	0.1701	0.2910	0.7142
Total	806	0.1935	0.1440	0.0002	0.0740	0.1670	0.2750	0.8174

前後に達する企業が存在する一方，それが1割に満たない企業も存在する．その企業間のバラツキは，大きいように思える．そのバラツキ，すなわち，進行基準適用売上の割合の大小が利益の価値関連性とどのような関係にあるのかも，重要な検討課題であり，それを検証するのがこの論文の第2の目的である．

4．利益の価値関連性

利益の価値関連性を検証するにあたり，この研究では，周知の利益資本化モデルを採用した．回帰式は，以下の3つである．

$$P_{it} = \alpha_0 + \alpha_1 SSIZE_{it} + \alpha_2 SBTM_{it} + \alpha_3 SLEV_{it} + \beta_1 X_{kit} + \beta_2 LOSS\_X_{kit} \\ + \beta_3 D \cdot X_{kit} + \gamma_1 SSIZE_{it} \cdot X_{kit} + \gamma_2 SBTM_{it} \cdot X_{kit} + \gamma_3 SLEV_{it} \cdot X_{kit} + u_{it} \quad (1)$$

$$P_{it} = \alpha_0 + \alpha_1 SSIZE_{it} + \alpha_2 SBTM_{it} + \alpha_3 SLEV_{it} + \beta_1 X_{kit} + \beta_2 LOSS\_X_{kit}$$
$$+ \beta_3 D_L \cdot X_{kit} + \beta_4 D_H \cdot X_{kit} + \gamma_1 SSIZE_{it} \cdot X_{kit} + \gamma_2 SBTM_{it} \cdot X_{kit} \quad (2)$$
$$+ \gamma_3 SLEV_{it} \cdot X_{kit} + u'_{it}$$

$$P_{it} = \alpha_0 + \alpha_1 SSIZE_{it} + \alpha_2 SBTM_{it} + \alpha_3 SLEV_{it} + \beta_1 X_{kit} + \beta_2 LOSS\_X_{kit}$$
$$+ \beta_3 RATIO \cdot X_{kit} + \gamma_1 SSIZE_{it} \cdot X_{kit} + \gamma_2 SBTM_{it} \cdot X_{kit} \quad (3)$$
$$+ \gamma_3 SLEV_{it} \cdot X_{kit} + u''_{it}$$

変数の定義は，以下のとおりである．

P ＝期末時点の株価

$SSIZE$ ＝株式時価総額にもとづいて年度ごとに順位をつけ，0 と 1 のあいだに等間隔で並ぶように標準化したもの．株式時価総額が小さいほうが，より 1 に近い．

$SBTM$ ＝簿価時価比率（book-to-market）にもとづいて年度ごとに順位をつけ，0 と 1 のあいだに等間隔で並ぶように標準化したもの．簿価時価比率が高いほうが，より 1 に近い．

$SLEV$ ＝財務レバレッジ（負債／株式時価総額）にもとづいて年度ごとに順位をつけ，0 と 1 のあいだに等間隔で並ぶように標準化したもの．財務レバレッジが高いほうが，より 1 に近い．

X ＝1 株あたり利益．k は利益の種類を表し，営業利益（OP）は $k=1$，経常利益（OI）は $k=2$．

$LOSS\_X$ ＝利益が負（赤字）のときは損失額，正（黒）のときはゼロの変数．

D ＝工事進行基準を採用している場合は 1，それ以外をゼロとするダミー変数．

D_L ＝売上高に占める工事進行基準適用売上高の割合が年度のメディアンを下回る場合を 1，それ以外をゼロとするダミー変数．

D_H ＝売上高に占める工事進行基準適用売上高の割合が年度のメディアンを上回る場合を 1，それ以外をゼロとするダミー変数．

$RATIO$ ＝売上高に占める工事進行基準適用売上高の割合．

$i =$ 企業．
$t =$ 年度．

　ここでの分析で関心を向けるのは，工事収益の計上方針を表す変数と利益の変数の積にかかる係数の符号である．工事進行基準によって，よりタイムリーな企業業績の報告がなされるなら，工事進行基準を採用している企業の資本化係数は，工事完成基準を採用している企業のそれよりも大きくなるはずであり，工事進行基準を適用した売上の割合が大きいほど，資本化係数は大きくなるはずである．したがって，仮説はつぎのようになる．

仮説
　工事進行基準の採用（工事進行基準適用売上の割合）を表す変数と利益の変数との積にかかる係数は，有意な正の値になる．

　この仮説の検証にあたって，上記に示されたとおり，工事収益の計上方針として，①会計方法（工事進行基準採用の有無），②工事進行基準適用売上の割合の大小，③工事進行基準適用の割合そのもの，の3変数に着目する．その分析のさい，企業属性が資本化係数にあたえる影響をコントロールするため，株式時価総額，簿価時価比率，財務レバレッジの3変数を回帰式に含める．ここでは，とくに資本化係数に注目するため，それらの3変数と利益との交差項も，回帰式に含める．赤字額を説明変数に加えるのは，赤字か黒字かによって資本化係数が異なる状況をコントロールするためである．また，分析期間には不況期が含まれているため，一時的なリストラ損失などの影響を除くため，純利益は分析対象から除き，営業利益と経常利益を分析対象とする．なお，年度効果を吸収するため，すべての回帰には年度ダミーが含まれており（表記と推定結果は省略），株価と利益の変数は，分散不均一の影響を緩和するため，前期末の株価でデフレートした．

　変数の記述統計量は，図表18-3にまとめた．図表18-4は，主要な変数（前期末株価でのデフレート後）について，企業間の格差を検証したものである．Panel Aは収益の計上方法（前述の変数D），Panel Bは進行基準の適用割合 $RATIO$ を利用して，企業間格差を推定した結果である．回帰に用いた変数

図表18-3　変数の記述統計量

	Mean	St.Dev.	Min	1 Q	Median	3 Q	Max
P	0.9954	0.4183	0.0771	0.7488	0.9259	1.1077	5.9748
OP	0.0891	0.0814	−0.5981	0.0513	0.0786	0.1143	0.6814
OI	0.0785	0.0750	−0.5959	0.0472	0.0739	0.1066	0.4946
NI	0.0113	0.1391	−2.5944	0.0143	0.0271	0.0426	0.2616

図表18-4　工事収益の計上方針と変数の企業間格差

Panel A	Policy Dummy			
	Coefficients	t	p-value	Adj.R^2
P	−0.0174	−1.14	0.256	0.4207
OP	0.0086	2.33	0.020	0.1262
OI	−0.0074	−2.10	0.036	0.0952
NI	−0.0117	−1.85	0.065	0.0805
FIN	−0.0160	−8.50	0.000	0.0914
EXT	−0.0044	−0.69	0.488	0.0902

Panel B	RATIO			
	Coefficients	t	p-value	Adj.R^2
P	−0.0715	−0.96	0.337	0.3955
OP	−0.0110	−0.57	0.566	0.1475
OI	−0.0260	−1.42	0.156	0.0716
NI	−0.0807	−1.34	0.181	0.0790
FIN	−0.0147	−1.09	0.274	0.0955
EXT	−0.0548	−0.99	0.321	0.0928

間の相関関係は，図表18-5にまとめた．コントロール変数である，株式時価総額，簿価時価比率，財務レバレッジ3者の（順位）相関は低く，それぞれが異なる企業属性を表していることを示している．利益とコントロール変数との交差項は，相関係数が高くなる傾向があるものの，深刻な多重共線性が懸念されるほどではない．

図表18-6は，回帰分析の結果をまとめたものである．Panel Aは営業利益，Bは経常利益の場合の結果である．各セルの3段の数値は，上から，偏回帰係数，(Huber-Whiteによるrobustなt値)，[有意確率]を表している．Panel Aにおいて，株式時価総額（SSIZE）と営業利益との交差項を除いて，コント

図表18-5　変数間の相関関係

Panel A

	P	SSIZE	SBTM	SLEV	OP	LOSS_OP	D*OP	D_L*OP	D_H*OP	RATIO*OP	SSIZE*OP	SBTM*OP	SLEV*OP
P	1.0000												
SSIZE	−0.0591	1.0000											
SBTM	−0.2058	0.0895	1.0000										
SLEV	−0.1273	0.1561	0.1256	1.0000									
OP	0.1733	0.0668	0.0423	0.2255	1.0000								
LOSS_OP	0.0391	−0.0970	0.0374	−0.0624	0.5266	1.0000							
D*OP	0.0559	0.1229	−0.0133	0.2273	0.5753	0.2415	1.0000						
D_L*OP	0.0402	0.0608	0.0571	0.0572	0.3432	0.2233	0.6182	1.0000					
D_H*OP	0.0333	0.0987	−0.0693	0.2335	0.4080	0.0983	0.6894	−0.1432	1.0000				
RATIO*OP	0.0010	0.0854	−0.0823	0.2533	0.4339	0.1588	0.7790	0.1241	0.8665	1.0000			
SSIZE*OP	0.1381	0.4396	0.0542	0.2261	0.8437	0.4263	0.5030	0.2883	0.3677	0.3640	1.0000		
SBTM*OP	0.0091	0.0846	0.4946	0.2671	0.7720	0.3363	0.3911	0.2532	0.2591	0.2655	0.6495	1.0000	
SLEV*OP	0.0629	0.1135	0.0939	0.5426	0.8781	0.3774	0.5509	0.2571	0.4567	0.4620	0.7866	0.7456	1.0000

Panel B

	P	SSIZE	SBTM	SLEV	OI	LOSS_OI	D*OI	D_L*OI	D_H*OI	RATIO*OI	SSIZE*OI	SBTM*OI	SLEV*OI
P	1.0000												
SSIZE	−0.0591	1.0000											
SBTM	−0.2058	0.0895	1.0000										
SLEV	−0.1273	0.1561	0.1256	1.0000									
OI	0.2271	−0.0190	0.1239	−0.0078	1.0000								
LOSS_OI	0.0479	−0.1030	0.0603	−0.0831	0.6602	1.0000							
D*OI	0.0880	0.0682	0.0529	0.0707	0.5435	0.4067	1.0000						
D_L*OI	0.0525	0.0192	0.0973	−0.0417	0.4379	0.3850	0.7365	1.0000					
D_H*OI	0.0660	0.0770	−0.0394	0.1539	0.2705	0.1335	0.5810	−0.1226	1.0000				
RATIO*OI	0.0408	0.0486	−0.0227	0.1278	0.3501	0.2354	0.7116	0.1745	0.8341	1.0000			
SSIZE*OI	0.1689	0.3627	0.1285	0.0606	0.8320	0.5812	0.4994	0.3840	0.2706	0.3165	1.0000		
SBTM*OI	0.0638	0.0403	0.5257	0.0944	0.7728	0.3706	0.3477	0.3066	0.1413	0.1993	0.6311	1.0000	
SLEV*OI	0.1189	0.0523	0.1644	0.4170	0.8238	0.5508	0.4796	0.3126	0.3276	0.3673	0.7657	0.6975	1.0000

第18章 長期請負工事収益の会計選択 383

図表18-6 収益計上基準,企業属性と利益の value relevance(1)

Panel A	SSIZE	SBTM	SLEV	OP	LOSS_OP	D*OP	D_L*OP	D_H*OP	RATIO*OP	SSIZE*OP	SBTM*OP	SLEV*OP	Adj.R^2
❶	−0.1263			1.3416	−1.6638	−0.2817				0.0832			0.4570
	(−2.66)			(−4.22)	(−3.71)	(−1.85)				(0.18)			
	[0.008]			[0.000]	[0.000]	[0.064]				[0.854]			
❷		−0.1934		2.1708	−1.6582	−0.4639					−1.3563		0.5021
		(−4.09)		(5.94)	(−3.62)	(−3.24)					(−2.67)		
		[0.000]		[0.000]	[0.000]	[0.001]					[0.008]		
❸			−0.1495	2.9896	−2.4541	−0.1773						−1.6973	0.4965
			(−2.24)	(5.53)	(−4.59)	(−1.16)						(−2.46)	
			[0.025]	[0.000]	[0.000]	[0.246]						[0.014]	
❹	−0.0850	−0.1859	−0.1264	3.2377	−2.5793	−0.2712				0.1162	−0.9313	−1.3834	0.5352
	(−1.76)	(−4.20)	(−2.22)	(4.37)	(−4.74)	(−1.96)				(0.25)	(−2.09)	(−2.38)	
	[0.078]	[0.000]	[0.026]	[0.000]	[0.000]	[0.051]				[0.800]	[0.036]	[0.017]	
❺	−0.1265			1.3421	−1.6707		−0.2640	−0.2974		0.0854			0.4567
	(−2.67)			(4.21)	(−3.76)		(−1.41)	(−1.56)		(0.19)			
	[0.008]			[0.000]	[0.000]		[0.158]	[0.120]		[0.850]			
❻		−0.1959		2.1847	−1.7015		−0.3509	−0.5647			−1.3572		0.5023
		(−4.15)		(5.94)	(−3.72)		(−1.93)	(−3.29)			(−2.65)		
		[0.000]		[0.000]	[0.000]		[0.054]	[0.001]			[0.008]		
❼			−0.1454	3.0444	−2.4149		−0.3308	−0.0365				−1.7887	0.4970
			(−2.21)	(5.62)	(−4.61)		(−1.77)	(−0.19)				(−2.60)	
			[0.027]	[0.000]	[0.000]		[0.076]	[0.847]				[0.009]	
❽	−0.0852	−0.1853	−0.1253	3.2487	−2.5691		−0.3097	−0.2346		0.1180	−0.925	−1.4092	0.5350
	(−1.77)	(−4.21)	(−2.22)	(4.4)	(−4.78)		(−1.82)	(−1.36)		(0.26)	(−2.08)	(−2.42)	
	[0.078]	[0.000]	[0.027]	[0.000]	[0.000]		[0.069]	[0.173]		[0.797]	[0.038]	[0.016]	
❾	−0.1295			1.2650	−1.6549				−0.7966	0.0832			0.4563
	(−2.60)			(3.75)	(−3.56)				(−1.53)	(0.18)			
	[0.009]			[0.000]	[0.000]				[0.127]	[0.859]			

図表18-6 収益計上基準，企業属性と利益の value relevance(1)（続き）

Panel A	SSIZE	SBTM	SLEV	OP	LOSS_OP	D*OP	D_L*OP	D_H*OP	RATIO*OP	SSIZE*OP	SBTM*OP	SLEV*OP	Adj.R^2
⑩		−0.2039		2.0593	−1.6481				−1.7535		−1.3021		0.5017
		(−4.16)		(5.42)	(−3.50)				(−3.44)		(−2.45)		
		[0.000]		[0.000]	[0.000]				[0.001]		[0.000]		
⑪			−0.1529	2.8949	−2.4232				0.1596			−1.7192	0.4959
			(−2.21)	(5.09)	(−4.46)				(0.32)			(−2.46)	
			[0.027]	[0.000]	[0.000]				[0.749]			[0.014]	
⑫	−0.0886	−0.1910	−0.1266	3.1206	−2.5545				−0.643	0.1207	−0.8817	−1.3816	0.5343
	(−1.76)	(−4.24)	(−2.17)	(3.97)	(−4.62)				(−1.33)	(0.26)	(−1.90)	(−2.38)	
	[0.079]	[0.000]	[0.030]	[0.000]	[0.000]				[0.185]	[0.798]	[0.058]	[0.017]	

Panel B	SSIZE	SBTM	SLEV	OI	LOSS_OI	D*OI	D_L*OI	D_H*OI	RATIO*OI	SSIZE*OI	SBTM*OI	SLEV*OI	Adj.R^2
❶	−0.1253			1.6235	−2.2443	−0.1620			0.2927				0.4659
	(−2.68)			(4.81)	(−5.25)	(−0.93)			(0.56)				
	[0.007]			[0.000]	[0.000]	[0.352]			[0.574]				
❷		−0.1911		3.295	−2.7798	−0.3648					−2.0690		0.5265
		(−4.51)		(7.28)	(−5.90)	(−2.34)					(−3.57)		
		[0.000]		[0.000]	[0.000]	[0.020]					[0.000]		
❸			−0.1675	2.0695	−2.2760	−0.1105						−0.4101	0.4807
			(−2.61)	(4.60)	(−5.20)	(−0.65)						(−0.61)	
			[0.009]	[0.000]	[0.000]	[0.516]						[0.545]	
❹	−0.0671	−0.182	−0.1372	3.0913	−3.0060	−0.2464			0.1691		−1.8689	−0.0879	0.5376
	(−1.49)	(−4.76)	(−2.33)	(4.17)	(−5.67)	(−1.57)			(0.33)		(−3.54)	(−0.14)	
	[0.137]	[0.000]	[0.020]	[0.000]	[0.000]	[0.116]			[0.738]		[0.000]	[0.885]	
❺	−0.1247			1.6355	−2.2057		−0.2778	−0.0045	0.2733				0.4661
	(−2.73)			(4.90)	(−5.33)		(−1.46)	(−0.02)	(0.54)				
	[0.006]			[0.000]	[0.000]		[0.145]	[0.986]	[0.593]				

第18章　長期請負工事収益の会計選択　385

図表18-6　収益計上基準，企業属性と利益の value relevance(1)（続き）

Panel B	SSIZE	SBTM	SLEV	OI	LOSS_OI	D*OI	D_L*OI	D_H*OI	RATIO*OI	SSIZE*OI	SBTM*OI	SLEV*OI	Adj.R^2
❻		−0.1912		3.2303	−2.7827		−0.3573	−0.3752			−2.0702		0.5263
		(−4.55)		(7.28)	(−6.03)		(−1.96)	(−1.65)			(−3.56)		
		[0.000]		[0.000]	[0.000]		[0.051]	[0.099]			[0.000]		
❼			−0.1648	2.1486	−2.2035		−0.3295	0.1924				−0.5356	0.4823
			(−2.62)	(4.76)	(−5.18)		(−1.78)	(0.72)				(−0.80)	
			[0.009]	[0.000]	[0.000]		[0.076]	[0.470]				[0.426]	
❽	−0.0678	−0.1814	−0.1362	3.1031	−2.9699		−0.3185	−0.1423		0.1746	−1.8455	−0.1360	0.5376
	(−1.51)	(−4.80)	(−2.34)	(4.20)	(−5.73)		(−1.85)	(−0.59)		(0.35)	(−3.53)	(−0.22)	
	[0.131]	[0.000]	[0.020]	[0.000]	[0.000]		[0.065]	[0.557]		[0.728]	[0.000]	[0.822]	
❾	−0.1271			1.5720	−2.2690				−0.1361	0.2811			0.4655
	(−2.62)			(4.42)	(−5.15)				(−0.23)	(0.53)			
	[0.009]			[0.000]	[0.000]				[0.819]	[0.597]			
❿		−0.1986		3.1121	−2.8098				−1.1183		−2.0001		0.5256
		(−4.45)		(6.77)	(−5.81)				(−1.99)		(−3.26)		
		[0.000]		[0.000]	[0.000]				[0.047]		[0.001]		
⓫			−0.1711	2.0056	−2.2976				0.4171			−0.4234	0.4807
			(−2.60)	(4.25)	(−5.14)				(0.67)			(−0.62)	
			[0.009]	[0.000]	[0.000]				[0.506]			[0.538]	
⓬	−0.0687	−0.1867	−0.1404	2.9871	−3.0236				−0.5188	0.1488	−1.8128	−0.0597	0.5369
	(−1.46)	(−4.71)	(−2.31)	(3.82)	(−5.57)				(−0.95)	(0.29)	(−3.28)	(−0.10)	
	[0.144]	[0.000]	[0.021]	[0.000]	[0.000]				[0.344]	[0.773]	[0.001]	[0.923]	

ロール変数にかかる係数の符号は，おおむね5％水準（両側）で有意な負の値になっている．これらのコントロール変数はいずれも企業のリスクに関連し，その変数が大きくなるほど，そのリスクが大きくなると想定されているから，その係数が負になっているのは，予想された結果である．工事進行基準の採用を表す変数 D と営業利益との交差項にかかる係数の符号は，モデル❸を除いて，少なくとも10％水準で有意な負の値になっている．つまり，工事進行基準を採用している企業の資本化係数は，工事完成基準採用企業の資本化係数よりも低くなっている．この結果は，仮説を棄却している．

ただ，工事進行基準の適用割合と資本化係数との関係は，相当に複雑である．モデル❼と❽によると，工事進行基準の適用割合が低い企業グループの資本化係数は，10％水準で工事完成基準の企業グループよりも低いものの，その割合が高い企業グループの資本化係数は工事完成基準の企業グループと有意な差異はない．さらに，モデル❿を除いて，$RATIO$ と営業利益の交差項の係数は，有意にゼロと異なっていない．工事進行基準の適用割合が高いほど資本化係数が低くなる，とまではいえない．その割合の情報価値については疑問が残るものの，いずれにしても仮説は棄却されており，工事進行基準の採用ないし適用が資本化係数を高めるとはいえない．

図表18-6のPanel B は，経常利益についての結果である．コントロール変数にかかる係数について，Panel A と比較すると，株式時価総額と利益の交差項の係数が有意でない点は異ならないが，Panel B では，財務レバレッジと経常利益の交差項にかかる係数が有意でなくなっている点が異なっている．これは，経常利益は借入費用が控除された結果であるため，財務レバレッジにかんする企業間の相違がすでに経常利益に反映されており，その交差項には追加的な情報価値がないためであると推測される．

会計方法ダミーと経常利益との交差項にかかる係数が統計的に有意であるのは，モデル❷だけであるが，営業利益と同様に，ここでもその符号は負である．工事進行基準適用割合の大小で分けた企業グループのダミーを使ったモデル❺〜❽の結果は，営業利益の場合と同じく，経常利益の場合も，その割合が低い企業グループの資本化係数は，工事完成基準を採用している企業グループの資本化係数よりも小さい．$RATIO$ と利益との交差項の係数は，簿価時価比

率のみをコントロールしたモデル❿においてのみ，有意な負の値になっている．

以上の結果をまとめると，工事進行基準を採用している企業の資本化係数は，工事完成基準を採用している企業の資本化係数よりも高くはなく，仮説は棄却される．むしろ，営業利益でも経常利益でも，工事進行基準の適用割合が低い企業グループの資本化係数は，工事完成基準を採用する企業グループよりも低い．なお，簿価時価比率のみをコントロールした場合には，工事進行基準の適用割合が高いほど資本化係数が低くなるといえるものの，株式時価総額と財務レバレッジをコントロールした場合には，工事進行基準の適用割合が高いほど資本化係数が低くなるとはいえない．企業属性のコントロール方法と，適用割合 RATIO の情報価値については，さらに検討すべき点が残されている．

5．追加テスト

前節の分析では，企業属性を表す変数をコントロール変数として，回帰の説明変数に加えることにより，企業属性をコントロールした．この手法は，きわめてオーソドックスな方法である．ここでは，前節の分析結果の頑強性を確かめるにあたり，Heckman (1979) による2段階法によって，企業属性をコントロールしてみる．この2段階法は，まず，プロビット・モデルによって，会計方法（工事進行基準か工事完成基準か）の選択を推定し，その残差から得られる inverse mill ratio^2 を，第2段階の利益の価値関連性のモデルの説明変数に加えるものである．この Heckman の2段階法は，Atiase et al.(2005) によって，会計研究に応用された．

一般に，異なる会計方法（会計方針）によって計算された利益の価値関連性を比べる場合，それらを選択させている企業属性をコントロールする必要があり，利益の価値関連性の検証は，その企業属性が株価水準（ないしリターン）にあたえる影響の検証との結合仮説の検証作業になっている．ただし，ここで採用する Heckman モデルによって，その結合関係が解消されるわけではない．そのことを考慮しても，前節の検証結果が異なるモデルによっても観察できるのかを確認してみる価値は大きいであろう．

第1段階の分析として，工事進行基準の採用企業を1，工事完成基準の採用企業をゼロとして，プロビット・モデルによる推定をした．ここでは，企業属性として，株式時価総額，簿価時価比率，財務レバレッジ，年度の4つを選択したケースと，それらに，売上高利益率，営業利益のyield（営業利益／前期末株価），営業外損益のyield（営業外損益／前期末株価）を加えたケースの，2ケースについて分析した．前者の推定結果は，図表18-7の[1]であり，後者の推定結果は[2]である．以下，前者のモデルによるinverse mill ratioは IMR，後者のモデルによるそれは $IMR\,2$ と略記する．

図表18-7の[1]と[2]を比べると，営業外損益を加えると，財務レバレッジは有意ではなくなっている．[1]では，財務レバレッジが高い（負債が多い）ほど工事進行基準を採用する確率が高いことを示しているが，[2]では，それと整合的に，営業外費用が大きいほど工事進行基準を採用する確率が高いことを示している．財務レバレッジの説明力は，その営業外損益の説明力に吸収されてしまっているようである．この結果は，前節において，財務レバレッジのコントロール能力にかんして，営業利益と経常利益とを比較したさいに指摘したことと符合している．営業利益については，図表18-4のPanel Aでは企業グループ間格差が観察されたが，図表18-7の[2]では有意な変数ではない．したがって，株価水準と営業利益との関係は営業利益の大小で屈折していると考える必要はない．通常の線形回帰によって，価値関連性を検証すればよい．図表18-8は，inverse mill ratioと回帰分析で利用する変数の相関関係である．

図表18-9のPanel Aは営業利益，Bは経常利益を対象とした結果であり，このAとBは前述の IMR を説明変数に加えた場合のものである．Panel CとDは，$IMR\,2$ を説明変数に加えた結果であり，Cは営業利益，Dは経常利益を対象としたものである．いずれについても，前節の分析と同様の結果が得られている．資本化係数は，①工事進行基準を採用している企業のほうが小さく，②工事進行基準の適用割合の大小で分けると，それが小さいグループの資本化係数が他よりも有意に小さい．また，③工事進行基準の適用割合が高いほど資本化係数が小さくなるとはいえない．結局，このHeckmanモデルを使った場合でも，仮説は棄却され，工事進行基準の採用（適用拡大）が資本化係数を高めるわけではないことが確認された．

第18章 長期請負工事収益の会計選択 389

図表18-7 Inverse mill ratio 推定のための「会計方針選択モデル」

	SIZE2	BTM	LEV	MARGIN	OP	FIN	YEAR	WaldChi-square	PseudoR^2
[1]	−1.2135	−0.3962	0.0636		0.0477		0.0247	49.88	0.0393
	(−4.08)	(−4.88)	(4.58)		(0.1)		(3.38)	(p=0.000)	
	[0.000]	[0.000]	[0.000]		[0.920]		[0.001]		
[2]	−1.0559	−0.263	−0.0005	−4.5994		−5.6151	0.0236	120.56	0.065
	(−3.75)	(−3.26)	(−0.03)	(−5.51)		(−4.78)	(2.98)	(p=0.000)	
	[0.000]	[0.001]	[0.974]	[0.000]		[0.000]	[0.003]		

図表18-8 Inverse mill ratio と変数の相関関係

Panel A

	P	SSIZE	SBTM	SLEV	OP	LOSS_OP	D*OP	D$_L$*OP	D$_H$*OP	RATIO*OP	SSIZE*OP	SBTM*OP	SLEV*OP
IMR	0.1393	−0.4613	0.2504	−0.4041	−0.1709	0.0811	−0.2602	−0.0640	−0.2687	−0.3046	−0.2815	−0.0327	−0.3205
IMR 2	0.0924	−0.4465	0.2404	−0.4764	−0.1515	0.1117	−0.2691	−0.0419	−0.3003	−0.3093	−0.2953	−0.0174	−0.3406

Panel B

	P	SSIZE	SBTM	SLEV	OI	LOSS_OI	D*OI	D$_L$*OI	D$_H$*OI	RATIO*OI	SSIZE*OI	SBTM*OI	SLEV*OI
IMR					0.0611	0.1157	−0.0931	0.0275	−0.1696	−0.1488	−0.1174	0.1284	−0.1384
IMR 2					0.1968	0.1737	−0.0334	0.1061	−0.1766	−0.1121	−0.0377	0.2304	−0.0765

図表18-9 収益計上基準, 企業属性と利益の value relevance (2)

Panel A

	IMR	SSIZE	SBTM	SLEV	OP	LOSS_OP	D*OP	D_L*OP	D_H*OP	RATIO*OP	SSIZE*OP	SBTM*OP	SLEV*OP	Adj.R^2
〈1〉	0.4509 (3.01) [0.003]				1.4261 (7.96) [0.000]	−1.6562 (−3.68) [0.000]	−0.2680 (−1.71) [0.087]							0.4536
〈2〉	0.2980 (1.46) [0.143]	−0.0545 (−1.05) [0.294]	−0.2052 (−4.41) [0.000]	−0.1166 (−2.00) [0.000]	3.2457 (4.38) [0.000]	−2.6146 (−4.82) [0.000]	−0.2532 (−1.81) [0.070]				0.0371 (0.08) [0.936]	−0.9349 (−2.11) [0.035]	−1.2834 (−2.20) [0.028]	0.5357
〈3〉	0.4532 (2.98) [0.003]				1.4251 (7.94) [0.000]	−1.6523 (−3.72) [0.000]		−0.2809 (−1.46) [0.144]	−0.2560 (−1.32) [0.188]					0.4533
〈4〉	0.3012 (1.49) [0.137]	−0.0544 (−1.05) [0.294]	−0.2047 (−4.41) [0.000]	−0.1153 (−2.00) [0.046]	3.2582 (4.40) [0.000]	−2.6035 (−4.86) [0.000]		−0.2962 (−1.73) [0.084]	−0.2119 (−1.23) [0.219]		0.0384 (0.08) [0.934]	−0.9278 (−2.09) [0.037]	−1.3113 (−2.25) [0.025]	0.5355
〈5〉	0.4685 (3.09) [0.002]				1.3359 (7.76) [0.000]	−1.6396 (−3.52) [0.000]				−0.5684 (−1.08) [0.281]				0.4525
〈6〉	0.3117 (1.55) [0.121]	−0.0567 (−1.06) [0.289]	−0.2108 (−4.44) [0.000]	−0.1165 (−1.96) [0.050]	3.1325 (3.99) [0.000]	−2.5919 (−4.70) [0.000]				−0.553 (−1.15) [0.251]	0.0403 (0.09) [0.932]	−0.8855 (−1.91) [0.056]	−1.2811 (−2.20) [0.028]	0.5348

Panel B

	IMR	SSIZE	SBTM	SLEV	OI	LOSS_OI	D*OI	D_L*OI	D_H*OI	RATIO*OI	SSIZE*OI	SBTM*OI	SLEV*OI	Adj.R^2
〈1〉	0.1269 (0.92) [0.360]				1.7792 (8.99) [0.000]	−2.0863 (−5.34) [0.000]	−0.1973 (−1.14) [0.256]							0.4611
〈2〉	0.1640 (0.84) [0.403]	−0.0520 (−1.10) [0.271]	−0.1934 (−4.66) [0.000]	−0.1280 (−2.09) [0.037]	3.0902 (4.16) [0.000]	−3.0169 (−5.70) [0.000]	−0.2358 (−1.50) [0.134]				0.1455 (0.29) [0.773]	−1.8616 (−3.52) [0.000]	−0.0574 (−0.09) [0.925]	0.5376

表18-9 収益計上基準，企業属性と利益の value relevance(2)（続き）

Panel B

	IMR	SSIZE	SBTM	SLEV	OI	LOSS_OI	D*OI	D_L*OI	D_H*OI	RATIO*OI	SSIZE*OI	SBTM*OI	SLEV*OI	Adj.R^2
〈3〉	0.1520				1.7801	−2.0546		−0.3160	−0.2089					0.4614
	(1.08)				(9.00)	(−5.44)		(−1.62)	(−0.11)					
	[0.282]				[0.000]	[0.000]		[0.104]	[0.911]					
〈4〉	0.1714	−0.0521	−0.19328	−0.1266	3.1025	−0.3109		−0.3109	−0.1262		0.1502	−1.8367	−0.1065	0.5376
	(0.88)	(−1.11)	(−4.69)	(−2.09)	(4.19)	(−1.809)		(−1.80)	(−0.52)		(0.30)	(−3.51)	(−0.18)	
	[0.378]	[0.267]	[0.000]	[0.037]	[0.000]	[0.073]		[0.073]	[0.600]		[0.765]	[0.000]	[0.861]	
〈5〉	0.1495				1.7087	−2.1198				−0.1688				0.4605
	(1.06)				(8.82)	(−5.24)				(−0.28)				
	[0.287]				[0.000]	[0.000]				[0.777]				
〈6〉	0.1795	−0.0522	−0.1990	−0.1303	2.9892	−3.0401				−0.4757	0.1243	−1.8060	−0.0287	0.5369
	(0.93)	(−1.07)	(−4.64)	(−2.07)	(3.82)	(−5.60)				(−0.88)	(0.24)	(−3.27)	(−0.05)	
	[0.355]	[0.283]	[0.000]	[0.038]	[0.000]	[0.000]				[0.381]	[0.809]	[0.963]	[0.963]	

Panel C

	IMR2	SSIZE	SBTM	SLEV	OP	LOSS_OP	D*OP	D_L*OP	D_H*OP	RATIO*OP	SSIZE*OP	SBTM*OP	SLEV*OP	Adj.R^2
〈1〉	0.1380				1.3663	−1.5258	−0.3023							0.4512
	(1.26)				(7.77)	(−3.43)	(−1.93)							
	[0.209]				[0.000]	[0.001]	[0.053]							
〈2〉	−0.3397	−0.1195	−0.1593	−0.1485	3.3222	−2.5269	−0.3083				0.1263	−0.903	−1.5481	0.5366
	(−1.97)	(−2.30)	(−3.37)	(−2.56)	(−4.40)	(−4.69)	(−2.22)				(−0.27)	(−2.05)	(−2.54)	
	[0.048]	[0.022]	[0.001]	[0.010]	[0.000]	[0.000]	[0.027]				[0.787]	[0.041]	[0.011]	
〈3〉	0.1380				1.3663	−1.5258		−0.3020	−0.3025					0.4509
	(1.25)				(7.74)	(−.47)		(−1.56)	(−1.56)					
	[0.211]				[0.211]	[0.001]		[0.118]	[0.118]					
〈4〉	−0.3370	−0.1194	−0.1592	−0.1476	3.3285	−2.5209		−0.3323	−0.2849		0.1274	−0.8993	−1.5630	0.5363
	(−1.98)	(−2.30)	(−3.37)	(−2.58)	(−4.42)	(−4.72)		(−1.93)	(−1.68)		(0.27)	(−2.04)	(−2.56)	
	[0.048]	[0.021]	[0.001]	[0.010]	[0.000]	[0.000]		[0.054]	[0.093]		[0.785]	[0.042]	[0.011]	

表18-9 収益計上基準，企業属性と利益の value relevance(2)（続き）

Panel C

	IMR_2	SSIZE	SBTM	SLEV	OP	LOSS_OP	D*OP	D_L*OP	D_H*OP	RATIO*OP	SSIZE*OP	SBTM*OP	SLEV*OP	Adj.R^2
⟨5⟩	0.1512	−0.1214	−0.1665	−0.1475	1.2749	−1.5128				−0.7493				0.4500
	(1.35)	(−2.27)	(−3.44)	(−2.50)	(7.58)	(−3.27)				(−1.42)				
	[0.177]	[0.023]	[0.001]	[0.013]	[0.000]	[0.001]				[0.155]				
⟨6⟩	−0.3227	−0.1392	−0.1191	−0.2049	3.1919	−2.5031				−0.7865	0.1275	−0.8529	−1.5328	0.5355
	(−1.88)	(−2.89)	(−2.86)	(−3.36)	(3.98)	(−4.54)				(−1.62)	(0.26)	(−1.86)	(−2.51)	
	[0.061]	[0.004]	[0.004]	[0.001]	[0.000]	[0.000]				[0.105]	[0.791]	[0.064]	[0.012]	

Panel D

	IMR2	SSIZE	SBTM	SLEV	OI	LOSS_OI	D*OI	D_L*OI	D_H*OI	RATIO*OI	SSIZE*OI	SBTM*OI	SLEV*OI	Adj.R^2
⟨1⟩	−0.2659				1.836	−2.0034	−0.2754							0.4629
	(−2.32)				(8.83)	(−5.17)	(−1.62)							
	[0.020]				[0.000]	[0.000]	[0.106]							
⟨2⟩	−0.7791	−0.1392	−0.1191	−0.2049	3.4722	−3.0363	−0.3222				0.0722	−1.8698	−0.3448	0.5459
	(−4.29)	(−2.89)	(−2.86)	(−3.36)	(4.37)	(−5.81)	(−2.08)				(0.13)	(−3.63)	(−0.53)	
	[0.000]	[0.004]	[0.004]	[0.001]	[0.000]	[0.000]	[0.038]				[0.893]	[0.000]	[0.596]	
⟨3⟩	−0.2509				1.8327	−1.9831		−0.3437	−0.4758					0.4628
	(−2.17)				(−8.82)	(−5.25)		(−1.78)	(−0.69)					
	[0.030]				[0.000]	[0.000]		[0.076]	[0.493]					
⟨4⟩	−0.7744	−0.1391	−0.1192	−0.2041	3.4747	−3.0237		−0.3509	−0.2796		0.075	−1.8603	−0.3627	0.5456
	(−4.34)	(−2.90)	(−2.87)	(−3.39)	(4.38)	(−5.89)		(−2.04)	(−1.19)		(0.14)	(−3.63)	(−0.56)	
	[0.000]	[0.004]	[0.004]	[0.001]	[0.000]	[0.000]		[0.041]	[0.234]		[0.888]	[0.000]	[0.577]	
⟨5⟩	−0.2491				1.751	−2.0429				−0.5177				0.4619
	(−2.13)				(8.65)	(−5.05)				(−0.89)				
	[0.033]				[0.000]	[0.000]				[0.375]				
⟨6⟩	−0.7619	−0.1394	−0.1265	−0.2074	3.3371	−3.0668				−0.7772	0.0459	−1.8052	−0.2963	0.5448
	(−4.18)	(−2.79)	(−2.93)	(−3.31)	(3.98)	(−5.70)				(−1.42)	(0.08)	(−3.35)	(−0.45)	
	[0.000]	[0.005]	[0.003]	[0.001]	[0.000]	[0.000]				[0.156]	[0.934]	[0.001]	[0.656]	

6．総括と展望

　この研究では，①工事進行基準を採用しているか否かと，②工事進行基準を適用した売上高の割合の大小の2つの側面に着目して，工事進行基準を採用している企業の利益にかかる資本化係数は工事進行基準を採用しているそれよりも高いか否かを検証した．検証した結果，いずれの側面においても，工事進行基準による場合の資本化係数が工事完成基準よりも大きくなるという証拠は得られなかった．その意味において，工事進行基準が建設会社の会計情報の有用性を向上させるとはいえず，むしろ，この論文の実証結果は，国際的調和のみを口実として工事進行基準への一元化を目指す動きにたいして疑問を投げかけている．

　ただし，この研究は，工事進行基準による利益と工事完成基準による利益を直接比較したものではない．会計方針に着目して，利益の value relevance をクロス・セクショナルに企業間で比較した本論文の検討作業は，工事進行基準と工事完成基準の擬似的な比較でしかない．それゆえに，企業属性をコントロールすることがなによりも重要であった．工事進行基準による利益にかかる資本化係数は工事完成基準によるそれよりも大きくないという結果は，企業属性をコントロールしても，頑強であった．

　この研究の実証結果は，将来の会計基準設定にたいして，いくつかの検討課題を提供している．第1は，工事進行基準を適用する範囲を決める工事物件の条件である．現在わが国では，工期の長さや請負金額の規模を基準にして企業が任意にその条件を決めているが，その条件（適格要件）を統一する必要性がないのかは，検討すべき論点の1つである．その変更や，その条件が企業間で相違する状況から，投資家が追加的な情報を得られればよいが，逆に，その裁量的操作が企業と投資家とのあいだの情報の非対称性を拡大する場合には，適用条件についての弾力的な会計基準が会計情報の有用性を低下させてしまうかもしれない．ただし，この研究では，工事進行基準の適用割合の情報価値（情報内容）については，明確な結論が得られなかった．どのような請負工事に工事進行基準を適用すべきかは，概念フレームワークとの整合性の点でも，会計情報の有用性の点でも，さらなる検討が必要である．

第2は，注記で開示すべき項目である．現在，工事進行基準によって計上された売上高しか開示されていないが，大型工事とそれ以外とでは，工事の採算性が異なっており，工事進行基準による売上高から売上総利益（または営業利益）を推定することは困難である．一般に，工事収益の計上方針（会計方法と適用条件）は，売上高はもちろん，売上総利益（または営業利益），未完成工事等の在庫の評価額，売上に対応した債権（未収金）の額などにも影響をあたえる．したがって，工事進行基準と工事完成基準が併用されている場合には，売上高以外の財務数値についても，注記が必要であろう．利益情報の質がとくに重視されている最近の潮流からすれば，工事進行基準による売上総利益（または営業利益）の注記による開示を強制すべきか否かは，喫緊の検討課題である．その情報開示が proprietary cost を増大させるという反対論も予想されるため，慎重な検討が必要であろう．

　この論文の焦点は，常識や通念を実証的に分析することに向けられている．その結果，広く共有されている知識には必ずしも実証的な根拠が見出せないことがあきらかになった．しかし，なぜ常識どおりの関係が観察されないのかについては，この研究はなにも語っていない．たとえば，会計方針と企業属性との差については，踏み込んだ分析は行われていない．その企業属性が方針選択のインセンティブを表すのか，それとも，選択結果を示すのかも定かではない．それゆえに，方針選択を通じた earnings management の問題は分析できていない．また，ここで取り上げた企業属性は，すべて，オンバランスの変数で表現されたものであり，たとえば受注残高などのオフバランス情報はコントロールの対象とされていない．そうした問題は，将来の検討課題として残されている．　　　　　　　　　　　　　　　　　　　　　　　（大日方　隆）

注
1　本章は大日方（2006）の一部であり，フル・ペーパーは，大日方（2006）を参照願いたい．
2　ここでの inverse mill ratio は，残差の標準正規分布の確率密度を分子とし，累積分布を分母とした比である．

参考文献

Atiase, R. K., H. Li, S. Somchai and S. Tse (2005) "Market Reaction to Multiple Contemporaneous Earnings Signals: Earnings Announcements and Future Earnings Guidance," *Review of Accounting Studies* 10, pp.497-525.

Ball, R., A. Robin and G. Sadka (2006) "Are Timeliness and Conservatism Due to Debt or Equity Markets? An International Test of 'Contracting' and 'Value Relevance' Theories of Accounting," *Working Paper*, University of Chicago.

Bao, B. -H. and D. -H. Bao (2004) "Income Smoothing, Earnings Quality and Firm Valuation," *Journal of Business Finance and Accounting* 31, pp.1525-1557.

Dechow, P. M. and I. D. Dichev (2002) "The Quality of Accruals and Earnings: The Role of Accrual Estimation Errors," *Accounting Review* 77, pp.35-59.

Dichev, I. and W. Tang (2004) "Matching and the Volatility of Earnings," *Working Paper*, University of Michigan.

Ertimur, Y. J. Livnat and M. Martikainen (2003) "Differential Market Reaction to Revenue and Expense Surprises," *Review of Accounting Studies* 8, pp.185-211.

Francis, J., R. LaFond, P. M. Ryan and K. Schipper (2004) "Costs of Equity and Earnings Attributes," *Accounting Review* 79, pp.967-1010.

Ghosh, A., Z. Gu and P. C. Jain (2005) "Sustained Earnings and revenue Growth, Earnings Quality, and Earnings Response Coefficients," *Review of Accounting Studies* 10, pp.33-57.

Heckman, J. J. (1979) "Sample Selection Bias as a Specification Error," *Econometrica* 47, pp.153-162.

Jegadeesh, N. and J. Livnat, "Revenue Surprises and Stock Returns (2006)," *Journal of Accounting and Economics* 41, pp.147-171.

Jennings, R., W. Mayew and S. Tse (2004) "Do International Accounting Standards Increase the Timeliness and Value-Relevance of Financial Statement Disclosures?" *Working Paper*, University of Texas at Austin.

Lev, B., S. Bharat and T. Sougiannis (2005) "R&D Reporting Biases and Their Consequences," *Contemporary Accounting Research* 22, No.4, pp.977-1026.

Marquardt, C. A. and C. L. Wiedman (2004) "How Are Earnings Managed? An Examination of Specific Accruals," *Contemporary Accounting Research* 21, pp.459-491.

Watts, R. L. (2003a) "Conservatism in Accounting Part I: Explanations and Implications," *Accounting Horizons* 17, pp.207-221.

Watts, R. L. (2003b) "Conservatism in Accounting Part II: Evidence and Research Opportunities," *Accounting Horizons* 17, pp.287-301.

Zhang, Y. (2006) "An Empirical Analysis of Revenue Manipulation," *Working Paper*, Columbia Business School.

大日方隆 (2004)「原発費用の裁量的決定と Value Relevance」『経済学論集』第70巻第3号, pp.29-59.

大日方隆（2006）「工事収益の計上方針と利益の価値関連性」東京大学大学院経済学研究科，金融教育研究センター，ワーキングペーパー，CARF-J-26.
須田一幸（2000）『財務会計の機能』白桃書房．

19 新株予約権の失効に伴う会計処理

1．純資産会計基準と新株予約権

　2005年12月9日に企業会計基準第5号「貸借対照表の純資産の部の表示に関する会計基準」（純資産会計基準と略す）と企業会計基準適用指針第8号「貸借対照表の純資産の部の表示に関する会計基準等の適用指針」が公表され，従来の貸借対照表における資本の部は，純資産の部へと区分が変更された．そして，これまで負債として表示されていた新株予約権が，純資産の部において，株主資本以外の項目の1つとして表示されることになった．

　同年12月27日には，純資産会計基準に沿った企業会計基準第8号「ストック・オプション等に関する会計基準」（ストック・オプション会計基準と略す），企業会計基準適用指針第11号「ストック・オプション等に関する会計基準の適用指針」，実務対応報告第16号「会社法による新株予約権及び新株予約権付社債の会計処理に関する実務上の取扱い」が公表されている[1]．

　こうして貸借対照表における新株予約権の表示場所は，負債の部から純資産の部へ変更されたものの，損益計算の視点からすると従来通りの処理が指示されている．国際的な会計基準と比較して，わが国における新株予約権の会計処理はユニークなものとなっている．

　純資産会計基準では，新株予約権が返済義務のある負債ではないことを論拠として，負債の部ではなく純資産の部に記載するように要請する．また，新株予約権が新株予約権者との直接的な取引で記録されるものであり，株主に帰属

397

するものではないことを論拠として，純資産会計基準は，新株予約権を株主資本と区別し，純資産の部における株主資本以外の項目の1つとして表示するように指示している（22項および32項）．

このような純資産会計基準の背景には，2004年に公表された討議資料『財務会計の概念フレームワーク』に示されている考え方がある．そこでは，負債を「過去の取引または事象の結果として，報告主体が支配している経済的資源を放棄もしくは引き渡す義務，またはその同等物」（「財務諸表の構成要素」5項）と定義し，純資産を「資産と負債の差額」（6項）と定義している．さらに，純利益を重視し，それを生み出す投資の正味としてのストックである資本を，純資産とは別に，「報告主体の所有者である株主」に帰属するもの（6項）と定義する．このため，純資産は資本とその他の要素に区分され，新株予約権者のような報告主体の将来の所有者となりうるオプションの所有者に帰属するものは，資本ではなくその他の要素に分類される（7項，脚注4）．

2006年12月には，企業会計基準委員会が『財務会計の概念フレームワーク』を討議資料として公表している．ワーキング・グループが作成した2004年のものを基本的に踏襲しているが，前掲の「財務諸表の構成要素」は「第3章　財務諸表の構成要素」とされている．純資産の定義は従来通り6項に示されているものの，純資産会計基準に合わせて「資本」は「株主資本」と表現が改められ，その定義は7項に示されている．「その他の要素」については，内容に変更はないものの，「株主資本に属さない部分」（18項）あるいは「株主資本以外の部分」（20項）という表現が用いられている．そして，上記脚注4の内容は，脚注7に示されている．

ストック・オプション会計基準では，付与日における公正な評価単価と権利確定すると見積られる数（権利確定日に権利確定数と一致させる）からストック・オプションの公正な評価額を求め，サービスの取得に合わせて費用計上するとともに，相手勘定として計上される新株予約権を貸借対照表の純資産の部に表示するように指示している（4～7項）．権利確定したストック・オプションであっても，株価が低迷すれば，行使されないまま期限切れとなることも考えられる．国際的には，ストック・オプションは持分証券に分類されており，権利不行使による失効が生じても損益は計上されない（豊田・片山・川

崎, 2006, pp.77-78).

　これに対してわが国の会計基準では，新株予約権として計上した額を失効時に利益へ振り替えるよう指示している（9項）．これは，わが国における既存の会計基準（「金融商品に係る会計基準」）との整合性を維持した結果であり，ストック・オプション会計基準では，利益に計上する論拠について，新株予約権を付与したことに伴う純資産の増加が，株主との直接的な取引によらないことが確定したためと説明されている（46項）．ここでは所有者に帰属する資本であるか否かが，株主であるか否かという法的形式に依存して議論が進められている．同様に，実務対応報告第16号でも，新株予約権の発行時における発行者側の会計処理について，払込金額を純資産の部に新株予約権として計上し，失効時には原則として特別利益として処理するように指示している（Q1-A）．

　このようにストック・オプション会計基準にせよ，新株予約権に関する実務対応報告にせよ，権利確定している新株予約権が行使されないまま期限切れになった場合には，新株予約権戻入益を計上するように指示している．損益計算の観点からすれば，これは新株予約権を従来通り負債として扱っているのと同じである．

　本章の目的は，この新株予約権戻入益を含む会計利益が株式市場でどのようにプライシングされているかを考察することである．もし，新株予約権戻入益を計上することで会計利益情報の価値関連性が低下する，という証拠を得るならば，それは，新株予約権の失効に係る会計基準の再検討を促すことになろう．なお，2001年11月改正商法によって新株予約権制度が創設されるまでは，分離型新株引受権附社債の新株引受権が利用されていた．本章では，そのような新株引受権を含む意味で，新株予約権を用いている．

　論文の構成は次の通りである．次節では，ストック・オプションや新株予約権に関する国際的な動向を概観し，第3節で仮説を展開する．第4節では，調査方法と推定モデルを示し，第5節で，サンプルを選択し記述統計量を示す．第6節でモデルの推定結果を示し，最後に要約と課題を提示する．

2．国際的な動向

　国際会計基準では，新株予約権のように，予め定められた数の自社の株式を発行することによって決済される金融商品は持分証券に分類されている（IAS 32, par.22）．したがって，持分証券である新株予約権の失効に伴って損益が計上されることはない．

　アメリカでも，ストック・オプションや新株予約権（転換権を除く）を払込資本として扱っている．このような会計処理が行われるようになった背景には，分割払込により発行された新株の会計処理との整合性があったように思われる[2]．1948年に公表されたARB 37では，ストック・オプションの費用認識に伴う相手勘定として，引受済資本金に該当する勘定に貸記することを求めていた（par.13）．1966年に公表されたAPB 10は，新株予約権や転換権に対して払い込まれた金額を，払込資本として会計処理するように指示していた．その後，転換権については，1969年に公表されたAPB 14が，原則として転換権を社債と区分経理しないように指示していたが，この点については現在，国際会計基準に合わせる方向に動いている[3]．

　わが国と類似した会計処理は，かつてイギリスで採用されたことがあった．1993年に公表されたFRS 4では，株式と新株予約権を貸借対照表に株主資本（shareholders' fund）として表示することを求めていた（par.37）．新株予約権が発行されると，純払込額で株主資本に直接貸記され，その後，その価値が変動しても修正は行われないが，行使されずに期限切れとなった場合には，総認識利得損失計算書に記載するように指示されていた（pars.45〜47）．

　新株予約権の対価として払い込まれた金額が株主持分として表示されるため，新株予約権の発行時点から資本として扱っているような印象を受けるが，権利行使されずに期限切れとなった場合に利得（gain）として扱うように指示されていたことを勘案すると，新株予約権が発行された時点で一種の仮勘定として扱われていたと解釈される（Chopping and Skerratt, 1994, p.36）．つまり，新株予約権の保有者は会社の所有者（owner）ではないので，新株予約権に関する取引を，所有者と会社の間で行われた資本取引として扱うことはできないという考え方が採用されていたと考える（FRS 4, AppendixⅢ, par.12）．

しかし，2004年12月には FRS 25が公表され，イギリスでも上記の国際会計基準に収斂させる方向で会計基準が改められた．

3．仮説の設定

日本の純資産会計基準によれば，新株予約権は純資産の部に株主資本と区別して表示され，権利が行使されず失効した新株予約権は，従来と同様に新株予約権戻入益として特別利益に計上される．

業績が良く株価が上昇していれば，新株予約権の行使が進み，新株予約権戻入益は計上されない．ところが，業績が不振で株価も低迷した場合に，新株予約権は行使されず，その失効に伴って新株予約権戻入益が計上される．新株予約権戻入益は，持続的な要素がなく，したがって投資家が企業の将来キャッシュフローを予測する際に，新株予約権戻入益は一時的要素として把握されるであろう．新株予約権戻入益およびそれを含む利益情報の価値関連性は，相対的に低いと考えられる．そこで本研究では，以下のような仮説を設定した．

仮説
新株予約権戻入益を計上すると，それを含めた利益情報の価値関連性は低下する．

4．調査方法

本研究では，新株予約権戻入益 (gain from lapse of warrants ; GLW) が株式市場でどのようにプライシングされているかを分析するために，以下のような回帰モデルを設定する．なお，ダミー変数以外の独立変数は，すべて前期末株価で除している．

$$P_{it} = \beta_0 + \beta_1 NI_{it} + \beta_2 NEG_{it} \times NI_{it} + \sum \beta_t Year_t + u_{it} \tag{1}$$

$$P_{it} = \beta_0 + \beta_1 adjNI_{it} + \beta_2 NEG_{it} \times adjNI_{it} + \sum \beta_t Year_t + u_{it} \tag{2}$$

$$P_{it} = \beta_0 + \beta_1 adjNI_{it} + \beta_2 NEG_{it} \times adjNI_{it} + \beta_3 GLW_{it} + \beta_4 NEG \\ \times GLW_{it} + \sum \beta_t Year_t + u_{it} \tag{3}$$

$$P_{it} = \beta_0 + \beta_1 NI_{it} + \beta_2 NEG_{it} \times NI_{it} + \beta_3 DUM\_MED_{it} \\ \times NI_{it} + \sum \beta_t Year_t + u_{it} \tag{4}$$

$$P_{it} = \beta_0 + \beta_1 NI_{it} + \beta_2 NEG_{it} \times NI_{it} + \beta_3 DUM\_Q3_{it} \times NI_i \\ + \beta_4 DUM\_Q4_{it} \times NI_{it} + \sum \beta_t Year_t + u_{it} \tag{5}$$

ただし,

P	＝決算日時点の株価
NI	＝税金等調整前当期純利益（税引前当期純利益）÷期末の発行済株式数
$AdjNI$	＝NI マイナス GLW
GLW	＝新株予約権戻入益
NEG	＝$AdjNI$＜0 の場合は1，その他は0を示すダミー変数
DUM_MED	＝GLW 計上企業の中で GLW がメディアンを超える企業は1，その他は0を示すダミー変数
DUM_Q3	＝GLW 計上企業の中で GLW がメディアンから第3四分位に属する企業は1，その他は0を示すダミー変数
DUM_Q4	＝GLW 計上企業の中で GLW が第3四分位数から最大値に属する企業は1，その他は0を示すダミー変数
$Year$	＝年度ダミー

モデル(1)の NI は，連結損益計算書における税金等調整前当期純利益または個別財務諸表における税引前当期純利益を示している．利益と株価の大小には正の関係があると想定されるので，β_1 は正であることが期待される．NEG は赤字ダミー変数である．GLW 計上企業は赤字を計上している場合が多く，赤字利益の情報内容は黒字利益よりも劣ることが示されている（Hayn, 1995；薄井, 1999）ので，赤字ダミー変数と NI の交差項を変数に追加して，赤字計上の影響をコントロールしている．さらに(1)式では，年度ごとの構造変化を

コントロールするために年度ダミー変数 ($Year$) を用いている.

モデル(2)の $adjNI$ は, NI から新株予約権戻入益 (GLW) を控除したものである. 新株予約権戻入益に情報内容があるならば, NI を用いたモデル(1)と $adjNI$ を用いたモデル(2)の株価説明力は異なるはずである.

モデル(3)では NI を分割し, $adjNI$ と GLW を独立変数として使用する. そして, 赤字計上の影響をコントロールするために, $adjNI$ と赤字ダミー変数の交差項, および GLW と赤字ダミー変数の交差項を用いる. 市場が新株予約権戻入益を利益として認識しているならば, GLW の回帰係数 β_3 は有意な正の値になるであろう.

モデル(4)とモデル(5)は, NI を所与とした場合, GLW の大小が NI の株価説明力に及ぼす影響を分析するモデルである. モデル(4)には $DUM\_MED \times NI$ という交差項の変数が組み入れられている. DUM_MED は, GLW を計上している企業 (以下, GLW 計上企業と呼ぶ) の中で, GLW の大きさがメディアンを超えていれば1を示すダミー変数である. したがって, 市場が新株予約権戻入益を利益として認識しているならば, $DUM\_MED \times NI$ の回帰係数 β_3 は有意な正の値になるであろう. 逆に, 市場が新株予約権戻入益を利益として認識していないならば, $DUM\_MED \times NI$ の回帰係数 β_3 は, 有意な負の値になる (または有意性がなくなる) と推測される.

モデル(5)では, DUM_MED を2分割した変数を追加する. すなわち, ① GLW 計上企業のなかで GLW がメディアンから第3四分位数にあるか否か (DUM_Q3), ② GLW 計上企業のなかで GLW が第3四分位数から最大値にあるか否か (DUM_Q4) でサンプルを再分割して分析する. 市場が新株予約権戻入益を利益として認識しているならば, $DUM\_Q3 \times NI$ ($DUM\_Q4 \times NI$) の回帰係数 β_3 (β_4) は有意な正の値になると考えられる. 逆に, 市場が新株予約権戻入益を利益として認識していないならば, $DUM\_Q3 \times NI$ ($DUM\_Q4 \times NI$) の回帰係数 β_3 (β_4) は, 有意な負の値になる (または有意性がなくなる) であろう.

5．サンプルの選択と記述統計

(1) サンプル選択

　本研究で用いるサンプルは，次の要件を満たす企業である．調査対象期間は1999年3月期から2005年3月期に設定した．

① 新株予約権戻入益（新株引受権戻入益を含む）を計上している企業（GLW 計上企業）

② 東京証券取引所または大阪証券取引所または名古屋証券取引所の1部または2部に上場する3月決算企業

③ 金融・証券・保険業を除く一般事業会社

④ 会計期間が12ヶ月である企業

⑤ 本研究で用いる財務データと株価が入手可能な企業

　GLW 計上企業の選出には，株式会社日立ハイテクノロジーズ『@有報革命』を利用した．つまり，「新株予約権戻入益」ならびに「新株引受権戻入益」をキーワードとして，1999年から2005年までの有価証券報告書を対象に，全文検索を行った[4]．その結果，139件が GLW 計上企業サンプルとして抽出された．

　続いて，GLW 計上企業サンプルと比較するために，以下のような条件を満たす企業を選出し，それを非 GLW 計上企業サンプルとした．

① 新株予約権戻入益と新株引受権戻入益を計上していない企業

② 東京証券取引所または大阪証券取引所または名古屋証券取引所の1部または2部に上場する3月決算企業

③ 金融・証券・保険業を除く一般事業会社

④ 会計期間が12ヶ月である企業

⑤ 本研究で用いる財務データと株価が入手可能な企業

⑥ 1997年3月期から2005年3月期までに，貸借対照表に社債・転換社債・新株引受権・新株予約権の残高が1度でも計上されている企業，あるいはストック・オプション制度を有している企業

⑦ GLW 計上企業と同じ業種に属している企業

本研究で用いる財務データと株価データは，それぞれ『日経 NEEDS 企業財務データ』（日経メディアマーケティング株式会社）と『株価 CD-ROM』（東洋経済新報社）から入手した．ストック・オプション制度の有無についても『日経 NEEDS 企業財務データ』からデータを抽出した．ほとんどの財務データは連結財務諸表の数値に基づいているが，連結財務諸表を公表していない企業については，個別財務諸表の数値を使用している．

また異常値の処理をするため，上記の条件に適合する GLW 計上企業サンプルと非 GLW 計上企業サンプルのデータを合わせ，株価と税金等調整前当期純利益について上下1％タイルのデータを削除した．最終的に，GLW 計上企業サンプルは110件となり，非 GLW 計上企業サンプルは6,945件となった．

GLW 計上企業サンプルの年度別の分布を図表19-1に示している．この図表によると，GLW 計上企業は1999年3月期に22社，2000年3月期に30社，2001年3月期に25社存在し，全体の7割に達している．この時期のサンプルが多いのは，いわゆるネットバブルの崩壊による株式市況低迷の影響による可能性がある．2002年3月期は9社に減少し，その後2003年3月期と2004年3月期に6

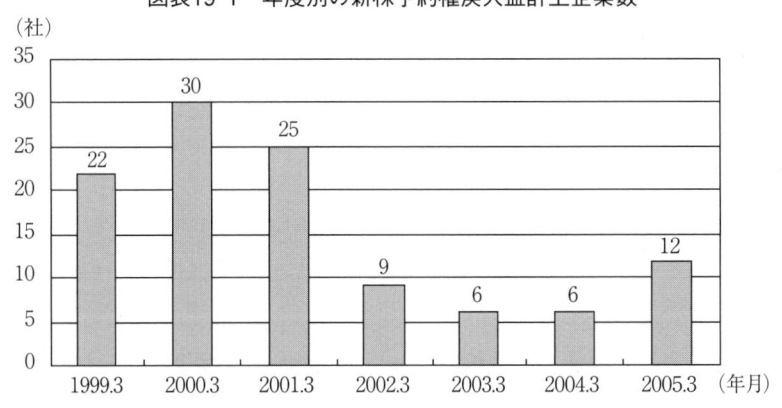

図表19-1　年度別の新株予約権戻入益計上企業数

年月	社数
1999.3	22
2000.3	30
2001.3	25
2002.3	9
2003.3	6
2004.3	6
2005.3	12

図表19-2　複数回数計上企業数
（単位：社）

2回	3回	4回	計
13	3	1	17

社ずつ存在している．そして，2005年3月期に12社とやや増加している．

 GLW計上企業の中には，調査対象期間中に戻入益を複数回計上している企業がある．図表19-2にその内訳を示した．複数回の計上は，全部で17社存在し，2回のケースが13社，3回のケースが3社，4回のケースが1社ある．本研究では，同一企業が新株予約権戻入益を複数回計上した場合でも，年度が異なれば独立したサンプルとして扱っている．

(2) 記述統計量

 サンプルとして抽出したGLW計上企業ならびに非GLW計上企業の財務特性を，それぞれ図表19-3と図表19-4に示した．図表19-3を見ると，GLW計上企業のPとNIの平均は，それぞれ0.991と0.029であることがわかる．他方，非GLW計上企業のPとNIの平均はそれぞれ1.089と0.040であり（図表19-4），非GLW計上企業は，GLW計上企業よりも株価と経営のパフォーマンスが良好であることがわかる．

 GLW計上企業のパフォーマンスが相対的に悪いか否かを調査するために，GLW計上企業と非GLW計上企業のPとNIについて，平均差の検定を行った．図表19-5のパネルAにその結果が表示されている．GLW計上企業の平

図表19-3 記述統計（サンプルは GLW 企業）

	平均	標準偏差	最小値	Q1	中央値	Q3	最大値
P	0.991	0.323	0.425	0.781	0.930	1.133	2.136
NI	0.029	0.173	−0.722	0.007	0.063	0.105	0.337
GLW	0.024	0.029	0.000	0.001	0.011	0.041	0.106
NEG	0.282	0.452	0	0	0	1	1

（注）サンプル数は110件．

図表19-4 記述統計（サンプルは非 GLW 企業）

	平均	標準偏差	最小値	Q1	中央値	Q3	最大値
P	1.089	0.444	0.362	0.805	0.989	1.249	3.443
NI	0.040	0.142	−0.828	0.016	0.059	0.109	0.397
NEG	0.202	0.401	0	0	0	0	1

（注）サンプル数は6,945件．

均 P は，非 GLW 計上企業の平均 P よりも低く，その差は１％水準で統計的に有意である．GLW 計上企業の P は１を割っており，これは，当期末株価が前期末株価を平均的に下回っていることを意味している．これが，新株予約権の失効に結びついたのかもしれない．

また２つの図表19-3と図表19-4を比較すると，GLW 計上企業の NI は非 GLW 計上企業の NI よりも小さいことがわかる．しかし図表19-5によれば，統計的に有意な差はみられない．ただし，新株予約権戻入益を除いた NI（$adjNI$）には有意差が観察された．すなわち，GLW 計上企業の $adjNI$（$= NI - GLW$）は0.0054であり，非 GLW 計上企業よりも統計的に有意に小さいのである．図表19-3が示すように GLW の平均値（0.024）は NI に匹敵するほど大きく，その影響は甚大であることがわかる．

GLW は経営者の意図的な操作によらず，新株予約権の失効に伴って自動的に計上されるものであるが，GLW 計上企業にとって，その金額は重要な意味を有していると思われる．税金等調整前当期純利益に対する新株予約権戻入益の比率を，図表19-6に示した（税金等調整前当期純利益が負の企業を除く）．図表19-6によると，その比率が20％を超えている企業は40件あり，全体の46％を占めている．注目すべきは，100％超のケースが８件存在することである．これは戻入益の計上がなければ赤字に転落していたことであり，赤字企業が新株予約権戻入益を計上することで黒字企業に転換したことを意味する[5]．

次に赤字ダミーを示す NEG に注目しよう．図表19-3の平均は0.282であ

図表19-5　平均差の検定と比率の差の検定

Panel A：平均差の検定

	GLW 企業	非 GLW 企業	t 値（p 値）
P	0.991	1.089	$-2.302 (0.021)$
NI	0.029	0.040	$-0.744 (0.456)$
$adjNI$	0.0054	0.040	$-2.488 (0.006)$

Panel B：比率の差の検定

	GLW 企業	非 GLW 企業	z 値（p 値）
NEG	28.2％（31/110）	20.2％（1,402/6,945）	$2.067 (0.038)$

（注）$adjNI = NI - GLW$

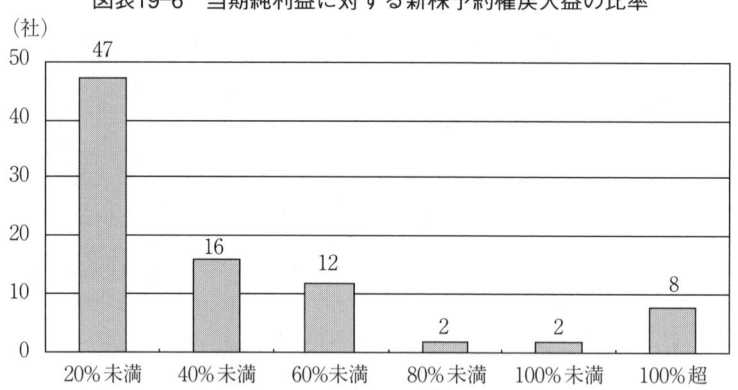

図表19-6　当期純利益に対する新株予約権戻入益の比率

(社)
- 20％未満: 47
- 40％未満: 16
- 60％未満: 12
- 80％未満: 2
- 100％未満: 2
- 100％超: 8

り，図表19-4の平均は0.202である．GLW 計上企業の赤字計上割合は，非 GLW 計上企業の赤字計上割合よりも大きい．図表19-5のパネル B に比率の差の有意性検定の結果を表示している．それによると，z 値が2.067であり，5％水準で統計的に有意である．両者の比率が等しいという帰無仮説は棄却され，GLW 計上企業において赤字の計上割合が大きいことが判明した．これは，新株予約権戻入益の価値関連性分析において，赤字計上の影響を制御すべきことを示唆している．

6．回帰モデルの推定結果

われわれは，モデル(1)からモデル(5)を推定し，その結果を図表19-7に要約した．パネル A は，全サンプル (GLW 計上企業＋非 GLW 計上企業) の推定結果である．NI の係数は1.8452となり，1％水準で有意である．NEG×NI の係数は有意な負の値になった．パネル B は，非 GLW 計上企業の推定結果であり，NI の係数が1.8600とパネル A よりもわずかに大きく，自由度修正済み決定係数もパネル A より大きい．これは，GLW 計上企業をサンプルから除いたことに起因している可能性がある．

パネル C は，GLW 計上企業をサンプルにして，モデル(1)(2)(3)を推定した結果を示している．パネル C におけるモデル(1)の推定結果を見ると，NI の係数は0.9609となり，10％水準で有意であることがわかる．この値はパネル

図表19-7　モデルの推定結果

Panel A：全サンプル（GLW 計上企業＋非 GLW 計上企業）

	NI	NEG×NI				Adj.R^2	サンプル数
	1.8452	−1.8697				0.3467	7,055
	(24.02)	(−18.10)					
	[.000]	[.000]					

Panel B：非 GLW 計上企業

	NI	NEG×NI				Adj.R^2	サンプル数
	1.8600	−1.8907				0.3478	6,945
	(23.97)	(−18.04)					
	[.000]	[.000]					

Panel C：GLW 計上企業——モデル(1)・モデル(2)・モデル(3)の推定——

	NI	adjNI	NEG×NI	NEG×adjNI	GLW	NEG×GLW	Adj.R^2	サンプル数
(1)	0.9609		−0.7227				0.1995	110
	(1.812)		(−1.172)					
	[.073]		[.244]					
(2)		1.1163		−0.9649			0.1923	110
		(1.718)		(−1.314)				
		[.089]		[.192]				
(3)		1.4416		−1.0954	1.6234	2.2931	0.2444	110
		(1.988)		(−1.422)	(1.140)	(1.330)		
		[.050]		[.158]	[.257]	[.187]		

Panel D：GLW 計上企業——モデル(4)・モデル(5)の推定——

	NI	NEG×NI	DUM_MED×NI	DUM_Q3×NI	DUM_Q4×NI	Adj.R^2	サンプル数
(4)	1.3762	−0.8240	−0.5405			0.2123	110
	(2.278)	(−1.354)	(−1.766)				
	[.025]	[.179]	[.080]				
(5)	1.2097	−0.4177		−0.0527	−0.8865	0.2366	110
	(1.785)	(−0.601)		(−0.062)	(−2.717)		
	[.077]	[.549]		[.950]	[.008]		

Panel E：Vuong (1989) によるモデル選択検定の結果

モデル(1) vs. モデル(2)	$z = -1.520$	$p = 0.128$

AとBの係数よりも小さく，したがって，GLW 計上企業の会計利益に対する株価反応は，非 GLW 計上企業よりも小さいと考えられる．さらに NEG×NI の係数はマイナスであるが，統計的に有意ではない．また，モデル(1)の自由度修正済み決定係数は，パネルAとBよりもかなり小さい．要するに，GLW 計上企業の会計利益は価値関連性が相対的に小さく，赤字を計上してもそのインパクトはさほどではない，と解釈される．言い換えれば，新株予約権戻入益を含む会計利益は，株式市場で割り引いて評価されるということである．

モデル(2)の推定結果によると，NI から GLW を控除した adjNI の係数は，モデル(1)の NI の係数よりもやや大きい．しかし，自由度修正済み決定係数は逆に小さくなった．そこで，モデル(1)とモデル(2)の説明力を比較するため，Vuong (1989) によるモデル選択の検定を行った[6]．その結果がパネルEに示されている．パネルEを見ると，モデル(1)とモデル(2)の説明力に有意な差はない，ということがわかる．これは，利益計算に新株予約権戻入益を含めても価値関連性は高まらない，ということを示唆している．

モデル(3)では，NI を adjNI と GLW に分解して分析した．その結果がパネルCに示されている．adjNI の係数は5％水準で有意な正の値となり，他方，GLW の係数は統計的に有意ではなかった．adjNI を所与としたとき，GLW には追加的な株価説明力がないのである．これは，新株予約権戻入益に増分情報内容がないことを意味している．

続いて本研究では，モデル(4)を推定した．その結果が，図表19－7のパネルDに示されている．パネルDを見れば，NI と NEG×NI の係数は，モデル(1)の推定結果と類似していることがわかる．ここでは，DUM_MED×NI の係数が10％水準で有意な負の値になっていることに注目したい．これは，比較的大きな新株予約権戻入益を計上した企業の会計利益について，価値関連性が低下していることを示唆している．

パネルDに示したモデル(5)の推定結果によると，DUM_Q 3×NI の係数は負であるが統計的に有意ではなく，DUM_Q 4×NI の係数は1％水準で有意な負の値になった．これは，大きな新株予約権戻入益を計上した企業の利益ほど，市場は低く評価するということを意味している．言い換えれば，新株予約権戻入益を多く計上するほど，その企業における会計利益の価値関連性は低下

するということである.

　以上われわれは，第1に，パネルAとBに示した結果とパネルCにおけるモデル(1)の推定結果から，新株予約権戻入益を含む会計利益が株式市場で割り引いて評価されるということを指摘した．第2に，モデル(1)とモデル(2)の説明力の差を検定することで，本研究では，利益計算に新株予約権戻入益を含めても価値関連性は高まらない，ということを示す証拠を得た．第3に，モデル(3)の推定により，当期純利益を所与としたとき，新株予約権戻入益には追加的な株価説明力がないことを明らかにした．第4に，モデル(4)とモデル(5)の推定により，比較的大きな新株予約権戻入益を計上した企業の会計利益が，株式市場で低く評価されることを支持する結果を得た．これらの結果はすべて，本研究で設定した仮説「新株予約権戻入益を計上すると，それを含めた利益情報の価値関連性は低下する」と整合的である．

7．要約と課題

　わが国では，新しい会計基準によって，新株予約権の貸借対照表における表示場所が負債の部ではなくなったものの，それは株主資本に含まれておらず，損益計算に関しては従来通りの会計処理法が示されている．つまり，権利確定している新株予約権が行使されないまま期限切れになった場合，新株予約権戻入益を特別利益に計上する．損益計算の観点からすれば，これは新株予約権をこれまで通り負債として扱っていることになるであろう．

　本章では，新株予約権戻入益とそれを含む会計利益が株式市場でどのように評価されているかを実証分析した．その結果，新株予約権戻入益を計上する企業における会計利益の価値関連性は低下する，という傾向が観察された．特に，新株予約権戻入益が大きくなるほど，その傾向は強くなる．つまり，株式市場との関連からは，新株予約権戻入益を特別利益に計上する積極的な根拠が見いだされなかったのである．これを裏返せば，新株予約権戻入益は利益として計上されるべきではなく，ひいては新株予約権を株主資本として計上すべきだという議論に結びつく．さらに入念な実証研究を積み上げ，新株予約権とその失効に伴う会計処理の基準を検討すべきであろう．

次に，実証分析に関する問題点をいくつか指摘したい．第1はサンプルの問題である．本研究のサンプルとなった GLW 計上企業には，資金調達目的で新株予約権を発行した企業と，いわゆる疑似ストック・オプション目的で発行した企業が混在している．資金調達目的による社債発行では，すでにキャッシュ・インフローがあり，同じ新株予約権戻入益でも，疑似ストック・オプション目的とは異なる株価反応があるかもしれない．発行目的がプライシングにどのような影響を及ぼしているかをコントロールする必要があるだろう．

第2に権利行使の失効時点が問題となる．本研究では，権利行使の失効が一年の中のどの時点で発生したのかを把握していない．失効が決算日よりも遙か前に発生しているとすれば，投資家は決算日以前に新株予約権戻入益に関する情報を有していたはずである．本研究はイベント・スタディーとは異なる方法を採用しているが，それでも，決算日の株価と新株予約権戻入益の関係を分析する限り，失効日の影響をコントロールする必要があるだろう．

第1と第2の問題点を解決すべく，われわれはデータベースを構築している．これらの問題点を克服した実証研究は，今後の展開に委ねることにしよう．

(野口　晃弘・乙政　正太・須田　一幸)

注

1　なお，改正実務対応報告第1号「旧商法による新株予約権及び新株予約権付社債の会計処理に関する実務上の取扱い」も同時に公表されている．

2　たとえば，Paton and Paton, Jr.(1965) pp.52-53では，失効に伴う未行使ストック・オプション勘定の会計処理について，通常の分割払込における失権と同様，払込資本の一部として扱うべきであると述べられている．

3　Financial Accounting Standards Board, Exposure Draft, Proposed Statement of Financial Accounting Standards, *Accounting for Financial Instruments with Characteristics of Liability, Equity, or Both*, 2000. その一部は FAS 150として公表されたが，転換社債の区分経理に関する部分については含まれていない．現在，FASBは，負債・持分プロジェクトの第2フェーズの検討作業を進めている．そこでは，所有者関係・決済義務アプローチ (ownership-settlement approach) だけではなく，株主持分概念を狭義で捉えた場合 (narrower view of equity approach) なども，今後，検討されることになっている (http://www.fasb.org/project/liabeq.shtml)．2007年11月に公表された Preliminary Views では，株主持分を狭義で捉える考え方を基盤所有者説 (basic ownership approach) と表現している．

4　現行制度上は「新株予約権」戻入益という名称になっているが，調査対象期間中には

「新株引受権」戻入益が用いられていた時期があるので，それをキーワードに追加している．
5 新株予約権が行使されないまま期限切れになると戻入益が計上され，場合によっては赤字が回避されることもある．これは会計基準にいわば利益の自動安定化装置が組み込まれていることを示すが，会計数値を用いた契約 (accounting-based contract) において戻入益がいかに取り扱われるかも検討すべき課題である．
6 モデル選択の検定については，Biddle et al.(1995)，須田 (2004)，太田・松尾 (2004)，大日方 (2006)，首藤 (2006) などを参照されたい．

参考文献

APB (Accounting Principles Board) (1966) APB Opinion No.10, *Omnibus Option-1966*.
APB (Accounting Principles Board) (1969) APB Opinion No.14, *Accounting for Convertible Debt and Debt Issued with Stock Purchase Warrnats*.
ASB (Accounting Standards Board) (1993) Financial Reporting Standard 4, *Capital Instruments, Accountancy Books*.
ASB (Accounting Standards Board) (2004) Financial Reporting Standard 25, *Financial Instruments : Disclosure and Presentation*.
Biddle, G. C., G. S. Seow and A. F. Siegel (1995) "Relative Versus Incremental Information Contents," *Contemporary Accounting Research* 12, pp. 1 -23.
Chopping, D. and L. Skerratt (1994) *The Application of FRS4 : Capital Instruments*, The Institute of Chartered Accountants in England and Wales.
Committee on Accounting Procedure (1948) Accounting Research Bulletins No.37, *Accounting for Compensation in the Form of Stock Options*.
FASB (Financial Accounting Standards Board) (2000) Exposure Draft, Proposed Statement of Financial Accounting Standards, *Accounting for Financial Instruments with Characteristics of Liability, Equity, or Both*, Financail Accounting Foundation.
FASB (Financial Accounting Standards Board) (2003) Statement of Financial Accounting Standards No.150, *Accounting for Certain Financial Instruments with Characteristics of both Liabilities and Equity*, Financail Accounting Foundation.
FASB (Financial Accounting Standards Board) (2007) Preliminary Views, *Financial Instruments with Characteristics of Equity*, Financial Accounting Foundation.
Hayn, C.(1995) "The Information Content of Losses," *Journal of Accounting and Economics* 20, pp.125-154.
IASB (International Accounting Standards Board) (2005) International Accounting Standard 32, *Financial Instruments : Presentation*, International Accounting Standards Committe Foundation.
Paton, W. A. and W. A. Paton, Jr.(1965) *Corporation Accounts and Statements*, The MacMil-

lan Company.
Vuong, Q. H. (1989) "Likelihood Ratio for Model Selection and Non-nested Hypotheses," *Econometrica* 57, pp.307-333.
薄井彰 (1999)「クリーンサープラス会計と企業の市場評価モデル」『會計』第155巻第3号，pp.394-409.
太田浩司・松尾精彦 (2004)「Vuong (1989) 検定の理論と応用—会計利益とキャッシュフローの情報内容」『武蔵大学論集』第52巻第1号，pp.39-75.
大日方隆 (2006)「特別法上の準備金の情報内容」日本会計研究学会 課題研究委員会『会計制度の設計に関する実証研究 最終報告』pp.198-225.
企業会計基準委員会・基本概念ワーキング・グループ (2004) 討議資料「財務会計の概念フレームワーク」財務会計基準機構.
企業会計基準委員会 (2005) 企業会計基準第5号「貸借対照表の純資産の部の表示に関する会計基準」財務会計基準機構.
企業会計基準委員会 (2005) 企業会計基準適用指針第8号「貸借対照表の純資産の部の表示に関する会計基準等の適用指針」財務会計基準機構.
企業会計基準委員会 (2005) 企業会計基準第8号「ストック・オプション等に関する会計基準」財務会計基準機構.
企業会計基準委員会 (2005) 企業会計基準適用指針第11号「ストック・オプション等に関する会計基準の適用指針」財務会計基準機構.
企業会計基準委員会 (2005) 実務対応報告第16号「会社法による新株予約権及び新株予約権付社債の会計処理に関する実務上の取扱い」財務会計基準機構.
企業会計基準委員会 (2005) 改正実務対応報告第1号「旧商法による新株予約権及び新株予約権付社債の会計処理に関する実務上の取扱い」財務会計基準機構.
企業会計基準委員会 (2006) 討議資料「財務会計の概念フレームワーク」財務会計基準機構.
首藤昭信 (2006)「債務契約におけるダーティ・サープラス項目の意義」日本会計研究学会 課題研究委員会『会計制度の設計に関する実証研究 最終報告』pp.152-176.
須田一幸 (2004)「キャッシュフロー情報と利益情報の有用性」須田一幸編著『ディスクロージャーの戦略と効果』森山書店，pp.125-149.
豊田俊一・片山智二・川崎聖敬 (2006)「ストック・オプション等に関する会計基準について」『企業会計』第58巻第4号，pp.65-81.

第6部

内部統制と監査の品質に関する調査

20 内部統制とガバナンスおよび監査に関するアンケート調査

1．アンケート調査の背景

　『日本経済新聞』は2005年5月10日に，金融庁が上場企業の内部統制とガバナンスの監視を大幅に強化する方針を固めたと報道した．つまり，①連結子会社を含めた全部署の業務手続きを文書化する，②外部との取引について二重以上のチェック体制を整備する，③経営者の重要な経営判断に際しての正当な手続きを整備する，④財務諸表監査の一環として監査法人（公認会計士）が①から③の整備状況をチェックする，という方向性が固まったのである．

　企業は，金融庁が打ち出した内部統制強化策とそのコストについて，どのように考えているのだろうか．また，企業は財務諸表監査の質をいかに理解し，四半期財務情報のレビューについてどのような意見を持っているのだろうか．われわれは，このような問題意識のもとで2005年に「内部統制・ガバナンスおよび監査に関するアンケート調査」を実施した．調査対象企業は，国内上場企業2,848社（東京証券取引所1部・2部およびマザーズ，大阪証券取引所1部・2部およびヘラクレススタンダード・ヘラクレスグロース，名古屋証券取引所1部・2部，福岡証券取引所，札幌証券取引所の上場企業）である．2005年7月1日に調査対象企業の社長室宛でアンケートを発送し，返送期日は7月25日に設定した．

　アンケートの質問は13問で構成されている．それぞれの質問は，大きく3つのグループに分かれている．第1のグループ（質問1～質問6）は，内部統制

およびガバナンスの強化策としてあげられている上記の4点について，企業の意識を問うものである．第2のグループ（質問7～質問9）は，四半期財務情報について，監査人の関与（監査・レビューなど）が必要であるかどうか，あるいはどの程度の監査報酬を追加的に支払うつもりであるのか，という設問からなる．

第3のグループ（質問10～質問13）は，監査の品質を問うものである．すなわち，財務諸表監査の品質を企業側がどう認識しているか，そして，質の高い監査に対してより多くの報酬を支払う意識があるか否かを問うている．また，監査を担当する監査人が税務コンサルティングなどの非監査業務を行うことに関して，企業側がどのように考えているかを尋ねた．以上の質問の多くは，7点リッカートスケールで「程度」を問う形になっているが，コストについては，具体的に「金額」を問う形式をとった．

アンケートの発送後，7月13日に企業会計審議会から「財務報告に係る内部統制の評価及び監査の基準（公開草案）」が公表され，さらに7月20日には，企業会計審議会より「監査基準及び中間監査基準の改訂並びに監査に関する品質管理基準の設定について（公開草案）」が発表された．これらの公開草案における問題意識をわれわれの調査に直接反映することはできなかったが，アンケートには内部統制の評価と監査の品質に関する設問が含まれており，今後の内部統制に関する基準設定について，何らかのインプリケーションを提供することが期待される．

以下の第2節では，アンケートの回収率と回答企業の業種分布を示し，第3節で，内部統制に関するアンケートの回答を分析する．第4節では，四半期財務情報のレビューなどに関するアンケートの回答を検討し，第5節で財務諸表監査の質に関するアンケートの回答を集計する．第6節で，非監査業務と監査に関するアンケートの回答を検討し，最後にアンケート全体の要約をする．いずれもアンケートの回答を集計した分析であり，各企業の財務データなどを用いた実証分析は第21章と第22章で実施する．

2．アンケートの回収率と業種分布

　本委員会は，国内上場企業2,848社（東京証券取引所１部・２部およびマザーズ，大阪証券取引所１部・２部およびヘラクレススタンダード・ヘラクレスグロース，名古屋証券取引所１部・２部，福岡証券取引所，札幌証券取引所の上場企業）に対してアンケートを発送し，306社から回答を得た（回収率10.7%）．その中から白紙の回答を除き，残った304社の回答を分析対象にした[1]．分析対象企業の業種分布（日経中分類）は図表20－1のとおりである．

図表20-1　業種分布

ガス	1	(0.3%)	建設	15	(5.0%)
ゴム	1	(0.3%)	自動車	11	(3.6%)
サービス	47	(15.6%)	鉄鋼	3	(1.0%)
商社	36	(11.9%)	電気機器	25	(8.3%)
小売業	21	(7.0%)	非鉄金属製品	11	(3.6%)
パルプ・紙	4	(1.3%)	石油	2	(0.7%)
医薬品	6	(2.0%)	繊維	3	(1.0%)
化学	14	(4.6%)	造船	2	(0.7%)
機械	19	(6.3%)	輸送用機器	3	(1.0%)
銀行	8	(2.6%)	窯業	6	(2.0%)
証券	6	(2.0%)	その他製造	9	(3.0%)
保険	2	(0.7%)	倉庫	2	(0.7%)
その他金融	10	(3.3%)	電力	1	(0.3%)
食品	17	(5.6%)	鉄道・バス	1	(0.3%)
精密機器	6	(2.0%)	不動産	4	(1.3%)
通信	3	(1.0%)	陸運	3	(1.0%)

合　計　304

図表20-2　分析対象企業の上場別分類

東証１部	183
東証２部	51
東証マザーズ	24
地方証券取引所	8
名証２部	6
大証２部	20
ヘラクレス	10
合計	302

また，分析対象企業を上場別に分類する（2社は不明）と，図表20-2のようになる．東証1部と大証1部，および東証1部と名証1部の重複上場は，東証1部上場企業としてカウントした．他は，すべて単独上場企業である．

3．内部統制に関するアンケートの回答

質問1は，業務手順の文書化が内部統制の実効性を向上させるために有効であるか否かを尋ねた．回答は，1（かなり有効だと思う）〜7（ほとんど有効ではない）の中から1つを選択する形式になっている．回答を集計した結果は図表20-3のとおりである．

文書化が有効であると回答した企業（1・2・3を回答）は，全体の66.3%を占めている．回答企業を，①海外の市場で資金調達したことのある企業とない企業に大別し，②さらに国内の上場別に再分類し，③それぞれについて回答の平均値を算定したものが，図表20-4である．

図表20-4を見ると，海外の市場で資金調達したことがあり東証1部上場の企業ほど，文書化が有効であると回答していることがわかる．

質問2は，業務手順を文書化するためのコストをどの程度負担できるか，という問いである．回答は，金額を示す形式になっている．回答を集計し，平均値などを算定した．その結果は図表20-5に示されている．企業は平均的に103百万円のコスト負担を覚悟していると言えよう．

図表20-3　質問1の回答

1	22	(7.2%)
2	75	(24.8%)
3	104	(34.3%)
4	43	(14.2%)
5	27	(8.9%)
5.5	1	(0.3%)
6	18	(6.0%)
6.5	1	(0.3%)
7	12	(4.0%)
合計	303	(100.0%)
回答平均値	3.2838	

図表20-4　質問1の回答のクロス集計

	回答平均値	会社数	標準偏差
海外資金調達をしていない	3.345291	223	1.490076
ヘラクレス	2.142857	7	0.690066
東証マザーズ	3.65	20	1.871532
東証1部	3.256198	121	1.423194
大証2部	3.583333	18	1.308906
東証2部	3.553191	47	1.665618
地方証券取引所	2.8	5	0.447214
名証2部	3.7	5	1.095445
海外資金調達をした	3.04878	41	1.465456
ヘラクレス	4.5	2	0.707107
東証マザーズ	4.333333	3	1.527525
東証1部	2.78125	32	1.156591
大証2部	1	1	0
東証2部	6	2	1.414214
地方証券取引所	1	1	0
名証2部		0	
全グループ	3.299242	264	1.487412

　回答企業を，海外の市場で資金調達したことのある企業とない企業に分け，さらに国内の上場別に分類しクロス集計したものが，図表20-6である．この表を見ると，海外の市場で資金調達したことがあり東証1部上場の企業ほど，文書化のコストを負担することがわかる．

　質問3では，他社との取引に関する二重チェックの実施状況を尋ねた．回答は，1（すべての取引について実施している）～7（ほとんどの取引について実施していない）の中から1つを選択する形式になっている．回答を集計した結果は，図表20-7に示されている．

　半分以上の取引について二重チェックをしている企業（1・2・3・4を回答）は，全体の72.6％を占めている．回答企業を，海外の市場で資金調達したことのある企業とない企業に分け，さらに国内の上場別に分類しクロス集計したものが図表20-8である．

　この表を見ると，海外の市場で資金調達したことがあり東証1部に上場している企業ほど，取引の二重チェックを実施していることがわかる．

　質問4では，経営者が重要な意思決定を行う際の正当な手続きについて，ど

図表20-5　質問2の回答

文書化のためのコスト	平均（198社）	103.25百万円
	標準偏差	251.4 百万円
	最大値	3,000 百万円
	最小値	0円
	メジアン	50 百万円

図表20-6　質問2の回答のクロス集計

	回答平均値	会社数	標準偏差
海外資金調達をしていない	72.1905	150	107.1964
ヘラクレス	8.7	5	7.5961
東証マザーズ	19.2831	16	32.3871
東証1部	104.0738	82	125.6556
大証2部	31.1538	13	32.9238
東証2部	53.8929	28	85.4857
地方証券取引所	6.5	4	4.3589
名証2部	1.25	2	1.0607
海外資金調達をした	308.5227	22	659.6503
ヘラクレス	6.25	2	1.7678
東証マザーズ	5	2	7.0711
東証1部	430.3333	15	774.7775
大証2部		0	
東証2部	150	2	70.7107
地方証券取引所	10	1	0
名証2部		0	
全グループ	102.4191	172	264.0405

図表20-7　質問3の回答

1	31	(10.4%)
2	90	(30.1%)
2.5	1	(0.3%)
3	46	(15.4%)
4	49	(16.4%)
5	38	(12.7%)
5.5	1	(0.3%)
6	28	(9.4%)
7	15	(5.0%)
合計	299	(100.0%)
回答平均値	3.3980	

図表20-8　質問3の回答のクロス集計

	回答平均値	会社数	標準偏差
海外資金調達をしていない	3.504566	219	1.762889
ヘラクレス	4.571429	7	1.272418
東証マザーズ	2.65	20	1.308877
東証1部	3.394958	119	1.786097
大証2部	4.083333	18	1.395897
東証2部	3.844444	45	1.870289
地方証券取引所	3.8	5	2.48998
名証2部	2.6	5	1.341641
海外資金調達をした	2.731707	41	1.360595
ヘラクレス	3.5	2	2.12132
東証マザーズ	2.333333	3	1.527525
東証1部	2.59375	32	1.131923
大証2部	1	1	0
東証2部	5	2	2.828427
地方証券取引所	4	1	0
名証2部		0	
全グループ	3.382692	260	1.726661

の程度整備すべきかを尋ねた．回答は，1（絶対に必要である）〜7（ほとんど必要ではない）の中から1つを選択する形式になっている．回答を集計した結果は図表20-9に示した．

注目すべきは，「絶対に必要である」と答えた企業が全体の3割近いということである．回答企業を，海外の市場で資金調達したことのある企業とない企

図表20-9　質問4の回答

1	90	(29.7%)
2	60	(19.8%)
2.5	1	(0.3%)
3	37	(12.2%)
4	71	(23.5%)
5	10	(3.3%)
6	21	(6.9%)
7	13	(4.3%)
合計	303	(100.0%)
回答平均値	2.8861	

図表20-10　質問4の回答のクロス集計

	回答平均値	会社数	標準偏差
海外資金調達をしていない	2.885135	222	1.678074
ヘラクレス	2.428571	7	1.397276
東証マザーズ	2.263158	19	1.045738
東証1部	2.81405	121	1.784344
大証2部	3.055556	18	1.258955
東証2部	3.425532	47	1.728843
地方証券取引所	2.6	5	1.81659
名証2部	2.2	5	1.095445
海外資金調達をした	2.926829	41	2.172444
ヘラクレス	3.5	2	2.12132
東証マザーズ	2	3	1.732051
東証1部	3.125	32	2.310565
大証2部	1	1	0
東証2部	2	2	1.414214
地方証券取引所	2	1	0
名証2部		0	
全グループ	2.891635	263	1.759556

業に分け，さらに国内の上場別に分類しクロス集計したものが，図表20-10である．図表20-10を見ると，海外の市場で資金調達したことがあり東証1部に上場している企業ほど，正当な手続きを整備する必要性を感じていないことがわかる．

　質問5では，監査人による内部統制の評価が内部統制とガバナンスの強化にどの程度寄与するのかを尋ねた．回答は，1（大きく寄与する）～7（ほとんど寄与しない）の中から1つを選択する形式になっている．回答を集計した結果は図表20-11のとおりである．

　監査人による内部統制の評価が内部統制の強化に寄与すると回答した企業（1・2・3を回答）は，全体の61.5％を占めている．回答企業を，海外の市場で資金調達したことのある企業とない企業に分け，さらに国内の上場別に分類しクロス集計したものが図表20-12である．この表を見ると，海外の市場で資金調達したことがない東証マザーズ上場の企業ほど，監査人による内部統制の評価が内部統制の強化に寄与すると感じていないことがわかる．

　質問6では，内部統制のために文書化されるべき業務の範囲を質問した．回

図表20-11　質問5の回答

1	34	(11.2%)
2	74	(24.3%)
2.5	3	(1.0%)
3	76	(25.0%)
4	76	(25.0%)
5	25	(8.2%)
6	9	(3.0%)
7	7	(2.3%)
合計	304	(100.0%)
回答平均値	3.1234	

図表20-12　質問5の回答のクロス集計

	回答平均値	会社数	標準偏差
海外資金調達をしていない	3.14574	223	1.427708
ヘラクレス	2.714286	7	0.755929
東証マザーズ	3.75	20	1.618154
東証1部	3.070248	121	1.386401
大証2部	3.444444	18	0.855585
東証2部	3	47	1.681097
地方証券取引所	2.8	5	0.83666
名証2部	3.8	5	1.48324
海外資金調達をした	3.036585	41	1.343457
ヘラクレス	2	2	1.414214
東証マザーズ	3.666667	3	0.57735
東証1部	3.109375	32	1.389676
大証2部	1	1	0
東証2部	3	2	1.414214
地方証券取引所	3	1	0
名証2部		0	
全グループ	3.128788	264	1.413032

答は，1（すべての日常業務）～7（経営者の判断で重要と思われる範囲）の中から1つを選択する形式になっている．回答を集計した結果は図表20-13に示されている．

図表20-13によれば，すべての日常業務を文書化することには抵抗があり，経営者の判断に従い重要な部分について文書化する方向が支持されている．回

図表20-13 質問6の回答

1	5	(1.6%)
2	13	(4.3%)
3	39	(12.8%)
3.5	1	(0.3%)
4	86	(28.3%)
5	55	(18.1%)
5.5	2	(0.7%)
6	46	(15.1%)
7	57	(18.8%)
合計	304	(100.0%)
回答平均値	4.7911	

図表20-14 質問6の回答のクロス集計

	回答平均値	会社数	標準偏差
海外資金調達をしていない	4.921525	223	1.52513
ヘラクレス	5	7	1.414214
東証マザーズ	5.3	20	1.454575
東証1部	4.842975	121	1.542499
大証2部	4.972222	18	1.439692
東証2部	4.93617	47	1.537986
地方証券取引所	4.8	5	1.48324
名証2部	5	5	2.345208
海外資金調達をした	4.073171	41	1.385465
ヘラクレス	5	2	1.414214
東証マザーズ	4.666667	3	0.57735
東証1部	4.0625	32	1.457738
大証2部	2	1	0
東証2部	4	2	0
地方証券取引所	3	1	0
名証2部		0	
全グループ	4.789773	264	1.533011

　答企業を，海外の市場で資金調達したことのある企業とない企業に分け，さらに国内の上場別に分類しクロス集計したものが図表20-14である．

　この表を見ると，海外の市場で資金調達したことのない企業ほど，すべての日常業務を文書化することには抵抗があり，とりわけ大証2部上場の企業は，重要な部分についてのみ文書化する方向を支持していることがわかる．

4．四半期財務情報のレビューなどに関するアンケートの回答

われわれは続いて，四半期財務情報の監査またはレビューなどの意義について質問をした．

質問7では，四半期財務情報の監査またはレビューなどを受けることが四半期財務情報の信頼性を高める上で必要か否かを尋ねている．回答は，1（絶対必要である）～7（まったく必要でない）の中から1つを選択する形式になっている．回答を集計した結果は図表20-15に示されている．

図表20-15を見れば，「絶対必要である」という回答が「まったく必要でない」という回答の3倍以上あり，1から3の回答を選択した企業が全体の52.2％を占めていることがわかる．

図表20-16によれば，海外における資金調達の有無にかかわらず，東証マザーズの上場企業は，四半期財務情報の信頼性を高めるためにレビューなどを受けることが必要である，と回答する場合が相対的に多い．

質問8は，四半期財務情報のレビューなどを受ける場合，どの程度の監査報酬を支払う予定であるのかを尋ねた．回答は，従来の監査報酬の何％を支払う，という形式になっている．その回答を集計し，平均値などを算定した結果が図表20-17に示されている．企業は，四半期財務情報のレビューなどに対し，従来の監査報酬の約21％を支払う意向を示している．

質問8の回答企業を，海外の市場で資金調達したことのある企業とない企業

図表20-15　質問7の回答

1	37	(12.2%)
2	65	(21.5%)
2.5	2	(0.7%)
3	54	(17.8%)
4	93	(30.7%)
5	17	(5.6%)
6	24	(7.9%)
7	11	(3.6%)
合計	303	(100.0%)
回答平均値	3.3399	

図表20-16　質問7の回答のクロス集計

	回答平均値	会社数	標準偏差
海外資金調達をしていない	3.380631	222	1.604697
ヘラクレス	2.714286	7	1.253566
東証マザーズ	2.3	20	1.260743
東証1部	3.404167	120	1.602645
大証2部	3.777778	18	1.555089
東証2部	3.659574	47	1.618864
地方証券取引所	2.8	5	1.095445
名証2部	4.6	5	1.949359
海外資金調達をした	3.280488	41	1.573407
ヘラクレス	3.5	2	3.535534
東証マザーズ	1.666667	3	1.154701
東証1部	3.359375	32	1.460415
大証2部	3	1	0
東証2部	3	2	1.414214
地方証券取引所	6	1	0
名証2部		0	
全グループ	3.365019	263	1.5973

に分け，さらに国内の上場別に分類し，それぞれの回答をクロス集計した．その結果が図表20-18に要約されている．

図表20-18を見れば，海外で資金調達しており東証1部に上場している企業ほど，四半期財務情報のレビューなどに対して支払う監査報酬率は相対的に低位であることがわかる．

質問9は，四半期財務情報のために現在，追加的な監査報酬を支払っているか否かを問うた．回答は，1（支払っていない）と2（支払っている）のいずれかを選択する形式になっている．そして，支払っている企業に対して，その金

図表20-17　質問8の回答

	平均（261社）	21.36%
	標準偏差	14.461
監査報酬の比率	最大値	80%
	最小値	0%
	メジアン	20%

図表20-18　質問8の回答のクロス集計

	回答平均値	会社数	標準偏差
海外資金調達をしていない	21.39744	195	14.26018
ヘラクレス	21.66667	6	22.28602
東証マザーズ	22.1875	16	13.41253
東証1部	20.63679	106	14.50805
大証2部	21.52778	18	13.37081
東証2部	23.46154	39	13.81998
地方証券取引所	11.5	5	3.3541
名証2部	28	5	14.8324
海外資金調達をした	20.21429	35	13.82521
ヘラクレス	28.75	2	12.37437
東証マザーズ	12.5	2	10.6066
東証1部	18.88889	27	13.60241
大証2部	30	1	0
東証2部	37.5	2	17.67767
地方証券取引所	10	1	0
名証2部		0	
全グループ	21.21739	230	14.17154

図表20-19　質問9の回答

1	212	(80.9％)	監査報酬の比率	平均値	16.49％
2	50	(19.1％)		標準偏差	10.645
合計	262	(100.0％)		最大値	50％
				最小値	3％
				メジアン	15％

額を尋ねた．回答は，従来の監査報酬の何％を支払っているという形式である．

それぞれの結果を図表20-19に要約した．この表によれば，約2割の企業が四半期財務情報のために追加的な監査報酬を支払っており，その金額は従来の監査報酬の約16.5％に相当する．

5．財務諸表監査の質に関するアンケートの回答

最後にわれわれは，財務諸表監査の質についてアンケート調査をした．質問10は，その企業が受けている財務諸表監査の質を尋ねた．回答は，1（監査に

質は非常に高い）～7（監査の質は著しく低い）の中から1つを選択する形式になっている．回答を集計した結果は図表20-20のとおりである．

図表20-20を見れば，監査の質が高いと答えた企業（1～3を回答した企業）は，全体の62.7%を占めていることがわかる．逆に，5から7を回答した企業は全体の3%しかない．

質問10の回答企業を，海外の市場で資金調達したことのある企業とない企業に分け，さらに国内の上場別に分類し，それぞれの回答をクロス集計した．その結果が図表20-21に要約されている．この表によれば，海外で資金調達しており東証1部に上場している企業ほど，財務諸表監査の質は高いと回答していることがわかる．

質問11では，監査の時間と手間を増やすべきか否かを聞いた．回答は，1（監査の時間を大幅に増やすべき）～7（監査の時間を大幅に減らすべき）の中から1つを選択する形式になっている．回答を集計した結果は図表20-22のとおりである．

図表20-22を見れば，現状肯定の回答(4)が過半数を占めているが，監査時間を増やすべきだと回答（1～3.5を回答）した企業は全体の32%を占めているのに対し，監査時間を減らすべきだと回答（4.5～7を回答）した企業は5.9%しかない，ということがわかる．

質問11の回答企業を，海外の市場で資金調達したことのある企業とない企業に分け，さらに国内の上場別に分類し，それぞれの回答をクロス集計した．そ

図表20-20　質問10の回答

1	35	(11.7%)
2	86	(28.7%)
2.5	1	(0.3%)
3	66	(22.0%)
4	103	(34.3%)
5	6	(2.0%)
6	3	(1.0%)
7	0	(0.0%)
合計	300	(100.0%)
回答平均値	2.8917	

図表20-21　質問10の回答のクロス集計

	回答平均値	会社数	標準偏差
海外資金調達をしていない	2.900901	222	1.137235
ヘラクレス	3	7	1
東証マザーズ	3.4	20	1.313893
東証1部	2.875	120	1.119442
大証2部	2.944444	18	0.998365
東証2部	2.787234	47	1.159763
地方証券取引所	2.8	5	1.30384
名証2部	2.4	5	1.140175
海外資金調達をした	2.7375	40	1.031476
ヘラクレス	2.5	2	2.12132
東証マザーズ	3.333333	3	0.57735
東証1部	2.725806	31	1.063318
大証2部	2	1	0
東証2部	2.5	2	0.707107
地方証券取引所	3	1	0
名証2部		0	
全グループ	2.875954	262	1.121402

図表20-22　質問11の回答

1	4	(1.4%)
2	17	(5.7%)
3	74	(24.6%)
3.5	1	(0.3%)
4	187	(62.1%)
4.5	1	(0.3%)
5	13	(4.3%)
6	3	(1.0%)
7	1	(0.3%)
合計	301	(100.0%)
回答平均値	3.6744	

　の結果が図表20-23に要約されている．この表によれば，海外で資金調達しており東証1部に上場している企業ほど，監査の時間を増やすべきだと回答していることがわかる．

　質問12は，現行よりも質の高い監査を受ける場合，どの程度の監査報酬を追加的に支払うか，ということを尋ねた．回答は，「従来の監査報酬の＊＊％を

第20章　内部統制とガバナンスおよび監査に関するアンケート調査　431

図表20-23　質問11の回答のクロス集計

	回答平均値	会社数	標準偏差
海外資金調達をしていない	3.714932	221	0.777644
ヘラクレス	3.857143	7	0.690066
東証マザーズ	3.85	20	1.136708
東証1部	3.672269	119	0.749115
大証2部	3.666667	18	0.594089
東証2部	3.744681	47	0.793125
地方証券取引所	3.6	5	0.547723
名証2部	4	5	0.707107
海外資金調達をした	3.670732	41	0.803195
ヘラクレス	4.5	2	0.707107
東証マザーズ	4	3	0
東証1部	3.609375	32	0.810559
大証2部	4	1	0
東証2部	3	2	1.414214
地方証券取引所	4	1	0
名証2部		0	
全グループ	3.708015	262	0.780297

追加的に支払う」という形式になっている．その回答を集計し，平均値などを算定した結果が図表20-24に示されている．企業は，より質の高い監査のために，従来の監査報酬の約20％を追加的に支払う意向がある．

　質問12の回答企業を，海外の市場で資金調達したことのある企業とない企業に分け，さらに国内の上場別に分類し，それぞれの回答をクロス集計した．その結果が図表20-25に要約されている．図表20-25によれば，国内だけで資金調達をする企業の方が，質の高い監査に対して追加的な報酬を支払うと回答し，中でも大証2部に上場している企業は，相対的に多くの監査報酬を支払う意向がある．

図表20-24　質問12の回答

追加的に支払う監査報酬の比率	平均値	19.47%
	標準偏差	30.171
	最大値	200%
	最小値	0%
	メジアン	10%

図表20-25　質問12の回答のクロス集計

	回答平均値	会社数	標準偏差
海外資金調達をしていない	18.90152	197	27.47569
ヘラクレス	12.5	6	9.87421
東証マザーズ	8.75556	18	8.83304
東証1部	18.38785	107	25.26803
大証2部	26.97059	17	46.00695
東証2部	21.02564	39	24.52656
地方証券取引所	5	5	5
名証2部	44	5	59.4138
海外資金調達をした	17.35294	34	28.4774
ヘラクレス	17.5	2	10.6066
東証マザーズ	15	2	7.07107
東証1部	19.23077	26	32.20846
大証2部	0	1	0
東証2部	10	2	0
地方証券取引所	5	1	0
名証2部		0	
全グループ	18.67359	231	27.56765

6．非監査業務に関するアンケートの回答

　最後にわれわれは，監査人が税務コンサルティングなどの非監査業務を行うことで，財務諸表監査の質にどのような影響があるのかを尋ねた．質問13の回答は，1（質が高まるとは考えられない）と2（質が高まると考えられる）のいずれかを選択する形式になっている．そして，2を選択した企業について，非監査業務の内容を質問した．選択肢は，(a) 会計情報システムの構築，(b) 内部統制システムの整備，(c) 内部監査，(d) 税務コンサルティングである（複数選択を可とした）．それぞれの結果を図表20-26に要約した．

　図表20-26によれば，6割以上の企業が非監査業務サービスを受けることで財務諸表監査の質が高まる，と回答している．とりわけ内部統制システムの整備に関する業務が，監査の質を高めることに結びつくと考えられている．単独回答では，税務コンサルティングも監査の質を高めることにつながると回答している企業が比較的多い．

図表20-26　質問13の回答

	回答数	割合
1	110	(36.5%)
2	191	(63.5%)
合計	301	(100.0%)

	単独回答		複数回答	
a	15	(18.7%)	61	(23.8%)
b	38	(47.5%)	95	(37.1%)
c	9	(11.3%)	58	(22.7%)
d	17	(21.3%)	38	(14.8%)
e	1	(1.2%)	4	(1.6%)
合計	80	(100.0%)	256	(100.0%)

7．調査結果の要約

　本章の「内部統制・ガバナンスおよび監査に関するアンケート調査」は，第1に，『日本経済新聞』で報道された金融庁の内部統制強化策について，企業の実施状況を調べ，企業側の意見を聞くことに目的があった．報道された内部統制強化策は，①連結子会社を含めた全部署の業務手続きを文書化する，②外部との取引について二重以上のチェック体制を整備する，③経営者の重要な経営判断に際しての正当な手続きを整備する，④財務諸表監査の一環として監査法人（公認会計士）が①から③の整備状況をチェックする，ということであった．

　アンケートの調査結果，①については，6割以上の企業が文書化の意義を認めており，平均すると1億円のコスト負担を考えている．ただし，すべての日常業務の文書化には抵抗があり，経営者の判断により重要な部分について文書化する方向が支持されていた．②については，すでに7割以上の企業で，取引の二重チェックが実施されていることが判明した．③については，正当な手続きの整備が「絶対に必要である」という積極的な回答を示した企業が，全体の約3割を占めていた．④については，監査人による内部統制の評価が内部統制の改善に結びつくと回答した企業が6割以上あった．ただし注意すべきは，い

ずれの回答についても，海外における資金調達の有無と株式の上場先により，内容が大きく異なることである．

　アンケート調査の第2のテーマは，四半期財務情報のレビューについて企業がどのような意見を持ち，どの程度のコスト負担を考えているのか，という点にあった．アンケートの回答によれば，過半数の企業が，四半期財務情報の信頼性を確保するためにレビューなどは必要であると回答し，そのレビューのために，従来の監査報酬の約21％を追加的に支払う意向が示された．

　アンケート調査の第3のテーマは，財務諸表監査の質を企業がどのように認識し，質の高い監査に対して，企業はどの程度のコストを負担するのか，ということにあった．財務諸表監査の質が高いと答えた企業は全体の6割を超え，約3割の企業が質の高い監査のために監査時間を増やすべきだと考えている．現行よりも質の高い監査を受けるために，従来の約20％の監査報酬を追加的に支払う意向がある．また，6割以上の企業が，監査人の非監査業務サービスにより，財務諸表監査の質は高くなると回答していた．

（須田　一幸・佐々木　隆志）

アンケートの集計作業で中村亮介氏（一橋大学大学院商学研究科博士後期課程）と吉田智也氏（福島大学経済経営学類准教授）の協力を得た．記して感謝申し上げる．

21 内部統制のシステム構築に関する分析

1．内部統制に関するアンケート

　第20章で紹介したアンケートでは，金融庁が示した内部統制の強化策について，企業側の意識を問うた．つまり，①連結子会社を含めた全部署の業務手続きを文書化する，②外部との取引について二重以上のチェック体制を整備する，③経営者の重要な経営判断に際しての正当な手続きを整備する，④財務諸表監査の一環として監査法人が①から③の整備状況をチェックするという提案に対して，以下のような6つの質問をしたのである．

質問1　「業務手順の文書化が内部統制の実効性を向上させるために有効であるか否か」
　　　　回答：1（かなり有効だと思う）～7（ほとんど有効ではない）
質問2　「業務手順を文書化するためのコストをどの程度負担できるか」
　　　　回答：＊＊＊円程度
質問3　「他社との取引に関する二重チェックの実施状況」
　　　　回答：1（すべての取引について実施している）～7（ほとんどの取引について実施していない）
質問4　「経営者が重要な意思決定を行う際の正当な手続きをどの程度整備すべきか」
　　　　回答：1（絶対に必要である）～7（ほとんど必要ではない）

質問5 「監査人による内部統制の評価が内部統制の強化に寄与する程度」
　　　回答：1（大きく寄与する）〜7（ほとんど寄与しない）
質問6 「内部統制のために文書化されるべき業務の範囲」
　　　回答：1（すべての日常業務）〜7（経営者の判断で重要と思われる範囲）

　アンケートの回答を集計した結果，上記の提案①については，6割以上の企業が文書化の意義を認めており，平均すると1億円のコスト負担を考えていることがわかった．ただし，すべての日常業務の文書化には抵抗があり，経営者の判断により重要な部分について文書化する方向が支持されていた．②については，すでに7割以上の企業で，取引の二重チェックを実施していることが判明した．③については，正当な手続きの整備が「絶対に必要である」という積極的な回答を示した企業が，全体の約3割を占めていた．④については，監査人による内部統制の評価が内部統制の改善に結びつく，と回答した企業が6割以上あった．

　では，どのような企業が内部統制の強化について積極的なのか．本章では，企業の株式所有構造と資本構成，成長性，および収益性を取り上げ，それぞれが内部統制のシステム構築にどのように関係しているのを分析する．もちろん，会社法と金融商品取引法の規定は，企業の内部統制システムの構築に決定的な影響を与えるが，本研究では，そのような法律に依拠した企業行動ではなく，経済的な動機との関係から内部統制システムの構築を考察する．

　以下では，第2節で，内部統制の概要と内部統制のシステム構築に関する仮説を示す．第3節で，アンケートに対する回答と企業の株式所有構造の関係を調査し，第4節で，アンケートの回答と企業における資本構成の関係を考察する．第5節では，アンケートに対する回答と企業における成長性の関係を分析し，第6節で，アンケートの回答と企業の収益性の関係を検討する．そして第7節で，内部統制システム構築の決定要因を分析する．つまり，企業の株式所有構造と資本構成，成長性，あるいは収益性のいずれが，当該企業の内部統制システムの構築に決定的な影響を与えるかを考察する．最後に本章の要約を示し，今後の課題を述べる．

2．内部統制の概要と仮説の設定

　2005年12月に企業会計審議会から「財務報告に係る内部統制の評価及び監査の基準のあり方について」が公表された．これによれば，「内部統制とは，基本的に，業務の有効性及び効率性，財務報告の信頼性，事業活動に関わる法令等の遵守並びに資産の保全の4つの目的が達成されているとの合理的な保証を得るために，業務に組み込まれ，組織内のすべての者によって遂行されるプロセス」と定義付けられる．この4つの目的を達成するために必要な内部統制の構成要素として，①統制環境，②リスクの評価と対応，③統制活動，④情報と伝達，⑤モニタリング，および⑥ITへの対応があげられる[1]．

　実際に構築される内部統制のシステムは，企業によって大きく異なるであろう．なぜなら第1に，不足している部分は企業ごとに違うからであり，第2に，中心となるステークホルダーのタイプによって，求められる内部統制のシステムは異なるからである．言い換えれば，ステークホルダーに応じて，内部統制のシステムを構築する姿勢は違ってくると考えられる．

　たとえば，「企業価値に重大な関心を持つ機関投資家が，投資先企業の企業価値（株主価値）を評価する際に，コーポレート・ガバナンスの機能状況の評価を取り込み始めた．内部統制関連項目は，機関投資家が投資先企業の投資評価を行う際の審査項目のなかに含まれている」（鳥羽，2005，p.13）という．したがって，機関投資家の影響を強く受ける企業は，その審査項目を意識して内部統制のシステムを構築する動機を持つだろう．

　本章では，いろいろなステークホルダーを想定し，それが企業の内部統制に対する姿勢（アンケートへの回答）といかに関係しているのかを検討する．第1に取り上げるステークホルダーは金融機関である．保険会社や投資信託会社などの機関投資家を含む金融機関が，企業の発行済み株式を多く保有していれば，そのような企業ほど，前述のような状況下で，内部統制システムの構築に対して積極的になると予想される．外国法人による株式保有割合が高い企業も同様であり，そのような企業ほど内部統制のシステム構築に積極的になると考えられる．一般に，外国法人の投資家は，日本の機関投資家以上に「ものを言う株主」が多く，内部統制に不備があれば放置することはないであろう．ま

た，経営者が自社株を保有している割合が高い企業も，内部統制システムの構築に対して積極的になると予想される．なぜなら，内部統制システムを整え，株主価値を高めることは，経営者の富の増大に直結するからである．

株式所有構造とコーポレート・ガバナンスの関係を分析した小佐野 (2001, p.103) は，「金融機関や内部経営者による株式所有は経営者の規律づけに役立っている」と指摘し，金融機関と内部経営者の株式保有比率が，企業の総合生産性にプラスの影響を与えている分析結果を提示した．このような実証研究を踏まえると，われわれは「金融機関持株比率，外国法人持株比率または役員持株比率の高い企業ほど，内部統制システムの構築に対して積極的である」という仮説を設定することが可能となる．これを株式所有構造仮説とよぶ．

機関投資家などの立場を重視し，株主価値最大化を目指した経営の一環として内部統制システムが構築されるのであれば，そのような企業は，同時に株主資本利益率などの向上を目標として掲げるに違いない．株主資本を効率的に使用することは，株主価値の増大に結びつくからである．したがって，「株主資本利益率または総資本利益率の高い企業ほど，内部統制システムの構築に対して積極的である」という仮説を設定することが可能となる．これをわれわれは収益性仮説とよぶことにしよう．

小佐野 (2001, p.155) は，株式所有構造の他に，負債がコーポレート・ガバナンスにプラスの効果をもたらし，それが企業価値の増大に結びつくことを示した．ある実証研究によると，負債比率が高く業績の悪い企業の経営者は，債権者による資産の清算が行われることを恐れて，経営の合理化に励むという．これは，負債を通じた規律といわれる．負債が経営全般に対して規律を与えるのであれば，内部統制システム構築にも影響を及ぼすであろう．そこで本研究では資本構成仮説として，「負債比率または借入金依存度の大きい企業ほど，内部統制システムの構築に対して積極的である」という仮説を設定する．

株式所有構造仮説と収益性仮説および資本構成仮説は，いずれもその変数が内部統制システムの構築にプラスの影響を与えることを想定している．内部統制のシステム構築にマイナスの影響を及ぼす要因は存在しないのだろうか．本研究では，企業の成長性が内部統制システムの構築にマイナスの影響を与えると考える．なぜなら，成長著しい企業は，組織が流動的であり，一端作った内

部統制システムも早晩見直さなければならず，したがって，そのシステム設計に対しては当面，消極的にならざるを得ないからである．そこで「増収率または株主資本成長率の高い企業ほど，内部統制システムの構築に対して消極的である」という成長性仮説を設定する．以下の節で各々の仮説を検証しよう．

3．内部統制システムと株式所有構造

本節では，株式所有構造仮説「金融機関持株比率，外国法人持株比率または役員持株比率の高い企業ほど，内部統制システムの構築に対して積極的である」を検証する．金融機関持株比率は，生命保険会社や銀行などの金融機関が保有している株式比率であり，外国法人持株比率は，外国籍の法人および個人が保有している株式比率である．役員持株比率は，取締役と監査役が保有している株式比率である．いずれも日本経済新聞社（2006）『NEEDS-CDROM 一般事業会社』により，2005年の個別決算データを用いた．アンケートの回答を2005年7月に受け取ったからである．

本研究では最初に，アンケートの回答（質問1・3・4・5・6）ごとに，回答企業の金融機関持株比率と外国法人持株比率および役員持株比率の平均値を算定した．その結果を図表21-1に示した．質問1では，金融機関持株比率が回答1から回答7に進むにつれ減少する傾向にある．質問3では，役員持株比率に同様の傾向があり，質問4では，金融機関持株比率に同様の傾向が観察される．質問5では，金融機関持株比率と外国法人持株比率，質問6では，外国法人持株比率に類似の傾向がみられる．

特定の質問に対する回答ごとの持株比率が有意に異なるか否かを，分散分析とTukey検定で検証した[2]．分散分析の結果は図表21-2に要約されている．この表を見れば，金融機関持株比率と役員持株比率および外国法人持株比率は，5つの質問のいずれについても，回答ごとに有意に異なっていない，ということが分かる．表で示していないが，Tukey検定でも同様の結果を得た．

次に本研究では，それぞれの質問で4の回答企業を除外し，4未満の回答企業を内部統制システムの構築に積極的な企業（以下，積極企業と略称）とみなし，それ以外を，内部統制システムの構築に消極的な企業（以下，消極企業と

440　第 6 部　内部統制と監査の品質に関する調査

図表21-1　アンケート回答別の役員持株率・金融機関持株率・外国法人持株率

	役員持株率		金融持株率		外国人持株率	
質問 1	平均	N	平均	N	平均	N
1	0.051022	21	0.250689	21	0.109352	21
2	0.116646	67	0.245398	67	0.103987	67
3	0.066741	101	0.239113	100	0.087162	100
4	0.094116	38	0.215335	38	0.075888	38
5	0.095974	25	0.222720	25	0.116156	25
6	0.048855	15	0.198224	15	0.114250	15
7	0.167341	12	0.146408	12	0.084482	12
全グループ	0.087105	277	0.230992	276	0.095276	276
質問 3	平均	N	平均	N	平均	N
1	0.073667	28	0.267028	28	0.106975	28
2	0.107160	78	0.211512	78	0.095042	78
3	0.119163	45	0.228269	45	0.101785	45
4	0.072382	43	0.235543	43	0.105676	43
5	0.091145	38	0.225194	37	0.067267	37
6	0.035201	29	0.290896	29	0.129145	29
7	0.022306	15	0.181161	15	0.076824	15
全グループ	0.086341	274	0.232193	273	0.097852	273
質問 4	平均	N	平均	N	平均	N
1	0.054633	80	0.269088	80	0.114406	80
2	0.139207	57	0.213272	57	0.076650	57
3	0.092779	37	0.210211	37	0.094359	37
4	0.092389	63	0.213003	62	0.086702	62
5	0.070153	10	0.227660	10	0.048319	10
6	0.056019	18	0.238928	18	0.140963	18
7	0.059825	13	0.204349	13	0.100935	13
全グループ	0.086498	278	0.230691	277	0.096466	277
質問 5	平均	N	平均	N	平均	N
1	0.074666	32	0.232434	32	0.108580	32
2	0.096104	69	0.241847	69	0.086257	69
3	0.083708	71	0.242584	70	0.092481	70
4	0.085606	71	0.213354	71	0.107698	71
5	0.048172	23	0.250808	23	0.106775	23
6	0.065246	8	0.183932	8	0.051686	8
7	0.269912	6	0.160536	6	0.056662	6
全グループ	0.086831	279	0.231200	278	0.096058	278
質問 6	平均	N	平均	N	平均	N
1	0.032252	3	0.231460	3	0.137022	3
2	0.083066	13	0.225710	13	0.106493	13
3	0.134083	38	0.228450	38	0.099555	38
4	0.098651	81	0.245282	80	0.110780	80
5	0.071888	49	0.222579	49	0.078600	49
6	0.079738	44	0.222812	44	0.098637	44
7	0.057864	50	0.222878	50	0.080536	50
全グループ	0.087017	277	0.230292	276	0.096205	276

図表21-2　分散分析の結果

	質問1 F値	質問1 p値	質問2 F値	質問2 p値	質問3 F値	質問3 p値	質問4 F値	質問4 p値	質問5 F値	質問5 p値	質問6 F値	質問6 p値
役員持株割合	1.044741	0.396582	1.052863	0.391483	1.284437	0.264492	1.184666	0.314598	0.747040	0.612243
金融持株率	1.109117	0.357184	1.717650	0.117000	1.544612	0.163742	0.779188	0.586866	0.218083	0.970824
外国人持株率	0.674356	0.670484	1.007752	0.420555	1.559167	0.159248	0.649199	0.690761	0.692825	0.655613
ROA	1.334466	0.241867	0.317067	0.927808	0.397376	0.880436	0.324156	0.924045	0.774143	0.590825
経常利益/従業員	0.356523	0.905755	0.761225	0.601010	0.202526	0.975819	0.470782	0.829779	0.781412	0.585121
負債比率	2.860139	0.010196	2.896876	0.009405	1.662719	0.130246	0.860549	0.524416	0.790614	0.577928
借入金依存度	1.626553	0.140799	1.402623	0.214658	0.780691	0.585847	1.002909	0.424209	0.891947	0.501537
増収率	1.649973	0.133936	0.784476	0.582800	0.531491	0.784137	0.334553	0.918300	0.786547	0.581171
株主資本成長率	1.188405	0.312976	0.549292	0.770303	0.874842	0.513923	2.116247	0.052035	0.456239	0.840179
ROE	0.502325	0.806413	0.272991	0.949280	0.165835	0.985594	0.351955	0.908438	1.269226	0.271696

図表21-3 持株比率における平均差の検定結果

		標準偏差	消極企業 (52社)	標準偏差	t 値	df	p
質問1	積極企業 (189社)						
役員持株割合	0.082686	0.195671	0.096579	0.199116	−0.451734	239	0.651870
金融持株率	0.242646	0.140443	0.198036	0.143613	2.017410	238	0.044775
外国人持株率	0.095637	0.107376	0.105501	0.121675	−0.569237	238	0.569732
		標準偏差	消極企業 (81社)	標準偏差	t 値	df	p
質問3	積極企業 (189社)						
役員持株割合	0.103868	0.230867	0.058842	0.112586	−1.65249	231	0.099792
金融持株率	0.225413	0.138743	0.240520	0.142791	0.78043	230	0.435937
外国人持株率	0.098611	0.105434	0.089898	0.117310	−0.57525	230	0.565681
		標準偏差	消極企業 (41社)	標準偏差	t 値	df	p
質問4	積極企業 (175社)						
役員持株割合	0.090508	0.218014	0.060673	0.093413	0.856809	214	0.392509
金融持株率	0.239761	0.148015	0.225215	0.144063	0.569191	214	0.569823
外国人持株率	0.097776	0.106785	0.105675	0.134924	−0.404374	214	0.686342
		標準偏差	消極企業 (37社)	標準偏差	t 値	df	p
質問5	積極企業 (173社)						
役員持株割合	0.086499	0.203694	0.086233	0.214482	0.007134	208	0.994315
金融持株率	0.239920	0.137518	0.221353	0.151874	0.731218	207	0.465473
外国人持株率	0.093402	0.104252	0.085355	0.115200	0.418016	207	0.676369
		標準偏差	消極企業 (144社)	標準偏差	t 値	df	p
質問6	積極企業 (53社)						
役員持株割合	0.116768	0.314642	0.069230	0.136736	−1.47741	195	0.141180
金融持株率	0.228000	0.122869	0.225336	0.147699	−0.11717	195	0.906847
外国人持株率	0.103247	0.123677	0.084573	0.099191	−1.09368	195	0.275446

略称）と理解した．その2つのグループについて持株比率の平均値を算定し，その有意差検定を実施した．t 検定の結果を図表21-3に示し，ノンパラメトリック検定である Mann-Whitney 検定[3]の結果を図表21-4に要約した．

　図表21-3と図表21-4を見ると，質問1の回答で，積極企業の金融機関持株比率は消極企業よりも5％水準で有意に大きいことがわかる．質問3の回答に関する t 検定の結果（図表21-3）によれば，積極企業の役員持株比率は消極企業よりも10％水準で有意に大きいことがわかったが，Mann-Whitney 検定（図表21-4）では，有意差が確認されなかった．

　以上，金融機関持株比率について株式所有構造仮説と整合的な結果を得た．しかし，この結果は他の変数の影響を反映している可能性があるので，最終的な判断は，重回帰分析の結果を待つことにしよう．

図表21-4　持株比率に関する Mann-Whitney の U 検定の結果

質問1	順位和1	順位和2	U	Z	p 値
役員持株割合	22398.00	6763.00	4443.00	−1.05796	0.290072
金融持株率	23646.00	5274.00	3896.00	2.23879	0.025170
外国人持株率	22575.50	6344.50	4809.50	−0.17716	0.859381
質問3	順位和1	順位和2	U	Z	p 値
役員持株割合	9107.00	18154.00	5786.00	−0.75513	0.450173
金融持株率	9613.00	17415.00	5787.00	0.60299	0.546513
外国人持株率	8725.00	18303.00	5485.00	−1.22451	0.220760
質問4	順位和1	順位和2	U	Z	p 値
役員持株割合	19119.00	4317.00	3456.00	0.365070	0.715060
金融持株率	19260.00	4176.00	3315.00	0.756513	0.449342
外国人持株率	19256.00	4180.00	3319.00	0.745408	0.456026
質問5	順位和1	順位和2	U	Z	p 値
役員持株割合	18382.00	3773.00	3070.00	0.388988	0.697285
金融持株率	18358.00	3587.00	2884.00	0.892960	0.371879
外国人持株率	18407.00	3538.00	2835.00	1.039789	0.298439
質問6	順位和1	順位和2	U	Z	p 値
役員持株割合	13958.00	5545.00	3518.00	−0.83976	0.401044
金融持株率	14134.00	5369.00	3694.00	−0.34379	0.731001
外国人持株率	14086.00	5417.00	3646.00	−0.47906	0.631898

4．内部統制システムと資本構成

本節では，資本構成仮説「負債比率または借入金依存度の大きい企業ほど，内部統制システムの構築に対して積極的である」を検証する．日本経済新聞社の定義にしたがい，負債比率は「負債合計÷資本合計×100」で計算され，借入金依存度は「有利子負債額・従業員預り金÷(負債・少数株主持分・資本合計＋受取手形高＋同裏書譲渡高)×100」で算定された．いずれも日本経済新聞社 (2006) 『NEEDS-CDROM 一般事業会社』により，2005年の個別決算データを用いた．

ここでは最初に，アンケートの回答（質問 1・3・4・5・6）ごとに，回答企業の負債比率と借入金依存度の平均値を算定した．その結果を図表21-5 に示した．質問 1 では，負債比率と借入金依存度が回答 1 から回答 7 に進むにつれ減少する傾向にある．質問 3 では，借入金依存度に同様の傾向があり，質問 5 では負債比率と借入金依存度に類似の傾向がみられる．

特定の質問に対する回答ごとの負債比率と借入金依存度が有意に異なるか否かを，分散分析と Tukey 検定で検証した．分散分析の結果は図表21-2 に要約されている．この表を見れば，質問 1 の回答で負債比率が 5％水準で有意に異なっており，質問 3 では 1％水準で有意に異なっていることが分かる．Tukey 検定（表示は省略）によれば，質問 1 の有意差は回答 1 に起因しており，質問 3 の有意差は回答 4 に原因がある．質問 3 の回答 4 は異常値によるものと解釈されるが，質問 1 の回答 1 における有意差は，資本構成仮説と整合していると判断される．

次に本研究では，それぞれの質問で 4 の回答企業を除外し，4 未満の回答企業を積極企業とみなし，それ以外を消極企業と理解したうえで，2 つのグループについて負債比率と借入金依存度の平均値を算定し，その有意差検定を実施した．t 検定の結果が図表21-6 に示され，ノンパラメトリック検定である Mann-Whitney 検定の結果は図表21-7 にまとめられている．

図表21-6 と図表21-7 を見ると，質問 1 の回答で，積極企業の借入金依存度は，消極企業よりも10％水準で有意に大きいことがわかる．質問 3 の回答に関する t 検定（図表21-6）では，積極企業の借入金依存度は消極企業よりも 5％

図表21-5　アンケート回答別の負債比率と借入金依存率

	負債比率		借入金依存度	
質問1	平均	N	平均	N
1	340.6695	21	28.94842	19
2	110.0482	68	24.79157	51
3	183.2673	100	24.53301	83
4	191.0015	39	29.78778	36
5	139.324	25	25.76476	21
6	108.776	16	14.61583	13
7	78.8836	12	17.25125	9
全グループ	166.2924	279	25.11935	230
質問3	平均	N	平均	N
1	158.2097	29	29.0904	25
2	143.1811	79	25.6371	62
3	145.28	45	25.72222	36
4	311.2042	43	29.57769	39
5	121.2529	38	22.00188	32
6	129.5011	29	19.10333	22
7	173.0621	14	19.97923	13
全グループ	168.3887	276	25.26864	228
質問4	平均	N	平均	N
1	139.6452	81	25.22269	67
2	204.4382	57	27.3337	46
3	158.8664	36	26.14484	31
4	154.8508	65	22.6463	54
5	333.443	10	23.018	10
6	88.9533	18	21.04769	13
7	250.3254	13	32.56818	11
全グループ	167.6377	280	25.18409	232
質問5	平均	N	平均	N
1	222.4761	33	29.38133	30
2	139.1701	69	26.34019	54
3	202.7194	71	22.15436	55
4	151.0848	71	26.13645	62
5	147.5638	24	26.41684	19
6	100.4214	8	16.16286	8
7	99.9667	6	20.914	5
全グループ	166.9353	281	25.26892	232
質問6	平均	N	平均	N
1	177.5267	3	31.30667	3
2	180.7075	12	30.54556	9
3	240.9937	38	26.52464	28
4	143.5464	81	28.07206	68
5	172.1086	49	22.49919	37
6	133.4443	44	24.01027	37
7	168.6569	52	22.44375	48
全グループ	166.8857	279	25.29813	230

図表21-6　負債比率と借入金依存度に関する平均差の検定結果

質問1	積極企業	標準偏差	消極企業	標準偏差	t値	df	p
負債比率	174.41 (189社)	288.5178	118.97 (53社)	104.3140	1.372106	240	0.171311
借入金依存度	25.16 (153社)	16.3833	20.48 (43社)	14.8072	1.689931	194	0.092647
質問3	積極企業	標準偏差	消極企業	標準偏差	t値	df	p
負債比率	146.20 (154社)	147.9173	132.51 (81社)	125.6680	0.70903	233	0.479016
借入金依存度	26.24 (124社)	18.7898	20.74 (67社)	13.9859	2.10372	189	0.036726
質問4	積極企業	標準偏差	消極企業	標準偏差	t値	df	p
負債比率	164.40 (175社)	249.3762	199.751 (41社)	347.0979	−0.753564	214	0.451939
借入金依存度	26.07 (145社)	17.6945	25.35 (34社)	15.6012	0.217599	177	0.827992
質問5	積極企業	標準偏差	消極企業	標準偏差	t値	df	p
負債比率	180.91 (174社)	299.3787	146.25 (38社)	129.4615	0.698559	210	0.485601
借入金依存度	25.18 (140社)	17.8452	23.66 (32社)	14.8925	0.447408	170	0.655150
質問6	積極企業	標準偏差	消極企業	標準偏差	t値	df	p
負債比率	223.75 (146社)	409.1514	160.05 (53社)	225.2291	1.39110	197	0.165764
借入金依存度	27.78 (124社)	20.7862	22.91 (40社)	15.4487	1.58546	162	0.114811

図表21-7　負債比率と借入金依存度に関するMann-WhitneyのU検定の結果

質問1	順位和1	順位和2	U	Z	p値
負債比率	23475.00	5928.000	4497.000	1.13570	0.256082
借入金依存度	15657.50	3648.500	2702.500	1.78614	0.074077
質問3	順位和1	順位和2	U	Z	p値
負債比率	9398.000	18332.00	6077.000	−0.32304	0.746668
借入金依存度	5829.500	12506.50	3551.500	−1.65253	0.098428
質問4	順位和1	順位和2	U	Z	p値
負債比率	18806.00	4630.000	3406.000	−0.503879	0.614347
借入金依存度	13087.00	3023.000	2428.000	0.136061	0.891773
質問5	順位和1	順位和2	U	Z	p値
負債比率	18356.00	4222.000	3131.000	−0.510825	0.609474
借入金依存度	12176.00	2702.000	2174.000	0.259700	0.795095
質問6	順位和1	順位和2	U	Z	p値
負債比率	14427.00	5473.000	3696.000	−0.48173	0.629995
借入金依存度	9957.00	3573.000	2207.000	−1.04537	0.295852

水準で有意に大きかった．しかし図表21-7に示したMann-Whitney検定の結果では，10％の水準で有意であった．

これらの結果は資本構成仮説を支持している．しかし，これは他の変数の影響を反映している可能性があるので，最終的な判断は重回帰分析の結果を待つべきであろう．

5．内部統制システムと企業の成長性

本節では，成長性仮説「増収率または株主資本成長率の高い企業ほど，内部統制システムの構築に対して消極的である」を検証する．日本経済新聞社の定義にしたがい，増収率は5年間の平均売上高から算定し，株主資本成長率も5年間の平均値を用いる．いずれも日本経済新聞社（2006）『NEEDS-CDROM 一般事業会社』により，2005年の個別決算データを用いた．

最初に，アンケートの回答（質問1・3・4・5・6）ごとに，回答企業の増収率と株主資本成長率の平均値を算定した．その結果を図表21-8に示した．質問1と質問5および質問6では，株主資本成長率が回答1から回答7に進むにつれ増加する傾向にある．

特定の質問に対する回答ごとの増収率と株主資本成長率が有意に異なるか否かを，分散分析とTukey検定で検証した．分散分析の結果は図表21-2に要約されている．この表を見れば，質問6の回答で株主資本成長率が10％水準で有意に異なっていることが分かる．Tukey検定によれば，質問6の有意差は回答7に起因しており，これは成長性仮説と整合していると判断される．

次に本研究では，それぞれの質問で4の回答企業を除外し，4未満の回答企業を積極企業とみなし，それ以外を消極企業と理解したうえで，2つのグループについて増収率と株主資本成長率の平均値を算定し，その有意差検定を実施した．t検定の結果が図表21-9にまとめられ，ノンパラメトリック検定であるMann-Whitney検定の結果は図表21-10に示されている．

図表21-9を見ると，質問1の回答で，積極企業の株主資本成長率は消極企業よりも10％水準で有意に小さいことが分かる．ただし，図表21-10のMann-Whitney検定では有意差が確認されていない．成長性仮説の適否についても，

表21-8　回答企業別の増収率と株主資本成長率

	増収率		株主資本成長率	
質問1	平均	N	平均	N
1	4.88952	21	6.93238	21
2	11.42952	62	9.92220	59
3	0.94075	93	8.00872	94
4	4.90081	37	11.30278	36
5	4.78273	22	14.95200	20
6	3.97071	15	10.95214	15
7	11.94889	10	34.41667	10
全グループ	5.22667	258	10.48549	253
質問3	平均	N	平均	N
1	5.23148	27	14.54630	27
2	4.56015	68	11.58353	68
3	5.57930	43	10.15690	42
4	11.49119	42	14.41550	40
5	2.09611	36	7.77000	36
6	3.01333	28	4.44667	28
7	4.84500	13	2.38400	10
全グループ	5.44643	255	10.42904	250
質問4	平均	N	平均	N
1	5.17613	75	14.47533	75
2	9.08415	53	8.63078	51
3	4.25029	35	5.30294	34
4	4.50820	61	13.44746	59
5	−2.63857	7	−4.25000	7
6	2.85125	16	6.98313	16
7	2.29692	13	6.33308	13
全グループ	5.19400	260	10.44639	255
質問5	平均	N	平均	N
1	4.44774	31	9.48968	31
2	2.96561	66	4.43079	63
3	6.08484	64	9.83381	63
4	6.77415	65	14.70438	64
5	6.34136	22	9.21864	22
6	−0.48429	8	10.22714	8
7	10.26200	5	49.47800	5
全グループ	5.19535	260	10.41459	255
質問6	平均	N	平均	N
1	7.746667	3	9.85000	3
2	3.879091	11	7.80364	11
3	7.206389	36	11.82629	35
4	8.025949	79	7.75697	76
5	3.468667	45	11.37578	45
6	−0.706667	36	7.31371	35
7	5.331875	48	15.92354	48
全グループ	5.216938	258	10.47850	253

第21章 内部統制のシステム構築に関する分析 449

図表21-9 増収率と株主資本成長率に関する平均差の検定結果

質問1	積極企業	標準偏差	消極企業	標準偏差	t 値	df	p
増収率	5.10 (176社)	22.8472	5.66 (47社)	17.4202	−0.15446	221	0.877387
株主資本成長率	8.52 (174社)	25.2526	17.07 (45社)	46.9304	−1.65335	217	0.099705
質問3	積極企業	標準偏差	消極企業	標準偏差	t 値	df	p
増収率	4.98 (139社)	17.6016	2.82 (76社)	9.63318	0.98908	213	0.323744
株主資本成長率	11.70 (138社)	32.2300	5.74 (74社)	12.81512	1.52721	210	0.128213
質問4	積極企業	標準偏差	消極企業	標準偏差	t 値	df	p
増収率	6.23 (164社)	25.1751	1.58 (36社)	8.2606	1.094606	198	0.275019
株主資本成長率	10.60 (161社)	29.9400	4.56 (36社)	11.7621	1.188444	195	0.236104
質問5	積極企業	標準偏差	消極企業	標準偏差	t 値	df	p
増収率	4.48 (162社)	23.8216	5.21 (35社)	14.0604	−0.17405	195	0.862006
株主資本成長率	7.60 (158社)	18.7446	15.09 (35社)	44.3645	−1.58536	191	0.114540
質問6	積極企業	標準偏差	消極企業	標準偏差	t 値	df	p
増収率	6.50 (130社)	14.9558	3.01 (50社)	15.4293	−1.37516	178	0.170811
株主資本成長率	10.80 (129社)	23.4800	11.88 (49社)	36.9141	0.19064	176	0.849030

表21-10 増収率と株主資本成長率に関する Mann-Whitney の U 検定の結果

質問1	順位和1	順位和2	U	Z	p 値
増収率	19804.50	5171.500	4043.500	0.23540	0.813900
株主資本成長率	18666.00	5424.000	3441.000	−1.25106	0.210915
質問3	順位和1	順位和2	U	Z	p 値
増収率	8184.500	15035.50	5258.500	−0.05389	0.957022
株主資本成長率	8011.500	14566.50	4975.500	0.30652	0.759210
質問4	順位和1	順位和2	U	Z	p 値
増収率	16757.00	3343.000	2677.000	0.874484	0.381855
株主資本成長率	15892.00	3611.000	2851.000	−0.151982	0.879201
質問5	順位和1	順位和2	U	Z	p 値
増収率	16026.00	3477.000	2823.000	−0.039233	0.968705
株主資本成長率	15200.00	3521.000	2639.000	−0.421403	0.673461
質問6	順位和1	順位和2	U	Z	p 値
増収率	11403.50	4886.500	2888.500	−1.15452	0.248286
株主資本成長率	11438.00	4493.000	3053.000	−0.35009	0.726271

重回帰分析の結果を待つことにしよう．

6．内部統制システムと企業の収益性

　本節では，収益性仮説「株主資本利益率または総資本利益率の高い企業ほど，内部統制システムの構築に対して積極的である」を検証する．日本経済新聞社の定義にしたがい，使用総資本事業利益率（ROA）を「（営業利益＋受取利息・割引料・有価証券利息＋受取配当金）÷負債・少数株主持分・資本合計の2期平均×100」で計算し，株主資本利益率（ROE）は「当期純利益÷株主資本の期首期末平均×100」により算定した．さらに利益額そのものを分析するため，従業員1人当り経常利益（経常利益/従業員）を用いる．これは「経常利益÷従業員数2期平均×10」（単位10万円）で計算される．いずれも日本経済新聞社（2006）『NEEDS-CDROM　一般事業会社』により，2005年の個別決算データを用いた．

　ここでも最初に，アンケートの回答（質問1, 3, 4, 5, 6）ごとに，回答企業のROAとROEおよび経常利益/従業員の平均値を算定した．その結果を図表21-11に示した．質問1では，ROAが回答1から回答7に進むにつれ増加する傾向にあり，これは収益性仮説に反している．質問3と質問4および質問6では，経常利益/従業員が回答1から回答7に進むにつれ減少する傾向にあり，これは収益性仮説と整合的である．

　特定の質問に対する回答ごとのROAとROEおよび経常利益/従業員が有意に異なるか否かを，分散分析とTukey検定で検証した．分散分析の結果は図表21-2に要約されている．この表によれば，いずれの変数も有意差がない．Tukey検定（表示は省略）も同様の結果であった．

　次に本研究では，それぞれの質問で4の回答企業を除外し，4未満の回答企業を積極企業とみなし，それ以外を消極企業と理解したうえで，2つのグループについてROAとROEおよび経常利益/従業員の平均値を算定し，その有意差検定を実施した．t検定の結果が図表21-12にまとめられ，ノンパラメトリック検定であるMann-Whitney検定の結果は図表21-13に示されている．いずれの検定でも有意差は検出されなかった．収益性仮説を支持する証拠は得られ

図表21-11　アンケート回答別の ROA・経常利益/従業員・ROE

	ROA		経常利益/従業員		ROE	
質問1	平均	N	平均	N	平均	N
1	4.863810	21	57.1033	21	6.207143	21
2	8.179412	68	94.6769	68	8.393433	67
3	5.456300	100	91.4797	100	4.034900	100
4	5.118462	39	69.3321	39	6.592308	39
5	7.955200	25	170.5228	25	6.290400	25
6	6.199333	16	36.5113	16	5.697333	16
7	9.809091	12	83.4009	12	9.894545	12
全グループ	6.463656	279	90.3845	279	6.132590	278
質問3	平均	N	平均	N	平均	N
1	7.919655	29	100.0669	29	6.655862	29
2	6.630125	80	150.7511	80	7.447375	80
3	6.904444	45	93.6596	45	6.565000	44
4	5.656744	43	50.1298	43	5.045349	43
5	5.516316	38	37.1500	38	4.228947	38
6	6.331786	29	59.5754	29	4.842500	29
7	7.503846	13	46.0246	13	9.376923	13
全グループ	6.516232	276	90.6175	276	6.228400	275
質問4	平均	N	平均	N	平均	N
1	6.186049	81	100.2521	81	6.502750	80
2	6.995088	57	86.6251	57	5.905614	57
3	5.795946	37	54.1930	37	5.849730	37
4	6.894462	65	115.7809	65	6.744462	65
5	4.307000	10	90.7240	10	1.253000	10
6	6.991765	17	68.5941	17	6.540588	17
7	4.013846	13	40.1115	13	4.562308	13
全グループ	6.344607	280	89.9419	280	6.074194	279
質問5	平均	N	平均	N	平均	N
1	7.992121	33	64.4912	33	8.535152	33
2	5.854493	69	60.4552	69	3.837353	68
3	6.379296	71	128.2366	71	7.040563	71
4	6.778732	71	119.3454	71	6.677465	71
5	6.054583	24	52.7854	24	5.793333	24
6	5.232857	8	37.9986	8	5.837143	8
7	4.436667	6	26.2900	6	3.845000	6
全グループ	6.442989	281	90.9912	281	6.141250	280
質問6	平均	N	平均	N	平均	N
1	7.243333	3	146.5667	3	11.33333	3
2	4.065833	12	250.8958	12	1.44364	12
3	8.276316	38	81.0803	38	9.10474	38
4	5.749259	81	114.4396	81	4.94728	81
5	5.967347	49	55.1839	49	2.09388	49
6	7.921818	44	102.0734	44	10.30068	44
7	5.961154	52	46.3560	52	6.82404	52
全グループ	6.457527	279	91.0640	279	6.14126	278

図表21-12　ROA・経常利益/従業員・ROE に関する平均差の検定結果

質問1	積極企業	標準偏差	消極企業	標準偏差	t 値	df	p
ROE	5.83 (188社)	13.6413	6.86 (53社)	29.7082	−0.36106	239	0.718371
ROA	6.37 (188社)	8.1073	7.72 (53社)	11.4193	−0.97399	240	0.331043
経常利益/ 従業員	88.81 (189社)	383.5819	109.95 (53社)	255.3558	−0.37819	240	0.705626

質問3	積極企業	標準偏差	消極企業	標準偏差	t 値	df	p
ROE	7.01 (154社)	21.1360	5.26 (80社)	10.17502	0.69942	232	0.484992
ROA	6.92 (155社)	10.1584	6.10 (80社)	6.10162	0.66793	233	0.504836
経常利益/ 従業員	123.88 (155社)	445.4020	46.32 (80社)	48.76776	1.55117	233	0.122219

質問4	積極企業	標準偏差	消極企業	標準偏差	t 値	df	p
ROE	6.15 (175社)	20.3719	4.57 (40社)	9.0161	0.479925	213	0.631773
ROA	6.35 (176社)	9.3011	5.35 (40社)	4.2087	0.667423	214	0.505221
経常利益/ 従業員	86.13 (176社)	261.0712	64.86 (40社)	100.5950	0.505947	214	0.613414

質問5	積極企業	標準偏差	消極企業	標準偏差	t 値	df	p
ROE	6.06 (173社)	17.1060	4.29 (38社)	11.5570	0.60899	209	0.543195
ROA	6.47 (174社)	8.4588	5.58 (38社)	7.8791	0.59598	210	0.551831
経常利益/ 従業員	88.84 (174社)	350.9295	44.76 (38社)	102.0840	0.76593	210	0.444579

質問6	積極企業	標準偏差	消極企業	標準偏差	t 値	df	p
ROE	7.61 (146社)	11.8956	6.29 (52社)	17.9398	−0.49109	196	0.623915
ROA	7.26 (146社)	6.6265	6.53 (53社)	9.2653	−0.52855	197	0.597715
経常利益/ 従業員	123.23 (146社)	391.6622	66.76 (53社)	165.7580	−1.42913	197	0.154551

図表21-13　ROA・経常利益/従業員・ROEに関するMann-WhitneyのU検定の結果

質問1	順位和1	順位和2	U	Z	p値
ROA	22410.00	6993.000	4455.000	−1.22896	0.219089
経常利益/従業員	22294.50	7108.500	4339.500	−1.48540	0.137438
ROE	22513.00	6648.000	4747.000	−0.52424	0.600109
質問3	順位和1	順位和2	U	Z	p値
ROA	9248.500	18481.50	6008.500	−0.38779	0.698174
経常利益/従業員	9131.000	18599.00	5891.000	−0.62572	0.531497
ROE	9004.000	18491.00	5764.000	−0.80621	0.420124
質問4	順位和1	順位和2	U	Z	p値
ROA	19223.50	4212.500	3392.500	0.357342	0.720836
経常利益/従業員	19052.00	4384.000	3476.000	−0.123318	0.901855
ROE	19133.00	4087.000	3267.000	0.656403	0.511565
質問5	順位和1	順位和2	U	Z	p値
ROA	18815.00	3763.000	3022.000	0.828997	0.407107
経常利益/従業員	18919.00	3659.000	2918.000	1.132573	0.257395
ROE	18740.00	3626.000	2885.000	1.179598	0.238161
質問6	順位和1	順位和2	U	Z	p値
ROA	14049.00	5851.000	3318.000	−1.53431	0.124955
経常利益/従業員	14261.00	5639.000	3530.000	−0.94398	0.345183
ROE	13840.00	5861.000	3109.000	−1.93617	0.052848

なかったのである．

7．内部統制システムの決定要因

　これまでの節では，株式所有構造仮説・資本構成仮説・成長性仮説・収益性仮説を単一変量分析により検証した．収益性仮説を除けば，いずれの仮説についても支持する証拠が得られた．しかし，この検証は決して十分なものではない．第1に，それぞれの仮説の相互関係を分析していないことがあげられる．内部統制システムを構築する姿勢に決定的な影響を与えるのは何か，という問いに対して答えを提示しなければならない．
　第2に，個々の質問に対する回答から仮説を検証しているが，このままでは

454 第6部 内部統制と監査の品質に関する調査

表21-14 質問1・3・4・5・6の回答和における分布

内部統制の回答和	ケース数	平　均	中央値	最小値	最大値	第1四分位	第3四分位	標準偏差
	275	17.55	17.00	5.00	30.00	14.00	21.00	4.82

　質問に対する回答のバイアスをコントロールできないという問題がある．つまり，バイアスの大きい回答を分析し，仮説を支持する証拠を得ても，それは信憑性に欠けるということである．

　そこで本節では，第1の問題を解決するために，4つの仮説で使用した変数を同時に用いる重回帰分析を実施する．第2の問題を解決するために，各企業の回答和を用いた分析をする．すなわち，質問1から質問6までは，いずれも内部統制に関する問いであり，回答に関しても回答1は内部統制のシステム構築に対して積極的な内容を示し，回答7は消極的な内容になっているため，1つの回答企業について質問1から質問6までの回答を合計すれば，その企業における内部統制システムの構築に対する姿勢が大きく捉えられる．仮に1つの回答にバイアスがあっても，合計することでその影響は緩和されるであろう．

　それぞれの企業における質問1から質問6までの回答を合計したデータが，図表21-14に示されている．最小値は5，中央値が17，最大値は30である．このデータを用いて，内部統制に対する全般的な姿勢を個々の企業について分析する．

　最初に，中央値より回答和が小さい企業を識別し，その企業を内部統制システムの構築に積極的な企業（積極企業）とする．中央値よりも回答和が大きい企業は，内部統制システムの構築に消極的な企業（消極企業）に分類される．この2つのグループについて，各種の持株比率，資本構成と成長性および収益性を示す変数の平均値を計算し，両グループの有意差を検定した．その結果が図表21-15に示されている．この表によれば，積極企業の金融機関持株比率と借入金依存度は，消極企業よりも10％水準で有意に大きい．

　続いて本研究では，積極企業（1で示す）と消極企業（0で示す）を従属変数とし，金融機関持株比率と借入金依存度，株主資本成長率およびROAを独立変数[4]にしたロジット重回帰分析を実施した．その結果が図表21-16に要約され

第21章 内部統制のシステム構築に関する分析 455

図表21-15 積極企業と消極企業における諸変数の平均差の検定

	積極企業	標準偏差	消極企業	標準偏差	t 値	df	p
役員持株割合	0.0994 (162社)	0.2386	0.0775 (110社)	0.1489	-0.92826	270	0.354103
金融持株率	0.2516 (161社)	0.1428	0.2188 (110社)	0.1401	-1.88244	269	0.060856
外国人持株率	0.1002 (161社)	0.0983	0.0927 (110社)	0.1150	-0.55924	269	0.576461
負債比率	168.01 (163社)	292.1666	168.66 (111社)	227.3701	0.02085	272	0.983377
借入金依存度	27.636 (139社)	18.0926	23.396 (89社)	17.0602	-1.78755	226	0.075188
増収率	7.1237 (149社)	29.2429	4.2449 (105社)	13.3598	-1.05600	252	0.291979
株主資本成長率	11.297 (146社)	31.1731	9.8746 (103社)	29.8295	-0.36373	247	0.716374
ROE	5.8361 (163社)	20.4892	6.3427 (110社)	15.7183	0.23079	271	0.817652
ROA	6.5693 (163社)	9.7372	6.2996 (111社)	7.7991	-0.25377	272	0.799866
経常利益/従業員	126.98 (163社)	499.1763	63.025 (111社)	149.2753	-1.53900	272	0.124967

図表21-16 積極企業と消極企業の決定要因分析

	定数項	金融持株率	ROA	借入金依存度	株主資本成長率
推定値	-1.62154	1.9148	0.04575239	0.01811882	0.001870783
標準誤差	0.4444391	1.090579	0.03380648	0.00858048	0.006723111
t 値 (208)	-3.648508	1.755766	1.353361	2.111633	0.2782615
p 値	0.0003335	0.08060038	0.1774092	0.03591158	0.7810881
ワルドのカイ2乗	13.31161	3.082712	1.831587	4.458995	0.07742948
p 値	0.0002642	0.07913801	0.1759498	0.03472565	0.7808134

ている．

　この表を見れば，金融機関持株比率の回帰係数が10％水準で有意な正の値になり，借入金依存度が5％水準で有意な正の値であることがわかる．これは，図表21-15の結果と整合的である．金融機関持株比率と借入金依存度は，他の

図表21-17　諸変数の相関

	金融持株率	外国人持株率	ROA	負債比率	借入金依存度	増収率	株主資本成長率	ROE
金融持株率	1.00							
外国人持株率	0.46	1.00						
ROA	−0.03	0.20	1.00					
負債比率	0.05	−0.12	−0.16	1.00				
借入金依存度	0.08	−0.03	−0.21	0.49	1.00			
増収率	−0.21	−0.04	0.44	−0.09	−0.02	1.00		
株主資本成長率	−0.28	0.01	0.25	−0.12	−0.06	0.65	1.00	
ROE	0.03	0.18	0.65	−0.11	0.04	0.27	0.08	1.00

変数を所与としても，内部統制に対する姿勢について追加的な説明力がある．つまり，金融機関持株比率と借入金依存度が大きい企業ほど，内部統制のシステム構築について積極的であることが判明した．株式所有構造と負債の規律づけが，企業の内部統制システム構築に大きな影響を与えている，と考えられる．

　最後に質問2の分析が残されている．この回答は金額で示されており，通常の最小2乗法を用いた重回帰分析を行うことができる．つまり，単独の質問に関する分析ではあるが，複数の独立変数を組み込んで，相対的な影響力を判断することが可能となる．

　本研究では，最初に，これまで用いた8つの変数を独立変数にして，質問2の回答を説明するモデルを推定した．その結果が図表21-18に掲載されている．この表によれば，8つの変数の中で，唯一，外国法人持株比率が1％水準で有意な正の値になっている．しかし，図表21-17に示したように，金融機関持株比率と外国法人持株比率，負債比率と借入金依存度，増収率と株主資本成長率，ROEとROAは相関が強い．したがって重回帰分析における多重共線性が懸念される．そこで本研究では，それぞれの変数を削除または追加して回帰式を推定した．

　その結果を示した図表21-18を総合的に判断すると，外国法人持株比率と金融機関持株比率が統計的に有意であると解釈される．つまり，外国法人持株比率と金融機関持株比率が大きい企業ほど，業務手順を文書化するためのコストを多く負担する傾向がある．この類の内部統制システムの構築については，株

第21章 内部統制のシステム構築に関する分析　457

図表21-18　業務手順文書化コストに関する重回帰分析

	推定値	標準誤差	t値(126)	p値	Adj.R^2
切片	45.5875	69.4434	0.65647	0.512719	0.05627259
金融持株率	26.5647	200.4604	0.13252	0.894786	
外国人持株率	953.2919	316.5741	3.01128	0.003144	
ROA	1.6197	7.9013	0.20499	0.837909	
負債比率	0.0175	0.0892	0.19593	0.844982	
借入金依存度	−1.4083	1.7422	−0.80836	0.420406	
増収率	2.5786	3.3278	0.77485	0.439878	
株主資本成長率	−1.5252	1.3228	−1.15305	0.251073	
ROE	−0.3849	3.4111	−0.11283	0.910344	

	推定値	標準誤差	t値(126)	p値	Adj.R^2
切片	9.4292	51.6327	0.182620	0.855335	0.0167195
金融持株率	349.4412	159.8438	2.186142	0.030305	
ROA	5.7055	5.5283	1.032046	0.303658	
負債比率	−0.0589	0.0720	−0.817885	0.414678	
増収率	−0.1982	2.7624	−0.071751	0.942892	
株主資本成長率	−0.6180	1.1405	−0.541843	0.588705	
ROE	−0.5586	2.9658	−0.188359	0.850842	

	推定値	標準誤差	t値(126)	p値	Adj.R^2
切片	37.8483	64.4307	0.587427	0.557944	0.07360905
金融持株率	36.9039	197.5917	0.186768	0.852136	
外国人持株率	894.2084	303.7399	2.943993	0.003844	
ROA	2.7114	5.3443	0.507350	0.612776	
借入金依存度	−1.0790	1.4405	−0.749061	0.455184	
株主資本成長率	−0.8374	0.9594	−0.872829	0.384378	

	推定値	標準誤差	t値(126)	p値	Adj.R^2
切片	49.6146	45.3712	1.093525	0.276140	0.07467863
外国人持株率	932.2169	260.4095	3.579811	0.000481	
負債比率	−1.0712	1.3663	−0.783995	0.434437	
借入金依存度	−0.1819	1.9045	−0.095495	0.924066	
株主資本成長率	0.3141	1.4143	0.222075	0.824596	

式所有構造が最も大きな影響力を持っていると解釈される．

8．総括と展望

　本研究では，内部統制のアンケートに対する回答を用いて，企業による内部統制システムの構築を左右する要因を分析した．株式所有構造と資本構成，あるいは企業の成長性と収益性が内部統制システムの構築に影響を及ぼすという仮説を設定し，単一変量分析と重回帰分析を実施したのである．その結果，株式所有構造と負債の規律が，内部統制システムを構築する決定要因になることが分かった．具体的には，金融機関持株比率と借入金依存度の説明力が大きい．

　最後に，本研究に残された課題を示す．一番に指摘しなければならないのは，本研究の基礎となったアンケート調査が2005年7月に実施されたということである．まだカネボウ粉飾事件の行方がわからないときであり，その後，風雲急を告げ，2006年3月に元社長などの判決公判が東京地裁で開かれ，同年7月に，金融庁は監査法人の行政処分を行い，監査業務の停止を命じた．現在では，内部統制や監査に対する意識が，社会全体として大きく変化したと思われる．再度，アンケート調査を実施し，1年前と比較すれば，その違いが如実に表れることであろう．

　次に指摘したいのは，内部統制のシステム構築と企業価値の関係である．コーポレート・ガバナンスと負債の規律に関する実証研究では，通常その関係を調べるだけではなく，その結果，企業価値にどのような影響を及ぼしたのかを分析している．本研究でも，株式所有構造と負債の規律が内部統制システムを構築する決定要因になっていることが判明した以上，次は，企業価値がそれとどのように関係しているのかを分析すべきであろう．

（須田　一幸）

注
1　この内容については，山浦（2006）第9章で詳説されている．併せて町田（2007）を参照されたい．
2　分散分析とTukey検定の関係については，須田（2004）p.121と第22章の注3を参照され

たい．
3　t 検定と Mann-Whitney 検定の関係については，須田（2000）p.283を参照されたい．
4　図表21-17に示したように，金融機関持株比率と外国法人持株比率，負債比率と借入金依存度，増収率と株主資本成長率，ROE と ROA の相関係数は大きい．したがって重回帰分析における多重共線性が懸念される．そこで本研究では，それぞれの変数を同時に独立変数として使用することは避けたのである．

参考文献
小佐野広（2001）『コーポレート・ガバナンスの経済学』日本経済新聞社．
須田一幸（2000）『財務会計の機能―理論と実証』白桃書房．
須田一幸編著（2004）『ディスクロージャーの戦略と効果』森山書店．
鳥羽至英（2005）『内部統制の理論と実務』国元書房．
町田祥弘（2007）『内部統制の知識』日本経済新聞社．
山浦久司（2006）『会計監査論　第4版』中央経済社．

22 監査の品質に関する分析

1．アンケート調査の概要

　第20章で示したように，われわれは2005年7月に「内部統制・ガバナンスおよび監査に関するアンケート調査」を実施した．

　アンケートの質問項目は，大きく3つのグループに分かれている．第1のグループは，内部統制およびガバナンスの強化策について，企業側の意識を問うものである．第2のグループは，四半期財務情報について，監査人の関与（監査・レビューなど）が必要であるか否か，あるいはどの程度の監査報酬を追加的に支払う意向であるのか，という設問からなる．

　第3のグループ（質問10～質問13）は，監査の品質を問うものである．すなわち，財務諸表監査の品質を企業側がどう認識しているか，そして，品質の高い監査に対して，より多くの報酬を支払う意向があるか否かを問うている．また，監査を担当する監査人が税務コンサルティングなどの非監査業務を行うことに関して，企業側がどのように考えているかを尋ねた．

　本章は，上記のアンケート調査の結果にもとづき，監査の品質と内部統制の関係，および監査の品質と非監査業務の関係を考察する．以下の第2節では，監査の品質に関する先行研究を概観し，第3節で監査の品質と業務手順の文書化コストの関係を分析する．第4節で，監査の品質と内部統制に関する回答の関係を検討し，第5節で監査の品質と非監査業務に関する回答の関係を考察する．最後に，本章の要約と今後の課題を示す．

2．監査の品質などに関する先行研究

　監査論では，現在大きな問題となっている「内部統制および企業統治を強化する方向性（内部統制監査を含む）」の是非について，そして「監査の品質に関する意識」について実証的に検討することが重要な課題であるといえるであろう．

　前者の内部統制強化の方向性に関しては，先行する研究が多くある．財務報告に係る内部統制報告を実施するための追加的手続きに要するコストおよび報酬額，そして内部統制項目の脆弱性に関して日本の監査人が重視する点等について，日本の場合と英国の場合を比較検討したものに町田（2005）があげられる．追加的手続きに関するコストは，日本と英国を比べた場合，英国の方が大きくなるものと考えられる点，そして取締役会のガバナンス，リスクの識別，モニタリングに関し，日英では意識が異なるという結果がここでは得られている[1]．

　また，O'Reilly-Allen（1997）のアンケート調査を中心とした調査方法によって，内部統制報告・監査の実施に要する追加的コストがかなりの金額に及ぶとされ，企業が内部統制報告・監査の実施に消極的になることが明らかとされている[2]．『日本経済新聞』（2005年5月10日付）によれば，会計事務所プライスウォーターハウスクーパースがアメリカ企業約100社を調査したところ，内部統制報告・監査の費用は1社あたり平均10億円，最高は75億円に上ったとされ，アメリカで上場している日本企業には，人件費だけで100億円，監査法人に10億円以上払ったというところがあるとのことである．

　そもそも日本における監査報酬は諸外国におけるのに比べれば安い，ということ，そしてそれが監査の品質の低さ（というより監査時間の短さ）に起因するとはよく言われることであり，町田（2005）によれば，海外における監査時間は日本の1.1～2.8倍，監査時間に占める統制評価手続きの割合は海外31％，日本27％であり，日経225企業に対するアンケート調査では日本の監査報酬はアメリカより低い，という結果が得られている．この内部統制監査制度の導入は，日本の監査法人にとって，監査報酬の増加につながるという意味で，ありがたいことなのかもしれない．

日本でも，内部統制報告・監査制度が実施されることになった今，企業はそれに要するコストをどうとらえているのか，そしてそのコストに見合うベネフィットがあると考えているのか否かを実証する意義は現在，大変大きいように思われる．

そもそも，監査にエイジェンシーコスト削減機能があると仮定すれば，既述のように上場の有無にかかわらず財務諸表監査の需要があるはずである．また，「プリンシパルないし投資者」および「経営者ないし企業」に，品質の高い監査を求めるという意識（エイジェンシーコストがそれによって削減されるという認識）があるはずである．

たとえば，企業が監査人を中小の監査法人から大手監査法人へ変更することは，企業が品質の高い監査を求めることの現れといえよう．『日本経済新聞』（2005年6月14日付）は，上場企業で今年50社が監査法人の変更を行い，特に個人会計士を監査法人に変更する例が多かったと指摘している．この点は，「監査の品質」を企業側が意識していることの1つの証拠といえよう．ただ，町田（2003）によれば，逆にオピニオンショッピングと疑われるような大手監査法人から中小監査法人への変更がしばしば見られることが指摘されている．これは逆の結果を示すものといえる．ちなみに，監査人の独立性（外見的独立性）を，鳥羽・川北（2001）では監査主体要因・監査環境要因・非監査業務要因ごとに分析しているが，監査人の交代は，監査人の外見的独立性にとっては無差別（関係がない）である，と推定されている．

そもそも，日本の経営者や投資家の多くが，財務諸表監査をエイジェンシーコストの削減手段と考えていない可能性は，盛田・百合野（1998）（法定監査がなければ監査需要がかなり減るとの結果）や，加藤（2003）（上場企業の過半数が監査コストのほうが監査パフォーマンスより高いと回答）のアンケート調査によって指摘されている．

監査やレビューが法令等で義務づけられていなかった当時の四半期報告に関して，東京証券取引所が全上場企業に対して行ったアンケートによれば，四半期開示について，監査人の関与（監査）を受けていないという回答が52％，特定の基準に基づかない確認手続きを受けているという回答が33.7％であった（東京証券取引所，2004）．また，四半期財務諸表に対する監査等につき，中間

監査と同等の保証手続を望むのは1.2%にすぎず，48.9%が会社の実務負担に配慮したレビューを望み，37.6%は保証手続きの導入は望まないが，レビューならば許容すると回答している．

いずれの結果も，かつて上場企業は，必ずしも監査を積極的に望んではいなかったということを示している．では，現在はどうか．われわれが実施したアンケート調査の結果を以下で検討する．

3．監査の品質と文書化コストの相関分析

アンケートでは，内部統制を強化し監査の品質を高めるコストについて，いくつかの質問項目を設けた．質問2は，業務手順を文書化するためのコストをどの程度負担できるかという問いであり，質問8は，四半期財務情報のレビュー等を受ける場合，どの程度の監査報酬を支払う予定であるかという設問である．質問12では，現行よりも質の高い監査を受ける場合，どの程度の監査報酬を追加的に支払うかということを尋ねた．

内部統制の強化は財務諸表監査の品質を高めることに結びつく，と企業が考えているのならば，質問2のコストと質問12の監査報酬の金額には，正の相関が観察されるはずである．また，財務報告の監査の品質を全体的に高める意向が企業側にあれば，質問8と質問12で提示された監査報酬の金額には，正の相関関係が存在するはずである．

そこでわれわれは，問2で回答された内部統制のコストと，質問8で回答された四半期財務情報の監査報酬，および質問12で回答された監査の品質を高めるための追加的監査報酬の金額について相関分析を行った．その結果が表22-1に要約されている．左下半分はピアソン相関係数であり，右上半分はスピアマンの順位相関係数である．

図表22-1を見れば，四半期財務情報の監査コストと監査の品質を高めるコストの相関係数が有意な正の値になっていることがわかる．つまり，監査の品質を高めるために監査報酬を追加的に支払う意向の企業は，四半期財務情報のレビュー等についても，それ相応のコストを負担すると解釈される．また，内部統制強化コストと監査の品質改善コストのピアソン相関係数が有意な正の値

図表22-1　内部統制と監査に関するコストの相関係数

	内部統制コスト （質問2）	四半期情報監査 コスト（質問8）	監査の品質の改善 コスト（質問12）
内部統制強化コスト （質問2）	1.000	0.078	0.132
四半期情報監査コスト （質問8）	−0.014	1.000	0.3333***
監査の品質の改善コスト （質問12）	0.227***	0.2315***	1.000

(注) ***1％水準で有意

になった．アンケートの回答企業は，内部統制の強化が監査の品質を高めることに結びつくと考えているのであろう．

4．監査の品質に関するクロス集計

　アンケートは質問10で，財務諸表監査の品質を各企業に尋ねた．第3節の相関分析が示すように，監査の品質を高めるコストと内部統制強化コストなどが相関しているのであれば，質問10と他の設問にもそのような関係が観察されるかもしれない．そこで，われわれは質問10の回答別に，他の質問に対する回答の平均値を算定した．その結果が図表22-2に示されている．

　図表22-2によれば，監査の品質（1非常に高い～6著しく低い）に応じて回答平均値が単調増加しているのは質問5である．これは，財務諸表監査の品質が高い（と自負する）企業ほど，内部統制の監査により内部統制とガバナンスが改善されると考えていることを示す．質問1と質問3,質問4および質問7の回答平均値も，質問10の回答が1から5に移るに連れて，ほぼ単調に増加している．すなわち，監査の品質が高い（と自負する）企業ほど取引の二重チェック体制を整えており，また，そのような企業ほど，業務手順の文書化や重要な経営判断における正当な手続きの整備により，内部統制が改善されると考えている．さらに，財務諸表監査の品質が高い（と自負する）企業ほど，四半期財務情報の信頼性を確保するためレビュー等が必要であると回答している．

　他方，質問13の回答平均値は，質問10の回答が1から5に移るに連れて，ほ

第22章　監査の品質に関する分析　465

図表22-2　質問10の回答と他の質問の回答平均値

質問10	質問1 平均	観測値	質問3 平均	観測値	質問4 平均	観測値	質問5 平均	観測値
1	2.971429	35	2.924242	33	2.371429	35	2.685714	35
2	3.244186	86	3.337209	86	2.75	86	2.947674	86
3	3.153846	65	3.53125	64	2.787879	66	2.954545	66
4	3.431373	102	3.485149	101	3.09901	101	3.411765	102
5	3.5	6	3.833333	6	4.166667	6	4.166667	6
6	5.666667	3	3.666667	3	2.333333	3	5.666667	3
全体	3.286195	297	3.397611	293	2.856902	297	3.129195	298

質問10	質問6 平均	観測値	質問7 平均	観測値	質問11 平均	観測値	質問13 平均	観測値
1	4.771429	35	2.8	35	3.742857	35	1.742857	35
2	4.656977	86	3.273256	86	3.674419	86	1.616279	86
3	4.818182	66	3.310606	66	3.461538	65	1.681818	66
4	4.784314	102	3.564356	101	3.764706	102	1.594059	101
5	4.666667	6	4.166667	6	3.333333	6	1.333333	6
6	6.666667	3	3	3	4.666667	3	2	3
全体	4.770134	298	3.340067	297	3.670034	297	1.636364	297

ぼ単調に減少している．財務諸表監査の品質が高い（と自負する）企業ほど，監査人の非監査業務サービスの必要性を指摘するのである．この点については後に詳しく検討しよう．

では質問10と，業務手順の文書化コスト（質問2），四半期財務情報に関する監査報酬（質問8）および監査の品質を高めるための追加的監査報酬（質問12）の関係はどうなっているのだろうか．われわれは最初に，質問10の回答別に，各々の質問に対する回答の平均値を求めた．その結果が図表22-3に示されている．図表22-3によれば，質問2と質問8の回答平均値が質問10の回答と共に増減している傾向はなく，他方，質問10と質問12の間には，ややその傾向が観察される．

この解釈の適否を判断するために，本節では分散分析と多重比較[3]を実施した．その結果が図表22-4にまとめられている．図表22-4に示したように，分散分析の結果，質問10の回答別平均値に有意差があるのは，質問12の平均値だ

図表22-3　質問10の回答と監査報酬等の関係

質問10	質問2平均	観測値	標準偏差	最小値	最大値	25%点	中央値	75%点
1	195.2	20	662.9012	0.5	3000	10	20	100
2	92.4107	56	131.7866	0	700	10	50	100
3	119.6829	41	167.3055	0	750	10	50	200
4	72.815	70	149.33	0	1000	10	20	60
5	90	4	82.0569	10	200	30	75	150
6	100.01	3	173.1964	0	300	0	0.03	300
全体	101.7685	194	252.3972	0	3000	10	50	100

質問10	質問8平均	観測値	標準偏差	最小値	最大値	25%点	中央値	75%点
1	25.89286	28	16.38956	0	50	12.5	20	42.5
2	19.20714	70	12.7582	0	50	10	18.75	20
3	21.36667	60	15.12767	0	60	10	20	30
4	21.68681	91	14.84487	0	80	10	20	30
5	14	5	5.47723	10	20	10	10	20
6	25	3	22.91288	5	50	5	20	50
全体	21.28405	257	14.5516	0	80	10	20	30

質問10	質問12平均	観測値	標準偏差	最小値	最大値	25%点	中央値	75%点
1	15.76923	26	24.8472	0	130	0	10	20
2	20.66667	75	33.6525	0	200	10	10	20
3	20.16667	60	28.5076	0	150	10	10	20
4	16.95556	90	22.9593	0	120	5	10	20
5	33	5	44.1022	5	110	10	10	30
6	66.7	3	115.4412	0	200	0	0.1	200
全体	19.54093	259	30.3214	0	200	5	10	20

けであることがわかった．そして，質問10の回答別平均値のどれが有意に異なっているのかを，多重比較法の1つであるTukey検定で確認した．その結果，質問10の回答別平均値の中で，回答6と回答1，回答2，回答3，および回答4の平均値が10%水準で有意に異なることが判明した．財務諸表監査の品質が高い（と自負する）企業は，品質の低い企業よりも，監査の品質を高めるために追加的な監査報酬を支払うのである．

図表22-4　分散分析と Tukey 検定

質問10と質問2：分散分析

	自由度	平方和(SS)	平均平方(MS)	F 値	p 値
グループ間変動	5	251895.3	50379.07	0.786451	0.560613
グループ内変動	188	12043046	64058.75		

質問10と質問8：分散分析

	自由度	平方和(SS)	平均平方(MS)	F 値	p 値
グループ間変動	5	1218.582	243.7164	1.15444	40.33226
グループ内変動	251	52989.18	211.1123		

質問10と質問12：分散分析

	自由度	平方和(SS)	平均平方(MS)	F 値	p 値
グループ間変動	5	8667.649	1733.53	1.919108	0.091601
グループ内変動	253	228534.8	903.2995		

質問10と質問12：Tukey 検定

	質問10-1	質問10-2	質問10-3	質問10-4	質問10-5	質問10-6
質問10-1		0.980083	0.989366	0.999976	0.849372	0.06082
質問10-2	0.980083		0.999999	0.96935	0.949403	0.096852
質問10-3	0.989366	0.999999		0.987898	0.942228	0.093105
質問10-4	0.999976	0.96935	0.987898		0.854961	0.054326
質問10-5	0.849372	0.949403	0.942228	0.854961		0.641279
質問10-6	0.06082	0.096852	0.093105	0.054326	0.641279	

5．非監査業務と監査

　われわれは質問13で，非監査業務サービスの提供により監査の品質は高まるかどうかを尋ねた．その結果，監査の品質が高まるという回答が過半数を占めていることがわかった（第2節参照）．さらに，前節の質問10に関するクロス集計により，財務諸表監査の品質が高い（と自負する）企業ほど，監査人による非監査業務サービスの必要性を指摘することが示された．これらの調査結果は，監査人による非監査業務サービスの提供が必ずしも監査人の独立性を損なうわけではなく，したがって非監査業務サービスの提供が監査の品質を必ずし

図表22-5　非監査業務と内部統制・監査の関係

	肯定企業			否定企業		
	平均値	標準偏差	観測値	平均値	標準偏差	観測値
質問1	3.044974	1.332626	189	3.695455	1.636868	110
質問3	3.467914	1.734079	187	3.229358	1.642227	109
質問4	2.739474	1.681449	190	3.12844	1.856425	109
質問5	2.868421	1.271816	190	3.563636	1.466928	110
質問6	4.713158	1.461349	190	4.881818	1.616894	110
質問7	3.26455	1.474558	189	3.472727	1.694346	110
質問11	3.6	0.768424	190	3.802752	0.78179	109

も低下させるわけではない，ということを示唆している．

　非監査業務サービスの提供は，監査人の独立性に影響を与えるので，その意義については慎重な検討を要する．そこで本節では，アンケートで得たデータに基づき非監査業務サービスの回答をやや詳しく分析しよう．

　質問13において，非監査業務サービスの提供により監査の品質は高まると回答した企業を「肯定企業」と呼び，高まるとは考えられないと答えた企業を「否定企業」と称する．それぞれの企業は，内部統制などの設問でどのような回答をしたのだろうか．われわれは，7つの質問について肯定企業と否定企業の回答を調べた．その結果が図表22-5に要約されている．

　この表を見れば，肯定企業は否定企業よりも，①業務手順の文書化が内部統制の改善に有効であると回答し，②重要な経営判断における正当な手続きの整備が必要であると回答し，③文書化された諸手続を監査人が評価すれば内部統制の改善に寄与すると回答し，④四半期財務情報についてレビュー等などが必要であると回答し，⑤監査の時間を増やすべきだと回答していることがわかる．

　次にわれわれは肯定企業と否定企業について，質問2（内部統制のコスト）と質問8（四半期財務情報の監査報酬）および質問12（追加的な監査報酬）に対する回答を比較し，平均差のt検定とマン・ホイットニーのU検定を実施した．その結果が図表22-6に示されている．この表によれば，肯定企業は否定企業よりも，内部統制のコストを多く負担し，質の高い監査のために監査報

図表22-6 各種コストに関する肯定企業と否定企業の差異

	肯定企業			否定企業		
	平均値	標準偏差	観測値	平均値	標準偏差	観測値
質問2	107.6205	302.8538	121	96.98684	138.7507	76
	t 値	df	p 値	U 値	z 値	p 値
	0.287525	195	0.774016	4292	0.785561	0.432125
質問8	平均値	標準偏差	観測値	平均値	標準偏差	観測値
	21.17593	14.0777	162	21.28351	14.988	97
	t 値	df	p 値	U 値	z 値	p 値
	0.058093	257	0.95372	7709	0.253643	0.799772
質問12	平均値	標準偏差	観測値	平均値	標準偏差	観測値
	21.45515	33.84836	165	15.73958	22.18783	96
	t 値	df	p 値	U 値	z 値	p 値
	1.47925	259	0.140288	6950.5	1.64858	0.099235

酬を追加する意向がある．ただし統計的に有意な差は，質問12に関するマン・ホイットニーのＵ検定で確認されただけである．

　以上，質問13の肯定企業と否定企業について，他の質問に対する回答を比較分析した．その結果，肯定企業（非監査業務サービスの提供により監査の品質は高まると回答した企業）は，内部統制の整備や四半期財務情報のレビューについて，否定企業よりも積極的な回答を示し，内部統制や質の高い監査のために多くのコストを負担することがわかった．

6．総括と展望

　われわれの「内部統制・ガバナンスおよび監査に関するアンケート調査」は，第１に，金融庁が示した内部統制強化策について，企業の実施状況を調べ，企業側の意見を聞くことに目的があった．アンケート調査の第２のテーマは，四半期財務情報のレビューについて企業がどのような意見を持ち，どの程度のコスト負担を考えているのか，という点にあった．

　アンケート調査の第３のテーマは，財務諸表監査の品質を企業がどのように認識し，質の高い監査に対して，企業はどの程度のコストを負担するのか，と

いうことにあった．財務諸表監査の品質が高いと答えた企業は全体の6割を超え，約3割の企業が品質の高い監査のために監査時間を増やすべきだと考えている．現行よりも品質の高い監査を受けるために，従来の約20％の監査報酬を追加的に支払う意向がある．また，6割以上の企業が，監査人の非監査業務サービスにより，財務諸表監査の品質は高くなると回答していた．

　これらは，アンケートに対する回答を単純に集計した結果であるが，われわれは続いて，回答で得たデータに基づき，内部統制と監査に関するコストの相関分析を実施した．その結果，監査の品質を高めるために追加的なコストを負担する意向のある企業は，内部統制と四半期財務情報のレビューについても，相対的に多くのコストを負担することが明らかになった．企業は，決して場当たり的な回答をしておらず，監査と内部統制のコスト負担について首尾一貫した姿勢を示している．

　次にわれわれは，監査の品質を尋ねた質問10についてクロス集計を行い，回答別平均値に関する分散分析と Tukey 検定を実施した．その結果，監査の品質が高い（と自負する）企業ほど取引の二重チェック体制を整えており，また，そのような企業ほど，業務手順の文書化や重要な経営判断における正当な手続きの整備により，内部統制が改善されると考えている．さらに，財務諸表監査の品質が高い（と自負する）企業ほど，四半期財務情報の信頼性を確保するためレビュー等が必要であると回答し，監査人の非監査業務サービスの必要性を指摘している．分散分析と Tukey 検定により，監査の品質が高い（と自負する）企業は，品質の低い企業よりも，監査の品質を高めるために追加的な監査報酬を支払うことが確認された．

　これを裏側から見ると，監査の品質を高めるコストを負担し，内部統制や財務報告の信頼性確保に積極的な企業が，監査の品質は高いと回答したと考えられる．つまり，品質の高い監査は突然実施されたのではなく，背後に，そのためのコスト負担があり，内部統制や情報の信頼性確保に対する積極的な活動が継続しているのであろう．これは，品質の高い監査に対するニーズがわが国の企業に存在していることを示す証左となる．

　最後にわれわれは，監査人による非監査業務サービスと監査の品質について分析をした．質問13の回答と他の質問に対する回答をクロス集計した結果，非

監査業務サービスの提供により監査の品質が高まると回答した企業は，非監査業務サービスに否定的な企業よりも，内部統制の整備や四半期財務情報のレビューについて積極的な姿勢を示し，内部統制や品質の高い監査のために多くのコストを負担することがわかった．監査の品質を高くするという目的で，監査人による非監査業務サービスの提供を認めないのは，必ずしも適切ではないと考えられる．

　以上の結果は，すべてアンケート調査で得たデータを用いた分析による．しかし，ある回答は，企業規模や負債比率を代理している可能性がある．したがって，本節で示したアンケート調査の結果を適切に解釈するには，第21章で試みたように，他の要因をコントロールする必要があろう．回答企業の財務データなど収集し，それらを用いてアンケート結果を総合的に分析すれば，アンケート結果について頑健な解釈を提供することであろう．

（須田　一幸・佐々木　隆志）

注

1　町田（2005），pp.90-93参照．
2　この点には前掲の町田（2005）でも触れられている．
3　分析対象が3グループ以上ある場合，2グループの平均差の有意性をt検定で判断し，それを繰り返して，個々のグループの有意差を分析することが考えられる．しかし，個々の検定を有意水準5％で行うと，全体としての有意水準が5％ではなくなることがある．そこで，全体的な有意水準に合わせて，個々の検定で有意水準を調整する方法が考案された．これが多重比較法である．多重比較法の詳細については，永田・吉田（1997）を参照されたい．

参考文献

O'Reilly-Allen M.(1997), *The Effect of Management and Auditor Reports in Internal Control on Financial Analysts' Perceptions and Decisions*, Drexel Univ.
Wallace, W.A.(1986), *The Economic Role of the Audit in Free and Regulated Markets*, Tauche & Ross & Co.（千代田邦夫・盛田良久・百合野正博・朴大栄・伊豫田隆俊訳（1991）『ウォーレスの監査論』同文舘出版）．
加藤恭彦編著（2003）『監査のコストパフォーマンス―日米欧国際比較』同文舘出版．
東京証券取引所（2004）「四半期開示に関するアンケート調査」11月．
鳥羽至英・川北博他共著（2001）『公認会計士の外見的独立性の測定―その理論的枠組みと実

証研究』白桃書房.
トレッドウェイ委員会組織委員会 (1992・1994) (鳥羽至英・八田進二・高田敏文共訳 (1996)『内部統制の統合的枠組み・理論篇』『内部統制の統合的枠組み・ツール篇』白桃書房).
永田靖・吉田道弘 (1997)『統計的多重比較法の基礎』サイエンティスト社.
八田進二 (2005)「『財務諸表に係る内部統制の評価及び監査の基準(公開草案)』をめぐって」『企業会計』第57巻第9号, pp.104-114.
町田祥弘 (2003)「わが国における監査契約の解除問題と監査リスクの評価」『會計』第164巻第5号, pp.102-116.
町田祥弘 (2005)「内部統制評定における外部監査人の判断」『會計』第167巻第2号, pp.81-95.
盛田良久・百合野正博 (1998)「公認会計士監査に対する社会的期待と実証分析」『JACPA ジャーナル』第516巻, pp.88-97.
山浦久司 (2005)「『監査基準および中間監査基準の改定並びに監査に関する品質管理基準の設定について(公開草案)』をめぐって」『企業会計』第57巻第9号, pp.97-103.
百合野正博 (2004)「監査制度改革のはてしなき道のり」『會計』第162巻第2号, pp.56-71.

終章 会計制度の設計に関する提言

1．はじめに

　本書では，第2部から第6部にかけて実証研究を行い，日本の会計制度をめぐる諸問題について様々な知見を得ることができた．本章では，これらの知見にしたがい，将来の会計制度のあり方に関するインプリケーションを提示する．もとより実証研究は，限られたサンプルに基づき多くの仮定に依拠して行われる．したがって，実証研究の結果は常に反証可能であり，複数の結果を得て初めて，制度設計に結びつくインプリケーションを引き出せるのかも知れない．本章では，実証研究のかかる限界を踏まえ，あえて会計制度の設計に関する提言を試みる．会計の理論研究と実証研究の融合は，われわれの年来の目標であったが，今ここに実現されたからである．

　以下では，本書における実証研究から得た知見をまとめ，それをいくつかのテーマに集約し，会計制度の設計について具体的な提言を行う．第2節で，会計情報の質的特性に関する分析結果に依拠して，会計的配分の問題と注記情報を検討する．第3節では，損益計算に関する実証分析の結果に依拠し，特別損益項目の計上基準と過年度財務諸表の遡及修正および廃止事業損益の区分表示を考察する．第4節で，ダーティー・サープラスおよび包括利益に関する分析結果に基づき，ダーティー・サープラスの表示方法と包括利益の報告を議論する．第5節では，連結財務諸表に関する実証分析の結果に依拠して，経済的単一体説による利益表示を考察する．第6節において，退職給付会計の実証分析

により，弾力的な会計基準の適否を検討する．第7節では，税務と財務会計の分析結果に基づき，繰延税金資産の会計と法人税等の表示方法について提言をする．第8節で，新株予約権戻入益に関する実証分析の結果に依拠して，新株予約権の会計を議論する．第9節では，留保利益に関する実証分析の結果に基づいて，払込資本と留保利益を区分することの重要性を確認する．そして，最後に結論と課題を指摘しよう．

なお，本章における提言は，各章の執筆者がプロジェクトの会合で提案した多くのアイディアを反映している．本章を執筆した4名は，各委員から発せられたアイディアを整理し，それに解釈を加え，提言として取りまとめる作業を行った．もちろん，本章の記述において，あり得る誤謬は筆者の責めに帰すべきものである．

2．会計情報の質的特性に関する提言

米国財務会計基準審議会（FASB）の概念フレームワークにみられるように，会計情報の有用性を価値関連性と信頼性に分解して考えることができるとすれば，それらのいずれかに焦点を定め会計情報の有用性を検討することが可能である．本節では最初に，会計情報の価値関連性を議論し，次に信頼性について考察する．

(1) 会計情報の価値関連性

本書の第6章では，会計情報の価値関連性が近年低下しているという実証分析の結果を示した．そして，価値関連性の視点で会計基準の適否を論ずることは限界があると述べた．もし価値関連性と信頼性がトレード・オフの関係にあるとすれば，むしろ信頼性を向上するというパスを通じて，会計情報の有用性を確保することができるかも知れないと指摘した．また第10章の実証分析では，当期純利益の持続性が近年低下していることを明らかにした．第10章と第6章の分析結果を重ねると，利益の持続性が近年低下したことにより，会計情報の価値関連性が減少したと解釈することができる．このような価値関連性の低下に関する知見は，会計制度の設計を考察するうえで重要なインプリケーシ

ョンを提供する．

　1970年代に米国で概念フレームワーク論が台頭した時代から，世界の会計基準設定の趨勢は，資産および負債の定義と認識を重視する方向へ進んでいる．日本もその例外ではない．このアプローチは，期間損益計算の結果として計上される貸借対照表項目の中で，資産と負債の定義を満たさないものは貸借対照表から除去するという方向を示し，その意味で一定の役割を果たしてきたと考えられる．その一方で，第6章で指摘したように，このようなアプローチによる会計情報の価値関連性が以前よりも向上したとは必ずしも言えない．また，第10章で指摘した当期純利益における持続性の低下も，このようなアプローチの経済的帰結であると考えられる．たとえば，本章で後述するように，繰延税金資産の回収可能性の評価や，減損が生じた固定資産における回収可能価額の評価などは，資産の貸借対照表価額に積極的な意味を付与するが，その一方で，当期純利益における持続性の低下を招来したと言えよう．

　最近では，資産および負債を重視するアプローチを推し進め，より広い範囲で固定資産の価値を直接的に測定し開示することや，無形資産の価値を推定し貸借対照表に計上することなどが提案されている．しかし，このアプローチにより会計情報の価値関連性が増大するか否かについては，本書で示した実証研究に依拠する限り，予断を許さない問題である．適切な判断を可能にする証拠の蓄積を待つべきであろう．

(2) 会計情報の信頼性

　会計情報は多様な利害関係者によって，いろいろな目的のために利用されており，一定の信頼性を必要としている．特に，企業を取り巻く利害関係者間の利害調整や，契約における会計情報の利用，およびコーポレート・ガバナンスなどにおいて，会計情報の信頼性を確保することは不可欠である．また，企業に関する情報源が数多く存在する現代の状況下で，会計には，多様な情報を評価するためのアンカーとしての役割が期待されている (Christensen and Demski, 2003)．このような役割を果たすうえで，費用配分や収益費用の対応といった伝統的な会計思考は，重要な位置を占めていたと考えられる (斎藤, 2002, 第Ⅸ章を参照)．それが期間損益計算の適正性を保証し，会計情報に一

定の信頼性を付与したからである．

　しかし事態は変化しつつある．たとえば固定資産の会計を考えてみよう．固定資産の会計は，減価償却という費用配分の手続きを基礎としている．通常，取得原価を耐用年数にわたって費用配分する．この手続きにより，適正な期間損益計算が可能になると言われる．この手続きは，取得原価を基礎にしているので一定の信頼性も確保される．もちろん，費用配分には資産の耐用年数などを見積る必要があり，それは確率論的に決定され，経営者による裁量の働く余地が残されている．

　2002年に減損会計基準が設定され，一定の条件が満たされれば事業資産の価値が直接的に測定されるようになった．減損会計では，さらに多くの見積りと判断を必要とする．たとえば，減損の兆候や将来キャッシュ・フローの推定，および回収可能価額の決定では，経営者の判断に頼らざるを得ない．その結果，固定資産の会計において，経営者による裁量の働く余地が増加したと言えよう．減損会計が実施されれば，その後，回収可能価額に依拠して減価償却が行われる．ともすれば，裁量的に決定された価額に基づいて，裁量的に減価償却が行われる可能性がある．その結果，固定資産の会計について，改めて信頼性が問われる恐れがある．

　事業資産の直接的測定に伴う信頼性の低下は，測定に際して鑑定評価を実施すれば，ある程度は回避できるかもしれない．しかし，それにはコストが伴い，財務諸表作成者が負担できるコストには限界があり，したがって信頼性の確保も制約されるであろう．あるいは，減価償却の修正や総合償却の拡張（グルーピングの拡大）などにより，減損などの離散的・非反復的な事象に対応するということも考えられる（Ohlson, 2006参照）．つまり，伝統的な会計的配分の適用機会を増加させるのである．この方策によれば，少なくとも，減損の兆候に関する判断や将来キャッシュ・フローの推定は不要となる．また持続性のある利益の計算にも貢献すると思われる．

　もっとも，このような会計的配分による対応では，貸借対照表において資産が必ずしも時価や回収可能価額で表現されないという問題が生ずる．その意味では，時価や回収可能価額に関する情報を注記によって開示するなど，財務諸表本体に記載される情報を補完する仕組みが必要となるであろう．

(3) 信頼性と価値関連性のバランス

会計上の認識項目について，財務諸表本体と注記で複数の異なる測定値を開示することは，基準設定上の単なる妥協などではなく，積極的な意味を与えることができると考えられる．たとえば，財務諸表本体においては信頼性を重視した情報を開示し，注記において，信頼性は劣るがより価値関連的な情報を提供するという仕組みが考えられる．これは，金融商品に関する時価情報の注記開示として制度化されたことがあるし，また無形資産の注記開示などについて提言されている（伊藤，2006）ことでもある．財務諸表本体のみで企業の実態のすべてを表現することは困難であり，注記情報によって補完するフレームワークを改めて検討すべきであろう．

現在進行しているFASBとIASBによる概念フレームワークの見直しのプロジェクトでは，関連性と表現の忠実性の2つの質的特性によって会計情報の有用性が支持される，という考え方が示された．いわば信頼性を表現の忠実性によって代替することが提案されている（FASB, 2006b）．これは，公正価値を指向する一連の国際的動向の中で提案されたものであるが，信頼性の付与によって会計情報の有用性を高めるというパスを封じてしまうことになりかねず，検討の余地が残されているだろう．

本書の第18章では，工事進行基準の適用によって必ずしも利益の価値関連性が高まるとは限らない，ということが示されている．その原因は，工事進行基準の適用における信頼性にあると解釈された．つまり，長期請負工事収益の認識においても，信頼性が会計情報の有用性にとって重要であることが示唆されている．

以上を要するに，本節では，会計情報の質的特性に関する実証結果を通じて，①信頼性を重視した基準設定の可能性を検討し，会計的配分などの伝統的な思考を見直すべきである，②価値関連的な情報を財務諸表の本体に記載することに固執するのではなく，注記情報によって補完することを検討すべきである，ということを指摘した．

3. 特別損益の報告に関する提言

本書の第3部では，損益計算書に関する実証研究の結果が示されている．本節で取り上げたい問題は，損益計算書の区分に関する問題，とくに特別損益の報告の問題である．

第10章において，特別損失を計上する企業数の急増に伴い，近年，日本企業の税引前当期純利益の平均的な持続性が低下していることを指摘した．もちろん，税引前当期純利益における持続性低下の要因としては，近年における企業を取り巻く環境の激変により，営業キャッシュ・フローの持続性が低下しているという要因も考えられる．それに加えて，比較的大きな額の特別損失を計上する実務の拡大による影響も大きいと考えられる．たとえば，退職給付会計，税効果会計，減損会計などに関する新しい会計基準によって，多額の特別損失を計上する機会が増加していると指摘することもできよう．また，事業の再編（リストラクチャリング）により，実際に資産を処分して特別損失を計上するようなケースも増加していると考えられる．もし，このような実務を通じて，特別損失が裁量的に計上され，利益の持続性と価値関連性の低下を招いているとすれば，特別損益の報告に関して新たな制度設計を検討すべきであろう．

(1) 特別損失の計上基準

特別損益の報告に係る問題については，まず，現行の実務において計上されている特別損失のうち，当年度において計上することが正当化される部分を切り出す必要がある．

第1に，当年度に帰属する損失ではあるが，その中に営業費用または営業外費用として計上すべき項目と，特別損失に計上すべき項目があり，その区分の問題が指摘される．特別損失控除前の利益の持続性を高める観点からは，この区分の規準として，当該損失の反復性の有無があげられる．たとえば，耐用年数が短い少額の固定資産に係る処分損益や，過年度に計上した引当金の見積もり修正などに伴う損益は，毎期反復的に発生する場合が多い．そのような項目は特別損益ではなく，営業損益または営業外損益に計上すべきであろう．

少なくとも，特別損益として表示される項目の内容が複雑化している今，特

別損益の内訳項目を注記で開示することが必要である．注記にもとづいて財務諸表利用者は，当該項目を経常損益計算に含めるべきか否かを事後的に決定することが可能となる．

　第2に，現行の実務で計上される特別損失のうち，当年度に帰属する部分と当年度以外の年度に帰属する部分に区別することも重要である．過年度に帰属する部分は，財務諸表の遡及修正（リステートメント）として取り扱うことにより，税引前当期純利益の持続性が改善されるであろう．

　財務諸表の遡及修正については，わが国でもすでに会社法において制度的な導入の素地が整えられており，今後は，遡及修正すべき部分と臨時損益として当期の損益に計上すべき部分とに区別するための会計基準が必要である[1]．たとえば，「固定資産の減損に係る会計基準の設定に関する意見書」において指摘されているように，減損処理されるべき損失の一部に過年度の減価償却の不足に関連する部分があるとすれば，それを遡及修正として扱うことなども検討の対象となろう．

　もっとも，過年度の財務諸表がその時点において入手可能な情報に基づいて作成されているとすれば，そもそも遡及修正の余地は（会計方針の変更以外）ないとも考えられる．たとえば見積りの誤差は，当時の入手可能な情報に照らして適正な見積りを行っていることを前提とすれば，その後の状況の変化によって生じたものであり，見積りの修正に伴う損益は，むしろ当期以降の期間に帰属する損益である．また，当期に発生した見積りの修正に伴う損益であり当期に帰属させて認識すべきものあっても，利益の持続性を高める観点から，当期の特別損益に計上せず，将来に向かって期間配分することも可能であろう．

　興味深いのは，資産および負債の定義・認識を重視していると思われるIASBとFASBの会計基準においても，見積りの変更に伴う損益は，将来に向かって期間配分する処理が要求されており，たとえば，減価償却方法の変更も，減価償却方法の変更による見積りの修正として位置づけられていることである．このような面では，IASBとFASBの会計基準の方が，会計的配分の処理をより広範に適用している．

　これらの問題は，諸外国の場合，会計上の変更（accounting changes）の問題として包括的に論じられてきた．これに対してわが国の場合，特別損益の表

示は会計処理の継続性と過年度遡及修正および見積りの修正などに関連しているにもかかわらず，当該項目に関する横断的な会計基準が整備されているとは言い難い．これらの問題について，総合的な検討が望まれるところである．

(2) 廃止事業損益の区分表示

もう1つの大きな問題は，わが国の場合，廃止事業損益に関する区分表示が行われていないことである．IASBとFASBの会計基準によれば，廃止事業に属する損益は，売上高や売上原価の金額も含めて廃止事業損益として集計され，継続事業に属する収益および費用の各項目から除外されている．したがって，廃止事業に関連する損益は特別損益の区分に表示されず，その分，特別損益の区分を設ける必要性も小さくなる．事実，IASB基準では特別損益の区分を廃止し，FASB基準では特別損益として開示する項目を限定している．

継続事業損益として持続性のある損益を計上するのであれば，当然，廃止事業損益は，損益計算書において区分表示し継続事業損益から除外されるべきである．わが国でも，損益計算書に廃止事業損益の区分を設ければ，特別損益の計上に依存しがちな現行実務を改善することに結びつくと思われる．そして持続性のある損益が区分表示されることで，利益情報における価値関連性の増大が期待されよう．

(3) 特別損益を区分表示する意義

そもそも特別損益の区分を維持すべきかどうかについては，別途の議論が必要であろう．IASBの会計基準では，損益計算書において特別損益の部を設けることを禁じており，FASBの基準でも，特別損益として開示できる項目は非常に限定されている．特別損益がこのように取り扱われているのは，すでに述べたように，廃止事業損益を区分表示し，あるいは過年度に帰属すべき損益については遡及修正を行い，見積りの修正については将来に向かって期間配分する基準を設けていることの影響が大きいと思われる．

このように，過年度遡及修正や見積変更の期間配分および廃止事業損益の区分表示などを通じて，特別損益として表示される項目を限定し，もって利益情報の価値関連性を高める方向が考えられる．では，特別損益項目を現行のまま

維持した場合はどうか．損益計算書において特別損益を区分表示する意義はあるのだろうか．

　第9章の実証分析によれば，区分式損益計算書を用いて利益の名目的な期間配分操作を発見できる可能性がある．つまり現行の区分計算と開示の方式は，利益操作企業のスクリーニングについて，一定の機能を有していると考えられる．特別損益の区分表示にも，そのような機能があり，第9章では，区分表示により経営者のインセンティブや将来の業績見通しなどの内部情報が顕示される，と指摘している．

　現行の区分式損益計算書におけるように，クリーン・サープラス利益（純利益）が開示されているのであれば，特別損益の区分設定により経常利益などを操作する余地を経営者に与えるとしても，財務諸表利用者は，開示される特別損益の内容により，事後的に区分操作の意味を判断できる．したがって，特別損益の部を設ける区分式損益計算書は，今後の制度設計においても維持すべきだと考えられる．

　以上をまとめると，本節では，特別損益の報告に関する分析を通じて，①経常損益と特別損益を区分する規準を明確化し，特別損益の内訳をより詳細に開示すること，②特別損益として計上されている損益のうち，過年度に帰属する部分は過年度財務諸表の遡及修正として開示し，見積りの修正については将来に向かって期間配分すること，③損益計算書において廃止事業損益を区分表示すること，④現行の損益計算書を維持する場合は，特別損益の区分表示を継続すること，などを提言した．

4．ダーティー・サープラスと包括利益の報告に関する提言

　本節では，ダーティー・サープラスと包括利益の報告に関連する実証研究の結果から，これらの問題に関する制度設計上のインプリケーションを提示する．ここで取り上げる問題は，いわゆる未実現評価損益と性格付けられる項目である．これらは，ストック情報としての意味と，フロー情報としての意味を区別して論じられることが多い．本節でも，このような視点に立って検討しよう．

(1) 包括利益の報告

　第11章では，その他有価証券評価差額金などのいわゆるダーティー・サープラス項目の期首と期末の変化分をその他の包括利益として把握し，擬似的に包括利益を推定した．そして，日本企業の株価収益率と経営者報酬について当期純利益と包括利益の情報内容を比較している．分析の結果，株価収益率について，当期純利益は相対情報内容と増分情報内容のいずれも保持しており，株価収益率との関係も安定していることが判明した．一方で，包括利益には相対情報内容がないと解釈される調査結果を得た．しかし，その他の包括利益の構成要素の中で，その他有価証券評価差額金の変化分は相対情報内容と増分情報内容を備えていることが指摘された．また，経営者報酬との関連では，包括利益と当期純利益の相対情報内容に差はなく，いずれも増分情報内容を備えており，各々が相互補完的に経営者報酬の決定に関連していることが指摘された．

　このような結果から得られる制度設計上のインプリケーションについて，第11章では，財務会計の意思決定支援機能と契約支援機能を達成するために，当期純利益の情報は不可欠であり，たとえ包括利益を開示する場合でも，当期純利益を区分表示したうえで，追加的に包括利益を示すことが望まれると指摘された．

　そもそも財務報告では，貸借対照表に示される情報と損益計算書に示される情報をセットで利用することにより，投資家などの財務諸表利用者が自己の責任において企業価値を推定することが想定されている．たとえば企業価値は，貸借対照表において表示される純資産の簿価と，損益計算書で示される過去の利益から推定される将来期待超過利益の現在価値との合計額として表現され，貸借対照表の純資産と損益計算書の利益は，いわゆるクリーン・サープラス関係を満たす必要があるといわれてきた（須田，2000）．純利益と包括利益は，ともにこのクリーン・サープラス関係を満たす利益の概念であり，通期でみれば両者は一致する関係にある．

　包括利益は，資産と負債の差額として定義される資本（純資産）の期首期末の変動差額であり，一般に変動性が大きいと考えられている．そのため，純利益を廃して包括利益を開示するという考え方に対しては，消極的な意見が多い．包括利益と純利益の両者を開示し，認識のタイミングが早い包括利益の内

容を純利益の開示を通じて確認していくような，フィードバックの関係を確保していくことが適当ではないかと思われる．

(2) ダーティー・サープラスの開示

次に，ストック情報の観点から，ダーティー・サープラスの問題を考える．第6章と第11章および第13章では，土地再評価差額金の情報内容について否定的な実証結果を示している．土地再評価差額金は，1990年代後半の一時期において時限立法に基づいて計上され，企業の任意による土地の再評価に起因するものであった．したがって，その時期から時間が経過した現在において，情報内容が認められないのは当然のことであろう．そればかりか，資本利益率の計算などの有用性を損なうというマイナス面も指摘されている．制度上は，土地再評価差額金を貸借対照表上整理するための措置を検討すべき時期にきていると思われる．

また第11章では，その他有価証券評価差額金と為替換算調整勘定について，株式市場における情報内容を分析し，その結果，両者の情報内容に差異があることを明らかにした．第13章では，社債市場においても，その他有価証券評価差額金と為替換算調整勘定に増分情報内容は存在するが，両者の情報内容には差異があることを指摘している．

このような実証研究の結果を受けて，その他有価証券評価差額金と為替換算調整勘定の会計処理について考えると，これらを「評価・換算差額等」として同質的に扱うことができるのか，疑問が生じる．その他有価証券評価差額金は，当期末現在の未実現評価益を意味しており，仮に売却すれば実現する利益である．その意味では，純資産に対するインパクトは明確である．一方，為替換算調整勘定は，在外子会社に対する純投資に係る換算損益であるが，あくまで純投資の簿価に対する換算差額であり，仮に当期末に子会社を売却したとしても実現する利益とはいえない．だとすれば，たとえば，その他有価証券評価差額金は純資産に含める一方，為替換算調整勘定は純資産に含めない，という対応も可能ではないかと思われる．

以上を要するに本節では，ダーティー・サープラスと包括利益の報告に関する実証分析を通じて，①純利益の開示は維持すべきであり，包括利益を開示す

るとしても純利益とともに開示すべきである，②土地再評価差額金を貸借対照表上整理することを検討すべきである，③ダーティー・サープラス（評価・換算差額等）に含まれる項目について同質性を検討すべきである，ということを提言した．

5．連結財務諸表に関する提言

本節では，連結財務諸表に関する実証研究に基づき，連結財務諸表制度に対するインプリケーションを提示する．

第7章では，①連結調整勘定の償却費を営業利益計算に含めると営業利益の価値関連性が向上する，②持分法の適用による投資損益を経常損益計算に含めると経常利益の価値関連性が向上する，という調査結果が示された．この実証研究の結果によれば，連結財務諸表制度の見直し（連結調整勘定の償却費および持分法投資損益の表示に関する変更）について，肯定的な評価をすることができる．ただし，現在のホット・イシューであるのれん（連結調整勘定）の定期償却問題については，明確なインプリケーションを得ることはできなかった．

また第7章の実証研究によれば，少数株主損益に価値関連性がないとはいえず，それを純利益と合計した場合でも，合計した利益額の価値関連性が現行の純利益よりも低いという証拠は得られなかった．つまり，少数株主利益を連結利益に含めるか否かは利益の価値関連性を左右しない，と解釈される．

現在，IASBの会計基準では，いわゆる経済的単一体説が採用され，少数株主利益を控除する前の連結純利益を表示する方法が採用されている．第7章における実証研究の結果によれば，親会社株主帰属利益として連結純利益を計算することが唯一の選択肢ではない，と考えられる．したがって，会計基準のコンバージェンスという観点から，経済的単一体説による連結純利益を開示する方法も検討に値するであろう．たとえば，FASBの公開草案（FASB, 2005）では，経済的単一体説による連結純利益を表示し，その額が少数株主と親会社株主にどう帰属するかを付記する形式が採用されている．

6．退職給付会計に関する提言

　1998年6月に設定された退職給付に係る会計基準では，新たな基準の採用により生じる影響額（会計基準変更時差異）について，15年以内の一定の年数の按分額を費用として処理することを認めている．このような措置の理由として退職給付会計基準は，「会計基準の変更により，従来の処理と継続した処理を行うことができず会計処理の連続性が保てない場合がある．特に，新たな基準の採用により，従来合理的とされた処理により長期間にわたり累積された影響が一時点に発現することが予想される．したがって，この影響をすべて一時に処理することは，企業の経営成績に関する期間比較を損ない期間損益を歪めるおそれがある」と示している．また，企業年金に関する数理計算の実務における問題（年金数理人の不足問題など）を考慮して，基準の採用年度について2年間の幅が認められた．

　さらに，監査上の取扱いとして日本公認会計士協会から公表されたリサーチ・センター審理情報 No.13「退職給付会計に係る会計基準変更時差異の取扱いについて」により，費用処理期間が短期間（原則として5年以内）で，かつ，当該費用処理額に金額的重要性がある場合に限り，それを特別損益項目として計上することが容認された．それ以外は，経常（営業）損益項目として処理しなければならない．

　これに対して SFAS 8 は，平均残存勤務期間（ただし15年未満の場合には15年で償却できる）で会計基準変更時差異を定額償却することを求め，IAS 19は基準採用時に会計方針変更として一時処理または5年以内の定額償却を要求している．会計基準変更時差異の処理法は一律に規定されておらず，日本を含む各国で，その会計処理において「政策的配慮」を施していると思われる．

　第16章および第17章では，基準設定主体の「政策的配慮」が企業の会計行動に及ぼした影響を明らかにしている．すなわち，第16章において，会計基準変更時差異の償却年数に係る選択を分析し，第17章において，会計基準変更時差異の償却費の表示方法を分析している．その結果，第16章では，業績の優劣と会計基準変更時差異の償却年数の間に，強い負の関係が観察された．すなわち，業績の悪い企業ほど，会計基準変更時差異の償却年数が長く，業績の好調

な企業ほど償却年数が短いとされた．第17章では，経常利益に対する株価反応が大きい企業ほど，償却額を特別損益に計上する傾向があると指摘された．

　会計基準設定主体の「政策的配慮」などにより画一的な会計処理を義務付けられない場合には，複数の会計処理方法のうち，どれを選択するかは経営者の自主的な判断に委ねられる．会計制度改革により特定の会計手続きが強制されるときでも，各種の見積りと判断において経営者の恣意性が介入し得る．第16章などの分析結果は，基準で意図したとおり経営者の裁量行動があったことを示しており，その意味で政策目的は達成されたといえよう．

　このような基準設定のあり方については，いくつかの見方がある．1つは，企業の実力差を考慮した基準設定は止むを得ない選択であり，経営者のメッセージ（償却の方針）が明確に伝わる形で，弾力的に基準が適用されるのであれば，当該会計基準の柔軟性については一定の評価を与えるべきだ，という見方である．

　もう1つは，ベストな選択であったか否かはその時点の他の会計基準との関係により変わってくる，という見方である．本章の第3節で述べたように，財務諸表の遡及修正や特別損益項目の明確化といった別途の選択肢が可能になれば，基準設定の内容は異なってくるはずであり，これらの基準が整備されていれば，退職給付会計基準の設定における柔軟性は不要であったのかも知れない．

　退職給付会計では，退職給付債務に未認識過去勤務債務と未認識数理計算上の差異を加減した額から，年金資産を控除した額を退職給付引当金として計上することになっている．退職給付会計基準の適用前においても，企業は退職給与引当金を計上する等の方法により費用計上を行ってきており，退職給付会計基準も1つの期間費用計上の基準という意味では違いがない．したがって，会計基準変更時差異の本質は，会計上の見積りの変更なのか，あるいは，会計基準の変更なのか不確かであり，その取扱いは微妙に異なるであろう．

　また，本章の第2節における指摘と同様に，退職給付の会計問題は，費用配分という観点と債務（負債）評価という観点の2つの面を有している．退職給付の会計は，企業年金を巡る制度の改正や企業の雇用形態の変化，および年金資産の運用環境の変化といった事象の影響を大きく受ける．現状では費用配分

に重点を置いた考え方が適当と考えられるものの，これらの変化が生じたときには，退職給付会計のとらえ方について再考することが必要となるであろう．

7．法人税等の会計処理に関する提言

(1) 報告利益と課税所得

1997年に公表された「連結財務諸表制度の見直しに関する意見書」と1998年の「税効果会計に係る会計基準」を受け，法人税等の会計処理に関する税効果会計が，1999年4月1日以後開始する事業年度から適用（1999年3月期の早期適用も可能）されている．

第8章では，1991年3月期から2004年3月期までの14年間の課税所得計算と報告利益の関係を分析し，その結果，第1に，新会計基準導入後および税制改正後に，報告利益計算と課税所得計算の乖離は拡大傾向にあると指摘した．第2に，税効果会計導入後，課税繰延型の乖離（報告利益＞課税所得）が観察される会社数が増加していることを示した．

第1の分析結果は，税効果会計基準の趣旨（税引前当期純利益と当期純利益を調整する）を反映した企業行動が観察された，と解釈することもできる．つまり企業の経営者は，財務諸表作成にあたり税制と財務報告の両面を併せて考慮する必要性が低下しつつある，ということになる．ただし，この点については，第8章で指摘したように，税効果会計の導入時期と一定の会計処理を強制する新会計基準の導入時期が重なっており，これらの影響が一度に計上されるため，新会計基準導入の影響と経営者における意識変化のいずれが大きく作用しているかについては，一層の分析が必要と考えられる．

第2の分析結果については，解釈上，若干の注意を要する．第8章の注で示したように，フロー・ベースで「報告利益＞課税所得」となる会社の割合が増加しても，それがストック・ベースで「繰延税金負債＞繰延税金資産」となる会社が増加したことを意味しているわけではない．フロー・ベースで「報告利益＞課税所得」となるケースとして，過去に加算した一時差異の当期における減算額が巨額になる場合が考えられる．これまで計上された繰延税金資産は，企業が一定のアクションをとらない限り，課税所得計算で減算されない場合が

ある．税務メリットをできるだけ早く享受し，法人税等の支払によるキャッシュ・フローを減少させるように経営者が行動すれば，「報告利益＞課税所得」という関係が，一定期間継続するのである．したがって，税制改正と税効果会計の導入で課税繰延型の一時差異が増加した，と結論づけるのは早計であると考えられる．

　このような税務の経営者行動とキャッシュ・フローに与える影響は，一定の情報価値を有するものと考えられるが，現行の開示実務で繰延税金資産の増減内訳などの情報が十分に開示されているとはいえない．金融機関の中で，いわゆる主要行においては，将来の課税所得の見積りを自主的に開示している例があるものの，一般に，当期の繰延税金資産の増減内訳や将来の減算（税務上の認容）計画などの情報は開示されていない．このような繰延税金資産の計上額を決定する基礎データの開示について，今後の検討が必要であろう．

(2) 繰延税金資産の価値関連性

　税効果会計基準は前文で，繰延税金資産の資産性と繰延税金負債の負債性について，「繰延税金資産は，将来の法人税等の支払額を減額する効果を有し，一般的には法人税等の前払額に相当するため，資産としての性格を有するものと考えられる．また，繰延税金負債は，将来の法人税等の支払額を増額する効果を有し，法人税等の未払額に相当するため，負債としての性格を有するものと考えられる」と指摘している．また，税効果会計基準第二では，「繰延税金資産については，将来の回収の見込みについて毎期見直しを行わなければならない」としている．

　会計基準は，このように繰延税金資産の計上について厳格な規定をしているが，これに対応して日本公認会計士協会も「個別財務諸表における税効果会計に関する実務指針」（最終改正2001年）や「繰延税金資産の回収可能性の判断に関する監査上の取扱い」（1999年）を公表している．

　本書では，株価との関連性から，繰延税金資産の資産性と繰延税金負債の負債性を分析した．第12章による実証分析の結果によれば，「短期」繰延税金資産は一般に価値関連性を有し，「長期」繰延税金資産については，市場が当該項目を資産から除外して企業価値を推計していると解釈された．繰延税金負債

は一般に価値関連性がなく，収益性の高い企業が計上した場合にのみ，価値関連性が観察された．すなわち株式市場は，①長期の繰延税金資産に資産性を認めておらず，回収可能性に対して厳しい見方をしている，②繰延税金負債の負債性を認めておらず，それは企業の収益性に依存している，と考えられる．

税効果会計基準によれば，繰延税金資産の短期と長期の分類は，当該項目に関連した資産負債の分類またはワンイヤー・ルールに基づいて行われる．したがって正味短期繰延税金資産は，企業の課税所得のレベル（具体的には日本公認会計士協会「繰延税金資産の回収可能性の判断に関する監査上の取扱い」の①から④の分類）にかかわらず，一定の方法で見積った額を計上することが多い．しかし長期繰延税金資産については，企業の長期の見積りに依存する面が大きく，信頼性を欠くという問題が指摘されよう．これは，第8章での指摘とも共通する問題であり，繰延税金資産に係わる開示の充実により，情報価値を向上させる余地があると思われる．

法人税等は，税引前当期純利益の約40%という大きなキャッシュ・フローである．これに関係する情報の価値を増大させることで，会計情報全体の有用性が高まる可能性がある．たとえば，価値関連性と信頼性に乏しい長期繰延税金資産については，開示事項の充実を図るとともに，繰延税金資産を現在価値に割引くことも検討課題としてあげたい．

米国においてはSFAS 96を検討する際，繰延税金の割引評価の問題も議論の対象となり，結局，将来の検討課題になった．米国と類似の会計基準を採用したわが国でも，このような考え方は採用されていない．しかし，米国のように税務目的の加速償却等により繰延税金負債が連続的に多額に発生する状況では，一時差異の解消時期の見積りには困難が伴うと思われるが，わが国の税効果会計では，通常，繰延税金資産が発生し，税効果会計の適用にあたっては，一時差異解消のスケジューリングが原則必要とされている．したがって，繰延税金資産の現在価値計算は，日本にとって比較的実行し易いと思われる．

また，第12章の実証分析によれば，土地再評価差額金とその他有価証券評価差額金に係る正味繰延税金資産について，市場はそれらが実現するとみなしておらず，したがって各々の項目について価値関連性が観察されなかった．これらの項目は事業用土地や持合株式に係わる部分を含んでいるので，株式市場が

繰延税金資産の資産性をそのように評価するのは当然であろう．これらの項目に関する税効果は繰延税金負債となるのが通常であるが，税効果会計基準は資産と負債を純額で貸借対照表に計上することを求めている．しかし，現実の企業行動としては，繰延税金資産の原因となる一時差異（たとえば評価損）および繰延税金負債の原因となる一時差異（たとえば含み益）の解消時期と将来課税所得の見込みを併せて，繰延税金資産の資産性と繰延税金負債の負債性を評価し，税メリットの活用を試みると考えられる．このような実務と実証研究の結果を勘案すると，土地再評価差額金とその他有価証券評価差額金に係る税効果の表示方法を再考し，一時差異項目の内容開示を充実することが提案されよう．

(3) 法人税等の表示方法

　第10章では，日本企業における会計利益の持続性が近年低下しており，持続性が利益の質の尺度であるとすれば，日本企業の会計利益の質は近年低下傾向にある，と指摘している．このことから，第2節では，少なくとも，現行の特別損失のうち，当年度において計上することが正当化される部分を切り出す（すなわち特別損益を純化する）必要性があると提言している．

　これは，現行の法人税等の表示方法にも関連している問題である．つまり，税効果会計基準によれば，資本の部（あるいは純資産の部）に係わるものを除き，期首と期末の繰延税金がそのまま損益計算書の法人税等に反映されるため，繰延税金資産の回収可能性の評価などにより，純利益の操作が行われているのではないかと危惧される．そこで，われわれは経常利益に対応する経常費用として法人税等を区分表示することを提言したい．つまり，①廃止事業損益と過年度遡及修正および特別損益に係わる法人税等と，②経常利益に係わる法人税等を分けて，損益計算書に表示するのである．その結果，税引後経常利益が新たに表示されれば，企業の収益力を判断する有用な情報になるであろう．

　また，回収可能性の評価に起因する歪みが法人税等に混入しており，回収可能性の評価の変化に伴う法人税等についても，別途の表示ないし開示を検討する必要がある．米国でAPB 11が適用されていた頃，特別な項目に関する法人税等の額については，その項目に含めて表示し，さらに税効果額を開示する

実務が行われていた．また，発生当時に認識していなかった繰越欠損金の税効果の実現については，異常項目に表示するという実務が行われていた．このような表示方法も一考に値するものと思われる．

以上をまとめると，本節では，法人税等の会計処理に関する実証分析を通じて，①当期の繰延税金資産の増減内訳や将来の減算計画に関する情報開示を充実させる，②長期繰延税金資産の算定基礎を開示する，③繰延税金資産について現在価値計算を行う，④法人税等の区分表示を実施し，経常費用として法人税等を示す，という検討課題を提起した．

8．新株予約権の失効に伴う会計処理に関する提言

IASBとFASBの会計基準では，新株予約権（転換権を除く）を発行した時点で払込額（または相当する時価）が払込資本に計上され，その後の権利行使や失効に関係なく，そのまま払込資本を構成する取り扱いとなっている．わが国では，新しい会計基準により，新株予約権の貸借対照表における表示場所が負債の部から純資産の部に移された．しかし，新株予約権は株主資本に含まれておらず，損益計算に関しては従来通りの会計処理が行われている．つまり，権利確定している新株予約権が行使されないまま期限切れになった場合，新株予約権戻入益を特別利益に計上することが求められている．損益計算の観点からすれば，これは，新株予約権をこれまでとおり負債として理解していることになる．

第19章では，新株予約権戻入益とそれを含む会計利益が株式市場でどのように評価されているかを実証分析した．その結果，新株予約権戻入益を計上した企業における会計利益の価値関連性は低下する，という傾向が観察された．特に，新株予約権戻入益が大きくなるほど，その傾向は強くなった．つまり，株式市場との関連からは，新株予約権戻入益を特別利益に計上する積極的な根拠が見いだされなかったのである．

このように，新株予約権戻入益を計上することで会計利益の価値関連性が低下するという証拠が得られた以上，新株予約権戻入益を当期純利益の計算に含めることの是非について再検討が必要であると思われる．IASB基準とFASB

基準では，新株予約権を発行した時点で払込資本として処理し，その後の権利行使や失効に関係なく，新株予約権を払込資本に含めている．わが国についても，1つの選択肢として，いわゆる資本説に基づく会計処理が検討の対象となろう．第19章の分析結果は，新株予約権戻入益を利益として認識すべきではなく，ひいては新株予約権を株主資本として計上すべきだ，ということを示唆しているからである．

9．払込資本と留保利益の区別に関する提言

　第14章では，債務契約における留保利益比率（自己資本における留保利益の割合）情報の有用性に関する実証研究が行われた．最初に配当と留保利益比率の関連性が検証され，その結果，留保利益比率は，収益性や成長性といった他の要因をコントロールしてもなお配当について，統計的に有意な説明力を持つことが明らかになった．

　次に，負債コストについて留保利益比率の情報内容が検証された．その結果，留保利益の額に見合わないような多額の配当を行っている企業（負債のエイジェンシー費用が大きい企業）ほど，社債利率スプレッドと留保利益比率の関係が強くなることが示された．これは，負債のエイジェンシー費用が高い企業ほど，負債コストに関する留保利益比率の情報内容が大きい，ということを意味している．そして，第14章の結論として，社債契約の効率性を保つために，払込資本と留保利益の区分が重要な意義を有していることが示された．

　企業会計基準第1号19項では，資本剰余金と利益剰余金を混同することを禁止しており，企業会計基準第5号28項でも「株主が拠出した部分と利益の留保部分を分けることは，配当制限を離れた情報開示の面でも従来から強い要請があったと考えられる」と述べられている．本書の第14章における実証研究は，このような払込資本と留保利益を区別する必要性を裏付ける証拠を提示している．会計制度の設計に際し，われわれは，会社法の規定にかかわらず，企業会計の立場から払込資本と留保利益の区別を堅持すべきである．

　さらに，債務契約の効率性を確保するために，払込資本と留保利益の区別が必要なのであれば，剰余金の分配においても，それぞれの残高の関係が恣意的

に操作されないように会計基準を定めておく必要がある．会社法の分配規制とは別に，払込資本と留保利益の区別を保証するような，剰余金の分配に関する会計基準の設定を提案したい．

10．結論と課題

　本章では，これまでの章で示された実証研究の結果をまとめ，それをいくつかのテーマに集約し，会計制度の設計について具体的な提言を行った．それぞれの提言を要約すれば以下のようになる．

① 信頼性を重視した基準設定の可能性を検討し，とくに会計的配分などの伝統的な思考を見直すべきである．
② 価値関連的な情報を財務諸表の本体に記載することに過度に固執するのではなく，注記情報によって補完することを検討すべきである．
③ 経常損益と特別損益を区分する規準を明確化し，特別損益のより詳細な内訳を開示すべきである．
④ 特別損益として計上されている損益のうち，過年度に帰属する部分を過年度財務諸表の遡及修正として開示すべきである．
⑤ 損益計算書において廃止事業損益を区分表示すべきである．
⑥ 特別損益の区分は廃止せず，従来の区分式損益計算書の様式は維持すべきである．
⑦ 当期純利益の表示は維持すべきであり，包括利益を開示するとしても純利益と共に開示すべきである．
⑧ 土地再評価差額金を貸借対照表上なんらかの形で整理すべきである．
⑨ ダーティー・サープラスの項目（評価・換算差額等）について，各々の同質性を再検討すべきである．
⑩ 親会社株主帰属利益として連結純利益を計算することが唯一の選択肢でない．会計基準のコンバージェンスという視点で，経済的単一体説による連結純利益を開示する方向も一考に値する．
⑪ 会計基準の相互補完性を意識して基準設定すべきである．退職給付会計

基準における柔軟な会計処理は，当初，政策目的の達成に必要であったとしても，他の会計基準が設定されるにつれ，見直しが迫られるだろう．④の過年度財務諸表の遡及修正や，③と⑤により特別損益項目が限定された場合，柔軟な内容を持つ会計基準の設定は不要になるだろう．

⑫ 当期の繰延税金資産の増減内訳や将来の減算計画に関する情報を開示すべきである．

⑬ 長期繰延税金資産の価値関連性が乏しいので，その算定基礎を開示し，信頼性を確保すべきである．

⑭ 長期繰延税金資産の価値関連性が乏しいので，価値関連性を高めるために繰延税金資産の現在価値計算を検討すべきである．

⑮ 経常費用としての法人税等を区分表示すべきである．

⑯ 新株予約権戻入益を当期純利益の計算に含めることについて，その適否を再検討すべきである．1つの選択肢として，IASB基準とFASB基準のような，いわゆる資本説に基づく会計処理が考えられる．

⑰ 払込資本と留保利益の区分の重要性を再認識すべきである．

⑱ 払込資本と留保利益の区別を保証するような，剰余金の分配に関する会計基準を設定すべきである．

これらの提言は，本書で示した実証研究に依拠したものである．したがって客観的な証拠に基づいた議論であることを第1に強調したい．第2に，これらの提言が，実証研究と理論研究の相互作用によってなされたものであることを指摘しよう．最初に会計制度の理論研究者が制度の問題を指摘し，その問題を解決するために必要な経験的証拠を実証研究者が集めた．このようにして得た証拠に基づいて，会計制度の設計に対するインプリケーションを，執筆者の全員で実証的かつ理論的に議論したのである．会計制度に対する提言が，このようなプロセスを経て公表された例は多くないであろう．

実証研究と理論研究の相互作用は，社会科学の進歩に不可欠な要素であると思われる．理論が伴わない実証研究は断片的になりがちであり，証拠のない理論は空想的になりやすい．われわれは，実証と理論のフィードバック・ループを常に維持しなければならない．

最後に問題点をあげ，これからの研究課題を示す．実証研究に依拠した会計制度の提言は，客観的な証拠に基づいているという長所と裏腹に，その証拠が反証可能な場に晒されているという短所があることに注意しなければならない．本書の実証研究では，有意性検定はもちろんのこと，結果の頑健性チェックも周到に実施している．それでもなお，異なるサンプルを用いて，別の研究方法を適用すれば，違った実証結果を得る可能性がある．読者諸賢あるいはわれわれ自身による追試が待たれよう．

　また1つの実証研究の結果から，別の提言を導くこともできるだろう．たとえば，ある情報について有用性が認められないという実証結果を得たとき，その情報について，価値関連性が向上するための提案を示す場合がある．しかし，情報の信頼性を確保することで，会計情報の有用性が高くなる場合もあり，そのための提案も重要となる．本書の提言は分析対象を絞りこんだ実証研究に依拠しており，その代替案は多くないと思われるが，1つの実証研究の結果をどのような制度設計に結びつけるのかは議論の余地があるだろう．

　さらに Holthausen and Watts (2001) が論じているように，単一の視点で行われた実証研究に基づいて，会計基準の適否を論ずるべきではない，という意見も傾聴に値する．本書の実証研究は，財務会計の意思決定支援機能と契約支援機能（須田, 2000）の視点で実施されたが，あるいは2つの視点を交差させる分析や，他の視点に依拠した分析を行い，総合的に会計制度の設計を論ずるべきであるかも知れない．しかし，われわれの費消可能な時間は限られており，その中で，個々の実証テーマを複数の視点から分析する余裕はなかった．いずれの研究も，意思決定支援機能または契約支援機能の視点で分析されたのである．2つの視点を交差させる分析や，他の視点に依拠した分析は，今後の課題にしたい．

　これらの意味で，本書で示した提言は完全無欠な地盤に支えられたものではない．今後，実証研究が蓄積されれば，われわれの提言の説得力は増すかもしれないし，あるいは，新しい証拠に基づいて別の提言がなされる可能性もある．これもまた，社会科学がたどるべき道なのであろう．もし，本書で試みた理論研究と実証研究の融合が，会計制度の設計に一筋の道を付けることができたとすれば，それに勝る喜びはない．プロジェクトに参加したメンバー全員の

努力を称えたいと思う．

(川村　義則・小宮山　賢・野口　晃弘・須田　一幸)

注

1　企業会計基準委員会は2007年7月9日に「過年度遡及修正に関する論点の整理」を公表した．

参考文献

Christensen, J. A. and J. S. Demiski (2003) *Accounting Theory : An Information Content Perspective*, McGraw-Hill /Irwin. : Boston, MA (佐藤紘光監訳　奥村雅史・川村義則・大鹿智基・内野里美訳『会計情報の理論―情報内容パースペクティブ』中央経済社).

FASB (Financial Accounting Standards Board) (2005) Exposure Draft, *Consolidated Financial Statements, Including Accounting and Reporting of Noncontrolling Interests in Subsidiaries-a Replacement of ARB No.51*, FASB Norwalk, CT.

FASB (Financial Accounting Standards Board) (2006a) Exposure Draft, *Employers' Accounting for Defined Benefit Pension and Other Postretirement Plans-an Amendment of FASB Statements No. 87, 88, 106, and 132 (R)*, FASB Norwalk, CT.

FASB (Financial Accounting Standards Board) (2006b) Preliminary Views, *Conceptual Framework for Financial Reporting : The Objective of Financial Reporting and Qualitative Characteristics of Decision-useful Financial Reporting Information*, FASB Norwalk, CT.

Holthausen, R.W. and R.Watts (2001) "The Relevance of the Value Relevance Literature for Financial Accounting Standard Setting," *Journal of Accounting and Economics* 31, pp. 3-75.

Ohlson, J. A. (2006) "A Practical Model of Earnings Measurement," *Accounting Review* 81, pp.271-279.

伊藤邦雄編著 (2006)『無形資産の会計』中央経済社．

企業会計基準委員会 (2005) 企業会計基準第5号「貸借対照表の純資産の部の表示に関する会計基準」財務会計基準機構．

企業会計基準委員会 (2006) 改正企業会計基準第1号「自己株式及び準備金の額の減少等に関する会計基準」財務会計基準機構．

斎藤静樹編著 (2002)『会計基準の基礎概念』中央経済社．

須田一幸 (2000)『財務会計の機能―理論と実証』白桃書房．

索　引

あ行

IASB ……………………………………6
意思決定支援機能 ……………212, 482, 495
意思決定有用性 ………………………7
営業キャッシュ・フロー …………204
営業権 …………………………………77
エイジェンシーコスト ……59, 62, 65, 462
エイジェンシー理論 ………………277
SPE（特別目的事業体）……………52
FASB …………………………………6
オピニオンショッピング …………62
オフバランス金融 …………………20

か行

会計基準変更時差異 ………330, 332, 345, 349, 365, 485, 486
会計上の変更 ………………………479
会計処理変更差額 …………………46
会計制度の設計 ……………473, 493
会計的裁量行動 ……………………331
会計発生高 …………………………204
会計利益の質 ………………………490
会社計算規則 ………………………37
会社法 …………………………………26
回収可能性 …………………235, 244
概念フレームワーク ………6, 92, 398, 474
乖離度 ………………………………139
確定決算 ……………………………70
過去勤務債務 ………………………47
貸倒引当金 …………………79, 152

課税所得 ……………………………487
価値関連性 ……7, 92, 94, 237, 249, 399, 401, 410, 411, 474
渇水準備金 …………………………300
割賦販売 ……………………………82
合併 ……………………………………84
過年度遡及修正 ……………………480
ガバナンス …………………100, 416
株式所有構造 ………………………438
株式所有構造仮説 …………438, 443
株式取引損失準備金 ………………311
株主資本 ……………………13, 134, 411
為替換算調整勘定 …………218, 249, 483
環境負債 ……………………………21
頑健性テスト ………………………292
監査人の独立性 ……………………467
監査の品質 ………64, 417, 460, 463, 470
監査報酬 ……………428, 431, 463, 465
企業結合 ……………………………84
逆基準性 ……………………………67
強制的会計変更 ……………………328
業務手順の文書化 …………………419
金融先物取引責任準備金 …………311
金融商品会計基準 …………………49
区分式損益計算書 …………164, 481, 493
クリーン・サープラス関係……95, 97, 482
繰延収益 ……………………………19, 298
繰延税金資産 ………234, 487, 488, 489, 494
繰延税金負債 ………………234, 487
経営者報酬 ……215, 226, 228, 350, 354, 366, 482
経済的単一体説 ……………119, 484, 493

497

498 索引

経常利益 ……………………………… 197, 203
契約支援機能 …212, 215, 226, 249, 482, 495
契約理論 ……………………………………… 99
減価償却 …………………………………… 148
原則主義 ……………………………………… 9
減損会計 ………………………………… 55, 476
工事完成基準 …………………… 83, 157, 371
工事進行基準 …………………… 83, 157, 371, 477
公正価値 ………………………………… 477
ゴーイング・コンサーン ………… 45, 54
国際会計基準審議会 …………………… 6
個別財務諸表情報 ……………………… 98

さ行

債券格付け ……………………………… 262
債券取引損失準備金 …………………… 311
細則主義 ………………………………………… 9
債務契約 ………………………………… 275, 276
財務諸表監査の品質 …………………… 429
財務諸表の構成要素 …………………… 18
財務諸表の遡及修正 …………………… 479
債務保証 ………………………………… 22
財務レバレッジ ……………………… 109, 129
市場の厚み ……………………………… 101
持続性 …………………………………… 202
支配力基準 ……………………………… 10
支払可能性 ……………………………… 246
支払備金 ………………………………… 316
四半期財務情報 …………………… 417, 426, 463
資本構成仮説 …………………………… 438, 447
資本準備金 ……………………………… 32
資本剰余金 ……………………………… 32
資本制度 ………………………………… 30
資本直入項目 …………………………… 249
資本の部 ………………………………… 31
社債契約 ………………………………… 492

収益性仮説 ……………………………… 438, 450
修繕引当金 ………………………………… 19
純資産 ……………………………………… 13
純資産会計基準 ………………………… 397
準備金 ……………………………………… 36
少額減価償却資産 ………………… 77, 150
証券取引責任準備金 …………………… 311
少数株主損益 …………………… 15, 107, 484
少数株主持分 …………………… 13, 16, 107, 134
情報内容 ………………………………… 403
情報の精度 ……………………………… 101
剰余金の配当 …………………………… 37
剰余金の分配 …………………………… 494
賞与引当金 ……………………………… 80
将来減算一時差異 ……………………… 73
省令委任規定 …………………………… 37
新株予約権 ……………………… 17, 397, 400, 491
新株予約権戻入益 …… 399, 404, 411, 412, 491, 494
信頼性 …………………………… 7, 92, 475, 493
数値基準 ………………………………………… 8
数理計算上の差異 ……………………… 47
ストック・オプション ………………… 400
税効果会計 ………………… 53, 72, 85, 143, 234
成長性仮説 ……………………………… 439, 447
税引前利益 ……………………………… 202
税務上の経理要件 ……………………… 70
責任準備金 ……………………………… 316
全部資本直入法 ………………………… 50
相対情報内容 …………………… 216, 221, 250, 482
増分情報内容 …………………… 216, 223, 250, 482
組織再編税制 …………………………… 84
その他資本剰余金の処分 ……………… 32
その他の包括利益 ……………………… 482
その他有価証券評価差額金 …… 97, 218, 249, 483, 489
損益計算書の区分表示 …………… 349, 478

索 引 499

損失回避 …………………………… 164, 180
損失計上企業 ……………………………… 197

た行

ダーティー・サープラス ……… 97, 249, 481, 483, 493
退職給付 …………………………………… 81, 155
退職給付会計 ………………………………… 485
退職給付会計基準 ……………… 46, 328, 344
退職給付信託 ………………………………… 48
退職給与引当金 …………………………… 81, 155
代替的方法 …………………………………… 11
タイム・トレンド変数 …………………… 203
代理人（agent） …………………………… 277
多段階利益計算 ……………………………… 109
遅延認識 ………………………………… 46, 332
注記情報 ……………………………… 477, 493
長期請負工事 ………………………………… 83, 157
長期請負工事収益 …………………………… 477
長期大規模工事 ……………………………… 157
長期的関連性 ………………………………… 98
デリバティブ取引 …………………………… 51
討議資料 ………………………………………… 6
当期利益 ……………………………………… 197
特定都市鉄道整備準備金 ………………… 305
特別損益 ……………… 197, 200, 478, 480, 493
特別損益区分 ……………………………… 7, 12
特別損益項目 ………………………………… 349
特別法上の準備金 …………………………… 298
特別利益 ……………………………………… 411
土地再評価差額金 ……… 97, 218, 249, 483, 489, 493
トライアングル体制 …………………………… 1
取引の二重チェック ………………………… 422

な行

内部統制 ……………………………… 416, 435
内部統制監査 ………………………………… 60
内部統制システム …………………………… 438
内部統制の評価 ……………………………… 423
のれん ………………………………………… 112

は行

廃止事業損益 ………………………… 480, 493
配当可能利益 ………………………………… 275
配当財源 ……………………………………… 32
払込資本 ……………………………… 275, 492
非監査業務 …………………………… 432, 467
引当金 ………………………………………… 298
非債務性引当金 ……………………………… 19
ビッグ・バス ……… 164, 185, 207, 332, 345
評価・換算差額等 …………………………… 483
表現の忠実性 ………………………………… 477
ファイナンス・リース取引 …………………… 9
FASB …………………………………………… 6
Fama and French 3 factor model …… 219
負債コスト …………………………… 249, 278
負債資本比率 ………………………………… 109
負債と資本の区分 …………………………… 16
負債のエイジェンシー費用 ………………… 492
負債比率 ……………………………… 129, 131
負ののれん …………………………………… 19
部分資本直入法 ……………………………… 50
分配可能額 …………………………………… 36
Heckman の 2 段階法 ……………………… 387
米国財務会計基準審議会 ……………………… 6
包括利益 …………… 12, 14, 212, 481, 482, 493
法人税等 ……………………………… 489, 490, 494
法定準備金減少手続 ………………………… 28
簿価時価比率 ………………………………… 126

保守主義 ……………………………100
ボラティリティ ……………………101

ま行

マイクロストラクチャー ……………101
見積りの修正 ………………………480
持株基準 ……………………………10
持分プーリング法 ……………………11
持分法損益 ……………………107, 484
モラル・ハザード …………………278

や行

有用性 ………………………………474

ら行

利益資本化モデル ………122, 166, 372
利益の区分計算 ……………………109
利益の持続性 …………………474, 478
利益ノ配当 …………………………28
利益平準化 ……164, 170, 299, 315, 332, 374
リスク・アプローチ …………………58
流動性 ………………………………101
留保利益 ……………………………275
留保利益比率 …………………276, 492
レビュー ……………………………426
連結財務諸表 ………………………484
連結財務諸表情報 ……………………99
連結調整勘定 ………………………484
連結調整勘定償却 …………………107

▨ 執筆者紹介（50音順）

薄井　彰（うすい　あきら）　早稲田大学大学院ファイナンス研究科教授

1987年早稲田大学大学院商学研究科博士後期課程退学．博士（商学）（早稲田大学）．著書には，『バリュー経営のM&A投資』（編著，中央経済社），『国際財務データベース入門』（共編著，日本経済新聞社）などがある．

音川　和久（おとがわ　かずひさ）　神戸大学大学院経営学研究科准教授

1997年神戸大学大学院経営学研究科博士課程後期課程修了．大阪府立大学専任講師・助教授を経て，現在に至る．博士（経営学）（神戸大学）．2003年ワシントン大学客員研究員．著書には，『会計方針と株式市場』（千倉書房）がある．

乙政　正太（おとまさ　しょうた）　関西大学商学部教授

1993年関西大学大学院商学研究科博士後期課程単位取得．阪南大学経営情報学部助教授・教授，東北大学大学院経済学研究科教授を経て，現在に至る．博士（経済学）（名古屋大学）．1997年アリゾナ大学客員研究員．著書には，『利害調整メカニズムと会計情報』（森山書店），『財務諸表分析』（同文舘出版），『会計操作』（ダイヤモンド社）などがある．

大日方　隆（おびなた　たかし）　東京大学大学院経済学研究科准教授

1990年東京大学大学院経済学研究科博士課程修了．横浜国立大学経営学部専任講師・助教授，東京大学大学院経済学研究科助教授を経て，現在に至る．著書には『企業会計の資本と利益』（単著，森山書店，1994年），『会計基準の基礎概念』（共著，中央経済社，2002年），『アドバンスト財務会計』（単著，中央経済社，2007年）などがある．

川村　義則（かわむら　よしのり）　早稲田大学商学学術院准教授

1994年早稲田大学大学院商学研究科博士課程単位取得退学．米国財務会計基準審議会（FASB）ポストグラジュエートインターン，龍谷大学経営学部専任講師，早稲田大学商学部専任講師・助教授を経て，現在に至る．著書には，『財務会計の理論と応用』（共訳，中央経済社），『会計情報の理論』（共訳，中央経済社）などがある．

小宮山　賢（こみやま　さとし）　公認会計士・あずさ監査法人代表社員

1976年一橋大学商学部卒業．日本公認会計士協会理事・常務理事を歴任後，2007年7月から同協会副会長（業務担当）を務める．現在，企業会計基準委員会委員，企業会計審議会臨時委員，早稲田大学商学研究科客員教授を兼務．著書には，『最新オフバランス取引』（金融財政事情研究会），『セキュリタイゼーション』（共著，金融財政事情研究会），『時価評価と日本経済』（共著，日本経済新聞社），『対談・新連結会計入門』（共著，税務経理協会），『金融商品・年金会計入門』（中央経済社）などがある．

佐々木　隆志（ささき　たかし）　一橋大学大学院商学研究科教授

1991年一橋大学大学院商学研究科博士後期課程単位修得．広島大学専任講師・助教授，一橋大学助教授を経て，現在に至る．博士（商学）（一橋大学）．2002〜2002年会計検査院特別研究官，2006〜2007年サンノゼ州立大学客員研究員．著書には，『監査・会計構造の研究』（森山書店），『会計数値の形成と財務情報』（共編著，白桃書房）などがある．

首藤　昭信（しゅとう　あきのぶ）　専修大学商学部准教授

2002年関西大学大学院商学研究科博士後期課程単位取得．専修大学商学部専任講師・助教授を経て，現在に至る．著書には，*Focus on Finance and Accounting Research*（共著，Nova Science Publishing Inc）．論文には，"Executive Compensation and Earnings Management : Empirical Evidence from Japan," *Journal of International Accounting, Auditing and Taxation*, Vol.16 No.1（2007），"Managerial Ownership and Earnings Management : Theory and Empirical Evidence from Japan," *Journal of International Financial Management & Accounting*, Vol.19, Issue 2（2008）（共著）などがある．

鈴木　一水（すずき　かずみ）　神戸大学大学院経営学研究科准教授

1990年神戸大学大学院経営学研究科博士後期課程単位取得．近畿大学商経学部講師・助教授を経て，現在に至る．この間，米国テキサス大学オースティン校（1999年〜2001年）とオーストラリア国立大学（2003年〜2004年）で客員研究員．著書には，『日本的企業会計の形成過程』（共著，中央経済者），『会計とコントロールの理論』（共著，勁草書房），『連結会計入門』（共著，中央経済社）などがある．

野口　晃弘（のぐち　あきひろ）　名古屋大学大学院経済学研究科教授

1989年一橋大学大学院商学研究科博士後期課程単位修得．名古屋商科大学助手・講師・助教授を経て，現在に至る．博士（経済学）（名古屋大学）．著書には，『条件付新株発行の会計』（白桃書房，第33回日本公認会計士協会学術賞受賞），『条件付持分証券の会計』（新世社）などがある．

///// 編著者略歴

須田　一幸（すだ　かずゆき）　早稲田大学大学院ファイナンス研究科教授

1984年一橋大学大学院商学研究科博士後期課程単位取得．京都産業大学助教授，関西大学教授および神戸大学教授を経て，現在に至る．博士（経営学）（神戸大学）．1988年ロチェスター大学客員研究員，1997年アルバータ大学客員教授．著書には『財務会計の機能―理論と実証―』（白桃書房，平成12年日本会計研究学会太田黒澤賞受賞），『会計制度改革の実証分析』（同文舘出版），『ディスクロージャーの戦略と効果』（森山書店），『会計操作』（ダイヤモンド社），『財務会計・入門』（有斐閣），*Focus on Finance and Accounting Research*（共著，Nova Science Publishing Inc.）などがある．

■ **会計制度の設計**（かいけいせいど　せっけい）　〈検印省略〉

■ 発行日──2008年2月20日　初版発行

■ 編著者──須田　一幸（すだ　かずゆき）

■ 発行者──大矢栄一郎

■ 発行所──株式会社　白桃書房（はくとうしょぼう）
〒101-0021　東京都千代田区外神田5-1-15
☎03-3836-4781　📠03-3836-9370　振替00100-4-20192
http://www.hakutou.co.jp/

■ 印刷・製本──藤原印刷

©Kazuyuki Suda 2008 Printed in Japan
ISBN 978-4-561-36172-5　C3034

R〈日本複写権センター委託出版物〉
本書を無断で複写複製（コピー）することは，著作権法上の例外を除き，禁じられています．本書をコピーされる場合は，事前に日本複写権センター（JRRC）の許諾を受けてください．
　　　　JRRC〈http://www.jrrc.or.jp　eメール：info@jrrc.or.jp　電話：03-3401-2382〉
落丁本・乱丁本はおとりかえいたします．

須田一幸【著】
財務会計の機能
理論と実証

情報の非対称性に依拠して財務会計の機能を理論的に分析し，意思決定支援機能と契約支援機能を実証。これらの機能を与件とした経営者の裁量行動が示されている。文献サーベイも豊富で大学院のテキストに好適。

ISBN978-4-561-36092-6　C3034　A5判　584頁　本体6000円

株式会社
白桃書房

（表示価格には別途消費税がかかります）

R. L. ワッツ/J. L. ジマーマン【著】須田一幸【訳】
実証理論としての会計学

本書は，経営者による会計手続き選択の決定要因を分析し，会計及び監査の存在理由を科学的手法で考察するものである。規範論を展開しない全く新しい会計学として，アメリカで高い評価を得ているものの待望の翻訳書である。

ISBN978-4-561-36034-6　C3034　A5判　464頁　本体6000円

株式会社
白桃書房　　　　　　（表示価格には別途消費税がかかります）

S. H. ペンマン【著】杉本徳栄他【訳】
財務諸表分析と証券評価

M＆Aにも対応した豊富な企業ケースを通して、「ファイナンスと会計の統合」による企業価値評価の手法を体系的に学ぶための〈財務戦略書〉。企業価値評価、ファンダメンタル分析の徹底理解のための定番テキスト。

ISBN978-4-561-36156-5　C3034　A5判　636頁　本体7000円

株式会社
白桃書房

（表示価格には別途消費税がかかります）